SW융합·창조 시대, 나의 SW융합 롤 모델들은 WHO ?

소프트웨어 융합
롤모델 80명

(SW Role Model 80)

이름포털: 한국.net 등록인물 중 80명

김영복 著

21세기사

융합·창조 시대에 **소프트웨어 융합 롤모델(Role Model) 인물 80명**을 소개한다. SW융합 관련 인물들의 주요 성장과정을 설명하는 생애와 괄목할만한 업적을 사실적인(facts) 핵심 내용으로 기술하였다. SW분야 진로선택이 필요한 독자들에게, 성공적인 삶을 산 SW융합관련 인물들 80명의 진솔한 삶, 부와 명예를 쌓아올린 과정 등을 소개한다.

SW융합 롤 모델들 80명을 **최근 생년 순**으로 소개한다. **20세기**에 태어나 **인간(人間 -between humans)**에게 가치를 두고, 소셜 네트워크 서비스 (SNS, Social Network Service)인 **페이스북(Facebook)**을 창업하여, 재산 약 70조원(2019년 기준)으로 세계 8위 부자 사업가인 미국인 **주커버그**부터(맨 앞쪽 인물), 틱톡서비스의 중국인 장이밍 등 주로 20세기에 활동한 세계적인(global) SW관련 사업과 개발 인물들의 재산과 업적도 함께 소개한다. 소개된 인물들을 나라별로(최종 국적) 보면, 미국 46명, 한국 11명, 중국 8명, 일본 7명, 영국 5명, 독일 2명, 네덜란드 2명, 프랑스 1명, 캐나다 1명, 스웨덴 1명, 인도 1명, 총 85명이다.

이름포털인 '**한국.net**'에 수록되어 있는 많은 인물들 중에서 SW융합관련 인물들 약 80명을 선별하여 **인물사진과 본인의 생각을 담은 명언도 소개**하였다. 사진 중에서, **영어로 된 명언 내용은, 각 인물들의 맨 뒷부분에 있는 첫 번째 명언**으로 번역하여 소개하였다. 이름 포털인 http://한국.net (또는 http://wopen.com)웹 사이트에서, 멀티미디어(유튜브 동영상, 사진, 이미지 등) 정보와 함께 소개된 **SW융합 롤 모델(Role Model)**들의 보다 더 상세한 정보를 이해하기 쉽게 살펴볼 수 있다.

지면 관계상, 더 많은 SW관련 롤 모델들을 수록하지 못한 점이 아쉽지만, 추가적인 훌륭한 롤 모델들은 **이름포털(인명포털)**인 http://한국.net에 (또는 http://wopen.com http://ㄱ.com ⋯ http://ㅎ.com http://ㅏ.com ⋯ http://김.net http://이.net 등) 멀티미디어 자료와 함께 상세히 소개되어 있으니, 스마트폰 등으로 시간과 장소에 상관없이 참조하길 바란다. 출판에 도움주신 도서출판 21세기사 관계자 분들께도 감사의 마음을 전한다.

• 머리말_3

소프트웨어 융합 롤모델 인물 80명 (최근 생년 순)　　　8

소프트웨어 융합 롤모델 인물80명
(최근 생년순)

이름포털인 http://한국.net에 등록된 많은 인물들 중, SW융합 롤모델(Role Model)로 선정한, 주로 20세기에 활동한, 80여명을 최근 태어난 순서대로 소개한다. 세계적 부호인 억만장자가 된 인물들의 사업 업적과 2019년 재산상태 및 국내 또는 세계 순위도 설명하였다. 최근 시대 순으로 살펴보면, 1970년대 이후 출생인물 19명, 1960년대 출생인물 20명, 1950년대 출생인물 15명, 1940년대 출생인물 12명, 1900년대~1930년대 출생인물 14명, 20세기 이전 출생인물 5명이다. 전체적으로는 80여명으로 본인의 취향에 따라 일부 인물들은 취사선택할 수 있도록 약간 여유가 있게 소개한다.

CHAPTER

01

1970년 이후 출생 인물들

가장 최근의 인물들로서, 1970년 이후 태어나서 현재와 미래에도 왕성한 활동을 하고 있는 인물들 19명을 소개한다. 소셜네트워크 서비스(SNS), 인공지능(AI), 검색 포털, 전자상거래, 게임, 웹서비스 분야 등의 인터넷 기술을 이용한 서비스뿐만 아니라 그래픽 애니메이션 등의 소프트웨어(SW) 융합 분야에서 큰 업적을 이룬 인물들의 삶과 생각(명언)등을 소개한다.

주커버그 Mark Zuckerberg

● 페이스북 사장 ● 미국 ● 1984년생

"PEOPLE DON'T CARE ABOUT WHAT YOU SAY THEY CARE ABOUT WHAT YOU BUILD."

[출생] 1984년 5월 14일 (미국)
[소속] 페이스북 (사장)
[가족] 배우자: 프리실라 챈, 동생: 아리엘 주커버그, 누나: 랜디 주커버그

[경력사항]
2013.04 포워드닷어스 설립
2004 ~ 페이스북 사장
[학력사항]
하버드 대학교: 2002년 9월 ~ 2004년 5월, 컴퓨터 과학 및 심리학 전공
필립스 엑시터 아카데미: 2002년 졸업, 서양 고전학, 엑시터, 미국 뉴햄프셔 주 소재
아드슬리 고등학교: 1998년 9월 ~ 2000년 6월, Ardsley, 미국 뉴욕 소재

[직업] 페이스북 설립자, 사장 (미국, 캘리포니아 팔로알토 소재) 2004년 2월 4일 ~ 현재
[자산] 623억불($), 한화 약 70조원 (2019년 세계 8위)

마크 엘리엇 저커버그는 미국의 기업인으로, **페이스북의 공동 설립자이자 회장 겸 CEO로 잘 알려** 져 있다. 하버드 대학교 학부 재학 중, 같은 대학 친구들이었던 더스틴 모스코비츠, 에두아르도 세버 린, 크리스 휴즈와 함께 페이스북을 설립하였다.

[생애]

저커버그는 미국 뉴욕 주 화이트플레인스에서 태어났다. 아버지 에드워드는 치과 의사였으며 어머니 캐런은 정신과 의사였다. 저커버그는 세 명의 여자 형제들인 랜디, 도나, 애리얼과 함께 뉴욕 주 돕 스페리에서 자랐다. 저커버그는 유대교 교육을 받았으며, 13세 때는 유대교 성인식의 일종인 바르 미츠바 또한 거쳤다. 그러나 성인이 된 이후로는 저커버그는 스스로를 무신론자라고 밝혀 왔다. **저** **커버그는 중학교 시절 프로그래밍을 시작했다.** 1990년대에는 아버지로부터 아타리 베이직 프로그 래밍 언어를 배웠으며, 이후 1995년경에는 소프트웨어 개발자인 데이비드 뉴먼으로부터 개인지도를 받았다. 또한 1990년대 중반에 집 근처 머시 칼리지의 대학원에서 관련 수업을 청강하기도 했다. **저** **커버그는 프로그래밍하는 것을 좋아했으며, 특히 통신 관련 툴을 다루거나 게임하는 것을 좋아** **했다.** 저커버그는 아버지 사무실 직원들의 커뮤니케이션을 돕는 애플리케이션을 고안하기도 했으며, 리스크 게임을 PC 버전으로 만들기도 했다. 아즐리 고등학교를 다닐 당시 저커버그는 서양 고전학 과목에서 우수한 성적을 거두었다. 이후 3학년 때 필립스 엑세터 아카데미로 학교를 옮긴 저커버그 는 과학(수학, 천문학 및 물리학)과 서양고전 연구 과목(저커버그가 영어 외에 읽고 쓸 줄 아는 언어 로는 프랑스어 히브리어, 라틴어, 고대 그리스어)에서 우수한 성적으로 상을 받았으며, 펜싱 팀의 주 장을 지냈다. **저커버그는 고등학교 재학 중에 인텔리전트 미디어 그룹이라는 회사에 고용되어 시** **냅스 미디어 플레이어를 제작했다. 이것은 인공지능을 사용하여 사용자의 음악 감상 습관을 학** **습할 수 있도록 만든 뮤직 플레이어로, 슬래시닷에 포스팅 되었으며 PC 매거진에서 5점 만점에 3** **점의 평가를 받았다.** 마이크로소프트와 AOL이 시냅스 플레이어를 사들이고 저커버그를 고용하겠다 는 제안을 해왔으나, 저커버그는 이를 거절하고 2002년 9월 하버드 대학교에 입학하였다. **저커버그** **는 대학에서 컴퓨터 과학 및 심리학을 전공으로 택했으며,** 알파 엡실론 파이라는 유태인 학생 클 럽에 가입하였다. 대학에서 저커버그는 평소 일리아드와 같은 서사시의 구절을 곧잘 인용하는 것으 로도 유명했다. 2학년 때 참가한 사교 파티에서 프리실라 챈을 만났으며, 이후 두 사람은 연인 관계 가 되었다. 의대생이었던 챈은 2010년 9월 팔로알토의 저커버그가 세를 들어 살고 있는 집으로 옮겨 와 함께 살기 시작했다. 그리고 둘은 5월 19일 깜짝 결혼을 했다.

2010년 9월 저커버그는 챈과의 중국 여행과 중국에서의 사업 확장을 위해 개인 교사로부터 만다린 어를 배웠다. "해커들: 컴퓨터 혁명의 영웅들"의 저자인 스티븐 레비는 2010년 저커버그에 대해 "저 커버그는 확실하게 스스로를 해커라고 생각하는 사람이다"라고 썼다. 저커버그는 **"무언가를 개선하** **기 위한 목적에서라면," "그것을 깨뜨리는 것도 괜찮다고 생각한다"**는 견해를 밝혔다.

페이스북은 매 6~8주마다 열리는 해커톤이라는 행사를 주관하기도 했었다. 이것은 일종의 협업 프로 젝트 이벤트로, 참가자들은 하룻밤동안 새로운 프로젝트를 구상하고 구현할 수 있다. 페이스북이 행 사 중에 필요한 모든 음악과 음식, 맥주를 제공하며, 저커버그 자신을 비롯한 많은 페이스북 직원들 도 이 행사에 직접 참여했다. 저커버그는 스티븐 레비와의 인터뷰에서, 이 행사가 하룻밤 만에도 아 주 훌륭한 무언가를 만들어낼 수 있다는 생각에서 출발하며 이것이 오늘날 페이스북을 이끌어가는 아이디어의 하나이자 자기 자신의 가장 중요한 개성이기도 하다고 말했다.

대중 잡지인 배니티 페어는 저커버그를 2010년 "**정보화 시대에 가장 영향력 있는 인물**" 1위에 올렸다. 2009년 이 잡지의 동일한 랭킹에서 저커버그는 23위를 차지했었다. 영국의 잡지 뉴 스테이츠먼에서 매년 실시하는 세계에서 가장 영향력 있는 인물 50인을 선정하는 투표에서는 2010년 저커버그가 16위에 올랐다. 2010년 타임이 뽑은 '올해의 인물'에도 선정되었다. 2013년 포브스선정 가장 영향력 있는 인물 24위에 선정되었다. 저커버그는 적록색약으로 인해 파란색을 가장 잘 인식한다고 알려져 있다. 파란색은 페이스북의 주색상이기도 하다.

2019년에는 재산이 약 70조원(623억불)으로 세계 8위의 부자가 되었다.

2019년 매월 약 27억 명이 페이스북과 인스타그램, 왓츠앱, 메신저 등 페이스북의 패밀리앱 서비스를 이용하고 있으며, 1분기 매출은 약 17조 4,500억 원(모바일 광고: 약 16조 원)이었다. 페이스북 암호화폐(Global Coin)의 2020년 상용화용 테스트를 2019년에 완료 예정이다.

[페이스북]

창립: 2004년 2월 4일, 미국, 매사츄세츠 케임브리지
창립자: 마크 저커버그, 에드와도 새버린 등
본사: 미국, 캘리포니아 멘로파크
제품 및 서비스: 페이스북 (소셜네트워크 서비스)
작성 언어: C++, PHP 및 D 언어
매출액: 558억달러 (한화 약 63조원) (2018년)
사용자: 23억명 (월간 사용자, 2018년 12월 기준)
직원: 30,275명 (2018년)

주커버그 명언

♣ 사람들은 당신이 말하는 것에는 관심이 없고, 당신이 만든 것에 관심이 있다.

♣ 나는 항상 몇 가지에 집중해왔다 하나는 회사와 우리가 설립하는 것에 대한 분명한 방향성을 갖는 것, 또 하나는 이를 이루기 위한 최고의 팀을 만드는 것이다. 만약 기업으로서 이 두 가지가 있다면 기업은 잘 운영될 수 있다.

♣ 내가 할 수 있는 일 중에서 가장 중요한 일을 하고 있는가?
과연 세상에서 내가 생각하기에 가장 중요한 일을 하고 있는 사람이 몇이나 될까?
중요함의 기준은 다르다. 하지만 중요한 일이라고 느껴지는 일을 해야 하는 것은 분명하다.
그래야 이루려고 끝없이 노력하게 될 테니까. 혁신은 창의적인 아이디어를 갖는 것 보다는 빨리 움직이고 더 나은 것을 시도해보는 것이다. 빨리 움직이고 계속 많은 것을 시도해 보면 실패도 맛보고 배우면서 혁신을 이루게 된다.

♣ 시도 해보고 실패를 통해 학습하는 것이 아무것도 시도하지 않는 것 보다 낫다.

♣ 가장 위험한 것은 위험을 피해가는 것이다.

장이밍 Zhang Yiming

● 바이트댄스, 창업자 CEO ● 중국 ● 1983년생

[출생] 1983년, 4월, 중화인민공화국 룽옌시
[소속] 투데이헤드라인, 바이트댄스 (CEO)

[학력사항] ~ 2005 천진, 남개대학교 소프트웨어공학 학사
[경력사항]
2012.08 ~ 투데이헤드라인, 바이트댄스 CEO
2012.08 투데이헤드라인, 바이트댄스 설립

[생애]
장이밍은 1983년 푸젠성(福建) 룽옌시에서 태어났다. 장이밍은 톈진(天津)의 명문 난카이(南開)대학
에서 소프트웨어공학을 전공한 후 자연스럽게 인터넷 IT 업계에 발을 들였다. 중국 최고의 뉴스
정보 앱 진르터우탸오(今日頭條)를 출시한 인공지능(AI) 기업 바이트댄스(ByteDance) CEO 장이밍(張
壹鳴)은 **대학 졸업 후 여행검색엔진 회사 쿠쉰(酷訊)에서 일하며 인터넷 정보 유통에 눈을 떴다.**
명절에 고향을 가기 위해 기차표를 사려던 장이밍은 표 구하기가 '하늘의 별따기'만큼 어려운 점을
해결하고자 기차표를 알아서 검색하고 원하는 표가 나오면 문자로 알려주는 프로그램을 고안했다.
이 프로그램으로 손쉽게 기차표를 구매하면서, 정보를 효율적으로 다루는 방법에 대해 연구하게 됐

다. 이후 투자를 받아 창립한 부동산검색엔진 지우지우팡(九九房)을 운영하며 맞춤형 정보 제공에 대한 소비자들의 갈증이 크다는 것을 깨닫고 비즈니스 방향에 수정을 가했다. 장이밍은 2011년 지우지우팡 CEO직을 내려놓고, **2012년 인공지능 매체 플랫폼 바이트댄스를 창립했다. 비디오 공유 플랫폼인 틱톡(TikTok)을 개발했다.** 장이밍은 AI를 통해 알아서 맞춤형 뉴스를 제공하는 앱 진르터우탸오를 출시했다. 창업하자마자 진르터우탸오는 중국 뉴스정보 앱 업계에서 강자로 떠오르며 5년 만에 구독자 7억 명이 넘는 중국 최대 미디어 기업으로 성장했다. 2019년에는 매월 10억명의 사용자가 이용 중이며, 바이트댄스의 기업가치는 약 750억불로 성장하였다. **2019년 장이밍의 재산은 약 18조원(162억불)으로, 중국내 7위, 세계 70위 부자가 되었다.**

[틱톡 서비스]
틱톡(TikTok)은 바이트댄스가 200일의 개발기간을 거쳐 만든 서비스이며, 중국어로는 '도우인(抖音)'이라고 하며, 틱톡이 제공하는 서비스는 영상 편집이다. 모바일로 쉽게 영상을 편집하고 스티커 효과, 이펙트 보정 등을 입힌 뒤 음악까지 넣어 짧은 영상을 만들 수 있게 한다. 장이밍은 쿠쉰(酷讯), 지우지우팡(九九房) 등의 인터넷 회사 운영에 참여했으며 쿠쉰 기술위원회 의장, 지우지우팡의 창립자 겸 CEO가 됐다. 2012년 장이밍이 설립한 베이징 바이트댄스 유한회사(北京字节跳动科技有限公司) 산하 터우탸오는 휘산샤스펀(火山小视频), 도우인(抖音), 우쿵원다(悟空问答) 등을 서비스하고 있다. **2018년 11월 터우탸오의 신임 CEO로 임명된 천린은 1983년 출생, 2008년 베이징대학(北京大学) 컴퓨터 석사 학위를 획득했다. 2012년 3월 천린은 초창기 멤버로 바이트댄스에 합류했으며 많은 핵심 상품의 상품 경영관리를 담당하면서 터우탸오의 총책임자로 성장했고, 2018년에 CEO 자리까지 오르게 됐다.**

[바이트댄스의 성장]
바이트댄스(ByteDance)는 2012년 3월 창업자 장이밍이 설립했다. 중국 사명은 쯔제티아오둥(字節跳動)이다. 쯔제(字節)는 컴퓨터 기억용량의 단위인 '바이트', 티아오둥(跳動)은 '뛰면서 움직인다'는 뜻이다. 그래서 영어 사명이 '바이트댄스'이다. 2012년 8월 진르터우탸오를 시작으로 2016년 9월 출시한 쇼트 클립 앱인 더우인(영어명: 틱톡 TikTok), NBA 등 스포츠 경기 영상을 볼 수 있는 시과스펀 등 앱 서비스를 운영 중이다.

'오늘의 헤드라인'이라는 뜻인 진르터우탸오는 인공지능(AI) 기술을 활용해 이용자의 뉴스 소비 패턴을 분석하고 맞춤형 뉴스를 제공하는 것이 특징이다. 정보 홍수의 늪에 빠진 모바일 이용자들은 바이트댄스의 자동화 뉴스 추천 방식에 열광했다. **2018년 말 기준 진르터우탸오의 가입자는 무려 7억 1,000만 명에 달했다.** 한국에서도 유명한 틱톡은 모바일로 촬영한 영상을 편집해 공유할 수 있는 서비스이다. 일각에서는 틱톡을 '쇼트 클립 업계의 트위터'라고 부른다. 140자 이내 제한된 문자만 올릴 수 있는 트위터처럼 15초 분량의 짧은 영상을 취급한다는 의미에서 이 같은 별칭이 붙었다.

바이트댄스는 설립 6년만인 2018년에 우버를 제치고 세계 유니콘 기업 순위 1위에 오르는 저력을 과시했다. 2018년 말 기준 바이트댄스의 기업 가치는 780억달러에 이른다. IT업계에서 유니콘이란 '기업가치 10억달러 이상의 비상장 스타트업'을 의미하는데 **바이트댄스는 업계에서 '슈퍼 유니**

콘'(기업가치 100억달러 이상)으로 분류된다. 이 회사는 설립 초기부터 중국 국내외 큰손들의 관심을 받으며 지금까지 총 여섯 차례에 걸쳐 투자를 받았다. 2012년 7월 진르터우탸오에 대한 시리즈 A를 시작으로 이듬해 시리즈 B 투자 유치가 이뤄졌다. 당시 벤처캐피탈(VC) 업계에서는 바이트댄스의 잠재성을 눈여겨보고 있었지만 중국 언론은 크게 주목하지 않는 분위기였다. 우선 알려진 투자유치 규모가 크지 않았고, 바이트댄스가 뉴스 앱 서비스인 진르터우탸오를 앞세워 성공을 거두기엔 한계가 있을 것이라고 판단했기 때문이다. 바이트댄스가 뉴스 정보를 다루는 것에 대해 중국 언론업계가 달갑지 않게 여겼을 것이란 분석도 제기됐다. 그러다 바이트댄스는 2014년 6월 시리즈 C에서 실리콘밸리 '미다스의 손'으로 통하는 세콰이어캐피탈과 웨이보 등으로부터 1억달러를 유치하는데 성공했다. 투자를 받은 이후 기업가치가 단숨에 5억달러로 껑충 뛰자 바이트댄스를 바라보는 중국 언론의 시선도 달라졌다. 시나차이징은 당시 "진르터우탸오는 모바일 시대의 새로운 뉴스 서비스 모델을 제시했다"고 평가했다.

바이트댄스의 질주는 그때부터 시작이었다. 2017년 4월 시리즈 D에서 또 다시 세콰이어캐피탈과 중국 건설은행 등으로부터 10억달러를 유치하며 기업가치를 110억달러로 높이더니 같은 해 8월에는 제너럴아틀란틱으로부터 20억달러를 추가로 투자받았다. 이 무렵 기업가치는 200억달러로 평가받았다. 투자유치의 방점을 찍은 시점은 일본 소프트뱅크, KKR 등이 바이트댄스에 25억달러를 건넨 지난해 10월이었다. 글로벌 큰손들이 투자했다는 소식에 바이트댄스의 기업가치는 750억달러로 치솟았다. 지난 2014년 6월 1억달러 유치 이후 3년 4개월만에 기업가치가 무려 150배 수직상승한 것이다.

[틱톡의 인기]

틱톡(TikTok)의 미국 월간 다운로드 수가 2018년 9월 처음으로 유튜브, 페이스북, 인스타그램, 스냅챗을 추월했다. 틱톡은 2018년 앱스토어와 구글 플레이 다운로드 건수가 6억 6천 300만건에 이른다. 페이스북(7억 1천 100만건)에는 못 미치지만 인스타그램(4억 4천 400만건) 보다는 월등히 많았다. 틱톡은 2019년 초에는 누적 다운로드 건수 10억건을 돌파했는데, 중국 내 다운로드 건수는 포함되지 않았다. 중국이나 아시아권을 넘어 전 세계적으로 열풍을 불러일으키고 있다.

틱톡은 동영상 길이를 15초로 제한했는데도, 이용자 1인당 하루 평균 이용시간은 52분에 달한다. 월간 이용자 중 매일 접속하는 비율도 57%에 이른다. 월 이용자 10명 중 6명은 매일 접속할만큼 몰입도가 높은 플랫폼이다. 밀레니얼 세대들 사이에선 페이스북, 유튜브보다 더 큰 인기를 누리고 있다. 틱톡의 강점 중 하나는 뛰어난 영상 편집 툴이다. 누구나 손쉽게 편집할 수 있다. 배경음악을 입히고 영상에 각종 기술을 넣는 것도 굉장히 수월하다. 해시태그 역시 틱톡 붐에 중요한 역할을 했다. 비슷한 유형의 영상들을 한데 묶어줌으로써 '한번 누르면 계속 보게 만드는' 효과도 탁월한 편이다. 틱톡은 사람 중심 추천과 기계 추천을 잘 결합했다는 분석이다. 어떤 영상을 보면 비슷한 또 다른 영상들을 추천해준다. 페이스북처럼 '인맥 지도'를 중심으로 추천하는 게 아니고, 동영상 내용을 기반으로 추천해준다. '관심 있을 사람'이 아니라 '보고 싶어할만한 영상'을 보여준다는 게 틱톡의 인기 비결 중 하나이다.

[기술]

바이트댄스의 제품/서비스들은 머신러닝 알고리즘을 사용해서 사용자들이 찾는 가장 재미있는 것을 찾아서 보여준다. 바이트댄스의 AI Lab은 2016년 3월에 설립되어, 주로 정보(텍스트, 이미지, 비디오)를 이해하는 AI에 초점이 맞춰져 있다. 개인정보 추천용의 대규모 머신러닝을 개발하고 있으며, 주 연구분야는 자연어처리, 머신러닝, 컴퓨터비전, 스피치 및 오디오, 지식과 데이터 마이닝, 분산 시스템과 네트워킹 및 컴퓨터 그래픽스 등이다.

[바이트댄스]

창립: 2012년 3월, 중국, 베이징
창립자: 장이밍
본사: 중국, 베이징
제품 및 서비스: Toutiao(헤드라인), TikTok(비디오 공유 모바일앱) 등
사용자: 매일 사용자 약 10억명 (2018년말 기준)
기업가치: 780억달러 (한화 약 88조원) (2018년말 기준)

바이트댄스(ByteDance)가 자체 스마트폰 개발에 착수했다. 2019년 5월 27일 파이낸셜타임스는 내부 소식통을 인용해 바이트댄스가 뉴스피드와 동영상 플랫폼, 게임 등 자체 앱이 탑재된 스마트폰을 출시할 계획이라고 전했다. 파이낸셜타임스에 따르면 최근 바이트댄스는 중국 심천 스마트폰 제조사 스마티잔(Smartisan)과 계약을 맺고 특허 포트폴리오를 확보했다. 스마티잔 출신 직원도 채용했다. "바이트댄스 창업자 장이밍의 오랜 꿈은 스마트폰 개발이었다"라고 전했다.

장이밍 명언

♣ 우리제품은 잘못된 길을 걸었고, 사회주의 핵심가치와 일치하지 않는 내용이 나타났다.

♣ 배고프고, 젊게 살아라.

♣ 일을 시작한 첫 2년 동안 거의 매일 자정 또는 새벽 1시에 집으로 갔다. 집에 갔을 때, 나는 또한 프로그램을 했다. 회사가 아닌 개인적인 관심 때문이었다.

♣ 바이트댄스가 구글처럼 국경 없는 기업이 되길 바란다.

주호민 Joo Ho-min

● 만화가 ● 웹툰작가 ● 한국 ● 1981년생

[출생] 1981년 9월 26일
[국적] 대한민국

[활동기간] 2005년 ~ 현재

[장르] 웹툰
[데뷔] 2005년 만화 '짬'
[배우자] 한수자

[학력사항]
백신고등학교 졸업
아세아항공직업전문학교 만화애니메이션과

[경력사항]
2008 ~ 2009 온라인 만화 '무한동력' 연재
2007 ~ 2008 온라인 만화 '짬 시즌2' 연재
2005 ~ 2006 온라인 만화 '짬' 연재

[수상내역]

2018 소비자의 날 문화연예 시상식 영화부문 원작자상
2011 대한민국 콘텐츠 어워드 만화부문 대통령상
2011 제8회 부천만화대상 우수이야기만화상
2011 독자만화대상 대상
2010 독자만화대상 온라인만화상
2006 독자만화대상 신인상

주호민은 대한민국의 만화가이다.

[생애]

삼류만화패밀리의 일원으로서 보노, Dr. Gothick, 천극J군 등의 작가들 중 가장 성공적으로 정식 만화가로서 안착한 인물이다. 군 복무 이전에는 삼류만화패밀리에서 다른 누리꾼들과 마찬가지로 취미 삼아 그린 만화를 올리기 시작하였으나, 군복무 이후인 **2005년 자신의 군복무 경험을 바탕으로 ≪짬≫을 연재하면서부터 만화가로서 주목받기 시작했다.** ≪짬≫의 폭발적인 인기를 바탕으로 2006년 독자만화대상 신인작가상을 수상하고, 이어 외전 격인 ≪짬≫ 시즌2, 88만원 세대의 꿈과 현실을 다룬 ≪무한동력≫ 등을 연재하여 호평을 받았다. 이후 주호민은 네이버 웹툰에서 한국 신화를 소재로 현실을 다룬≪**신과 함께≫를 연재**하여, 2010년 독자만화대상 온라인 만화상, 2011년 부천만화대상 우수이야기 만화상, 2011년 대한민국 컨텐츠 어워드 만화대상(대통령상), 2011년 독자만화대상을 수상했다. 주호민은 2010년 11월 13일 일러스트레이터 한수지와 결혼했다.

웹툰 작가 주호민, 이말년이 합작한 누아르 드라마 'B'가 2019년 6월 16일 방송되는 **MBC '주호민· 이말년의 침착한 주말'**(이하 '침착한 주말')에서 공개된다.

[작품]

2013년의 주호민. ≪짬≫
≪짬2≫
≪스포쓰늬우쓰≫
≪무한동력≫
≪신과 함께 - 저승편≫ 잼써여
≪신과 함께 - 이승편≫
≪신과 함께 - 신화편≫ (2012년 8월 29일 완결)
≪MB악법 바로보기 릴레이 카툰≫
≪셋이서 쑥≫
≪제비원 이야기≫
≪만화전쟁≫
≪(주)마왕≫

[미발표 작품]
≪안녕, 잠수함≫
≪군대스리가≫
≪RPG 기행≫

[예능]
2018년 SBS 플러스 ≪축제로구나≫
2018년 MBC ≪라디오스타≫
2018년 MBC 에브리원 ≪비디오스타≫
2018년 EBS1 ≪아티스트의 북국여행≫
2016년 tvN ≪동네의 사생활≫ 진행
2015년 MBC ≪마이 리틀 텔레비전≫

[드라마]
2014년 OCN ≪닥터 프로스트≫ 특별출연

[웹툰 작가 실태]
2019년 5월 문화체육관광부와 한국콘텐츠진흥원의 '2018년 웹툰 작가 실태조사' 보고서에 의하면, 지난 1년 간 작품을 연재한 웹툰 작가 중 50.1%는 2018년 수입이 3천만원 미만이었다. **연간 수입 평균은 4천 704만원이며, 5천만원 이상이 24.7%이다.** 3천만~5천만원 미만은 25.2%이다. 웹툰 작가 558명을 대상으로 조사했으며, 최근 1년 동안 작품을 연재한 작가는 409명이다. 2016년 이후 데뷔한 웹툰 작가가 35.3%로 가장 많았으며 연령대는 30대 이하가 78.5%를 차지했다.

주호민 명언

- ♣ 우연히 디시인사이드 갤러리에 군대에 관한 만화를 연재하게 된 것이 만화가로서 시작이었다.
- ♣ **가슴에 박힌 못은 뽑을 수 있지만, 그 상처는 남는다.** (신과 함께에서)
- ♣ 몸을 담아서 없어지는 것이 아니라 없어질 것 같아서 탈출한 것이다. ('파괴왕'이라는 별명에 대한 해명)
- ♣ **만화가는 무엇이든 그릴 수 있다. 하지만 기본적인 인권을 침해하는 것은 그려서는 안 된다.** (데즈카 오사무 감독의 명언 소개)
- ♣ 혹시 작가로서 불이익을 당할 경우 자신이 부회장으로 있는 '한국웹툰작가협회'의 도움을 받으라.
- ♣ 데뷔작인 〈짬〉에서는 만화의 재미만을 고려했지만 〈신과 함께-저승 편〉에서는 사회의 어두운 면도 보여주기 위해 노력했다.
- ♣ 지난주에 청와대에 다녀오긴 했는데…

황정 Colin Huang

● Pinduoduo 창업자 ● CEO ● 중국 ● 1980년생

[출생] 1980년 1월 1일, 중국
[학력]
미국 위스콘신대학, 컴퓨터과학과, 석사
중국 저장대학, 학사

[경력]
2004년 구글 입사
2015년 핀둬둬 창업 (상하이, 중국)
2018년 7월 나스닥상장 (핀둬둬) (본인 지분 47%)

황정(黃峥)은 2018년 7월 창업한 지 3년밖에 되지 않은 신생 기업 핀둬둬(拼多多)를 미국 나스닥에 상장시키며 중국 인터넷 기업 상장사(史)에 한 획을 그은 기업인이다. 핀둬둬는 동종 업계에서 창업 후 최단 시간에 상장한 기업으로 꼽힌다. 업계 2위 징둥은 상장하는 데까지 16년이란 세월이 걸렸다. 황정은 이공계 명문 저장(浙江)대학 출신으로서 전자상거래 스타트업 핀둬둬를 단숨에 알리바바와 징둥을 위협하는 신흥 강자로 우뚝 세웠다. 2019년 재산은 135억 달러(한화 15조원)로

세계 94위 부자가 되었다. 저장대학에서 컴퓨터를 전공한 황정은 2004년 미국 명문 위스콘신대학에서 석사학위를 취득한 후 구글에 입사해 중국 시장 진출을 맡았던 수재다. 2007년 구글을 박차고 나와 창업에 뛰어들어 전자상거래 대행업체 및 게임 회사에서 7년간 경험을 쌓았다.

2015년 기존의 전자상거래와 노선을 달리해 재미 요소를 가미한 공동구매 플랫폼 핀둬둬를 창립했다. SNS를 통한 사용자의 높은 참여도, 재미, 저렴한 가격, 3·4선 중소도시 및 농촌지역 공략 등 차별화 전략으로 창립 3년 만에 업계 강자 알리바바, 징둥과 함께 3대 전자상거래 기업으로 올라섰다. 하지만 짝퉁, 저품질 등 논란도 많아 업계 3위 지위를 잘 지켜낼 수 있을지 주목된다. **2019년 재산은 약 15조원(135억불)으로 중국 10위, 세계 94위 부자이다.** 2018년 중국 온라인 쇼핑몰 시장에 다크호스로 등장한 핀둬둬의 창업주 황정이 중국에서 가장 성공한 자수성가형 젊은 부자로 선정되었다. 중국 후룬부자연구소는 '2019 후룬 글로벌 자수성가형 부호 순위'에서 전 세계 40세 이하의 자수성가한 억만장자를 공개했다. **전 세계 40세 이하의 자수성가 억만장자는 총 46명으로 미국인이 21명,** 중국인은 16명이었다. 중국과 미국이 이 분야 인재의 80%를 배출했다. 세계 1위 자수성가 부호는 페이스북의 창업주인 주커버그였고 공동 창업자 더스틴 모스코비츠가 16조원의 자산으로 2위에 올랐다. 상위 10위권 부호 중 6명은 중국인이었다. **핀둬둬의 황정(39세)이 더스틴 모스코비츠와 함께 공동 2위로 처음으로 순위권에 포함됐다.**

[사업]

큰 공룡이 된 알리바바 조차도 무서워 하는 이는 바로 놀라운 성장세를 이어가는 집단결제 모바일 소셜 플랫폼을 가진 '핀뚜워뚜워(拼多多, Pinduoduo)' 어플을 운영하는 PDD(Pinduoduo)社의 **콜린 후앙(Colin Huang), 후앙은 전직 구글社의 엔지니어였다.** 핀뚜워뚜워 어플의 전체적인 레이아웃 구성은 '타오바오'와 흡사하지만 근본적으로 다른 점은 집단구매라는 방식을 사용한다는 점이다. 공동구매과 비슷하지만 한 물품(상품)에 대해서만 해당되지 않고, 30만 여개의 배열된 상품에 대해서 최소 구매자가 수가 넘어가 구매의사가 타진되면 판매가격이 낮아지는 장점을 이용하는 것이다. 소셜 커머스 마켓의 박리다매식이다. 통상 기존 상품 판매가격의 20% 이상 저렴하게 구매가 가능하다.

이러한 상품별 박리다매 방식이 가능한 이유는 입점비용이 아예 없거나(적거나), 또는 판매수수료가 거의 없기 때문이다. 중간 유통 가격을 절약했기 때문에 가능한 것이다. **중간 유통사나 유통거래가 없는 전자상거래 플랫폼 C2B 소셜커머스다. 구매의사 타진은 위챗(we chat, 웨이신)을 사용한다.** 위챗을 이용해 친구들까지 아는 지인에게 공동구매를 요청하게 되는 것이다. 구매하는 친구가 많을수록 판매가는 더욱 떨어진다.

위챗은 텐센트의 모바일 메신저로 사용자 수는 5억명이 넘는 것으로 알려져 웬만한 중국 스마트폰 사용자가 사용하고 있다고 해도 무방하다. 블룸버그 매체는 **핀뚜워뚜워의 장점은 위챗을 통해서 친구들과 함께 오프라인 매장을 같이 돌아다니듯이 상품에 대해 서로 가감 없이 이야기하는 경험을 보여준다고 밝혔다.**

[핀둬둬 Pinduoduo]

창립: 2015년 9월

창립자: 황정

본사: 중국 상하이

나스닥 상장일: 2018년 7월 26일

제품 및 서비스: 핀둬둬 (전자상거래)

상품판매량(GMV): 1,000억 위안 (한화 약 17조원; Taobao 다음으로 2위)

사용자: 2억명 이상 (2018년)

중국 전자상거래 신흥강자로 떠오른 핀둬둬(拼多多)가 미국 정부로부터 '짝퉁 시장'으로 낙인찍혔다. 미국 무역대표부(USTR)가 올해 '악명높은 시장 명단'에 핀둬둬를 새롭게 올렸다고 중국 금융매체 진룽제(金融界)가 2019년 4월 26일 보도했다. USTR은 매년 저작권 위반이나 위조상품·모조품 판매로 악명 높은 기업을 선정해 명단을 발표한다. 중국 3대 전자상거래 기업인 핀둬둬가 이 명단에 오른 건 이번이 처음이다. 중국 최대 전자상거래 기업인 알리바바 산하 온라인쇼핑몰 타오바오는 2016년부터 3년 연속 이 명단에 이름을 올려왔다. USTR은 "핀둬둬가 2018년 7월 미국 나스닥에 상장한 이후 모조품을 내리고 위조품을 자동적으로 가려내기 위해 인공지능(AI) 수단에 투자했다"며 "하지만 이들 조치가 문제를 완전히 해소하는데는 역부족이었다"고도 지적했다.

2015년 9월 설립된 핀둬둬는 가성비 우수한 저렴한 제품으로 중국 온라인쇼핑 시장을 공략했다. 특히 텐센트 모바일 메신저 위챗에 등록된 친구, 가족, 지인 등과 함께 구매하면 가격이 더 싸지는 공동구매 방식으로 중국 소비자의 마음을 사로잡았다. 설립된 지 약 3년 만에 미국 나스닥 시장에 상장했다. 2019년 이용자 수는 4억 1,800만명에 달한다. 이용자 수는 중국 최대 전자상거래 업체인 알리바바(6억 3,000만명)에 이은 2위다. 징둥그룹(3억 500만명)보다도 많은 숫자다.

황정 명언

♣ 또 다른 창업을 하면 더 큰 사회적 영향과 성취감을 얻을 수 있다.

♣ 나는 현재의 벤처와 팀을 좋아하며, 또한 새로운 시작을 하는 것이 더 행복하다고 느낀다.

♣ 나는 아직 풀지 않은 야망, 능력과 에너지를 가지고 있다.

페르손 Markus Persson

• 프로그래머 • 스웨덴 • 1979년생

- 영원한 인디게임 개발자, 마인크래프트의 대부
- 마르쿠스 알렉세이 "노치" 페르손, Markus Alexej "Notch" Persson

[출생] 1979년 6월 1일, 스웨덴 스톡홀름
[본명] Markus Alexej Persson
[별칭] 노치(Notch)
[순자산] 1억 5천만 달러, 한화: 1천 5백억원
[배우자] Elin Zetterstrand (2011~2012)

[경력사항]
2009 모장 공동설립, 제이앨범 프로그래머
2005 마이다스플레이어 프로그래머
2001 게임페더레이션 프로그래머

[요약]

마르쿠스 알렉세이 **"노치"** 페르손은 스웨덴의 인디 게임 개발자로 모장 AB(Mojang AB)를 설립하였다. **마인크래프트를 개발한 사람으로 유명하다.** 마인크래프트 이외의 게임으로는 스크롤즈, 챕버의 전설, 롤프 얀손과 함께 만든 뷔름 온라인이 있다. **노치는 7살 때인 1986년 가정용 컴퓨터 코모도어 128의 프로그래밍 연습을 시작하였다. 8살 때인 1987년 텍스트 기반 어드벤처 게임을 제작하여 최초로 게임을 개발하였다.** 2009년에는 King에서 3년간 게임 개발자로 일했으며, 이후 Jalbum에서 일하고 있다. 또한 웜 온라인을 개발하기도 했다. 그 외에는 자바 4K 게임 프로그래밍 콘테스트에 "Left 4K Dead"와 "Mega 4K Man" 등을 내놓기도 하였다.

[생애]

페르손은 1979년, 스웨덴의 에즈빈(Edsbyn)이라는 작은 도시에서 태어났다. 유복하지 않았지만 가정은 행복했고, 페르손 역시 큰 문제없이 또래 아이들과 비슷한 유년생활을 보냈다. 같은 해 부친이 집으로 들여온 컴퓨터 코모도어 128을 접하면서 **어린 나이였지만 마르쿠스 페르손은 컴퓨터에 푹 빠졌고, 관련 잡지를 보면서 프로그래밍에 눈을 뜨기 시작했다.** 마르쿠스 페르손은 1990년대 후반, 스톡홀름에서 고등학교를 졸업했다. 대학은 포기했다. 아니, 어쩌면 불필요하다고 느낀 것인지도 모르겠다. 페르손은 인터넷 강의로 C++를 공부한 것 외에 거의 독학으로 프로그래밍을 습득했고, 게다가 어린 시절 집안 문제로 모든 것을 혼자 처리하는 것이 편했던 페르손은 정규 교육을 받을 생각 자체가 없었다. 당시의 시대 흐름 때문에 페르손은 쉽게 직장을 구하지 못했다. 페르손은 한없이 미래가 불안하고 불투명한 청년이었다.

그러나 **마르쿠스 페르손은 이 시기에 좌절하기보다 미래를 대비해 자신에게 투자했다. 그렇게 페르손은 몇 년 동안 프로그래밍을 더 공부하고, 더 많은 게임을 플레이하고, 더 다양한 패턴으로 게임을 개발하며 지냈다.** 페르손은 게임개발 콘테스트에 자주 참여했는데, 여기서는 짧은 시간 동안 최소한의 코드로 게임을 제작해야 했다. 이런 경제적인 프로그래밍은 마르쿠스 페르손이 선호하는 방식이었고, 이후 [마인크래프트] 제작 등에 큰 영향을 끼쳤다. 이후 마르쿠스 페르손은 마이다스플레이어(후에 킹닷컴에 인수됨)에서 난생처음으로 '게임개발자'라는 명함을 받을 수 있었다.

그러나 심각한 문제가 곧 고개를 들었다. 초기 마르쿠스 페르손은 회사가 원하는 게임만을 제작했는데, 얼마 가지 않아 자신이 생각한 참신한 소재의 게임을 만들어 내놓고 싶었다. 그러나 페르손의 아이디어는 언제나 묵사발 나기 일쑤였다. 이런 생활이 지속될수록 마르쿠스 페르손은 자신이 기계가 되는 느낌을 지울 수 없었다. 페르손이 상상했던 게임개발자의 모습은 결코 이런 것이 아니었다. 마르쿠스 페르손은 날이 갈수록 화가 났다. **결국, 마르쿠스 페르손은 자신의 게임을 직접 만들기로 마음먹는다.**

사실 [마인크래프트]의 탄생배경에는 바로 이 [인피니마이너]인데 출시를 앞두고 게임 개발소스가 인터넷에 누출되는 사고가 터지게 된다. 결국, 이 게임을 만든 미국의 인디게임개발자 자카리 바스는 오픈소스로 재출시를 선언한 것이다. 이 게임에 환호성을 지르며 온갖 찬사를 내뿜던 마르쿠스 페르손 역시 해당 소스를 활용해 게임을 개조하기 시작했다. 그렇게 페르손은 시점을 3인칭으로 변경하고, 게임을 조금 더 어드벤처한 형태로 구성했다. 사각형의 블록 역시 그래픽을 조금 더 개선해 눈에 잘 보일 수 있도록 했다.

그렇게 2009년 초, 마르쿠스 페르손은 [인피니마이너]를 개조한 자신의 게임 테스트 버전 영상을 유튜브에 올렸다. 당시 이 게임은 이름이 없었다. 마르쿠스 페르손은 이 게임을 [인피니마이너 클론]이라고 소개했다. 페르손은 포럼에서 친하게 지낸 동료들과 게임에 대해 의견을 주고 받기 시작했고, 앞으로 무엇을 어떻게 해야 할지 순서를 정했다. 게임의 이름은 '마인'과 '크래프트'를 합쳐 [마인크래프트]로 부르기로 했다. [마인크래프트]는 대단한 인기를 누렸다. 베타 버전을 앞둔 2010년에는 2만장 이상이 판매되는 쾌거를 이루었다. 결국 이 게임은 2011년 100만 장을 돌파했고, **정식 판매 이후 2012년 2월에는 무려 500만 장을 돌파했다.** 모든 플랫폼을 더해 누적 판매량은 3,500만장 이상에 이를 정도다.

그러나 이런 '성공'과는 별개로 마르쿠스 페르손은 계속 자유롭게 게임을 만들고 싶었다. 가까운 예로, **페르손은 2009년 [마인크래프트]를 준비하며 동료인 야콥 포서와 모장을 설립했다.** 결과적으로 마르쿠스 페르손은 [마인크래프트]의 커다란 성공과 관계없이 인디게임 개발자라는 자신의 직업에 만족했다. 그리고 페르손은 뼛속까지 창작자의 마인드가 확실하게 박혀 있는, 즉 누구보다 자유로운 의지가 있었고 '우리 식대로' 한다는 것이 걸 중요하게 여겼다.

[모장]

창립: 2009년

창립자: Carl Manneh, **마르쿠스 페르손**, Jakob Porser

본사: 스웨덴, 스톡홀름

사업 내용: 게임 제작, 판매

제품: 마인크래프트

직원: 72명 (2016년)

모장(Mojang)은 개발자 마르쿠스 노치 페르손이 2009년에 ≪마인크래프트≫ 출시와 함께 설립한 마인크래프트 제작사이다. 모장은 처음 설립되었을 때에는 이름이 모장 스페시피케이션(Mojang Specification)이었다. 2014년 9월 15일 마이크로소프트가 "모장을 25억 달러에 인수하기로 합의를 했다"고 발표하였고, **모장은 마이크로소프트에 인수되어 자화사인 마이크로소프트 스튜디오에 편입됐다.** 2018년 9월에 발표하기를 마인크래프트:던전(윈도우용)을 2019년에 출시한다고 했다.

페르손 명언

♣ 돈에 관한 것이 아니다. 내 정신상태에 관한 것이다.

♣ 많은 친구들과 시간을 보내고, 유명한 사람들과 파티를 하며, **내가 하고 싶은 것을 다 할 수 있으면서, 난 그렇게 고립감을 느껴본 적이 없다.**

김범석 Bom Kim

● 쿠팡 CEO ● 한국 ● 1978년생

쿠팡 김범석 대표 프로필 및 쿠팡연혁	
출생	1978년 10월 7일, 서울 출생
학력	디어필드 아카데미(Deerfield academy) 졸업 하버드대 정치학(Harvard University) 입학
경력	하버드 비즈니스 스쿨(Harvard Business School)입학 하버드대 재학 시절, 미디어사 Current 창업 (월간지+온라인 미디어) & Newsweek에 인수 미국 Boston Consulting Group 본사 근무 미국 Vintage Media 창업 (월간지+온라인 미디어) 2010년 8월 쿠팡 창업
쿠팡연혁	2010.08 쿠팡 서비스 개시 2011.01 100만 회원 돌파 2011.07 500만 회원 돌파, 월 거래액 300억원 기록(업계 1위) 2012.01 업계 최초 1천만 회원 돌파 2012.05 업계 최초 월 순익흑자 돌파 2012.10 1천500만 회원 돌파 2013.01 업계 최초 연간 흑자 기록 2013.03 쇼핑몰 분야 웹페이지 순방문자수 4위 기록

[출생] 1978년 10월 7일
[소속] 쿠팡 (대표이사)

[학력사항]
2009년 하버드대학교 경영대학원
하버드대 정치학과를 졸업 (교환학생, 서울대 법학과)
미국 (10대 명문 사립고) 디어필드 아카데미 졸업

[경력사항]
1998년 잡지 '커런트'를 만든 후 2001년 뉴스위크에 매각
2002년 보스턴컨설팅그룹, 2년간 근무
2004년 명문대 출신 겨냥, 월간지 '빈티지미디어컴퍼니' 회사설립, 2009년 매각
2010년 창업멤버 7명, 한국에 돌아와 쿠팡설립 및 대표이사
2014년 3월 로켓배송 도입
2010년 ~ 쿠팡 대표이사

[생애]

김범석은 1978년 10월 7일 서울에서 태어났다. 대기업 주재원이던 아버지를 따라 어린 시절을 대부분 해외에서 보냈다. 중학교 시절 미국으로 유학을 떠나 명문사립학교인 디어필드아카데미와 하버드대 정치학부를 졸업하고, 하버드 비즈니스쿨(MBA)을 졸업했다. 하버드비즈니스스쿨(MBA)에서 기업관을 바꾼 교수를 만났다. 바로 '혁신기업의 딜레마'로 유명한 클레이튼 크리스텐슨 교수였다. 김범석은 정치인이 아닌 기업인도 사회의 행복에 기여할 수 있다는 크리스텐슨 교수의 강의에 큰 감명을 받았다고 한다. **하버드 재학시절 잡지 '커런트'를 만들어 뉴스위크에 매각했다. 대학을 졸업하고 보스턴컨설팅그룹에 입사했다.** 회사를 그만두고 다시 명문대 출신들을 겨냥한 월간지 '빈티지미디어컴퍼니'란 회사를 설립했다가 매각했다. 하버드대에서 친분을 쌓았던 윤증현 전 기획재정부 장관의 딸 윤선주 이사, 하버드MBA 동문인 고재우 부사장 등과 **쿠팡을 세우고 대표를 맡았다.**

쿠팡(Coupang)은 대한민국의 전자상거래(E-Commerce) 웹사이트인데, 2010년 8월 10일, 하버드 대학교 졸업 후 보스턴컨설팅그룹(BCG)을 거쳐 하버드 비즈니스 스쿨을 졸업하고 김범석 대표가 창업했다. 2012년 국내 소셜커머스업체 사상 처음으로 흑자를 냈다, 즉 서비스 개시 22개월 만에 월간 흑자로 전환하였으며, 3년 만에 연간 거래액 1조원을 기록하였다. 2015년 2월에는 전 세계 1조 클럽에 포함되었다. 당시 소셜커머스 본토인 미국에서도 그루폰을 제외하고 흑자를 기록한 회사가 없었다. 미국 세쿼이아캐피탈로부터 1억 달러, 블랙록 등 글로벌 투자그룹에서 3억 달러를 투자받았다.

손정의 회장과의 인연도 눈길을 끈다. "내가 가진 것은 꿈과 근거없는 자신감뿐이었다. 그리고 거기서 모든 것이 시작됐다"는 손 회장의 어록을 학창시절 품에 지니고 다니며 세계적 창업가의 꿈을 키웠다. 손 회장 역시 IT를 통해 세상에 긍정적 영향을 미치고 고객의 삶을 바꾸겠다는 김범석의 비전에 감동해 투자를 결정했다고 한다. **2015년 소프트뱅크로부터 10억 달러(약 1조 1,200억 원)를 투자받았고, 또한 2018년 소프트뱅크와 사우디아라비아 국부펀드가 손잡고 만든 비전펀드로부터 20억 달러(약 2조 2,400억 원)를 투자받았다.** 손 회장의 쿠팡 투자규모는 총 3조 3,500억 원이 넘는 셈이다. 2019년 재산은 약 1조 1천억원(9억 5,000만불)으로 한국내 47위의 부자이다.

[사업]

1998년 잡지 '커런트'를 만든 후 2001년 뉴스위크에 매각했다. 2002년 보스턴컨설팅그룹에 들어가 2년 동안 근무했다. 2004년 명문대 출신들을 겨냥한 월간지 '빈티지미디어컴퍼니'란 회사를 세웠다가 2009년 매각했다. **2010년 창업멤버 7명과 함께 한국에 돌아와 쿠팡을 세우고 대표이사를 맡았다.** 자본금 30억 원은 매버릭캐피탈과 알토스벤처스 등으로부터 투자받았다. 이후 매버릭캐피탈과 알토스벤처스 등으로부터 각각 20억 원과 50억 원을 추가 유치했다.

2010년 8월 서비스를 시작한 지 4년여 만에 월 거래액 2,000억 원을 달성했다. 2011년 2월 매버릭캐피탈과 알토스벤처스 등 기존 투자회사에서 200억 원을 추가로 투자받는 데 성공해 총 300억 원의 투자자금을 확보했다. 2012년 5월 실적 결산 결과 총 거래액 525억 원, 순이익 2억 2,000만 원을 기록했다. 그러나 같은해 연간 기준으로는 845억 원 매출에 14억 원 적자를, 2013년 1,463억 원 매출에 42억 원의 적자를 냈다. **2014년 3월 '로켓배송'을 도입했다.** 로켓배송은 쿠팡에서 소비자가 물건을 구매하면 자체 배송인력인 쿠팡맨이 무료로 직접 상품을 배달하는 서비스다.

2014년 5월 미국 세쿼이아캐피털로부터 1억 달러를 투자받았다. 2014년 12월 블랙록 등 글로벌 투자그룹에서 3억 달러를 투자받았다. 2015년 6월 소프트뱅크로부터 국내 이커머스 업계 최대 규모인 10억 달러 규모의 투자를 유치했다. 2014년 투자금액을 포함하면 불과 1년 동안 14억 달러, 한화로 1조 5,500억 원에 달하는 투자를 받았다. 2016년에는 이마트, 롯데마트 등과 빠른 배송뿐만 아니라 기저귀, 분유 등을 대상으로 한 최저가를 놓고 치열한 경쟁을 벌였다.

2018년 쿠팡 매출은 4조 4,227억원, 거래액은 7조원~8조원대에 달한 것으로 추정된다. 로켓배송으로 약 4조원대 매출이 가능하고, 오픈마켓 수수료 매출로 약 수천억원대 매출이 가능하다는게 쿠팡 안팎의 관측이다. 이럴 경우 총 거래액은 8조원대를 넘을 수 있다. 2018년 적자규모는 1조 970억원으로 추산되고 있으며, 쿠팡의 누적 적자는 약 2조 7,000억원을 넘어서게되어 약 3조원에 근접하게 된다. **한국의 아마존을 꿈꾸는 쿠팡은 '물류 혁명'을 통해 한국 유통을 장악하겠다는 목표를 포기하지 않고 있다.** 출혈경쟁 속에 만성적인 적자 구조에서 벗어나지 못 할 것이라는 우려가 나오는 반면, 물동량이 늘어날수록 비용이 낮아져 머지않아 흑자로 돌아설 것이라는 기대도 적지 않다. 네이버·G마켓·인터파크 등 온라인 오픈마켓의 강자들과 오프라인을 기반으로 온라인까지 영토를 넓히려는 신세계·롯데 등 기존 유통업체들이 본격적인 힘겨루기에 들어간 상황에서 쿠팡의 행보에 관심이 쏠리고 있다.

김범석 쿠팡 대표가 미국 경제 전문매체 패스트 컴퍼니(Fast Company)가 선정하는 '가장 창의적인 기업인 100인' 목록에 이름을 올렸다. 2019년 5월 23일 패스트 컴퍼니는 **쿠팡의 로켓배송 시스템을 언급하면서 "김 대표가 이끄는 쿠팡이 한국인의 삶을 바꿔놨다"고 평가했다.** 쿠팡은 자정까지 주문하면 다음날 새벽 7시까지 제품을 배송하는 로켓배송과 로켓프레시(신선식품) 서비스를 운영하고 있다. 패스트 컴퍼니는 **"쿠팡은 60여개 물류센터를 잇는 자체 배송 네트워크와 채소, 수산물 등 신선식품을 배송할 수 있는 콜드체인 시스템도 구축했다"**고 전했다.

[쿠팡]
창립: 2010년 8월 10일
창립자: 김범석
본사: 대한민국, 서울시 송파구
제품 및 서비스: 쿠팡 (전자상거래)
매출액: 4조 4,227억원 (2018년)
사용자: 약 350만명 (매일)
직원: 약 2만 4,000명 (직간접 고용인원, 2019년)

쿠팡(Coupang)은 대한민국의 전자 상거래(E-Commerce) 웹사이트이다. 2010년 8월 10일, 하버드 대학교 졸업 후 보스턴컨설팅그룹(BCG)을 거쳐 하버드 비즈니스 스쿨을 졸업한 김범석 대표가 창업했다. 2019년 4월 이후, 쿠팡은 김범석 대표 단독 체제에서 고명주, 정보람 3인 각자 대표 체제로 변경한다. 김 대표는 전략 기획, 고 대표는 인사 관리, 정 대표는 핀테크 사업을 맡아 운영하게 된다.

♣ 쿠팡의 고객들은 수백 만 가지의 상품 가운데 원하는 상품을 매일 자정까지 주문하면 99.7% 하루 안에 바로 받아보게 된다. 앞으로도 **고객을 위해 좋은 품질의 상품 셀렉션을 끊임없이 확대할 것이며 빠르고 편한 로켓배송과 결합해 스트레스 없는 최고의 고객 경험을 제공하겠다.**

♣ 쉽고 빠르게 제품을 구매하고 환불할 수 있는 서비스에 기뻐하는 것은 한국 고객뿐만이 아닐 것이다.

♣ 매출은 크게 성장했고 유치한 투자금 대부분이 남아 있어 현금 보유액도 넉넉하다.
지난해 4분기부터 수익성을 나타내는 공헌이익이 흑자로 전환된 만큼 지금부터 발생한 매출이 인프라 투자비용 회수로 이어질 것이다.

♣ 쿠팡은 계속 성장에 집중하며 고객 경험을 혁신할 것이다. 앞으로 고객을 바라보며 쿠팡의 성장을 이끌고, 위험을 제거하며 함께 역사를 만들어 나가자.

♣ 오늘 쿠팡이 대형 이커머스 기업으로 전환을 마무리했다는 자랑스러운 소식을 미디어에 전했다. **앞으로도 쿠팡은 혁신을 거듭하는 이커머스 기업이 될 것이다.**

♣ 로켓배송은 전 세계에서 유일한 서비스로 적자와 흑자를 떠나 쿠팡이 이런 서비스를 제공할 수 있다는 자체가 행운이다. 당장 적자가 나더라도 일본 소프트뱅크의 투자금 1조 1천억 원 등 실탄이 있기 때문에 미래를 내다보고 투자할 수 있다.

♣ 농구팀의 주장 같은 리더다. CEO라면 감독이라고 생각하기 쉽다. 난 선수와 함께 뛰고 다치고 호흡하는 주장이고 싶다.

♣ 홍정욱의 7막 7장을 인상 깊게 봤다. 하버드생은 '하얀 양복'을 입고 있는 듯하다. 양복에 뭐라도 묻으면 큰일 난다고 생각한다. 부모님은 도전을 중요시했다. 이에 도전 의지를 강하게 피력했다.

♣ 한국은 아시아의 실리콘밸리가 될 수 있다. 한국 젊은이의 결속력과 현명함은 세계 최고다. 소비자는 아주 똑똑하다. 학습력과 적응력이 타의 을 불허한다. **문제는 창업 생태계의 조성이다. 정부 지원이 좀 더 구체적으로 이뤄져야 한다.** 디지털 경제가 본격화하면서 '혁신' 자체가 민주화 되고 있다. **한국은 기회의 땅이다.**

♣ 시장에 결정권을 좀 더 주는 편이 좋다고 본다. **한국 소비자는 빠르고 예민하다.** 아이디어가 나쁘면 시장은 냉정하게 돌아선다. 미국에선 새 벤처가 나오면 새싹이라 생각해 보호하지만 한국에선 잡초로 취급하는 경향이 있다.

♣ 좀 과장하자면 뉴욕은 돈이 전부다. 보스턴은 사회적 책임에 무게를 둔다. 뉴욕과 보스턴의 중간이 이상적이다. 규제도 마찬가지다. 한 쪽은 비만인데 다른 한 쪽은 굶주려선 안 된다.

♣ 벤처라 하면 아이디어, 창업, 도전 등을 떠올린다. 틀렸다. **가장 중요한 것은 사람이다.**
사람과 교류, 관계, 리더십이 더 중요하다. 농구, 축구 등 팀스포츠와 같다.
많은 후배가 '벤처는 나 혼자 기막힌 아이디어를 내면 된다'고 생각한다.
그건 발명가다. **창업은 혼자 하는 게 아니다. 조직을 이끌고 즐겨야 한다.**
리더십에 대한 고민이 80%, 나머지 비즈니스가 20%여야 한다.
벤처는 아이디어보다 사람이 중요하다.

♣ 내 역할은 직원들이 능동적으로 일할 수 있는 환경을 만드는 것이다.
대한민국 직장인은 대개 깨어 있는 시간 대부분을 일터에서 보낸다.
일하는 것이 재미있고 행복하지 않으면 불행을 느낄 수 밖에 없다.

♣ 매각할 생각은 없다. 매각이라는 정점을 바라보고 회사를 운영하면 고객들에게 약속을 못 지킨다고 생각한다. 이 회사를 100년 이상 운영할 생각으로 운영을 하고 있고 M&A라는 생각은 안하고 있다.

♣ 한국에서는 외국투자금에 대해 부정적인 생각을 갖고 있는 사람이 많은데 미국에서는 오히려 미국 투자금이 해외에서 경쟁력을 키우고 있다는 우려가 커지고 있다.

중국의 구글 바이두, 중국의 유튜브 유쿠, 알리바바가 사실 미국 투자금의 힘을 빌려서 큰 회사들인데 우리도 이런 돈을 한국으로 끌어들여 세계에 설 수 있는 경쟁력 있는 회사들을 키우는 것이 오히려 좋은 일이 아닌가하는 생각이 든다.

한국에서 충분히 그런 환경이 된다고 믿는데 **투자 환경이 부족 하다고 생각한다.**

♣ 항상 독자를 위한 콘텐츠와 지역 광고주들을 위한 커머스를 결합하는 것에 관심이 많았다. 서로에게 '윈윈'이다. 그래서 대학생들을 타깃 독자로 하는 유즈(youth) 매거진 잡지 '커런트(Current)'를 창간해 직접 광고 영업을 했다.

♣ **미국에서 좋은 대학을 다니고 좋은 교육을 받은 사람들은 평범하고 편한 삶을 두려워한다.**

뭔가 도전하고 새로운 걸 창조해 내야 한다는 그런 소명의식이 강하다.

빌 게이츠나 스티브 잡스나 구글 창업자 세르게이 브린 등이 모두 명문 대학을 중퇴하고 새로운 도전에 나선 것 같은 경우다. 학벌이나 좋은 직장 보다는 도전을 더 중요한 가치로 생각하는 점은 우리 젊은이들이 배울 점이라고 생각한다.

칼라닉 Travis Kalanick

● 우버 CEO ● 기업인 ● 미국 ● 1976년생

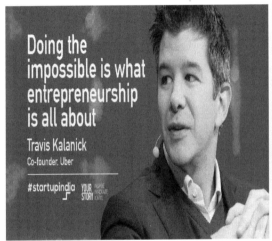

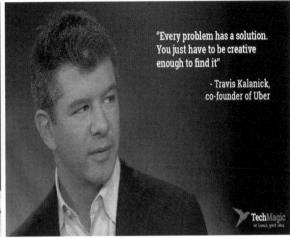

[본명] 트래비스 코델 캘러닉, Travis Cordell Kalanick
[출생] 1976년 8월 6일, 캘리포니아 주 로스앤젤레스
[국적] 미국
[직업] 기업가
[경력] 우버 CEO
[학력] UCLA 컴퓨터공학 중퇴

[요약]
트래비스 코델 캘러닉은 미국의 기업인이다. 운송 네트워크 서비스 회사 **우버(Uber)**의 창립자, 경영자로 알려져 있다.

[생애]
트래비스 캘러닉은 1976년 로스앤젤레스에서 태어났다. 후배에게 수학을 가르쳐준 것을 계기로 18세 때 보습학원을 차렸다. **캘리포니아 대학교 로스앤젤레스**에서 컴퓨터 공학과 비즈니스 경제학을

전공했으나, 재학 시절 창업 실패의 후유증 때문에 중퇴했다.

1997년, 미국 UCLA 컴퓨터공학과를 다니던 중, 22세때 친구들과 우연한 기회에 MP3 P2P 파일 공유업체 '스카우어'(Scour)를 창업했다. 파일 공유하는게 생소하던 시절에 학내 네트워크 망을 이용한 이 서비스가 소위 '대박'이 났다. 칼라닉은 다니던 학교도 중퇴하고 본격적으로 사업에 뛰어 들었다. 학위까지 포기하고 매달린 사업이었지만 결과는 '파산'이었다. 당시 냅스터라는 경쟁업체가 등장한데다 엔터테인먼트 회사들이 저작권 소송을 제기하면서다. 고작 20대 초반 청년사업가들이 감당하기 버거운 수준이었다. 불행히도 이 사업은 2000년 방송국과 영화사에서 대형 소송을 제기해 회사를 접게 되었다. 결국 캘러닉은 2000년 스카우어 파산신청 후 빈털털이가 됐다.

그러나 이에 굴하지 않고 2000년 말 다시 친구들과 레드스우시(Red Swoosh)라는 P2P 파일 공유 스타트업 회사를 설립했는데, 저작권 소송에 휘말리지 않도록 애초에 관련 기업들과도 제휴를 맺고 제대로 된 회사를 차렸다. 이 회사는 방송국과 영화사들이 합법적으로 자료를 공유하게 하는 서비스를 제공했다. 2007년에는 레드스우시를 2,300만 달러를 받고 네트워크 컴퓨팅 대기업 '아카마이'에 매각했다. 이후 아카마이에서 약 1년간 P2P 서비스 담당자로 근무했다.

힘든 시기를 보냈던 캘러닉은 이즈음 우디 앨런 감독의 영화 ≪내 남자의 아내도 좋아≫(Vicky Christina Barcelona)를 보고는 **"저렇게 나이 많은 사람도 여전히 아름다운 예술을 하고 있구나"**하며 감탄했고, 사업가로 재기했다. 2008년 콘퍼런스에서 스텀블어폰(StumbleUpon)의 창업자 개릿 캠프를 만나 **우버를 공동창업했다. 칼라닉은 운전사들에게 단순히 앱을 나눠주고 자유계약자 형태로 일하는 아이디어를 제시했다. 트래비스 칼라닉은 이것이 스카우어와 레드스우시의 사업모델과 비슷하다는 걸 나중에야 깨달았다고 털어났다. 우버의 창업 이후 칼라닉은 억만장자의 반열에 올라섰다.**

[우버 상장]

2019년 4월 우버는 미국 증권거래위원회에 기업공개(IPO) 신청서를 제출했다. 우버는 4월부터 투자자를 대상으로 한 설명회를 진행하고 5월 뉴욕 증시에 상장한다는 계획이다. **우버는 세계 70여개국에서 카풀·택시호출·자전거 대여·음식 배달 사업 등을 하고 있다.** 국내에서도 '한국의 우버'라는 수식어가 많이 쓰일 정도로 차량공유 서비스의 대명사가 됐다. 우버가 공개한 실적을 보면 2018년 112억 7천만달러(약 12조 8천 500억원) 매출을 거뒀다. 이는 2017년 대비 42% 증가한 수준이다. 차량공유 서비스는 매출의 약 80%를 차지했다.

우버 당기 순이익의 경우 2018년 9억 9천 700만달러(약 1조 1천 370억원)로 집계돼 2017년 대비 흑자전환 한 것으로 나타났다. 우버를 이용한 월간활성플랫폼고객은 9천 100명으로 전년 대비 35% 증가한 것으로 집계됐다. **우버의 최대 주주는 소프트뱅크(16.3%)로, 벤치마크캐피털파트너스도 지분 11%를 보유한 것으로 나타났다. 최고경영자(CEO)에서 물러난 트래비스 칼라닉 창업주도 지분 8.6%를 갖고 있다. 구글도 5.2%를 보유 중이다.** 월가는 우버의 기업가치를 1천억달러(약 114조원) 수준으로 추산하고 있다. 우버는 2019년 4월부터 고급택시에서 일반택시로 택시 호출 서비스를 확장해서, 카카오, SK텔레콤 등과 정면 승부를 펼친다는 전략이다. 우버는 지난 2013년 카풀 서비스인 '우버엑스'를 한국에서 서비스하려 했지만 정부가 이를 막으면서 고급 택시 호출, 음식 배달 서비스 우버 이츠 등 제한된 서비스만 가동했다. 그러나 2018년 익스피디아 출신 손희석 모빌리티 총괄을 영입하면서 다시 서비스 확장을 꾀하고 있다.

[우버]

창립: 2009년 3월
창립자: 트래비스 캘러닉, 개릿 캠프
본사: 미국, 캘리포니아주 샌프란시스코
제품 및 서비스: 모바일 앱 및 웹사이트 (승차 공유 서비스)
매출액: 113억 달러 (한화 약 12조 7,000억 원) (2018년)
직원: 22,263명(전세계), 11,488명(미국) (2018년)

우버(Uber)는 스마트폰을 기반으로 한 미국의 승차 공유 서비스이다. 실질적인 우버 서비스의 시작은 2010년부터이다. 이 기업은 고용되거나 공유된 차량의 운전기사와 승객을 모바일 앱을 통해 중개하는 서비스를 제공한다. 현재 전세계 많은 도시에서 서비스를 제공하고 있다. 차량의 예약은 텍스트 메시지나 모바일 앱을 통해 진행되며, 모바일 앱에서는 예약된 차량의 위치가 승객에게 실시간으로 제공된다. **2018년 112억 7천만달러(약 12조 8천 500억원) 매출을 올렸다. 우버의 기업 가치는 최대 1,200억 달러(약 137조원) 규모로 예상돼, 2019년 5월에 상장시 미국 최대 기술 IPO 중 하나가 될 것으로 전망되었으나, 상장 직후 705억 달러(약 84조원)로 급락했다. 우버는 2019년 6개 대륙, 63개 국가의 700개 이상의 도시에서 사업장을 운영하고 있으며, 약 9,100만 명이 넘는 사람들이 한 달에 한 번 이상 우버 서비스 중 하나를 이용하고 있다고 우버는 밝혔다. 우버 운전사들은 매일 1,400만 건의 여행을 완료하는 것으로 알려져 있다. 우버의 공동 설립자이자 최고 경영자(CEO)로 활동하던 트래비스 캘러닉은 성차별 발언 등 스캔들을 겪은 후 2017년 6월 사임했다. 2017년 9월 다라 코스로샤히가 우버의 수장 자리에 올라 현재 우버를 이끌어오고 있다.**
2019년 페이스북 블록체인 프로젝트에 우버, 페이팔, 비자, 마스터카드를 포함해 십여 개 기업이 **거버넌스 컨소시엄사로 참여한다. 우버의 첨단기술그룹이 로봇택시 시장을 겨냥해 볼보 XC90 SUV를 기반으로 제작한 완전자율주행차를 선보였다.**

칼라닉 명언

♣ 불가능한 것을 한다는 것은 기업가가 무엇인가에 관한 모든 것이다.
♣ 모든 문제는 해결책이 있다. 당신은 그 해결책을 발견할 정도로 창조적이어야 한다.
♣ 당신이 만일 가진 열정과 모든 것을 쏟아 부었다면, 당신이 비록 적을 만나 쓰러질지라도 것은 실패하기 어려울 것이다. 그것이 내가 우버에 대해 생각하는 방식이자 사업에 대해 생각하는 방식이다.

하사비스 Demis Hassabis

• 딥마인드 창업자 • 기업인 • CEO • 영국 • 1976년생

[출생] 1976년 7월 27일, 영국
[소속] 구글 딥 마인드 (CEO)

[학력사항]
2005 ~ 2009 유니버시티칼리지런던 대학원 인지신경과학 박사
1994 ~ 1997 케임브리지 대학교 컴퓨터공학 학사

[경력사항]
2014.01 ~ 구글 딥 마인드 CEO
2010 ~ 2014.01 딥 마인드 설립, CEO
1998 라이온헤드 스튜디오

[요약]
데미스 하사비스는 구글 딥마인드의 창업자이자 최고 경영자이다. 13살의 나이에 체스마스터의 자리

에 올랐고, 17살에 게임 개발에 나섰다. 28살에 인공지능 개발에 뛰어들었고, 39살에 마침내 인공지능을 만들어냈다. '마인드 스포츠 올림피아드(Mind Sports Olympiad, 두뇌 능력을 겨루는 대회)'에 출전해 챔피언 자리에 5번 오르기도 했다. 월드 와이드 웹의 개발자 '팀 버너스 리'는 하사비스를 가리켜 '세계에서 가장 똑똑한 사람'이라고 말했다. **데미스 하사비스는 영국의 인공지능 연구인, 컴퓨터 게임 설계자, 게이머이다. 알파고의 아버지, 인공지능의 대가로 추앙받는다.**

[생애]

1976년 영국에서 태어난 하사비스는 참 복잡한 혈통을 지닌 인물이다. 하사비스의 아버지는 그리스 출신이고, 어머니는 싱가포르 출신이다. 컴퓨터와 무관한 삶을 산 가족과 달리 하사비스는 어린 시절을 컴퓨터와 함께 했다. 어린 나이에 프로그래밍을 배우며 개발자로서의 역량을 키웠다. 1989년 **하사비스는 13살이라는 어린 나이로 체스마스터의 자리에 오른다.** 하사비스의 ELO 레이팅(체스 능력을 가늠하는 점수, 바둑의 단에 비교할 수 있다)은 2,300으로, 헝가리 출신의 여성 체스선수 유디트 폴가 다음으로 높은 수치였다.

데미스 하사비스는 13살의 나이에 체스마스터가 됐는데, 이러한 하사비스의 재능을 알아본 인물이 세계 최고의 게임 개발자 가운데 한명으로 꼽히는 '피터 몰리뉴'다. 몰리뉴는 고등학교를 갓 졸업한 하사비스를 개발자로 영입해 '신디케이트(Syndicate)'와 '테마파크(Theme Park)'라는 게임을 개발했다. 이후 하사비스는 캠브리지대학교에 진학해 컴퓨터공학 학사 과정을 마쳤다. 졸업 후 하사비스는 다시 게임 개발자로 업계에 복귀했다. 하사비스는 피터 몰리뉴와 함께 게임 역사에서 한 획을 그은 명작 **'블랙&화이트(Black&White)'를 개발했다. 블랙&화이트 개발에서 그가 맡은 역할은 시뮬레이션 게임에서 가장 중요한 인공지능 프로그래머였다.** 이후 스스로의 게임 개발사를 창업하기 위해 독립했다. 비디오게임 개발사 엘릭서 스튜디오를 설립하고 '리퍼블릭: 더 레볼루션(Republic: The Revolution)'과 '이블 지니어스(Evil Genius)'라는 게임 개발을 주도했다. 2009년에는 게임 업계에 공헌한 것을 기념해 영국왕립예술협회의 회원으로 뽑히기도 했다.

2005년 게임 개발 업계에서 은퇴한 뒤, 인공지능 개발에 뛰어들었다. 인공지능을 개발하려면 먼저 사람의 뇌에 대한 이해가 필요하다는 판단을 하고 유니버시티 칼리지 런던에 들어가 인지신경과학(뇌과학)을 연구하기 시작했다. 이때 하사비스는 **기억과 상상이 뇌의 같은 부분에서 생겨난다는 것을 발견했다.** '사이언스'지는 이 발견을 2007년 세계 10대 과학 성과 가운데 하나로 꼽았다.

2009년 뇌과학 박사 학위를 취득한 하사비스는 2010년 인공지능 스타트업 '딥 마인드'를 설립했다. **'딥 마인드'는 2014년 차세대 성장동력을 찾던구글에 인수되었고, 하사비스는 인공지능 부문 부사장으로 구글에 합류했고, 2015년 계열사 분리에 맞춰 구글 딥마인드의 최고경영자가 되었다.** 딥마인드는 알파고라는 인공지능 바둑 프로그램을 만들고, 판후이, 이세돌 등 세계적인 바둑 프로기사들과 대결시키면서 유명해졌다. 웹(www)을 처음 만든 팀 버너스 리는 데미스 하사비스를 '지구에서 가장 똑똑한 사람'이라고 하였다.

[딥마인드 DeepMind Technologies Limited]

알파벳의 자회사이자 영국의 인공지능(AI) 프로그램 개발 회사이다. 13세에 세계 유소년 체스 대회 2위를 한 천재 데미스 허사비스가 15세 때 고교과정을 마치고 케임브리지대에서 컴퓨터공학 학사, 유니버시티 칼리지 런던(UCL)에서 인지신경과학 박사 학위를 받고서 2010년 신경과학을 응용한 인공지능 회사를 세운게 시초이다. 영국의 런던에서 데미스 허사비스, 셰인 레그, 무스타파 술레이만이 공동 창업하였다. 당시 회사 이름은 '딥마인드 테크놀로지'였다. **머신러닝(기계학습)과 신경과학 기반의 스스로 학습하는 컴퓨터 알고리즘을 개발한다.** 미리 프로그램이 짜여져 있는 기존 인공지능과 달리 머신러닝으로 스스로 정보를 처리함으로써 **특정 분야에 국한되지 않고 다양한 분야에서 활용할 수 있는 '범용 학습 알고리즘'을 만드는 것을 목표로 하고 있다.** 구글이 근래 인공지능 분야에 대한 투자를 확대하였고, 이 회사의 가치를 알아본 **구글이 2014년 4억 달러(약 4,800억원)에 인수해 현재의 사명이 되었다.** 직원 규모는 2016년 약 100여명이다.

구글딥마인드가 바둑 인공지능(AI) '알파고', 스타크래프트 AI '알파스타'에 이어 이번엔 3차원(3D) 슈팅 비디오게임에서 다른 플레이어들과 협업해 전술을 펼칠 수 있는 AI를 개발하는 데 성공했다. 사람이 경험하는 현실 세계에 더 근접한 것으로 목표 달성을 위해 **복잡한 공간에서 여러 개체가 상호작용 해야 하는 자율주행차, 군집 드론(로봇), 군사 전술 등 다양한 분야에 응용이 가능할 것으로 기대를 모은다.** 구글딥마인드 연구진은 멀티플레이어 3D 슈팅 비디오게임인 '퀘이크 3 아레나: 캡처 더 플래그(깃발뺏기)'에서 딥러닝(심층기계학습) 기술을 이용해 인간을 능가하는 수준의 협업 능력을 갖춘 AI 플레이어 '포더윈(FTW)'을 개발했다고 국제학술지 '사이언스' 2019년 5월 31일자에 발표했다. **딥러닝의 일종인 '집단기반 강화학습'을 활용해 AI를 훈련시켰다.**

하사비스 명언

♣ 알파고는 '프로토타입'(시제품) 단계 프로그램으로 어떤 문제가 있는지 알려면 (이세돌 9단 같은 고수와) 이런 경기를 계속 치러야 한다.

♣ 바둑은 게임이지만 의료·보건 분야에 적용하려면 아주 엄격한 시험 과정을 거쳐야 한다. **알파고를 의료 분야에 적용하기엔 아직 큰 격차가 있다.**

♣ 이세돌 9단 기보나 기풍에 맞춰 알파고를 훈련시킨 게 아니라 일반적인 바둑 훈련을 시켜 정보의 비대칭성 문제는 없고 동등하게 대결했다.

♣ **알파고를 학습시키려면 수백만 수천만 게임 정보가 필요한데 (이세돌 9단의) 수백 수천 개 기보만으로는 할 수 없다.**

♣ 승리! 우리는 달에 도착했다.

권혁빈 Kwon Hyuk bin

• 스마일게이트 회장 • 한국 • 1974년생

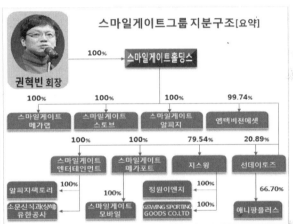

스마일게이트그룹 지분구조[요약]

[출생] 1974년 1월 1일
[소속] 스마일게이트 홀딩스 (의장), 스마일게이트 희망스튜디오 (이사장)
[학력사항]
1992 ~ 1999 서강대학교 전자공학과 학사

[경력사항]
스마일게이트 홀딩스 의장
스마일게이트 희망스튜디오 이사장
2014.01 ~ 2017.08 스마일게이트 홀딩스 대표
2012.09 ~ 서강대학교 지식융합학부 아트앤테크놀로지전공 초빙교수
2002 ~ 2014 스마일게이트 대표이사

[수상내역]
2016 제53회 무역의 날 5억불 수출의 탑

2014 제51회 무역의 날 1억불 수출의 탑
2012 대한민국 콘텐츠 대상 해외진출유공부문 대통령상
2012 제51회 한국을 빛낸 이달의 무역인
2011 무역의 날 지식경제부장관 표창
2011 디지털경영혁신대상 문화부장관상

[요약]

1998년 e러닝회사인 포씨소프트를 설립했다. 대한민국의 비디오 게임 개발 회사이자 배급사인 스마일게이트를 2002년 설립하였다. 2008년 중국 텐센트와 계약해 크로스파이어를 중국에 내놓았다. 2014년 1월부터 스마일게이트홀딩스 대표를 맡고 있다. 2012년 9월부터 서강대학교 지식융합학부 아트앤테크놀로지전공 초빙교수를 맡고 있다. **2019년에는 약 4조 9천억원(43억 달러)로 한국 8위, 세계 478위 부자이다.**

[생애]

1974년 1월 1일 태어나 서강대학교 전자공학과를 졸업했다. **개발에 정통한 소프트웨어 전문가다. 대학 시절 삼성전자의 소프트웨어개발자 양성프로그램인 '소프트웨어 멤버십'을 수료했다.** 그 뒤 삼성물산의 투자를 받아 포씨소프트를 설립했었다. 2002년에는 게임회사 스마일게이트그룹을 설립해 현재까지 이끌고 있다. 권혁빈은 게임회사인 스마일게이트그룹의 최고경영자(CEO)다. PC온라인게임 '크로스파이어'로 중국에서 화려한 성공을 거뒀다. 2015년 포브스가 선정한 전세계 100대 부자 IT기업인 리스트 60위에 오를 정도로 큰 부자가 되었다.

2006년 총싸움게임 크로스파이어를 국내에 출시했다. 크로스파이어를 중국에 내놓으며 본격적으로 성공가도를 달렸다. 중국 출시 당시 직원들과 수시로 밤을 새가며 중국사업에 전력을 기울였다. 권혁빈은 대중 앞에 나선 적이 거의 없어 게임업계에서 '은둔의 경영자'로 통한다. **국내에서 무명에 가까웠던 스마일게이트는 2008년 7월 텐센트를 통해 중국에 선보인 온라인 사격게임(FPS) '크로스파이어'가 그야말로 대박을 내며 급성장했다.**

FPS(First-person shooter)는 플레이어의 시점, 내가 사물을 보는 시점과 같은 화면에서 무기나 도구를 이용해 전투를 벌이는 슈팅게임의 일종으로, '1인칭 슈팅' 게임이다. 게임 속 캐릭터의 시점과 플레이어의 시점이 동일해야 하기 때문에 보통 3D 방식으로 제작되며, 다른 게임에 비해 높은 사실감이 장점이다. 유명한 FPS 게임에는 최고의 그래픽 엔진이 적용되어 게임 산업의 발전에 기여하기도 하고, 사용자들의 PC 업그레이드를 부추기기도 했다.

크로스파이어는 2009년 동시접속자수 100만 명을 넘어선 데 이어 이듬해인 2010년 200만 명을 돌파했다. 2010년 SG홀딩스를 설립해 지주회사체제를 준비하기 시작했다. **2011년 300만 명을 넘어섰고 한때 동시접속자수 1위 게임으로 기네스북에 오르기도 했다.** 2014년 1월 SG홀딩스를 스마일게이트홀딩스로 이름을 바꾼 뒤 대규모 조직개편을 실시했다. 기존 게임사업을 담당했던 스마일게이트의 이름을 스마일게이트 엔터테인먼트로 변경해 콘텐츠사업 등을 함께 맡도록 했다. 게임 유통을 맡았던 ISG는 스마일게이트 월드와이드로 이름을 바꿨다. 2014년 3월 스마일게이트홀딩스는 선데이토즈의 지분 약 21%를 인수해 최대주주에 올랐다.

모바일게임으로 게임사업 중심이 이동하면서 위축된 국내 PC온라인게임시장을 되살리기 위해 '로스트아크' 개발에 공을 들였다. '카카오톡게임하기'를 넘어서는 플랫폼을 만들겠다는 꿈을 꾸며 종합 게임플랫폼 '스토브'에 투자했다. 이 게임은 수년간 중국 온라인게임 1위 자리를 지켰고, 동시접속 600만명이라는 대기록도 세웠다. ≪크로스파이어≫는 중국, 브라질, 베트남, 북남미, 유럽 등 80개국에서 서비스 중이며, 이후 전 세계 동시 접속자 800만명을 기록한 전 세계 1위 온라인 FPS게임이다. 상금 규모 10억이 넘는 '크로스파이어 스타즈' E 스포츠 대회를 매년 개최하고 있으며 이는 국내 게임회사가 개최하는 대회 규모 중 가장 큰 규모이다.

[스마일게이트]

형태: 주식회사
산업 분야: 컴퓨터 · 비디오 게임 산업
창립: 2002년 6월
창립자: 권혁빈
본사 소재지: 대한민국 경기도 성남시 분당구 판교역로 220 쏠리드 스페이스 빌딩 2층 / 판교로 344 스마일게이트 캠퍼스
사업 지역: 대한민국, 중국, 브라질, 베트남, 유럽, 북미, 남미, 동남아시아
핵심 인물: 권혁빈 (회장), 양동기(스마일게이트 엔터테인먼트 CEO)
사업 내용: FPS *(First-person shooter, 1인칭 게임)*, MMORPG *(Massive Multiplayer Online Role Playing Game, 대규모 다중사용자 온라인 롤 플레잉 게임)*
제품: 크로스파이어
주요 주주: 성준호
직원: 약 1,800명~2,000명

스마일게이트 그룹은 지주 회사 스마일게이트 홀딩스(Smilegate Holdings)를 중심으로 9개의 계열사 (스마일게이트 메가포트, 엔터테인먼트, 월드와이드, 메가랩, 알피지, 인베스트먼트, 파운데이션, 스토브) 체제이다. 2002년 6월에 설립된 대한민국의 게임 회사로 본사는 경기도 성남시 분당구 판교역로 220 쏠리드 스페이스 빌딩에 위치해 있으면 계열사는 스마일게이트 캠퍼스를 중심으로 안랩 및 아이디스 빌딩 등에 상주해 있다. **판교 테크노밸리에 가장 먼저 정착한 게임 회사이며 대표작은 1인칭 슈팅 게임 ≪크로스파이어≫이다.**

[회사 개요]

권혁빈 회장은 2008년 온라인 슈팅게임 '크로스파이어'를 중국에 수출해 '대박'을 터트리면서 부호로 등극했다. **중국 텐센트를 통해 중국에 선보인 크로스파이어는 연 매출이 1조원이 넘는 것으로 알려졌다. 텐센트로부터 받는 로열티 수입은 스마일게이트의 연간 매출 6,000억원의 대부분을 차지한다.** 해외 로열티 수입이 대부분이라 인건비, 투자비 등 제반 비용 부담이 적어 이익률도 50%(3,000억원)로 높은 편이다. 국내 Top 5 게임회사로 2016년 기준으로 연 매출 6,619억을 기록하였으며, 영업이익은 3,748억으로 국내 게임사 2위 수준이다. 스마일게이트 창립자 겸 권혁빈 회장은

2019년 포브스 조사 결과 '한국 부자 순위' 8위, 세계 478위이다. 임직원 수는 정확하지 않지만 약 1,800명 ~ 2,000명 규모다.

≪크로스파이어≫는 중국, 브라질, 베트남, 북남미, 유럽 등 80개국에서 서비스 중이며, 전 세계 동시 접속자 800만명을 기록한 전 세계 1위 온라인 FPS게임이다. 상금 규모 10억이 넘는 '크로스파이어 스타즈' E 스포츠 대회를 매년 개최하고 있으며 이는 국내 게임회사가 개최하는 대회 규모 중 가장 큰 규모이다. 또한 현재까지 크로스파이어로 큰 규모의 매출을 이뤄내고 있다. 스마일게이트홀딩스는 게임 디벨로퍼 매거진 2012년 7월호에 실린 〈전 세계 TOP개발사 30〉 중 하나로 선정되었으며, 크로스파이어는 2014년 1월 미국 디지털게임 시장 조사기관인 슈퍼데이터 리서치에서 발표한 전 세계 매출 순위(F2P) 1위를 기록했다. 게임 업계 멘토로서 영세 개발사 및 가망성 있는 개발사 등을 지원하는 오렌지팜을 설립 운영 중이며, 비영리 스마일게이트 희망스튜디오와 함께 다양한 사회 공헌 활동을 펼치고 있다.

스마일게이트가 '에픽세븐'으로 글로벌 모바일 게임 시장을 두드리는 한편, '크로스파이어'로 글로벌 콘솔 게임 시장을 저격하고 나섰다. 이와 함께 가상현실(VR)게임과 교육 게임에까지 적극적으로 투자하며 포트폴리오를 전방위로 확산하고 있다. 업계 톱5에 이름을 올린 스마일게이트의 '사업 다각화' 전략이 자회사의 기업공개(IPO) 시점을 앞당길 수 있을지 주목된다.

권혁빈 명언

♣ 사회로부터 도움을 받아 성공했다면 그 사회에 기부를 해야 하는 것은 당연하다.

♣ 청년창업지원은 단순한 돈으로만 기부하는 것이 아닌, 가치를 돌려주는 것이다.

♣ 대한민국이 IT 강국이라 하지만 제가 보기에는 그렇지도 않다. IT는 미국을 쫓아가기 바쁘고, 중국에는 이미 추월당한 상태다. 핀테크도 늦었다. 대한민국은 빨리 성장해서 큰 시장으로 나가야 하는데, 가장 뒤처지고 있다. 지금 늦어버린 대한민국에서는 이런 스타트업들이 빨리 성장해서 글로벌 시장으로 나가야한다.

♣ 국내 PC온라인게임시장이 많이 위축됐다. 스마일게이트가 로스트아크로 다시 PC온라인게임시장을 일으켜 보겠다.

♣ 글로벌 모바일 서비스 플랫폼 스토브는 스마일게이트가 엔터테인먼트그룹으로 가기 위한 첫번째 사업이다. 스마일게이트의 플랫폼은 글로벌, 투자지원, 사업 멘토링, IT기술지원에서 다른 플랫폼과 차별화하겠다.

♣ 말 그대로 24시간 일했다. 개발진은 새벽에 날이 밝을 때까지 게임 프로그램을 만들고 잠시 눈을 붙였다. 중국 시장에 맞게 아예 다시 만든다는 각오로 현지화에 매달렸다.
6개월 내내 밖에도 거의 나가지 않고 방에 틀어박혀 컴퓨터만 들여다봤다. 당시 중국에서 보낸 6개월이 나와 스마일게이트의 운명을 바꿔 놓았다.

브린 Sergey Brin

• 구글 공동설립자 • 알파벳사장 • 미국 • 1973년생

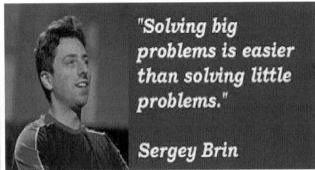

"Solving big problems is easier than solving little problems."

Sergey Brin

[본명] 세르게이 미하일로비치 브린
[출생] 1973년 8월 21일, 소련 모스크바

[거주지] 캘리포니아 주 로스앨토스
[국적] 소련에서 미국으로 변경
[경력사항]
2015.10 ~ 알파벳 사장
2001 ~ 2011 구글 기술부문 사장
1998 ~ 2001 구글 사장
1998 구글 공동설립

[학력사항]
~ 1995 스탠퍼드대학교 대학원 컴퓨터과학 석사
~ 1993 메릴랜드대학교 컴퓨터과학, 수학 학사

[직업]
알파벳의 기술부문 사장

세르게이 브린은 러시아 출신의 미국 시민권자 기업인으로서 **래리 페이지와 함께 구글을 창립**했다. 브린은 러시아의 모스크바에서 모스크바 대학을 졸업한 유대인 부부의 아들로 태어났다. 6살 때 미국에 온 브린은 후에 메릴랜드 대학에서 수학과 교수로 재직하게 된 아버지 덕분에 수학에 많은 흥미를 보였으며, 이를 계기로 세르게이 브린은 고등학교 졸업 후 메릴랜드 대학에 입학하여 수학과 컴퓨터 과학 전공으로 학부를 마쳤다. 이후 세르게이 브린은 스탠포드 대학교 대학원으로 진학하여 컴퓨터 과학을 전공하였다. 컴퓨터 과학 석사학위를 취득한 세르게이 브린은 박사과정을 밟았으나, **도중에 래리 페이지를 만나 박사과정을 그만두고 1998년 친구의 차고에서 구글을 창립**하였다. 브린은 구글의 **기술부문 사장**이며 2008년 3월 약 187억 달러의 순자산을 가지고 있었으며 세계 32번째 부자였었는데, 2016년 2월에는, 포브스에 의하면, 재산이 약 392억 달러로 세계 11번째(3명 공동 순위) 부자가 되었고, **2019년에는 498억 달러(한화 약 56조원)으로 세계 14위 부자이다.**

[알파벳]
창립: 1998년 9월 4일, 캘리포니아주, 멘로파크 (구글), 2015년 10월 2일 (알파벳)
창립자: 세르게이 브린. 래리 페이지
본사: 미국, 캘리포니아주, 마운틴뷰. 구글플렉스
제품 및 서비스: 인터넷, 소프트웨어, 통신 장비, 의료, 생명공학기술, 벤처 캐피털
매출액: 1,368억달러(한화 약 155조원) (2018년 12월)
직원수: 98,771명 (2018년 12월)
알파벳 주식회사(Alphabet Inc.)는 2015년 10월 2일 구글의 공동 설립자 래리 페이지, 세르게이 브린이 설립한 미국의 복합기업이다. 미국의 구글을 비롯한 여러 구글 자회사들이 모여서 설립된 기업집단이다.

브린 명언

♣ 큰 문제를 해결하는 것이 작은 문제를 해결하는 것보다 쉽다.
♣ 성과 5%는 불가능해도 30%는 가능하다.
♣ 사용자가 구글을 통해서 하고 싶어 하는 것은 '검색'이다.
　이는 우리가 **추구하는 최종 목표**이기도 하다.
♣ 우리의 모든 직원은 **완벽한 검색엔진을 만들기** 위해 노력하고 있으며 그 목표를 위해 불철주야 애쓰고 있다.
♣ **구글은 전통적인 회사가 아니다. 또한 그러한 기업이 되지도 않을 것이다.**
♣ 외부적인 압력에 의해 종종 기업은 장기적인 발전기회를 노리기보다 작은 분기실적에 만족하고 있다.
♣ 우리는 구글이 중요하고 또한 의미 있는 조직이 되기를 희망한다.
　이를 위해서는 **충분한 시간과 안정적인 독립성이 요구된다.**

페이지 Larry Page

• 기업인 • 구글 공동설립자 • 미국 • 1973년생

If you're changing the world, you're working on important things. You're excited to get up in the morning.

- Larry Page, Co-founder & CEO

[출생] 1973년 3월 26일, 미국
[소속] 알파벳 (사장)

[학력사항]
스탠퍼드대학교 대학원 컴퓨터공학 석사
~ 1995 미시간대학교 컴퓨터공학 학사
인터로컨 예술학교

[경력사항]
2015.10 ~ 알파벳 사장
2011.01 ~ 2015.10 구글 사장
2001.07 ~ 2011.04 구글 제품부문 사장
1998.09 ~ 2002.07 구글 CFO
1998.09 ~ 2001.07 구글 사장
1998 구글 공동설립

[수상내역]
2002 세계경제포럼 내일을 위한 글로벌 리더

[출생]
1973년 03월 26일
미국 미시간 주 이스트랜싱

[거주지] 캘리포니아 팔로알토
[국적] 미국

[학력]
미시간 대학교 컴퓨터공학 학사
스탠포드 대학교 컴퓨터과학 석사

[경력] 구글의 공동 창업자이자 최고 경영자
[직업] 알파벳의 최고 경영자, 사장
[순자산] US$ 508억불(한화 약57조원, 2019년 세계 10위)
[배우자] 루신다 사우스워스(2007년 결혼)
[자녀] 2명

래리 페이지는 미국의 비즈니스 거물이자 **세르게이 브린과 함께 구글의 공동 창업자인 컴퓨터 과학자이다.** 2011년 4월 4일에 에릭 슈미트의 뒤를 이어 구글의 최고경영자 자리를 맡았다. 2014년 10월 기준으로, 페이지의 개인 재산은 포브스 선정 억만장자 목록 19위인 304억 달러일 것으로 추산되었는데, **2019년에는 508억 달러로(한화 약 57조원) 증가하여 세계 10위 부자가 되었다.** 페이지는 구글의 검색 랭킹 알고리즘의 기초인 **페이지랭크의 창안자**이며, 래리 페이지와 브린은 서로 약 16%의 주식을 보유하고 있다. 마이크로소프트와 빌 게이츠, 애플과 스티브 잡스, 페이스북과 마크 저커버그, IT 업계를 선도하는 기업과 그 기업의 창업자로 혁신의 아이콘이라고 부를 만하다. 하지만, 이들 3명보다 더 혁신적일지도 모를 래리 페이지에 대해선 잘 모른다. 래리 페이지는 구글의 공동창업자이며 현 최고경영자이다. 세상에서 가장 혁신적인 기업으로 손꼽히는 구글을 이끄는 래리 페이지의 삶과 철학을 이해하면 구글에 대해 좀 더 자세히 알 수 있게 될 것이다.

[니콜라 테슬라를 존경하는 컴퓨터 신동]
래리 페이지는 1973년 미국 미시건주 이스트랜싱에서 태어났다. 래리 페이지의 아버지 칼 페이지는 미시건주립대학교 컴퓨터공학과 교수였고, 마찬가지로 엄마 글로리아도 컴퓨터 교수였다. 컴퓨터를 전공한 부모 슬하에서 페이지 역시 컴퓨터 신동으로 자라났다. 6살부터 컴퓨터에 관심을 갖기 시작했고 초등학교 숙제를 워드 프로세서로 작성해 제출하기도 했다. 그 학교에서 워드 프로세서를 사용한 첫 번째 학생이었다. 12살 페이지는 '니콜라 테슬라'에 대한 전기를 읽고, 그처럼 세상을 바꿀 혁신적인 발명가가 되길 꿈꾸게 된다. 페이지는 고등학교 졸업 후 미시건 대학교에 진학해 컴퓨터 엔지니어링을 공부했다. 부모와 마찬가지로 교수가 되고 싶었던 래리 페이지는 스탠퍼드 대학원에 진학해 컴퓨터 사이언스에 대한 연구를 시작했다. 스탠퍼드 대학원에 진학한 페이지는 평생을 함께 할 친구 세르게이 브린을 만나게 된다. 동갑내기인 브린과 페이지는 처음엔 사이가 좋지 않았지만 웹 페이지에 관한 연구를 함께 진행하며 친분을 쌓게 된다.

[웹 페이지에 가치를 매기다]

페이지와 브린은 막 태동한 월드 와이드 웹의 가치에 주목했고, 어떻게 하면 방대한 월드 와이드 웹 속에서 사용자에게 의미 있는 웹 페이지를 찾아낼 수 있을지 연구했다. 사실 페이지가 처음부터 웹 페이지에 가치를 매기는 작업에 매진한 것은 아니었다. **페이지는 모든 월드 와이드 웹을 백업하고 정리(인덱싱)하는 방법에 대해 연구했다.** 하지만 월드 와이드 웹은 연구원 혼자 백업하기에는 너무 방대했다. 페이지는 결국 자신의 아이디어보다 친구 브린의 아이디어인 웹 페이지에 가치를 매기는 방법에 대한 공동 연구를 시작하게 된다. 가치 있는 논문이 많이 인용되듯이 웹 페이지도 마찬가지 일 것이라 생각했다. 즉 가치 있는 웹 페이지는 다른 웹 페이지와 많이 연결(링크)되기 마련이다. 페이지와 브린은 특정 웹 페이지가 어떤 웹 페이지와 링크되어 있고, 얼마나 링크되어 있는지 횟수를 분석함으로써 웹 페이지의 가치를 파악할 수 있다고 생각했다. '백럽(BackRub)'이라고 이름 붙인 이 연구 프로젝트에 브린이 합류했다. 페이지와 브린은 웹 페이지의 가치를 파악하기 위해 웹 페이지를 뒤지는 **검색 로봇(웹 크롤러)을 개발**했고, 검색 로봇으로 수집한 **링크 데이터를 분석할 페이지 랭크 알고리즘**을 완성했다. 페이지와 브린은 이 검색 로봇과 페이지 랭크 알고리즘이 웹 검색의 수준을 한 단계 끌어올릴 수 있음을 파악했다.

[구글의 탄생]

개발 도중 백럽이라는 이름이 너무 촌스럽다는 지적을 받았다. 이름을 세상의 모든 웹 페이지를 품 겠다는 의미에서 10의 100승, 사실상 무한함을 의미하는 구골(Googol)로 바꾸는 것이 좋겠다는 제안을 받았다. 하지만 구골이라는 상표와 도메인은 이미 다른 곳에서 등록한 상태였다. 때문에 유사한 발음을 가진 **'구글'이라는 이름으로 최종 결정했다. 1996년 8월 마침내 세계 최대의 검색 엔진 '구글'이 세상에 태어났다.** 당시 구글의 초기 버전은 스탠퍼드 대학교의 URL을 이용해 구축했다. 당시 검색 엔진은 조악하기 이를 데 없었다. 검색 로봇이 웹 페이지를 뒤져 사용자가 필요로 하는 정보를 찾아내는 것이 아니라, 웹 페이지의 소유주가 검색 엔진에 자신의 사이트를 등록하는 방식이었다. 검색 엔진보다 관문(포탈)이라는 이름이 더 적합한 시절이었다.

구글의 등장은 충격 그 자체였고 큰 인기를 끌었다. 결국 남는 PC 부품과 리눅스를 조합해 얼기설기 만든 서버와 스탠퍼드 대학교의 URL이 구글을 감당하지 못할 지경에 이르게 된다. 페이지와 브린은 구글을 판매하기로 정하고 야후, 알타비스타 등과 접촉해 매각에 대해 논의했다. 매각 대금은 100만 달러 정도만 받아도 충분하다고 생각했다. 구글의 최근 기업가치인 약 3,715억 달러(약 416조 원, 2015년 S&P 캐피탈 IQ 조사 기준)에 비하면 너무 초라한 가격이었다. 하지만 정작 구글의 판매는 난항을 겪게 된다. 구글의 검색 성능이 너무 뛰어나 사용자가 너무 빨리 포탈에서 벗어난다는 것이 그 이유였다. 당시 웹 페이지 광고가 주 수입원이던 포탈의 입장에선 도입하기 어려운 기술이었다.

결국 페이지와 브린은 투자를 받아 구글을 하나의 회사로써 운영한다는 결정을 내린다. **구글에 최초로 투자한 사람은 썬마이크로시스템즈의 창업자 앤디 벡톨샤임**이었다. 두 창업자의 열의와 구글의 가능성을 알아본 벡톨샤임은 별다른 설명도 듣지 않고 그 자리에서 바로 10만 달러짜리 수표를 끊어줬다. 투자를 받은 페이지와 브린은 스탠퍼드 대학교 연구실에서 독립한 후 수잔 보이키치(현 유튜브 최고경영자)의 집 창고를 빌려 구글을 창업한다. 이후 람 슈리람(벤처 캐피탈리스트, 현 구글 이사), 데이비드 체리턴(스탠퍼드 대학교수, 페이지와 브린의 은사), 제프 베조스(아마존의 창업자) 등의 투자를 받아 구글을 지속적으로 성장시켰다.

[삼두정치의 시작과 복귀]

강력한 검색 기능과 검색어 광고를 통한 수익원 확보 덕분에 구글은 빠르게 성장했다. 1990년대 말에서 2000년대 초를 강타한 '닷컴버블' 속에서도 구글은 건재했고, 거품으로 가득 찬 회사가 아님을 스스로 증명했다. 최고경영자로서 페이지는 이러한 구글의 성장을 지휘했다. 페이지와 브린은 구글이 기업공개(IPO)를 통해 더욱 성장할 수 있음을 확신하고 기업공개를 준비하게 된다. 하지만 투자자들이 보기에 페이지는 한 기업을 이끌기에는 너무 어렸고 경험이 부족했다. 요즘은 20대 초반 창업자가 넘치지만 당시만 해도 20대 최고경영자에 대해서 투자자들로서는 우려를 표할 수 있는 상황이었다. 이러한 투자자의 우려에 페이지와 브린도 동의했다. 구글의 외적 성장을 내부 시스템이 따라가지 못하는 문제가 발생했고, 내적 기틀을 잡고 대외 활동을 지휘할 경험 많은 최고경영자가 필요한 시점이었다. 둘은 애플의 최고 경영자 스티브 잡스 만이 구글을 이끌 사람이라고 생각했지만 잡스가 애플을 떠나 구글로 올리는 없었다. 이 들은 고집을 꺾고 다른 적당한 사람을 물색하기 시작했다. 마침 에릭 슈미트(Eric Emerson Schmidt)가 물망에 올랐다. 슈미트는 썬마이크로시스템즈를 거쳐 노벨의 최고경영자를 역임한 인물이었다. 수십 년간 IT 업계에 종사하며 경영자로서 연륜도 충분했다.

처음 슈미트는 구글을 탐탁하지 않게 생각했지만 페이지와 브린을 만난 후 생각을 바꾸게 된다. 둘의 비전과 통찰력에 감탄한 슈미트는 구글의 최고경영자 자리를 승낙했다. **2001년 페이지는 최고경영자 자리를 슈미트에게 승계하고 자신은 창업자로서 슈미트에게 경영 수업을 받기 시작했다.** 이후 10년 동안 구글의 얼굴은 슈미트였고 이 기간 동안 페이지는 두문불출했다. 많은 사용자가 빌 게이츠, 스티브 잡스, 마크 저커버그에 대해서는 잘 알면서 페이지에 대해서는 잘 모르는 이유가 이것이다. 10년 간 대중 앞에 나서지 않았으니 그 존재에 대해 잘 모르는 것도 당연했다. 하지만 10년 동안 페이지가 구글에 끼친 영향은 지대했다. 슈미트를 도와 구글의 기업 공개를 성공적으로 완수했다. 무엇보다 앤디 루빈과 만나 그의 아이디어인 '안드로이드 운영체제'를 5,000만 달러에 인수한다는 결정을 내렸다. 안드로이드 운영체제의 위상을 생각해보면 페이지의 선택이 우리 삶을 어떻게 바꿨는지 알 수 있다.

10년이 흐른 2011년 연륜을 쌓은 페이지는 구글의 최고경영자로 복귀했고, 슈미트는 회장이라는 직함을 달았다. 최고경영자가 모든 것을 총괄하는 미국 기업의 모습을 생각해보면 대단히 이례적인 결정이다. 많은 사용자가 페이지, 브린, 슈미트의 관계에 대해 궁금해 하는데 구글의 답변은 간단하다. 셋이 협력해 함께 구글을 이끌어 나가고 있다는 것이다. **페이지는 최고경영자라는 직함을 달고 구글을 현실적인 회사로서 이끌고 있고, 브린은 창업자 겸 구글X 프로젝트 담당자라는 직함을 달**

고 구글 글라스, 자율 주행 자동차, 프로젝트 룬, 혈당을 체크하는 소프트렌즈 등 미래 기술 개발을 지휘하고 있다. 슈미트는 회장이라는 직함을 달고 구글의 얼굴로서 활동했으며, 창업자 둘에게 경영에 관한 조언을 제공했다. 2019년 4월 슈미트 전 구글 회장이 18년 만에 구글의 모회사인 알파벳 이사회에서 물러났다. 기술 고문으로서 알파벳과 구글 비즈니스, 구글 테크를 지도·교육하고, 재능 있는 지도자에게 조언할 예정이다.

[소통이 바로 혁신의 비결]

페이지는 컴퓨터 공학자로서의 능력뿐만 아니라 경영자로서의 능력 역시 탁월하다. 세계에서 세 번째로 거대한 IT 기업을 일궈낸 그의 경영철학은 본받을 점이 많다. 먼저 **구글의 소통 시스템 'TGIF(Thank God It's Friday)'**를 들 수 있다. 구글은 매주 금요일 점심에 모든 직원이 한 군데 모여 자신의 생각을 전직원에게 알릴 수 있는 시스템을 갖추고 있다. 자신의 새로운 아이디어, 회사 경영 방식에 대한 불만 등 무엇을 말해도 된다. 페이지를 포함한 모든 임원은 이 자리에 참석해 직원들의 의견을 듣고 자신들의 생각을 직접 설명해준다. 한국 기업은 물론 미국 기업에서도 찾아볼 수 없는 혁신적인 정책이다.

TGIF를 통해 직원들의 불만은 줄어들고, 혁신적인 아이디어를 발굴해 낼 수 있을 것이라는 페이지의 생각은 주효했다. 이메일 용량이 너무 적다는 직원의 아이디어를 듣고, 10GB 이상의 이메일 용량을 제공하는 지메일을 출시한 것이 그 대표적인 사례다. 이후 지메일은 약 9억 명이 사용하는 구글의 대표 서비스로 거듭났다. **TGIF는 이름과 달리 목요일 점심에 진행**한다. 그 이유는 금요일에 TGIF를 진행하면 지구 반대편에 있는 전세계 구글 직원들이 아이디어를 제시할 수 없다는 것이다. 토요일에는 쉬어야 하기 때문에 요일을 금요일에서 목요일로 당겨 진행한다.

8:2 시스템도 주목할 만하다. 구글의 모든 직원은 일주일의 4일은 자신의 본업(Job)에 하루는 자신이 하고 싶은 업무를 할 수 있다. 구글 내부에서 할 수 있는 업무이면 무엇이든 허용되며 강제도 아니고 일주일 내내 본업에 종사해도 된다. 하지만 8은 본업을, 2는 하고 싶은 업무를 처리하는 것을 정책적으로 권장하고 있다. 자신이 하고 싶은 업무를 처리할 수 있게 된 직원들은 혁신적인 아이디어를 쏟아냈다. 카드보드가 대표적인 사례로 직원 두 명이 장난삼아 시작한 이 프로젝트는 이제 가상현실 업계를 선도하는 혁신적인 기술로 거듭났다. 구글에 근무하는 한국인 개발자의 경우 자신의 본업 외에도 국내 웹 환경을 보다 검색 친화적으로 바꾸는 작업에 매진하고 있다.

[은둔형 최고경영자지만 영향력은 최고]

페이지는 전형적인 은둔형 최고경영자로 대중과 언론에 모습을 드러내는 일이 드물다. 대부분 슈미트나 선다 피차이 부사장에게 위임했다. 최고경영자가 대중과 언론에 모습을 드러내는 마이크로소프트, 애플, 페이스북과 대조적인 모습이다. 노출을 꺼리는 페이지의 성격 때문일 수도 있다. 하지만 그것보다는 페이지 본인의 건강이 좋지 않아서라는 설에 무게가 실린다. 신경 손상으로 인한 성대 마비 때문에 페이지는 말을 오래하는 것 자체를 버거워하는 상황이다. 목소리도 많이 쉬었다. 얼마 전 구글 I/O 2015에 참가해 개발자 앞에 모습을 드러낸 페이지는 쏟아지는 질문에 대부분 웃음으로 화답했다. 건강 때문에 말 자체를 아끼는 모습이다. 래리 페이지가 대중과 언론 앞에 모습을 드러내지 않는다고 해서 래리 페이지의 영향력이 작다고 할 수는 없다. 오히려 IT 기업 창업가 가운데 가장 크다고 평가할 수 있다.

게이츠는 마이크로소프트에서 손을 떼고 기부 활동에 전념하고 있고, 잡스는 안타깝게도 이제 이 세상 사람이 아니다. 저커버그가 그 영향력을 확대하고 있지만, 아직까진 **페이스북 보다는 구글의 영향력이 더 크다** 할 수 있다. 페이지는 아직 젊고 그의 혁신은 끝나지 않았다. 이제 겨우 시작일지도 모른다. 페이지의 생각이 우리 삶을 어떻게 바꿀지 지켜볼 일이다. 페이지는 젊은 시절 연구한 월드 와이드 웹을 백업한다는 계획을 결국 실천에 옮겼다. 구글을 설립하고 전세계 10위(약 57조원, 2019년 기준)의 부자가 된 래리 페이지는 구글의 막대한 서버를 이용해 전세계 웹 페이지를 백업하고, 사라진 웹 페이지를 사용자들에게 보여주고 있다(캐시 페이지 보기 서비스). 검색과 함께 구글의 주력 서비스다.

[알파벳]
창립: 1998년 9월 4일, 캘리포니아주, 멘로파크 (구글), 2015년 10월 2일 (알파벳)
창립자: 세르게이 브린. 래리 페이지
본사: 미국, 캘리포니아주, 마운틴뷰. 구글플렉스
제품 및 서비스: 인터넷, 소프트웨어, 통신 장비, 의료, 생명공학기술, 벤처 캐피털
매출액: 1,368억달러(한화 약 155조원) (2018년 12월)
직원수: 98,771명 (2018년 12월)
매출액: 1,368억달러(한화 약 155조원) (2018년 12월)
알파벳 주식회사(Alphabet Inc.)는 2015년 10월 2일 구글의 공동 설립자 래리 페이지, 세르게이 브린이 설립한 미국의 복합기업이다. 미국의 구글을 비롯한 여러 구글 자회사들이 모여서 설립된 기업집단이다.

페이지 명언

♣ 당신이 세상을 변화시키고 있다면, 중요한 일을 하고 있는 것이다.
  아침에 일어날 때 설레게 된다.
♣ 아무래도 구글은 규칙을 깨는 것에 너무나 익숙해진 것 같다.
♣ '구글 데스크탑 서치'는 구글의 위력을 PC상의 개인정보 영역에까지 발휘할 것이다.
  여러분은 **구글 검색사이트와** 마찬가지로 자신의 문서나 이메일, 방문했던 사이트까지 즉시 검색할 수 있게 될 것이다.
♣ 가능한 한 고객을 빨리 자사의 사이트에서 떠나도록 유도하는 업체는 아마 세계적으로 구글 뿐일 것이다. 우리가 **사이트에서 불필요한 정보들을** 제거하고 서비스 환경의 수준을 높이기 때문에 그것이 가능하지 않나 싶다.

장즈둥張志東, Zhang Zhidong

● 텐센트 공동설립자 ● 중국 ● 1972년생

[출생] 1972년, 중국

[학력사항]
~ 1996 화남이공대학교 대학원 석사
~ 1993 선전대학교 컴퓨터공학 학사

[경력사항]
텐센트 부사장
텐센트 CTO
1998.11 텐센트 공동 설립

[생애]

장즈둥(張志東) 텐센트 부회장 겸 최고기술책임자(CTO)는 중국 IT 업계에서 천재로 불렸던 인물이다. 다만 **장즈둥의 천재성은 경영의 귀재라기보다는 기술의 달인이라는 점을 평가한 것이었다. 장즈둥의 기술 개발에 대한 순수한 열정은 경쟁자들에게 조차 높은 평가를 받고 있다.** 장즈둥이 개발한 중국의 국민 메신저 QQ의 시스템은 지금도 여전히 큰 틀을 손대지 않아도 될 만큼 선진적인 기술로 인정받는다. 장즈둥은 1993년 선전대 컴퓨터학과를 졸업했다. 대학 재학시절 텅쉰의 공동 창업자인 마화텅 회장과 함께 컴퓨터 천재로 불렸으며, 날고 기는 컴퓨터 마니아들 사이에서도 장즈둥은 최고의 실력자로 꼽혔다고 한다.

장즈둥은 대학 졸업 후 화난(華南)이공대에서 컴퓨터 응용 및 시스템을 전공해 석사 과정을 마쳤다. 텅쉰을 창업하기 전 장즈둥은 선전 리밍네트워크에서 소프트웨어 개발과 네트워크응용시스템 개발을 담당했다. 이 회사는 선전과 상하이 증권거래소에 주식거래 소프트웨어를 제공하던 회사다. 리밍네트워크의 창업자 덩이밍(鄧一明) 등 중국 IT업계의 대표적인 인물들이 이 회사 출신이다. 장즈둥은 대학 동창인 마화텅 등과 함께 1999년 텅쉰(텐센트)을 창업했다. **장즈둥은 회사의 기술 개발의 총대를 메고 세계적인 메신저인 마이크로소프트의 MSN을 제치고 중국의 국민 메신저가 된 QQ를 개발했다.** 텅쉰은 이 QQ와 게임사업을 기반으로 IT업계 거품 붕괴 속에서도 여전히 완만한 상승세를 이어가고 있다. 여기에다 엔터테인먼트회사인 화이슝디, 온라인 여행서비스인 이룽(elong), 컴퓨터백신서비스인 진산(金山·kingsoft) 등 알짜 기업의 지분도 보유하고 있다.

특히 인터넷게임은 중국에서 거의 독점적인 시장점유율을 갖고 있다. 2012년 말 텅쉰의 인터넷게임은 223억 489만 위안의 수익을 내며 전년도 수익의 50%를 차지했다. 이는 세계적으로 보기 드문 사례다. 텅쉰의 시가총액은 약 479억달러로 중국 인터넷사이트 가운데 최대 규모이며, 전세계 인터넷 기업 순위에서도 당당히 5위권을 차지하고 있다. 소니나 닌텐도 등 전통적 게임회사의 시가가 하락하고 있지만 텅쉰은 모바일게임을 핵심 사업으로 하면서 시가가 오히려 47%나 올라가는 이례적인 성적을 거뒀다. 장즈둥 부회장은 개인재산 154억 4,000만 위안으로 2012년 포브스 중국 부호 순위에서 26위에 올랐다. 또 2013년 포브스 세계 부호에서는 554위를 기록했다. 장즈둥의 동료인 마화텅 텅쉰 회장은 2012년 포브스 중국 부호 순위에서 4위를 차지했다.

텅쉰(텐센트)이 세계적인 기업으로 성장하면서 텅쉰의 임원들은 개인적으로도 부호 순위에 여러명이 이름을 올리고 있다. 그러나 장 부회장은 다른 동료들이 호화 별장과 요트 등을 구입하며 만끽하는 것과 달리, 20만 위안짜리 낡은 구형 모델 차를 타고 다닐 정도로 부를 과시하지도 않고 물질에 대한 집착도 별로 없는 것으로 유명하다.

장즈둥(張誌東)은 텐센트에서 마화텅 회장과 함께 가장 중요한 인물로 손꼽힌다. 선전(深圳)대학교 동문이자 텐센트 공동창립자인 마화텅과 장즈둥, 이들의 메신저 QQ번호가 나란히 10001와 10002인 것만 봐도 텐센트 내 장즈둥의 위치를 대략 짐작할 수 있다.

대학시절 '컴퓨터 천재'라 불렸던 장즈둥은 마화텅과 함께 텐센트를 세우고 성장시켰다. 마화텅이 아버지라면, 장즈둥은 어머니 같은 존재라고 내부 사람들은 평가한다. 마 회장이 결단력 있고 강단 있는 성격이라면, 장즈둥은 덕망이 있고 온화한 캐릭터라는 것이다. 두 사람의 리더십이 조화를 이루며 텐센트를 이끌어왔다는 분석이다. 장즈둥은 지난 2014년 텐센트 CTO(최고기술경영자)에서 물러나 명예 고문(顧問)직을 유지하며 사내 인재 육성 및 기업문화를 전파하는 멘토로 활약했다. **2019년에는 재산이 약 15조원(133억불)으로 중국 11위, 세계 98위 부자가 되었다.**

[텐센트]

업종: 온라인 엔터테인먼트 서비스

설립자: 마화텅 외 4명

설립일: 1998년

본사: 중국 선전

한국지사: 서울 테헤란로 152 6층

총자산: 약 95조원 (2017년)

매출액: 약 45조원 (2017년); 3,126억 9,400만 위안(약 50조원) (2018년)

순이익: 787억 1,900만 위안(약 13조원) (2018년)

직원수: 약 54,309명 (2018년)

주요생산품: 모바일 메신저, 포탈, 온라인 광고, 온라인 게임 등

홈페이지: tencent.com

중국의 인터넷기반 서비스 제공 업체로, 다양한 온라인 상품을 제공하고 있으며, 본사는 중국 중국 광동성 심천시 남산구 첨단기술개발지구 고신남로 피아트과기빌딩 5-10층에 있다.

1998년 마화텅(Ma Huateng), 장즈둥(Zhang Zhidong) 외 세 명이 설립한 인터넷 서비스 제공 업체다. 1998년 11월 11일 법인을 설립하여, 2004년 4월 16일 주식시장에 상장하였다. 1999년 2월 모바일부터 유선까지 다양한 기기를 이용하여 실시간 메시지를 주고 받을 수 있는 OICQ(Open ICQ, 인스턴트 메신저 프로그램)를 출시했으나 특허권 분쟁으로 인해 이름을 QQ로 변경했다. 메신저는 이후 텐센트의 대표적인 사업 기반이 되는데, 고객 데이터를 기업들이 마케팅하는데 사용할 수 있도록 하는 한편, 사무실 용 메신저인 텐센트 메신저(Tencent Messenger)와 실시간 메신저인 RTX (Real time exchange) 등을 출시했다.

이후 2003년에 QQ 게임 포탈(QQ game portal), 이듬해에는 포탈 웹사이트인 www.qq.com을 런칭했다. 2007년부터 크로스파이어(CrossFire), 던전 파이터온라인(Dungeon Fighter Online) 등 한국에서 수입한 게임이 중국 내에서 흥행하며 급격한 성장세를 보였다. 이를 기반으로 2011년 온라인 멀티플레이어 게임인 리그 오브 레전드(League of Legends)를 개발한 라이엇 게임즈(Riot Games), 2016년에는 중국의 음악회사, 핀란드의 모바일 게임 회사인 슈퍼셀(Supercell)의 최대 주주가 되었다.

메신저인 QQ는 텐센트의 대표적인 상품으로, 메신저를 포함하여 온라인 및 모바일 네트워크에서 포탈, 게임, 엔터테인먼트 서비스를 제공하는 부가가치 서비스 사업이 전체 매출의 76%를 차지한다. 그리고 온라인 상 활동을 기반으로 마케팅을 하는 퍼포먼스 기반 광고와 뉴스, 비디오 등 각종 미디어를 통해 광고를 노출하는 온라인 광고 분야 역시 매출 비중이 커지면서 2015년에는 전체 매출의 19%를 차지했다.

중국 내에서 가장 큰 규모의 포탈을 보유하고 있으며, 2015년 기준 매월 평균 사용자 수가 8억 5천만 명이다. 스마트폰으로 QQ를 이용하는 사용자 역시 매월 6억 4천만명으로 전년 대비 11% 상승한 수치이다. 이외에도 메신저인 위챗(WeChat), 개인맞춤형 멀티미디어 제공 서비스인 큐존(Qzone)이 있다. 이외에도 웨이신 페이(Weixin Pay)등 결제 서비스 등을 보유하여 다양한 온라인 서비스를 제

공한다. 2016년 6월 핀란드 모바일 게임사 슈퍼셀을 89억불에 인수해 자회사로 편입시켰다. **최대 주주는 지분율 33.6%를 가진 남아프리카공화국의 미디어 기업 내스퍼스이다.**

2011년 2월 인기 온라인 게임 리그 오브 레전드의 개발사 라이엇 게임즈의 대투자자가 되었다. **2012년 4월 한국어 주요 모바일 채팅 프로그램 카카오톡을 서비스하는 카카오에 720억원을 직접 투자해 13.8% 지분을 확보 (2015년 10월 현재 9.9% 보유 중), 김범수 의장에 이어 2대 주주가 됐다.** 한국 시장에 대한 진출 및 중국 본사의 지원이 꾸준히 이루어지고 있다. 2012년 6월에는 언리얼엔진, 기어스 오브 워의 에픽 게임스의 지분을 인수하였다. 2014년 5월 텐센트의 자회사인 TCH AQUARIUS PTE. LTD를 통해 아이러브커피의 개발사 파티게임즈에 200억원을 투자해 2대 주주가 됐다.

텐센트는 한국 게임업체 스마일게이트가 개발한 FPS 게임 크로스파이어로만 1조원 이상을 벌어들였다. 네오플이 개발한 던전앤파이터도 텐센트의 주력 매출원 중 하나다. 이후 한국 게임 기업에 돈을 투자해 레드덕, 스튜디오혼, 아이덴티티게임즈, 리로디드스튜디오, 탑픽, 넥스트플레이, 파티게임즈 등에 150억원이 넘는 돈을 투자했다. 2011년 한국지사 텐센트코리아를 설립하고 웹게임 춘추전국시대를 직접 퍼블리싱했다. JCE가 개발한 게임 프리스타일 풋볼(한국 프리스타일 풋볼과 다름)의 중국 시장에서의 게임 배급사이기도 하다. 2014년 CJ넷마블에 5억불을 투자해 지분 23%를 인수하였다. 2017년 5월 주식시장 상장(IPO)으로 20억 불 이상 수익을 실현하였다.

[2018년 실적]

텐센트가 2019년 3월 홍콩에서 2018년 연간 및 4분기 실적 보고서를 발표했는데, **2018년 텐센트의 연매출은 3,126억 9,400만 위안(약 50조원)으로 2017년 대비 32% 증가했다. 순이익은 787억 1,900만 위안(약 13조원)으로 2017년 대비 10% 증가했다. 주당이익은 8.34위안으로 2017년 대비 10% 증가했다. 2018년 텐센트의 스마트폰 게임 사업은 전년 대비 24% 증가한 778억 위안, PC 게임 사업은 전년 대비 8% 감소한 약 506억 위안의 매출을 기록했다.** 이는 이용자들이 모바일 게임을 더 많이 하기 때문인 것으로 분석된다. 마화텅(馬化騰) 텐센트 회장은 **"텐센트는 글로벌 휴대폰 게임 배급 업무를 확대했고, 중국에서의 디지털 콘텐츠 실력을 확장했다"**면서 **"텐센트는 모바일 결제 분야의 선두 지위를 강화해 핀테크 서비스의 제품을 다양화했다"**고 밝혔다.

장즈둥 명언

♠ … (따로 할 말은 없고, 주로 개발만 열심히…, 할 말은 **마화텅**사장이 주로…)

윌리엄스 Evan Williams

• 기업인 • (전)트위터 CEO • 미국 • 1972년생

Evan Williams (*Founder of Blogger & Twitter*)

"Surround yourself with great people, try hard things, say no to distractions and remember to care for yourself. Failure of your company is not failure in life. Failure in your relationships is." –

Evan Williams – *Founder of Blogger & Twitter*

[출생] 1972년 3월 31일, 미국
[소속] 미디엄 (CEO)

[학력사항]
네브래스카대학교

[경력사항]
2011.04 ~ 미디엄 CEO
2009.07 ~ 2010.03 트위터 CFO
2008.10 ~ 2010.10 트위터 CEO, 사장
2008.02 ~ 2008.10 트위터 CPO
2007.05 ~ 트위터 이사
2006.10 ~ 오비어스 CEO
2006 트위터 공동창업
2005.01 ~ 2006.10 오데오 CEO

2003.02 ~ 2004.10 구글
1999.01 ~ 2003.02 파이라 랩스 CEO

[요약]

에번 클라크 윌리엄스는 미국의 기업인이다. 지금까지 여러 인터넷 기업을 설립해오고 있으며, 그 중에는 파이라 랩스와 CEO를 맡은 트위터가 있다.

에번 윌리엄스는 2007년 비즈스톤, 잭도시와 함께 트위터를 창업했다. **처음엔 '재미는 있는데 쓸모가 없다'라는 평가를 받았다.** 그때마다 윌리엄스는 "아이스크림도 별로 유용하진 않아~"라로 대꾸하곤 했다. 쓸모없다던 트위터는 전세계 3억 명 이상이 이용하는 글로벌 서비스로 성장했다. 한국만해도 (2018년 이용자 수) 730만 명 이상이 사용하고 있다. 세계에서 하루에 약 5억개 (2013년), 약 7억개 (2018년) 이상의 트윗이 만들어지고 있다. 윌리엄스는 "당신을 괴짜인가라는 질문에 괴짜가 맞다. 지난 10년간 나는 사람들이 의견을 표현하고 서로 공유하도록 하는 데 집중했다."고 말했다. 윌리엄스는 미래의 트위터를 꿈꾸는 벤처 창업자들에게 "꼭 필요한 뭔가가 있다고 생각하면 남들이 뭐라든, 시장이 어떻든 꼭 그것을 하라."고 조언했다.

트위터 공동창업자 에번 윌리엄스는 2011년 한국을 방문해 가진 기자회견에서 '한글 트윗'을 소개하면서 다음 커뮤니케이션과의 제휴 등에 대해 설명했다. 블로그는 웹로그(Weblog)의 다른 이름으로, 소셜 웹의 시작을 알린 기술이다. 웹로그라는 말은 존 바거(John Barger)가 1997년 12월 처음 이용한 것으로 알려져 있지만, 이 용어가 널리 퍼지게 한 주인공은 바로 트위터의 공동창업자인 에번 윌리엄스(Evan Williams)다.

윌리엄스는 타고난 창업자다. 1972년생으로 학교를 졸업하고 플로리다와 텍사스, 네브래스카 등지에서 스타트업 등 다양한 관련 일을 하다 1996년 캘리포니아로 입성했다. 캘리포니아에서 처음 일을 시작한 곳은 '웹 2.0'이란 신조어를 만들어낸 오레일리 미디어(O'Reilly Media) 였다. 이후 윌리엄스는 멕 휴리한(Meg Hourihan)과 파이라랩스(Pyra Labs)를 설립했다.

파이라랩스 설립 때 두 창업자가 생각했던 사업은 웹에서 동작하는 프로젝트 관리 소프트웨어인 '파이라(Pyra)'였다. 솔루션을 개발하다 보니 개인이 노트를 관리하기 위한 기능이 필요했던 것이다. 그런데 파이라를 만들어놓고 이 기능이 개인 미디어 서비스로 발전할 수 있다는 데 생각이 미친 그들은 이 프로젝트에서 미디어 부분만 떼어내 웹 애플리케이션(이하 앱)을 만들었다. 그것이 바로 'Blogger.com'이다.

Blogger.com은 블로그 작성과 관리가 가능한 세계 최초의 웹 앱이다. 에번 윌리엄스에 따르면 블러거(Blogger)라는 이름은 당시 블로그란 단어가 유행하기에 엉겁결에 붙인 것이라고 한다. 2003년 파이라랩스가 구글에 합병되면서 에번 윌리엄스는 자연스럽게 구글에 고용됐다. 이후 윌리엄스는 블로그의 대중화에 기여한 공로로 2004년 'PC 매거진' 선정 '올해의 인물'에 공동으로 이름을 올리는 영광을 누렸다.

그러나 개척자인 윌리엄스가 구글같은 커다란 회사의 직원으로 남아 있을 수는 없었다. 2004년 구글과의 옵션 계약기간이 끝나자, 미련 없이 구글을 떠나 오데오(Odeo)라는 회사를 설립했다. 원래 오데오는 팟캐스팅(Podcasting) 관련 플랫폼을 만들던 곳이었지만, 본 사업은 제대로 되지 않았다. 사이드 프로젝트로 시작한 트위터가 오늘날과 같은 대성공을 거뒀다.

윌리엄스는 한 가지 프로젝트만 고집하지도 않았다. Blogger.com도 그렇고, 트위터도 그렇지만 원래 회사를 설립할 때 하려고 했던 프로젝트가 아니라, 중간에 사이드 프로젝트로 시작한 것이 세계적인 성공을 거두게 됐다. 어찌 보면 정말 운이 좋은 사람이라고 할 수 있지만 윌리엄스의 유연한 사고에 더 초점을 맞추어야 할 것이다. 고객 중심적인 사고를 하면서 언제든 변화할 수 있는 유연한 사고를 가지는 것이 기술을 축적하는 것에 앞서는 첫 번째 덕목이라고 평가하는 사람도 있다.

[트위터]

창립: 2006년 7월 15일, 미국

창립자: 잭 도시, 비즈 스톤, 에번 윌리엄스(CEO), 노아 글래스

본사: 미국, 캘리포니아주 샌프란시스코

매출액: 30억달러 (한화 약 3.4조원) (2018년)

직원: 3,900명 (2018년)

트위터는 전 세계 35개 이상의 지사가 있으며, 2019년 전세계 사용자 수는 약 3억 2,100만명이다. 개발에 사용된 프로그래밍언어는 Java, Ruby, Scala, JavaScript 등이다.

윌리엄스 명언

♣ UX가 모든 것이다. 지금까지 그래왔는데, 가치가 저평가되어 왔고 투자도 저조했다.

　사용자 중심의 디자인을 모르면 공부해라. 잘 아는 전문가를 고용해라.

　그것에 강박관념을 가져라. 살아 숨 쉬어라. 회사전체가 올라타라, UX를.

♣ 뛰어난 사람들을 주변에 두어라. 어려운 것을 시도해라.

　집중에 방해되는 것들은 "No"라고 해라.

　스스로를 보살필 것을 기억해라.

　당신 회사의 실패가 당신 인생의 실패는 아니지만, 관계의 실패는 그럴 수 있다.

♣ 마케팅은, 잘 되면, 스토리텔링에 관한 것이다.

♣ 난 괴짜가 맞다. 지난 10년간 나는 사람들이 의견을 표현하고 서로 공유하도록 하는 데 집중했다.

♣ 꼭 필요한 뭔가가 있다고 생각하면 남들이 뭐라고 하든, 시장이 어떻든 꼭 그것을 하라.

마화텅馬化騰, Ma Huateng

• 텐센트 공동설립자 • 중국 • 1971년생

[출생] 1971년 10월 29일, 중국
[소속] 텐센트 (회장, 최고경영자)
[학력사항]
1989 ~ 1993 선전대학교 컴퓨터공학과 학사

[경력사항]
2013.03 제12기 중국인민정치협상회의 위원, 텐센트 회장, 최고경영자
1998.11 텐센트 공동 설립
1993 선전룬쉰

[요약] 중국 IT 기업 텐센트의 창업자이자 최고경영자로, 중국판 메신저 QQ와 모바일 메신저 위챗 등을 내놓아 텐센트를 중국 최대 규모의 IT 기업으로 성장시켰다. 마화텅은 1971년 중국 광둥성 산터우시에서 태어나 하이난(해남)섬에서 유년시절을 보냈다. 마화텅의 어린시절 꿈은 천문학자였다. 중국 공무원이었던 아버지 슬하에서 유복한 어린 시절을 보냈다. 1984년 부모를 따라 선전으

로 이사한 후 선전대학 컴퓨터공학과에 진학했다. 선전은 중국의 경제 개혁과 개방을 상징하는 도시였다. 이러한 환경 속에서 마화텅 역시 자신만의 기업을 만들 것이라고 다짐했다. 졸업 후 무선호출기(삐삐)를 만드는 회사에서 잠깐 일하다가 **대학 동기인 장즈둥(張志東)과 함께 텐센트를 창업했다. 마화텅이 최고경영자를 맡아 회사를 운영하고, 장즈둥이 최고기술책임자를 맡아 기술 개발을 전담하기로 했다.** 이러한 텐센트의 구조는 20년이 흐른 지금도 그대로 유지되고 있다. 장즈둥은 텐센트 부사장 겸 최고기술책임자로 여전히 마화텅과 함께 텐센트를 이끌고 있다. **2019년에 재산이 388억 달러(한화 약 44조원)로 중국 1위, 세계 20위 부자가 되었다.**

[생애]

마화텅은 1971년 광둥성 산터우시에서 태어났으며 13세에 공산당 간부였던 아버지를 따라 중국 경제특구였던 선전으로 이주했다. 선전대학교 컴퓨터공학과에 입학해 천재 해커로 이름을 날렸으며, 졸업 후에는 IT통신업체인 차이나텔레콤에서 5년 동안 소프트웨어 개발자로 일했다. 이때 이스라엘의 메신저 서비스 ICQ를 보고 중국에도 비슷한 프로그램을 만들고자 다짐한다. **1998년 선전대학 컴퓨터공학과 동기들과 텐센트(Tencent)를 창업해 3개월 만에 중국판 메신저 QQ(당시 OICQ)를 발표해 큰 성공을 거뒀다.** 2011년에는 모바일 메신저 위챗을 내놓았는데, 중국 스마트폰 사용자의 대부분이 위챗을 사용할 정도로 큰 인기를 누리고 있다. 이 밖에도 **마화텅은 포털 사이트, 게임 등 각종 인터넷 관련 서비스를 제공하며 텐센트를 중국 최대 IT 기업으로 성장시켰다.** 한편, 마화텅은 외국 성공 모델을 벤치마킹해 중국화 하는 탁월한 경영 감각을 가졌다고 평가되나 반대로 외국 시장을 모방하고 폐쇄적인 중국 시장을 독점했다는 비판도 받는다.

[텐센트가 아시아 최고 기업된 비결]

텐센트(Tencent, 騰訊)는 아시아 최대의 기업이다. 2018년 4월 초를 기준으로 텐센트의 시가총액은 약 4,950억 달러(약 592조 원)에 이른다. 이는 전 세계에서 5번째이자, 아시아에서 제일 거대한 기업이라는 뜻이다. 수많은 '짝퉁' 서비스를 양산한 카피캣(Copy Cat, 잘 나가는 제품이나 서비스를 그대로 모방해 만든 제품과 서비스를 비하하는 용어)이라는 오명에도 불구하고 놀라운 성공을 일궈낸 것이다.

텐센트는 마화텅(馬化騰, Pony Ma)이 1998년 창업한 회사다. 텐센트의 중국식 이름은 텅쉰(騰訊), 오를 등자에 정보를 뜻하는 물을 신자를 써서 솟구치는 정보라는 뜻을 담고 있다. 텐센트의 시총은 2017년 초 삼성전자를 추월하며 전 세계 10위권 내에 진입했다. 최근에는 라이벌 알리바바를 제치고 중국 최대 기업이 되었다. 여기에 원래 세계에서 5번째로 큰 기업이었던 페이스북이 개인정보 유출 이슈로 주가가 폭락하면서 그 자리를 차지하는데 성공했다. 텐센트 위로는 이제 애플, 알파벳(구글), 마이크로소프트, 아마존 등 전 세계 IT 업계의 사천왕만이 남아있다. **텐센트가 작은 인터넷 메신저 회사에서 간편 결제와 게임 등을 아우르는 아시아 최대 기업으로 성장할 수 있었던 비결은 창조적인 모방, 싸이월드와 카카오톡 서비스 중국에 접목이라고 할 수도 있다.**

텐센트의 처음 비즈니스 모델은 무선호출기와 인터넷을 연결해주는 서비스였다. 하지만 휴대전화 시장이 급격히 성장하면서 무선호출기가 급격히 몰락하기 시작했고, 마화텅과 동지들은 다른 사업을 찾아야만 했다. 이때 주목한 서비스가 인터넷 메신저였다. 당시 인터넷 메신저 업계는 이스라엘의 스타트업이 만든 'ICQ(I Seek You)'와 미국의 온라인 업체 AOL이 만든 'AOL 인스턴트 메신저'가 양분하고 있었다. 마화텅은 ICQ의 기능에 주목하고 이와 유사한 기능을 갖춘 인터넷 메신저 'OICQ(Open I Seek You)'를 출시했다. 개방을 상징하는 오픈(Open)을 이름에 붙이긴 했지만 사실상 ICQ를 그대로 베낀 유사품에 불과했다.

하지만 OICQ는 난립하는 수많은 유사품 속에서 차별점을 만들어내는데 성공했다. 개인정보를 사용자 PC에 저장하는 ICQ와 달리 텐센트의 서버에 저장해 언제 어디서 접속해도 동일한 친구목록과 대화내용이 보이도록 했다. 여기에 중국 사용자를 위한 기능을 추가해 호응을 이끌어냈다. 베끼되 더 좋게 한다. 이른바 창조적 모방이다. 이를 두고 마화텅은 **"텐센트가 작은 회사였을 때에는 성장을 위해 거인의 어깨 위에 올라타야만 했다. 하지만 단순히 모방만 해서는 성공할 수 없다. 해외에서 대단한 아이디어를 가지고 와서 이를 중국 상황에 맞게 현지화하고 더 나은 기능을 추가해 혁신을 이끌어내야 성공할 수 있다"**고 말했다.

2000년 ICQ를 인수한 AOL은 텐센트를 지적재산권 위반으로 고소해 승소를 이끌어냈다. 패소한 마화텅과 텐센트는 OICQ의 이름을 'QQ'로 변경했다. 오늘날 중국인의 국민 인터넷 메신저인 QQ는 이렇게 태어났다. QQ는 중국인들을 위한 각종 부가서비스를 추가하며 그 세를 넓혔다. 마화텅과 텐센트는 운도 상당히 좋은 편이었다. 텐센트를 고소한 AOL과 ICQ는 정작 기술 개발을 소홀히 하다가 마이크로소프트 인스턴트 메신저에게 밀려서 시장에서 퇴출되었고, 때문에 AOL과 텐센트의 분쟁도 흐지부지되었다.

2002년 QQ는 사용자수가 1억 명을 돌파하는 등 시장에 자리를 잡는데 성공했다. 하지만 마화텅과 텐센트의 큰 고민은 명확한 비즈니스 모델이 없다는 것이었다. QQ의 사용자수는 많았지만, 이를 토대로 어떤 사업을 진행해야 돈을 벌 수 있을지 그 방법을 찾을 수 없었다. 마화텅은 한국에서 그 답을 찾았다. 홈페이지와 아바타를 꾸밀 수 있는 싸이월드의 캐시 아이템이 한국에서 큰 인기를 끌고 있다는 것에 주목했다. 바로 유사한 서비스를 내놓지는 않았다. **싸이월드의 비즈니스 모델을 철저히 분석했다. 단순히 예쁜 아이템만 제공하지 않고 실제 브랜드와 콜라보레이션을 진행해 유명 브랜드의 상품을 QQ 사용자의 아바타에 입힐 수 있는 창조적 모방을 진행했다. 이렇게 2003년 등장한 'QQ쇼'는 텐센트에게 막대한 이익을 안겨줬다.** 많은 사용자들이 아바타를 꾸미기 위해 캐시 아이템을 구매했고, 패션 브랜드들은 QQ쇼에 입점하기 위해 앞다투어 텐센트에 연락했다. 이러한 성공을 바탕으로 QQ는 중국의 국민 메신저라는 입지를 굳혔다. PC용 인터넷 메신저의 전성기였던 2009년 QQ의 가입자 수는 10억 명을 돌파하기에 이른다.

이러한 창조적 모방은 텐센트가 시장 변화에 대응하는 데에도 많은 도움이 되었다. 2010년 모바일 열풍이 불자 QQ의 경쟁자였던 모바일 메신저들은 이를 감당하지 못하고 하나둘씩 몰락했다. MS 인스턴트 메신저는 페이스북 메신저와 왓츠앱에 밀려 무너졌다. 국내에서도 인터넷 메신저 업계를 꽉 잡고 있던 네이트온이 카카오톡에 밀려 존재감이 사라지는 등 변화가 일어났다.

마화텅은 이러한 변화에 대응하지 못하면 QQ도 곧 경쟁자와 마찬가지로 몰락의 길을 걷게 될 것이라고 생각했다. 2010년 자회사를 설립한 후 전 세계적으로 인기를 끌고 있는 모바일 메신저의 장단점을 분석했다. 특히 카카오톡을 많이 참고한 것으로 알려져 있다. 이를 토대로 2011년 1월 모바일 메신저 '위챗(We Chat, 微信)'을 선보였다.

위챗은 중국 사용자를 위한 다양한 기능과 간편결제 서비스인 위챗페이를 바탕으로 사용자수를 빠르게 늘어나갔다. 모바일 결제 및 송금, 오프라인 결제, 음식 배달, 쇼핑, 공과금 납부, 택시 호출 등 다양한 서비스를 제공해 현금이나 카드 없이 위챗만 있어도 생활을 하는데 아무런 불편함이 없는 서비스 생태계를 만들었다. 이러한 생태계 덕분에 위챗은 서비스를 개시한지 1년 만에 5,000만 명, 2012년 9월에는 2억 명의 가입자를 확보했다. **월간 실사용자수(MAU)가 10억 명을 돌파하는 등 페이스북 메신저와 왓츠앱에 이어 모바일 메신저 업계의 3위 자리를 굳혔다.** 다른 PC 기반의 인터넷 메신저 업체들이 변화에 대응하지 못하고 몰락한 것과 달리 **마화텅과 텐센트는 PC에서 모바일로 시장의 주도권이 넘어가는 것에 제대로 대응해 위챗 서비스 생태계를 일궈냈고, 이를 바탕으로 예전보다 더 큰 성공을 이끌어냈다.**

물론 위챗의 이러한 성공은 인구수가 13억 명이 넘는 중국의 막대한 내수시장과 중국 정부가 페이스북 메신저, 왓츠앱 등 해외의 서비스가 중국 내에 진입하는 것을 막은 것 덕분이라고 평가하는 이들도 많다. 하지만 텐센트가 치고 올라오는 중국내 다른 업체와 서비스를 견제하고 차별화를 이끌어내 위챗을 시장에 안착시킨 것만은 부인할 수 없는 사실이다.

[한국 게임 들여오더니 아시아 최대 게임사로, 호랑이 된 카피캣]

2003년 QQ쇼의 성공으로 자신감을 얻은 마화텅은 두 번째 도전을 하게 된다. 바로 게임이다. 자체 포털 서비스인 QQ.com을 개시하고, 이를 바탕으로 다양한 온라인 게임 서비스를 제공했다. **마화텅은 해외 게임 유통과 자체 게임 개발이라는 두 가지 전략을 병행**했고 이를 바탕으로 큰 성공을 거둘 수 있었다.

마화텅은 이번에도 한국에 주목했다. 2003년 한국의 3D 온라인 게임 '세피로스'를 수입한 것을 시작으로 다양한 한국산 온라인 게임을 수입해서 중국 시장에 출시했고 큰 성공을 거두었다. 가장 **대표적인 사례가 스마일게이트의 '크로스 파이어', 넥슨의 '던전 앤 파이터', 엔씨소프트의 '블레이드 앤 소울'이다. 세 게임은 텐센트의 중국 시장내 유통력과 마케팅 지원을 바탕으로 중국 시장에서 크게 흥행하는데 성공했다.** 크로스 파이어와 던전 앤 파이터는 중국 시장에서 제일 인기있는 FPS와 횡스크롤 액션 게임이 되었고, 블레이드 앤 소울 역시 치열한 중국내 MMORPG 시장에서 나름 입지를 갖추고 있다. 최근에는 블루홀의 '배틀 그라운드'도 수입해 중국에서 서비스하고 있다.

이러한 **한국 게임들을 바탕으로 텐센트는 중국에서 제일 큰 게임 유통사가 될 수 있었다. 한국 게임 개발사들 역시 중국 진출의 파트너로 텐센트를 제일 선호하고 있다. 분쟁이 잦은 다른 중국 유통사들과 달리 텐센트는 한국 게임 개발사와 별다른 마찰을 일으키지 않고 중국 시장에서 게임 서비스가 성공할 수 있도록 많은 도움을 주고 있기 때문이다.**

2008년부터는 한국 게임뿐만 아니라 전 세계적으로 인기있는 게임을 중국 시장에 소개하기 시작했다. **중국을 포함해 전 세계에서 가장 인기있는 AOS 게임인 '리그 오브 레전드'의 가능성을 알아보고 수입했을 뿐만 아니라, 리그 오브 레전드의 개발사인 라이엇게임즈를 자회사로 인수하기도 했다.**

텐센트의 자체 게임 개발은 '시작은 미약했으나 끝은 창대하리라'라는 격언에 가장 알맞은 사례다. 텐센트가 처음 자체 개발로 선보인 'QQ탕'과 'QQ스피드'는 조악한 짝퉁 게임이었다. 일본 허드슨의 '봄버맨'을 베낀 '크레이지 아케이드'를 또 베낀 게임이 QQ탕이었고, 닌텐도의 '마리오 카트'를 베낀 '카트 라이더'를 또 베낀 게임이 QQ스피드였다. 이러한 짝퉁 게임을 양산하면서 번 돈으로 개발자를 확충하고 다양한 자회사를 만들었다. 이들이 지속적으로 게임을 개발하면서 노하우를 쌓았고 결국 이를 토대로 양질의 게임을 만드는데 성공했다.

대표적인 사례가 '**영광의 왕**(王者榮耀, 왕자영요)'이다. 모바일 AOS 게임인 영광의 왕은 2017년 한 해 동안 중국뿐만 아니라 전 세계에서 가장 인기있는 모바일 게임이었다. 2억 명의 가입자와 5,000만 명이 넘는 일간 실사용자수(DAU)를 보유한 이 게임은 2017년 1분기에만 1조 원이 넘는 매출을 올렸다. 어찌나 인기가 있었던지, 이 게임을 과도하게 즐기다 죽은 사람마저 나왔고 이 때문에 중국 정부가 텐센트와 **영광의 왕**을 규제해야 한다는 발언을 하기도 했다. 영광의 왕은 사실 리그 오브 레전드를 그대로 모바일로 옮긴 창조적 모방의 대표적인 사례이지만, 리그 오브 레전드도 텐센트의 게임이다 보니 이를 두고 별 다른 말은 나오지 않았다. 또한 한국의 게임 IP(지적재산)를 적극 활용해 모바일 게임을 만들어 중국 시장내에서 성공시키는 전략도 취하고 있다. 블레이드 앤 소울, 배틀그라운드 등 검증된 한국 게임 IP를 적극 활용하고 있다.

텐센트는 명실상부 세계에서 제일 거대한 게임 개발사이자 유통사이다. 소니, 닌텐도, 액티비전블리자드 등 게임 업계 전통의 강호들도 이제 텐센트의 상대가 되지 않는다. 2016년 전 세계 게임 시장 매출의 13%가 텐센트와 그 계열사에서 나왔다. 2016년 텐센트의 매출은 219억 달러였는데, 이 가운데 게임 부문 매출만 102억 달러에 달했다. 인터넷 서비스 기업에서 전체 매출의 절반(정확히는 48.8%)을 게임에서 거두는 어엿한 게임 개발 및 유통사로 거듭났다.

[카카오 2대주주, 엔터테인먼트에서 인공지능까지 다방면 투자]

마화텅이 텐센트를 키워낸 독특한 인수합병(M&A) 전략이 있다. 바로 **"소유하되 간섭하지 않는다"**는 원칙이다. 라이엇게임즈나 핀란드의 모바일 게임 개발사 '슈퍼셀'의 사례가 대표적이다. 마화텅은 두 회사를 인수했지만, 두 회사의 경영에는 아무런 간섭을 하지 않는다. 자본만 지원하고 운영은 알아서 하도록 하고 있다. 이는 외국 기업인 두 회사가 중국 기업인 텐센트의 문화와 만나 자유로운 사고와 개발이 막히는 것을 막기 위함이다. 실제로 슈퍼셀의 경우 인수 조건으로 게임 개발에 아무런 간섭을 하지 않는 것을 걸었을 정도다. 마화텅은 이에 흔쾌히 응했다.

이러한 전략은 투자에도 그대로 이어졌다. 카카오와 스냅챗의 사례가 대표적이다. 텐센트는 카카오의 지분을 8% 가량 보유한 2대 주주다. 카카오의 인터넷 은행인 카카오뱅크의 지분도 4% 정도 인수하는 등 많은 투자를 한 상태다. 미국의 소셜네트워크서비스 스냅챗의 지분도 12% 가량을 보유하고 있다. 하지만 이들 기업의 지분만 소유하고, 경영상 간섭은 하지 않고 있다.

마화텅이 카카오와 스냅챗에 투자를 진행한 이유는 자사의 가장 큰 경쟁자인 페이스북을 견제하기 위함이다. 페이스북은 전 세계 1위 모바일 메신저인 페이스북 메신저와 2위 메신저인 왓츠앱을 보유한 회사다. 전 세계 3위 메신저인 위챗을 보유한 텐센트 입장에선 반드시 견제해야할 대상이다. 때문에 장기적으로 페이스북의 경쟁자가 될 수 있는 전 세계 기업에 많은 투자를 단행하고 있다.

마화텅과 텐센트의 확장은 멈출 줄을 모른다. 기술력 있는 회사라고 판단되면 당장 이익을 내지 못하더라도 과감하게 투자하거나 인수하고 있다. 스포티파이(세계 최대의 음악 스트리밍 업체)와 가나(인도 최대의 음악 스트리밍 업체)의 사례가 대표적이다. 두 회사는 별다른 수익을 내지는 못하고 있지만 많은 사용자를 보유하고 있다.

때문에 마화텅은 인수 시도를 하거나 지분을 사들이는 등 두 회사를 우군으로 끌어들이기 위해 심혈을 기울이고 있다. 또한 핀테크, 영화 제작, 웹 소설, 자율주행차, 클라우드 컴퓨팅, 인공지능, 가상현실, 헬스케어 등 다방면에 투자를 진행하고 자회사를 설립하고 있다.

소유하되 간섭하지 않는다는 마화텅의 독특한 투자 전략은 어디서 비롯된 것일까? 이는 텐센트의 독특한 지분 구조에서 그 유례를 찾을 수 있다. 마화텅은 텐센트의 최고경영자이지만 회사의 주인(오너)은 아니다. 마화텅이 보유한 텐센트의 지분은 10% 내외다. **텐센트의 진짜 주인은 남아프리카의 미디어 그룹 '내스퍼스(Naspers)'다.** 2001년 텐센트에 3,200만 달러(약 340억 원)을 투자해 33% 정도의 지분을 확보했다. 17년이 흐른 지금 그 가치가 1,650억 달러(약 176조 원)에 이르렀다.

하지만 내스퍼스와 쿠스 베커 내스퍼스 회장은 단지 자본만 투자하고 텐센트의 경영에는 일체의 간섭을 하지 않고 있다. 유망한 스타트업에 믿고 투자하면 능력있는 창업자가 알아서 기업을 키우고 이익을 내줄 것이라는 믿음이다. 마화텅은 이러한 쿠스 베커의 투자 방식 덕분에 텐센트를 굴지의 기업으로 키울 수 있었고, 이를 그대로 벤치마킹해 자신도 동일한 투자 방식을 취하고 있는 것으로 풀이된다.

[중국 최대 부호에 오른 마화텅, 알리바바 마윈과 라이벌 관계도 주목]

텐센트의 비약적인 성장으로 마화텅 창업자 겸 최고경영자의 재산은 2018년 451억 달러(약 48조 2,000억 원)에 도달했다. 48살이란 비교적 젊은 나이에 중국 최고의 부자이자, 전 세계적으로도 18번째로 부유한 인물이 된 것이다(포브스, 2018년 4월 기준). **2019년에는 493억 달러(한화 약 55조원)로 세계 13위 부자가 되었다.**

중국 최고의 부호라는 타이틀은 이제 마화텅의 것이지만, 얼마 전까지는 마윈 알리바바 회장의 것이었다. 둘은 줄곧 중국 부호 순위 1, 2위를 다투며 대립해왔다. 재산 차이도 얼마나지 않는다. 인터넷 서비스라는 공통의 사업 영역에서 활약하고 있다는 점을 제외하면 둘의 행보는 극과 극으로 갈린다. 중국 관리의 자녀로 태어나 '관얼다이(官二代, 고위 관료의 자녀)'의 일원으로 성장해 부모로부터 초기 사업 자본을 받는 등 유복한 생활을 한 마화텅과 달리 마윈은 가난한 배우의 자녀로 태어나 어려운 어린 시절을 보내야 했다. 마화텅은 컴퓨터 공학을 전공한 엔지니어였던 반면 마윈은 영어교육을 전공한 사범대생이었다.

성공 이후 마윈은 꾸준히 공식 석상에 모습을 드러내며 사람들의 멘토로 활약한 반면, 마화텅은 공식 석상에 모습을 거의 드러내지 않는 은둔형 경영자의 길을 걷고 있다. 사업 영역에도 미묘한 차이가 있다. 마윈의 알리바바 그룹은 온라인 상거래를 시작으로 클라우드 컴퓨팅과 인공지능 같은 첨단 기술 영역에 집중하고 있고, 마화텅의 텐센트 그룹은 모바일 메신저를 시작으로 게임과 같은 엔터테인먼트 사업에 심혈을 기울이고 있다.

하지만 둘은 이제 서로의 사업 영역을 침범하고 있다. 알리바바 그룹의 계열사에서 위챗페이로 결제를 진행하는 것을 막는 등 사사건건 대립하고 있다. 노다지로 떠오르고 있는 중국의 온라인 결제 시장을 놓고 피할 수 없는 한 판 승부를 진행 중이다.

이러한 대립 때문일까? **마윈은 마화텅과 텐센트를 두고 "텐센트의 문제는 혁신은 없고 모조리 복제품뿐이라 점"이라고 비판하기도 했다.** 마화텅 본인도 이러한 사실을 부정하지 않는다. 그에게 중요한 것은 모방이 아니라 사용자를 만족시키는 것이다. 마화텅은 "사용자가 언제 어디서 어떤 기기로 (텐센트의 서비스에) 접속하든 그들이 원하는 것을 제공할 수 있어야 한다. 혁신하든 모방하든 (수단과 방법을 가리지 않고) 사용자가 원하는 것을 제공하는 게 중요하다"고 자신과 텐센트의 비즈니스 전략을 설명했다.

[기초 과학 중요성 강조한 텅쉰 CEO 마화텅]

마화텅 텅쉰 회장은 기초 과학의 중요성을 강조했다. 마화텅은 "기초과학 연구에는 많은 인력과 자본이 투자돼야 하고, 성과가 도출되는데도 많은 기간이 소요되기 때문에 소홀히 하기 쉽지만 기초연구야 말로 과학기술 혁신을 선도할 수 있다."고 강조했다. 텅쉰은 충칭시 정부와 함께 스마트 기술과 행정을 결합한 여러 프로젝트를 시도하고 있다. 충칭교통운송그룹과 협력해 주요 도로의 차량 통행량과 유동 인구 분석을 통해 효율성을 높였다. 또 충칭시 경찰과 빅 데이터를 이용한 사이버 범죄 단속에 함께 나서 6건의 사기 사건에 연루된 300여명의 용의자를 검거했다. 일대일로(육·해상 실크로드) 구상과 장강 경제벨트 발전의 핵심 도시인 충칭은 빅 데이터와 스마트 기술을 기반으로 혁신 주도적인 성장을 도모하고 있다. 이곳에서 열린 **중국 국제스마트산업 박람회**는 중국 굴지의 학술원에 소속된 23명의 학자와 중국을 대표하는 기업의 최고경영자 125명 등 400여명의 각 분야 전문가들이 참여했다. 18만㎡에 달하는 전시장에는 과학과 기술, 참여 및 쌍방향성을 강조하는 혁신 전시회, 특별 주제 전시회 및 스마트 체험 광장을 선보이고, 방문객이 최신 스마트 기술과 제품을 체험할 공간도 마련됐다. 싱가포르와 함께 주요 초청국인 한국은 공동으로 고위급 회담, 전시 활동 등을 진행했다.

[텐센트]

국가: 중국
업종: 온라인 엔터테인먼트 서비스
설립자: 마화텅 외 4명
설립일: 1998년
본사: 중국 선전
한국지사: 서울 테헤란로 152 6층
총자산: 약 95조원 (2017년)
매출액: 3,126억 9,400만 위안(약 50조원) (2018년)
순이익: 787억 1,900만 위안(약 13조원) (2018년)
직원수: 약 54,309명 (2018년)
주요생산품: 모바일 메신저, 포탈, 온라인 광고, 온라인 게임 등

♣ 빨리 베껴 중국화하면 그게 창조다. 모방이란 결코 부끄러운 일이 아니다.
  그것은 새로운 방식의 창조로 이어질 수 있기 때문이다.
  다만 모방을 하려는 대상과 모방 시기를 잘 잡는 것이 중요하다.
♣ 사용자가 언제 어디서 어떤 기기로 (텐센트의 서비스에) 접속하든 그들이 원하는 것을 제공할 수
  있어야 한다.
♣ 혁신하든 모방하든 (수단과 방법을 가리지 않고) 사용자가 원하는 것을 제공하는 게 중요하다.
♣ 텐센트는 글로벌 휴대폰 게임 배급 업무를 확대했고, 중국에서의 디지털 콘텐츠 실력을 확장했다.
♣ 텐센트는 모바일 결제 분야의 선두 지위를 강화해 핀테크 서비스의 제품을 다양화했다.

〈마화텅의 혁신정신을 세 가지로 요약〉
♣ 첫째, 호기심을 잃지 마라. '도대체 왜'라는 의문을 항상 품고 있는 게 중요하다.
  이해되지 않는 대상이 있으면, 온갖 수단을 동원해 그 맥락을 파악해야 한다.
  아무런 관련이 없어 보이는 것도 나중에 보면 서로 통하는 이치를 지니고 있을 때가 많다.
  어떤 대상을 의식적으로 파헤쳐 보려는 태도가 너무나 중요하다.

♣ 둘째, 함께 협동해서 하라.
  혼자서 고민하면 어려운 것들이 협업하면 해결이 가능한 경우가 많다.
  친구에게 도움을 요청할 줄 알아야 하고, 자신도 개방적 태도를 가져야한다.
  내가 습득한 기술이나 지식을 남이 알면 위협이 될까 두려워 숨기지 마라.
  개방적인 태도를 지닐수록 얻는 게 많다.

♣ 셋째, 이익을 저울질 하면서 신중하게 시작하려 하지 마라.
  일을 하기에 앞서 이득을 따지다가 오히려 기회를 놓치는 경우가 많다.
  우선 덤벼들어 부딪치며 배우고 그걸 주변인들과 공유하면 흡수하는 속도도 충전되는 속도도 빨라
  진다. 우린 보조배터리처럼 충전을 해줘야 하는 존재이다.
  완전히 방전되지 않는다면, 자신을 아낌없이 쓰라.

♣ 비판을 들어서 참 좋다.
  투자에 힘을 쏟는 건 텐센트의 핵심우위 전략에서 비롯된 것이다.
  텐센트는 메신저 플랫폼 QQ를 시작하면서 SNS의 핵심이 트래픽이라는 것을 깨달았다.
  트래픽을 활용할 수 있는 사업 이외에 비전문적이고 비핵심적인 분야는 과감히 손을 떼고 투자를
  통해 간접적으로 참여하고 있다. 제품에 관해서는 반성하고 있다.
  양질의 제품을 만들 수 있도록 더 큰 인내심과 결단이 필요한 것 같다.
  이것은 나의 초심이기도 하다.
  내 꿈은 많은 돈을 버는 것이 아니라 가장 좋은 제품을 내놓는 것이다.

앤드리슨 Marc Andreessen

● SW개발자 ● 미국 ● 1971년생

소프트웨어가 세상을 삼키고 있다?!

"IN SHORT, SOFTWARE IS EATING THE WORLD."

MARC ANDREESSEN

Marc Andreessen (1971~)
미국의 기업가, 투자자, 소프트웨어 엔지니어

SOMUL
소프트웨어의 융합

[출생] 1971년 7월 19일

[학력] 일리노이대학교 어버너샘페인 캠퍼스 컴퓨터공학 학사
[경력] 휴렛팩커드 이사
2008.06 ~ 페이스북 이사, 2009.07 안드레센 호로위츠 대표
1994 모자이크커뮤니케이션 설립, 1994.12 넷스케이프 설립

[생애]

앤드리슨은 1971년 미국 위스콘신 주에 있는 작은 도시에서 태어났다. 아버지는 종묘회사에서 일하는 평범한 미국인이었으나, 아들에게 초창기 개인용 컴퓨터인 코모도64를 사주었다. 어릴 때부터 프로그램에 소질이 있었던 앤드리슨은 새 컴퓨터를 받은 후 더욱 프로그래밍에 매진하였다. 1993년 미국 일리노이 대학교 어배너-샘페인에서 컴퓨터공학을 전공하여 학사 학위를 받았다. 학부 시절에 텍사스 오스틴에 있는 IBM 회사에서 여름학기 인턴을 했다. 미국의 소프트웨어 개발자이며, 모자이크 웹 브라우저 및 넷스케이프 내비게이터를 개발했다. 앤드리슨 호로위츠 벤처 캐피

틸 회사를 설립하고, 페이스북, 트위터, 인스타그램, 에어비앤비, 그루폰, 스카이프, 징가, 포스퀘어, 오큘러스 VR, 깃허브 등 수많은 벤처 기업에 투자하여 큰 성공을 거두었다.

[모자이크 웹 브라우저 개발]

앤드리슨은 일리노이 대학교 부설 NCSA 연구소에서 일하면서, 팀 버너스리가 만든 월드 와이드 웹을 접하게 되었다. 연구소 직원으로 일하던 에릭 비나(Eric Bina)와 함께 사용자 친화적이고 그래픽이 포함된 웹 브라우저를 만들기 위해 노력했고, 마침내 **1992년 말 모자이크 웹 브라우저를 개발**했다. 모자이크는 큰 성공을 거두었다. 기존의 웹 브라우저가 텍스트 기반의 조악한 품질이었던 데 반해, **모자이크는 하이퍼링크를 이용하여 마우스 클릭만으로도 다른 페이지로 이동할 수 있었고, 아이콘이나 배경 이미지 등 그래픽을 사용할 수 있게 되어, 세계 최초의 GUI 기반 웹 브라우저가 되었다.** 1993년 1월 23일 NCSA가 모자이크 웹 브라우저를 무료로 이용할 수 있도록 배포하면서, 모자이크 웹 브라우저는 첫 해에만 200만 회라는 폭발적인 다운로드 수를 기록하였다.

[넷스케이프 회사 설립]

이듬해인 1994년 마크 앤드리슨은 일리노이 대학교에서 컴퓨터과학 석사 학위를 받은 후, 일리노이를 떠나서 캘리포니아 주의 실리콘밸리로 갔다. 앤드리슨은 실리콘 그래픽스라는 회사를 설립하여 큰돈을 벌어들인 벤처 사업가였던 제임스 클라크를 만났다. 클라크는 인터넷 웹 브라우저 시장의 가능성을 높게 평가하고, 공동으로 회사를 설립할 것을 제안했다. 앤드리슨은 벤처 투자가였던 클라크의 도움을 받아 NCSA 동료였던 에릭 비나와 다른 프로그래머들을 채용하여 **모자이크 커뮤니케이션 사를 설립했다. 회사 설립 자금을 댄 클라크가 사장을 맡았고, 앤드리슨이 부사장을 맡았다.**

앤드리슨이 모자이크라는 회사를 설립했다는 소식을 듣자, 일리노이 대학교는 유감을 표명했다. 모자이크 웹 브라우저는 마크 앤드리슨과 에릭 비나가 일리노이 대학교 NCSA 연구소에서 직원으로 근무하던 당시에 개발한 소프트웨어이므로, 법률적으로는 NCSA 연구소의 재산이었다. 이에 앤드리슨은 회사명을 넷스케이프 커뮤니케이션즈로 고치고, **웹 브라우저의 이름을 내비게이터로 정했으며, 자신들이 개발했던 기존의 모자이크 소스 코드를 단 한 줄도 재사용하지 않고, 처음부터 다시 개발해야 했다.** 그 결과 1994년 12월 15일 넷스케이프 내비게이터(Netscape Navigator)라는 새로운 이름의 웹 브라우저가 출시되었다. 출시와 동시에 넷스케이프 내비게이터는 폭발적 반응을 보이며, 웹 브라우저 시장에서 약 90%의 시장점유율을 차지하는 대성공을 거두었다.

♠ 앤드리슨 명언

- ♣ 간단히 말하면, 소프트웨어가 세상을 먹고 있다.
- ♣ 스타트업 기업에서는, 뭔가가 되도록 하지 않는다면 절대 아무런 일도 안 생긴다.
- ♣ 항해를 계속하다가 기술이 변하고, 당신은 적응해야한다.
- ♣ 새로운 시스템과 새로운 소프트웨어에 대한 수요가 항시 있다.
- ♣ 건강관리와 교육이, 내 견해로는, 근본적인 소프트웨어 기반의 변화를 위한 새로운 것이다.

머스크 Elon Musk

• 테슬라모터스 CEO • 남아프리카/미국 • 1971년생

[출생] 1971년 6월 28일, 남아프리카공화국

[국적] 남아프리카공화국 --〉 미국

[소속] 테슬라모터스 (CEO), 스페이스엑스 (CEO), 솔라시티 (회장)

[신체] 188cm

[직업] 기업가, 엔지니어, 발명가, 투자자

[자녀] 6명

[학력사항]

1989년 : 프레토리아 남자고등학교(PBHS) 졸업

1989년 : 퀸스 대학교 킹스턴교 입학

1992년 : 펜실베이니아 대학교 편입, 졸업(물리학, 경영학 학사)

1995년 : 스탠포드 대학교 박사과정 중퇴

[경력사항]

2017년 ~ 보링 컴퍼니 CEO

2017년 보링 컴퍼니 설립

뉴럴링크 CEO

뉴럴링크 설립

솔라시티 회장

2016년 Neuralink(뉴럴링크) 설립

2003년 ~ 테슬라모터스 설립, CEO

2002.06 ~ 스페이스엑스 CEO

2002.06 스페이스엑스 설립

2000년 ~ 2002년 페이팔 이사회 이사

2000년 페이팔 CEO

1999년 ~ 2001년 엑스닷컴 CEO

1999년 ~ 2000년 엑스닷컴 이사회 의장

1999년 엑스닷컴 설립

1998년 페이팔 설립

1995년 ~ 1999년 집투 CEO

1995년 집투(Zip2 Corporation) 설립

[요약]

엘론 머스크는 남아프리카 공화국 출신 미국의 기업가이자, 엔지니어, 발명가이자, 투자자이다. 2019년 재산은 약 25조원(223억불)으로 세계 40위의 부자이다.

[생애]

머스크는 어릴적부터 엄청난 애독가였다. 머스크는 책을 통해 스스로 배우는 것에 익숙했고, 12살 때 컴퓨터 프로그래밍을 스스로 익혀 블래스터라는 게임을 만들었다. 이 게임은 머스크가 공상 과학 소설에서 영감을 얻어 만든 가상공간 게임으로, PC와 사무 기술이라는 잡지 회사로부터 500달러를 받고 소스코드를 공개하기도 했다. 머스크는 다른 아이들과 달리 뛰어난 기억력을 가지고 있었고, 친구들과 노는 것보다 책을 읽는 것을 좋아했다. 그러다 보니 주변 친구들에게 따돌림을 당하기도 했다고 한다. 머스크는 남아프리카 공화국을 떠나 캐나다로 이주했다. 1989년 캐나다 온타리오 주 킹스턴에 있는 퀸스 대학교에 입학하여 공부를 하였고, 우수한 성적을 받은 덕분에 1992년에 장학금을 받고 펜실베이니아 대학교로 편입했다. 머스크는 그 곳에서 경제학 뿐만 아니라 물리학도 추가로 전공하였다. 24살이 되는 해인 1995년 머스크는 재료과학과 물리학 분야에서 스탠퍼드 대학 박사과정을 등록했다가 인터넷의 물결에 휩쓸려 스탠퍼드 대학교를 자퇴하고 실리콘 밸리로 이주하게 된다.

페이팔의 전신이 된 온라인 결제 서비스 회사 x.com, 로켓 제조회사 스페이스X, 전기자동차 회사 테슬라 모터스등을 설립하기로 유명하다. 영화 ≪아이언맨≫의 제작 당시 토니 스타크 역을 맡은 로버트 다우니 주니어가 캐릭터를 구상할 때 모티브로 삼았던 인물이기도 하다. 현재 테슬라와 스페이스X의 CEO로 활동 중이다

[업적]

1995년, 일론 머스크와 그의 형제 킴벌 머스크는 **인터넷을 기반으로 하는 지역 정보 제공 시스템인 Zip2을 창업했다.** 그들은 뉴욕 타임즈, 시카고 트리뷴과 같은 신문사들을 대상으로 서비스를 제공했고, 4년 후인 1999년 컴퓨터 제조업체 컴팩에 회사를 매각했다. 그로 인해 일론 머스크는 자신의 보유 지분인 7퍼센트에 해당하는 2,200만 달러를 손에 얻게 된다.

1999년, Zip2를 매각한 일론 머스크는 **1,000만 달러를 투자해 X.com이라는 회사를 창업했다.** X.com은 온라인으로 금융 서비스를 제공하는 회사로, 1년 만에 경쟁사였던 콘피니티를 인수합병하게 된다. 2001년, 일론 머스크는 콘피니티의 일부였던 이메일을 통한 결제 서비스(페이팔)에 집중하기로 결정했고, 그에 따라 **회사 이름도 X.com에서 페이팔로 바꾸게 된다.** 그렇게 1년 후인 2002년에 페이팔의 시가 총액은 6,000만 달러이상이 되었고, **온라인 쇼핑몰 이베이가 페이팔을 15억 달러에 인수하여, 머스크는 1.65억 달러를 얻게 되었고, 다른 회사들을 창업하는 기반이 된다.**

2002년 6월, 일론 머스크는 **민간 우주 항공 기업인 스페이스X를 설립하였다.** 머스크는 로켓 엔지니어인 톰 뮬러에게 로켓 추진 부서의 CTO를 맡겼고, 자신은 CEO겸 다른 분야의 CTO를 맡게 된다. 초기에는 직원수가 많지 않았지만 급격한 성장을 이루면서 2017년 4월에는 직원수가 약 6,000명에 달했다. 머스크가 스페이스X를 설립하면서 세운 목표 중 하나는 우주선 발사 비용을 10분의 1로 줄이는 것이었다. 이를 위해 재활용 가능한 로켓 발사 시스템 개발을 진행하였고, 2015년에 최초로 1단 부스터를 지상에 착륙시키는 쾌거를 이루었다. 머스크의 또 다른 목표는 화성을 식민지화하여 사람이 살 수 있는 환경을 만들고 로켓을 통해 사람을 화성까지 운송하는 것이다. 이를 위해 개발하고 있는 로켓은 팰컨 헤비로, 2018년 2월 최초로 팰컨 헤비의 발사에 성공했고, 양쪽 1단 부스터를 모두 회수하는 것에 성공했으며, 일론 머스크의 또 다른 회사인 테슬라의 로드스터를 우주로 보내는 데 성공하였다.

테슬라는 2003년 마틴 에버하드와 마크 타페닝이 창업한 회사로, 2004년 일론 머스크가 투자자로 참여했고, 초기 창업자들이 회사를 떠나면서 일론 머스크가 CEO가 되어 지금까지 회사를 이끌고 있다. 일론 머스크는 테슬라를 통해 전기차는 느리다는 편견을 깨려고 노력했고, 2018년 현재에는 스포츠카 모델인 로드스터, 세단 모델인 모델 S, SUV 모델인 모델 X, 준중형 모델인 모델 3까지 나온 상태이다. 기존의 전기차에 비해 배터리 용량도 크고, 충전 속도도 빨라 많은 사람들의 이목을 끌게 되었고, **반 자율주행 기술을 포함해서 많은 첨단 기술들이 적용된** 덕분에 대표 모델인 모델 S는 프리미엄 전기차 세단이라는 칭호도 얻게 되었다.

2006년, 머스크는 4촌들이 창업한 태양광 발전 회사인 솔라시티에 초기 자금을 대주었고, 이사회 의장으로 활동하다 **2016년 테슬라에서 솔라시티를 인수하게 된다.** 솔라시티는 태양광 패널을 설치해 주거나 그로부터 얻은 에너지를 공급해 주는 일을 주로 하고 있고, 테슬라의 급속 충전소에 태양광 패널을 설치해 전기차에 전기를 공급해 주거나 가정용 전기 보관 시스템인 파워월을 제공하는 등 많은 방면으로 서비스를 제공하고 있다.

2013년 8월, 머스크는 진공 튜브 안에서 캡슐 형태의 고속열차가 움직이는 시스템인 하이퍼루프 콘셉트를 공개했다. 그 이후 테슬라와 스페이스X에서 공동으로 이 시스템에 대한 기초 개념을 설립했고, 그를 정리한 문서를 공개했다. 하이퍼루프는 최고 속력 1,300km/h로 움직일 수 있고, 운행에 쓰이는 에너지는 100% 태양광 발전으로 생산되어 친환경 교통수단이기도 하다. 머스크는 2015년부터 진공 튜브 안에서 움직이는 캡슐을 디자인하고 테스트하는 대회를 열었으며, 최초로 만들어질 하이퍼루프는 뉴욕에서 워싱턴을 이동하는데 사용될 것이라고 이야기했다.

2015년 12월, 머스크는 비영리 인공지능 연구 기업인 오픈AI를 설립했다. 인공지능이 인간에게 유익한 방향으로 개발되고, 이용될 수 있도록 만드는 것이 가장 큰 목표이다. 2016년 12월, 머스크는 인간의 뇌와 컴퓨터의 연결을 연구하는 회사인 뉴럴링크를 공동 창업했다. 설립 목적은 인류 전체에 이익을 줄 수 있는 방향으로의 인공지능 개발이라는 부분에서 오픈AI와 목적이 유사하다고 할 수 있다.

2016년, 머스크는 터널을 만드는 회사인 더 보링 컴퍼니를 설립했다. 머스크는 로스엔젤레스 교통 체증의 해결 방안으로 2차원 교통 시스템을 3차원으로 확장해야 한다고 주장했고, 하늘을 이용하는 것보다는 땅 속을 이용하는 것이 합리적이라고 주장하면서 땅 속에 터널을 만들어 차량을 분산시키는 것을 목표로 삼았다.

[테슬라]
창립: 2003년 7월 1일
창립자: 엘론 머스크
본사: 미국, 캘리포니아주 팰로앨토
제품: 전기자동차, 테슬라 에너지
매출액: 215억달러(한화 약 24조원) (2018년)
직원: 45,000명 (2018년)

테슬라 주식회사(Tesla, Inc.)는 **미국의 전기자동차 회사이다.** 2003년, 마틴 에버하드(CEO)와 마크 타페닝(CFO)가 창업했다. 2004년 페이팔의 최고경영자이던 일론 머스크가 투자자로 참여했다. **회사 이름은 물리학자이자 전기공학자인 니콜라 테슬라의 이름을 따서 지었다.** 2010년 6월 나스닥에 상장되었다.

머스크 명언

♣ 어떤 일이 충분히 중요하다면, 실행하라! 설사 가능성이 적더라도.
♣ 내가 생각하기에, 평범한 사람들도 특출난 사람으로 되는 것을 선택하는 것은 가능하다.
♣ 난 다소 충동적이다. 진정으로 기존 CEO들의 전형적인 패턴을 따라하고 싶지 않다.
♣ 나는 내 자신을 표현하기 위해 트윗을 한다.
♣ 여러분이 여기서 보고 있는 이 모든 것들은 3주동안 아무 것도 없는 상태에서 자동차 조립 라인을 만들려는 팀의 기적적인 노력 덕분에 가능했다.
♣ 난 차를 대량 생산해 본적이 없는데, 언제 생산될 수 있다고 정확히 알 수 있는 것이지?

사토시|Satoshi Nakamoto

● 비트코인 ● 프로그래머 ● 일본 ● 1970년생

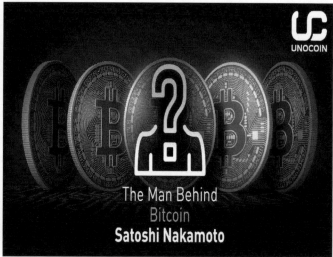

(타임지 사진 사용)

[경력] 비트코인 개발
[직업] 컴퓨터 프로그래머

[요약]

사토시 나카모토는 비트코인의 개발자로 알려진 인물이나, 현재까지는 정체가 불분명한 인물이다. 2009년에 세계 최초의 암호화폐인 비트코인을 개발했다. 사토시 나카모토라는 이름은 가명이며, 일본식 이름을 가지고 있어 일본인으로 여겨지고 있는 실제 인물이라고 추정한다. 본인은 1975년 4월 5일생의 일본인이라고 밝혔지만 이는 거짓임이 기정사실으로 여겨지고 있으며, 단지 1970년대생으로(?) 추정한다. 크레이그 스티븐 라이트(Craig Steven Wright, 1970년 10월 ~)는 오스트레일리아의 컴퓨터 과학자이다. 그는 비트코인의 창시자 사토시 나카모토라고 주장하고 있지만, 비트코인 커뮤니티에서는 가능성이 없다고 여겨지고 있다.

[정체]

2019년 현재까지 사토시 나카모토의 정체가 (추정은 있었지만) 확실히 밝혀지지는 않았다. 이름은 전형적인 일본식 이름이지만, 비트코인의 개발을 발표할 당시에는 사토시의 이름이 영어로만 쓰여 있었고, 일본계 이름에 거의 반드시 붙어있는 한자 표기를 밝히지 않았던 관계로, 일본인으로 위장한 사람일 가능성도 제기되었다.

[영향]

비트코인의 최소 화폐단위인 사토시는 최초 개발자인 사토시 나카모토를 기리기 위해 붙인 명칭이다.

[비트코인 Bitcoin]

ISO 4217 코드: XBT
[중앙은행] 없음
[도입일] 2009년 1월 3일
[사용국] 전 세계
[보조단위]
.001 mBTC (millicoin, 밀리코인)
.000001 μBTC (microcoin, 마이크로코인) 또는 bits (비츠)
.00000001 satoshi (사토시)
[기호] BTC

[요약]

비트코인은 암호화폐이자, 디지털 결제 시스템이다. 2009년 익명의 프로그래머 '사토시 나카모토'에 의해 개발되었다. 비트코인은 P2P(Peer-to-Peer) 시스템으로, 중개자 없이 사용자간의 직접적인 교환이 이루어지는 화폐이다. 이러한 교환은 네트워크에 의해 검증되고 블록체인(Block Chain)이라 불리는 분산장부에 기록된다. 화폐가 중앙은행 없이 교환되기 때문에 최초의 분산 디지털 통화라 불린다. 비트코인은 미국 연방선거위원회(FEC)가 가상화폐를 정치자금으로 받을 수 있다는 의견을 내놓으면서 세계 각지의 관심을 받았다. 이에 대한 거래가 활발해지면서 개당 13달러였던 것이 270달러까지 가치가 치솟으면서 새로운 투자대상으로 주목받기도 했다.

중국판 구글인 '바이두'는 비트코인을 통한 결제를 허용하고 있으며, 세계 최대 경매 사이트인 '이베이'도 비트코인 결제를 검토 중인 것으로 알려졌다. 또한 비트코인을 지불 수단으로 인정하는 인터넷 상점들이 늘고 있고, 유럽과 미국 등 일부 오프라인 상점에서는 비트코인이 실제로 쓰이고 있다. 비트코인을 실제 화폐와 교환할 수 있는 환전소도 점점 늘어나는 추세다. 전문가들은 비트코인이 화폐의 기능인 '교환수단 · 가치저장 · 가치척도' 중 제한적이지만 일부 기능을 수행하고 있다고 평가한다. 단, 비트코인은 금이나 은처럼 그 자체로도 사용가치가 있는 것이 아닌 가상공간에 존재하는 디지털 화폐이기에 정부가 인정하는 통화는 될 수 없다.

1비트코인이 2018년 1월 최고가로 한화로 약 2,660만원까지 올라갔으나, 1년 후인 2019년에는 한화로 약 300만원대까지 하락했다가 1,000만원대까지도 회복했다.

[상세 내용]

비트코인(bitcoin)은 블록체인 기술을 기반으로 만들어진 온라인 암호화폐이다. 비트코인의 화폐 단위는 BTC로 표시한다. 2008년 10월 사토시 나카모토라는 가명을 쓰는 프로그래머가 개발하여, 2009년 1월 프로그램 소스를 배포했다. 중앙은행이 없이 전 세계적 범위에서 P2P 방식으로 개인들 간에 자유롭게 송금 등의 금융거래를 할 수 있게 설계되어 있다. 거래장부는 블록체인 기술을 바탕으로 전 세계적인 범위에서 여러 사용자들의 서버에 분산하여 저장하기 때문에 해킹이 사실상 불가능하다. SHA-256 기반의 암호 해시 함수를 사용한다.

2009년 비트코인의 소스 코드가 공개되었고, 이더리움, 이더리움 클래식, 리플, 라이트코인, 에이코인, 대시, 모네로, 제트캐시, 퀀텀 등 다양한 알트코인들이 생겨났다. 알트코인은 비트코인 이후에 등장한 암호화폐를 의미하며, 비트코인은 여러 알트코인들 사이에서 일종의 기축통화 역할을 하고 있다.

비트코인은 2009년 사토시 나카모토가 만든 가상화폐로, 통화를 발행하고 관리하는 중앙 장치가 존재하지 않는 구조를 가지고 있다. 대신, 비트코인의 거래는 P2P 기반 분산 데이터베이스에 의해 이루어지며, 공개키 암호 방식 기반으로 거래를 수행한다. 비트코인은 공개성을 가지고 있다. 비트코인은 지갑 파일의 형태로 저장되며, 이 지갑에는 각각의 고유 주소가 부여되며, 그 주소를 기반으로 비트코인의 거래가 이루어진다. 비트코인은 1998년 웨이따이가 사이버펑크 메일링 리스트에 올린 암호통화(cryptocurrency)란 구상을 최초로 구현한 것 중의 하나이다. 비트코인은 공개키 암호 방식을 이용해 공개된 계정간에 거래를 한다. 모든 거래는 비공개적이나 거래의 기록은 남으며, 분산 데이터베이스에 저장된다. 분산된 시간서버로 일련의 작업증명(proof-of-work)을 하여 중복지출(double-spending)을 방지한다. 거래 기록은 모두 데이터베이스에 저장되어야 한다. 저장소 크기를 줄이기 위해 머클 트리(Merkle tree)가 사용된다.

[대표적인 거래소]

-홍콩의 바이낸스
-한국의 업비트, 빗썸
-일본의 비트플라이어
-미국의 코인베이스
-최대 100x 레버리지 거래, 공매도 가능 비트멕스

[기술]

비트코인은 웨이따이의 비-머니(b-money) 제안과 닉 재보(Nick Szabo)의 비트골드(Bitgold) 제안을 P2P로 구현한 것이다. 체계의 원리는 사토시 나카모토의 2008년 비트코인 백서에 나와 있다. 주소는 사람이 읽을 수 있게 표기될 경우 33글자 정도 된다. 비트코인 사용자는 여러 주소를 보유할 수 있고 새로운 주소를 제한 없이 생성할 수 있다. 어떤 네트워크 노드와도 접촉할 필요 없이 새로운 공개키와 암호키 쌍을 간단히 생성하면 새로운 주소를 즉시 만들 수 있기 때문이다. 쉽게 주소를 무한대로 생성해 바꿔 사용한다면 익명성이 보장될 수 있다.

[거래]

비트코인에는 현재 소유자의 공개키(주소)가 포함되어 있다. 사용자 갑이 사용자 을에게 무언가를 전송할 경우를 보자. 갑은 을의 공개키(주소)를 비트코인에 추가하고 갑이 소유한 개인키로 서명한다. 그 다음 갑은 이 비트코인을 적절한 메시지의 거래 내역으로 P2P 네트워크에 방송한다. 나머지 네트워크 노드들은 암호화된 서명과 거래량을 허가하기 전에 입증한다.

[블록체인]

다른 노드로 방송(broadcast)된 거래 내역들은 어떤 것이라도 즉시 공식적이지 않다. 블록체인(block chain)이라고 불리는 거래내역이 있는데, 이것은 알려진 모든 거래 내역의 목록을 수집해 보관하는 것이다. 블록체인에서 6회 이상 인정되어야 공식적인 거래가 된다. 각각의 생성용 노드들은 인정되지 않은 거래 내역을 전해 듣고 후보 블록에 수집한다. 후보 블록은 다른 것과 함께 있는 파일이고 이미 알려져 있는 바로 이전의 유효블록(valid-block)의 암호화 해시를 포함하고 있다. 생성용 노드들은 난이도에 의해 정해진 목표값 이하의 암호화 해시를 생성하기 위해 시행착오를 반복한다. 노드가 그 해답을 찾으면, 노드는 네트워크의 나머지 노드에게 알린다. 새로 해결된 블록(solved-block)을 받은 노드들은 그것을 허가하기 전에 인증하고 체인에 추가한다.

결국, 블록체인은 생성자의 주소부터 현재 소유자의 주소까지 모든 암호화 기록을 갖게 된다. 그래서 사용자가 이미 사용한 돈을 재사용하려고 하면, 네트워크가 거래를 거부할 수 있는 것이다.

[비트코인 생성]

비트코인 네트워크는 "코인 생성" 옵션을 선택한 소프트웨어를 구동하는 누군가, 구체적으로는 블록을 생성해내는데 성공한 누군가에게 한 묶음의 새로운 비트코인을 시간당 6번 정도씩 생성해 배분할 수 있도록 되어 있다. 그 소프트웨어나 같은 역할을 하는 사용자가 직접 만든 특수한 프로그램을 구동하는 사람은 누구나 비트코인 묶음을 받을 가능성이 있다. 비트코인을 생성하는 것은 금광 채굴에 빗대어 "채굴"이라고 불리기도 한다. 사용자가 코인 묶음을 받을 수 있는 확률은 정해진 목표값 이하의 해시를 만들어낼 수 있는 확률과 같으며, 비트코인이 묶음당 생성되는 양은 50 BTC를 넘지 않는다. 그리고 변동분은 21만 블록이 될 때 마다 1/2으로 줄어들게 프로그램되어, 전부 2,100만을 넘지 않게 된다. 이 지불금이 줄어들면, 사용자들은 블록을 생성하는 노드를 구동하는 것 보다는 거래 수수료를 벌도록 유도된다.

네트워크의 생성용 노드들은 전부 그들의 후보 블록을 만들기 위한 암호화 문제를 찾아내기 위해 경쟁한다. 이 문제를 풀려면 반복적인 시행착오가 필요하다. 노드가 정답을 찾으면 네트워크의 나머지 노드에게 그것을 알리고 새로운 비트코인 묶음을 요구한다. 새로 해결된 블록(solved-block)을 받은 노드들은 그것을 허가하기 전에 인증하고 체인에 추가한다. 노드에는 표준 클라이언트를 사용하거나 GPU 가속을 이용하는 다른 소프트웨어가 사용될 수 있다. 사용자들은 집단으로 비트코인을 생성할 수도 있다.

[거래 수수료]

노드는 자신이 생성하는 블록에 다른 이들의 거래내역을 포함할 의무가 없기 때문에, 비트코인 송신자는 거래 수수료를 자발적으로 지불함으로써 거래 속도를 높이고 사용자들이 노드를 운영하려는 유인을 제공한다. 특히 비트코인을 생성하기가 어려워질수록, 시간이 감에 따라 블록 분량마다의 보상이 줄어든다. 노드들이 받는 보상은 후보 블록에 포함된 모든 거래 내역과 관련된 거래 수수료이다.

[총 발행량]

2009년 만들어진 비트코인은 총 발행량 2,100만 비트코인이 한계이다. 그 이상은 발행될 수 없다. 2017년 6월 기준으로 대략 1,650만 비트코인이 발행되었다. 전문가들은 비트코인이 전부 발행되는 시점을 2150년 즈음으로 예상하고 있다. 그러나 다른 유사한 암호통화가 비트코인을 시작으로 해서 다수 등장해 있기 때문에, 라이트코인 등 대체 암호통화를 사용하거나, 아니면 더 작은 단위로 쪼개 쓰면 된다. 비트코인은 소수점 8자리까지 나눌 수 있게 설계됐다. 비트코인의 가장 작은 단위는 창안자인 사토시 나카모토를 기념하기 위해 '사토시'라는 단위로 불린다.

[암호화폐 거래 상황]

암호화폐 거래소에 따르면 가상화폐 대장 격인 비트코인의 시세는 2019년 6월 15일 기준으로 10,255,000원에 거래되었다. 비트코인을 제외한 가상화폐 동향은 하락세였다. 가장 큰 상승세를 보인 가상화폐는 비트코인 골드였다. 또한, 오미세고, 퀀텀, 비트코인 캐시, 카이버 네트워크는 상승세를 나타냈다. 한편, 가장 큰 하락세를 보였던 가상화폐는 스트리머였다. 또한, 라이트코인, 아이오타, 제로엑스, 이더리움 클래식, 질리카, 이오스, 이더리움은 하락세를 나타냈다. 리플은 24시간 전 대비 변동폭이 없었다. 한편 거래금액 기준으로는 비트코인, 리플, 이더리움 순으로 가장 활발한 거래를 보였다.

사토시 명언

♣ 만약 당신이 안 믿거나, 가지고 있지 않다면, 나는 당신을 설득하려고 노력할 시간이 없다.

♣ 장담컨대, 20년 내에 매우 큰 규모의 거래가 있거나, 아무런 거래가 없거나 둘 중 하나일 것이다.

♣ 유행할 경우를 고려해서, 약간 가지고 있는 건 의미가 있을 수 있다.

♣ 당신 집을 따뜻하게 할 필요가 있다면, 컴퓨터의 열은 낭비되지 않는다.

♣ 오픈소스가 되게 하는 것은 아무나 독립적으로 그 코드를 살펴볼 수 있다는 것을 의미한다. 만약 그게 오픈소스가 아니라면, 아무도 그 보안성을 검증할 수 없다.
이런 특성의 프로그램은 오픈소스가 되게 하는 것이 필수적이라고 생각한다.

히데키|Kamiya Hideki

• 그래픽 디자이너 • 일본 • 1970년생

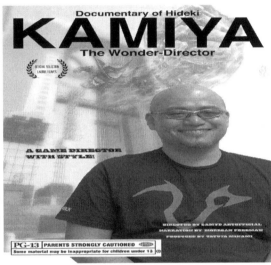

[출생] 1970년 12월 19일, 일본
[소속] 플래티넘 게임즈 (디렉터)

[경력사항]
플래티넘 게임즈 디렉터
2006.08 플래티넘 게임즈 설립
        클로버 스튜디오
1994 캡콤

[작품활동]
디자인 2009년 게임 베요네타
디자인 2006년 게임 오오카미

디자인 2003년 게임 뷰티풀 죠
디자인 2001년 게임 데빌 메이 크라이
디자인 1998년 게임 바이오 하자드 2
디자인 게임 바이오 하자드

[생애]
가미야 히데키(神谷 英樹, 1970년 12월 19일~)는 일본의 비디오 게임 디자이너이다.

[경력]
1994년, 주식회사 캡콤에 입사. '아서와 아스 타로트의 수수께끼 마계 마을'의 개발을 도와 후에 '바이오하자드' 개발에 기획으로 참여
1998년, 1998년 처음 이사를 역임했다. '바이오하자드 2'는 496만개의 대히트. 다음 개발한 '데빌 메이 크라이', '뷰티풀 죠'도 액션 게임으로 높은 평가를 얻고있다.
2004년, 캡콤의 자회사 클로버 스튜디오 주식 회사로 이적했다. '오오카미'의 디렉터가 된다.
2006년 7월, 클로버 스튜디오에서 은퇴하고 SEEDS 주식회사로 이적했다.
2007년 10월, SEEDS과 기업 ODD가 합병, 상호를 플래티넘 게임즈 기업으로 변경했기 때문에 플래티넘 게임즈 소속.
2010년 바요네타 발매

1970년 12월 19일에 일본 나가노 현 마츠모토 시에서 태어났다. 카미야 히데키는 어릴 때부터 게임을 좋아했으나, 게임기를 사달라는 말을 하기 어려울 정도로 집안이 엄격했다. 이에 카미야는 이웃집에 가서 게임을 즐겼다. 당시 카미야 히데키는 게임 안에서 흘러나오는 전자음에 이끌렸다. 실제 악기로 연주하는 음악보다 기계로 만들어낸 소리가 더 듣기 편하다고 생각할 정도였다. **카미야의 장래희망은 단연 '게임 개발자'였다. 잡지 등, 다양한 루트를 통해 게임 개발자가 되기 위해 무엇을 갖춰야 하는지를 살펴보던 카미야는 고등학교에 입학해 8비트 PC NEC PC-8801를 구입하고 'BASIC(표준 프로그래밍 언어)'를 배우며 프로그래밍을 공부하기 시작했다.** 대학교를 졸업한 카미야는 닌텐도를 비롯한 주요 게임사를 중심으로 구직에 나섰다. 글로 설명하는 것에 익숙하지 않았던 카미야는 그림으로 본인의 포트폴리오를 선보였다. 다수의 업체로부터 러브콜을 받은 카미야는 남코와 캡콤을 두고, 마지막 고민에 빠졌다. 사카미야는 캡콤을 첫 직장으로 선택했다.
1994년에 캡콤에 입사한 카미야가 처음으로 맡은 프로젝트는 '바이오 하자드'였다. 잦은 의견충돌에도 흔들리지 않고 본인이 생각한 방향대로 '바이오 하자드'를 완성해 성공시킨 미카미의 모습을 보며 카미야는 게임 개발자란 무엇인가를 몸소 느꼈다.
2004년에 설립된 클로버 스튜디오는 캡콤이 설립한 R&D 자회사 중 가장 규모가 컸다. 카미야는 미카미 신지, 그리고 '데빌 메이 크라이' 팀에서 함께 일하던 아츠시 이니바와 함께 클로버 스튜디오로 자리를 옮긴다. 카미야 히데키는 2006년 8월 1일, 미카미 신지, 아츠시 이니바와 함께 신생 개발사, 플래티넘 게임즈를 설립했다. 클로버 스튜디오에 머물며 카미야 히데키는 '데빌 메이 크라이'의 후속작을 비롯한 수많은 액션 게임을 지켜봐 왔다. 그 과정에서 카미야는 실망감에 젖어 든다. '데빌 메

이 크라이'가 출시된 후, 7년이나 흘렀음에도 스타일리쉬 액션은 조금도 발전하지 못했다는 생각에 도달한 것이다. 따라서 본인 스스로가 '**스타일리쉬 액션이란 무엇인지를 보여주겠다**'고 각오했다. 이후 카미야는 '베요네타'의 디렉터를 맡아, 2007년 1월부터 본격적인 제작에 들어갔다. 2009년에 출시된 '베요네타'는 전세계에 135만 장이 판매되었으며, 패미통에서 Xbox360 게임 중 처음으로 40점 만점을 받았다. 북미 등 서양권에서도 호평이 이어졌다. 아쉬운 점은 PS3버전에서 각종 문제가 발생하며, 일본에서는 흥행에 실패한 것이다. '베요네타' 이후에도 카미야 히데키는 게임 개발자로서 왕성한 활동을 이어오고 있다. 지난 2013년에는 작은 캐릭터들이 거대한 주먹이나 총, 검 등으로 일사불란하게 변신하는 액션이 돋보였던 '원더풀 101'을 출시했다. 그리고 Xbox One 신작 '스케일바운드' 제작에 몰두했다.

카미야 히데키는 독자적인 액션미학으로 게이머들의 눈과 귀를 사로잡았다. '데빌 메이 크라이'와 '베요네타'는 주인공 중심의 화려한 공격으로, '뷰티풀 죠'와 '오오카미'는 시간을 조종하거나, 붓으로 특정 모양을 그리는 요소를 통해 독특한 액션성을 구현해냈다. '데빌 메이 크라이'와 '베요네타'를 제외하면 게임성이 서로 겹치는 작품이 없었다는 것 역시 특징이다. 즉, **카미야는 '호쾌한 전투'를 풀어낼 다양한 방식을 제시하며 주류 장르 중 하나인 '액션'을 더 풍성하게 만들었다.** 이러한 점은 새로운 액션을 보여줄 소재와 재료를 집요하게 탐색하는 탐구정신에서 비롯된 것이다. 이러한 과정을 통해 카미야는 게이머가 꿈꾸는 '주인공'의 모습을 보여줬다. **게임의 가장 큰 장점은 플레이어가 직접 게임에 뛰어들어, 본인이 그 세계의 주인공이 될 수 있다는 것이다.** 이러한 의미에서 볼 때 카미야 히데키는 '내가 되고 싶은 주인공' 상을 확실하게 보여주는 방법을 아는 개발자다. **강조하고 싶은 부분은 넣고, 쓸데없는 군더더기는 빼는 작업을 통해, 본인이 전달하고자 하는 바를 확실하게 전하는 것이다.**

[플래티넘 게임즈 PlatinumGames Inc.]

일본의 비디오 게임 개발사이다. 이 회사는 시즈(Seeds)사와 오드(Odd)사 간 합병의 결과로 2007년 10월 설립되었다. 이듬해 비디오 게임 배급사 세가 게임스는 매드월드, 인피니트 스페이스, 베요네타, Vanquish를 보유한 기업이 개발한 고유한 4가지 속성을 퍼블리싱할 것이라 발표하였다. 이 파트너십은 나중에 Anarchy Reigns를 포함하는 것으로 확대되었다. 그러나 대부분이 상당한 호평을 받았음에도 불구하고 이 중 어느 것도 상업적인 성공을 거두지 못했다.

회사의 주 목표는 새롭고 독창적인 지식 재산을 창출하는 것이며, 팀은 2010년대 들어 라이선스를 받은 더 많은 타이틀을 만들기 시작했다. (예: 액티비전과 함께하는 코라의 전설, 닌자 거북이와 트랜스포머 시리즈, 코나미와 함께하는 메탈 기어 라이징: 리벤전스, 닌텐도와 함께하는 스타 폭스 시리즈, 스퀘어 에닉스와 함께하는 니어: 오토마타)

사원수는 2018년 기준으로 197명이다.

♣ 베요네타 3에 관한 모든걸 이야기 하겠다. 우리들 (플래티넘)은 퍼블리셔와의 계약을 맺고 그들로부터 자금을 제공 받아 게임을 만드는 개발자이다.

♣ 베요네타 1은 세가와 계약을 맺고 그들로부터 자금을 받았다.
그리고 게임의 개발 계획을 제안해 제작했다. 권리는 모두 세가에게 있다.

♣ 세가로부터의 강한 요구로 인해 결국 PS3용으로 이식하게 되었다.
세가는 이러한 모든 버전에 대한 권리를 가지고 있다.

♣ 베요네타 2를 만들기 시작했을 때는 여러 플랫폼용으로 개발하기 위해 세가로부터 자금 제공을 받을 수 있었다. 하지만, 세가의 사정에 의해 프로젝트는 중지되었다.
그 후 닌텐도가 자금을 제공한다고 제안 해왔기에 우리들은 그것을 받아들이기로 결정했다.

♣ 닌텐도는 위유용으로 베요네타 1을 이식하는 건에 관해서도 친절하게 대응해주었고 위유판을 위해 만든 일본어 음성도 PC판에 사용할 수 있게 허가해줬다.

♣ 개발 자금을 제공 해준 닌텐도와 그리고 베요네타의 IP 사용을 허가해준 세가에게 저는 무척이나 감사하고 있다.

♣ 베요네타 3에 관해서는 닌텐도의 자금으로 개발하는 것이 처음부터 결정되었다.
그들의 협력이 없었다면 이 프로젝트는 시작할 수 없었을 것이다.
권리는 세가와 닌텐도에게 있다. 그리고 권리를 가진 소유자는 이 게임을 닌텐도 스위치용으로 만들기로 결정했다.

♣ 게임 개발은 비지니스이다. 각 회사에는 각각의 사정과 전략이 있다.
그로 인해 게임이 만들어지며 때로는 취소된다.

♣ 나는 관계되어 있는 모든 사람들이 멋진 경험을 제공하려고 하고 있는 것을 믿고 있다. 적어도 나에게 있어서는 그것이 최대의 목표 중 하나라고 생각한다.

♣ 내가 베요네타 3를 만들 수 있게 된 게 얼마나 행복한지 뭐라 표현할 수는 없지만, 우리들은 가능한 한 좋은 것을 제공하기 위해 전력으로 개발할 생각이다.
그것이 우리들이 할 수 있는 모든 것이며 사명이라고 생각하고 있다.

카맥John Carmack II

• 프로그래머 • 기업인 • 미국 • 1970년생

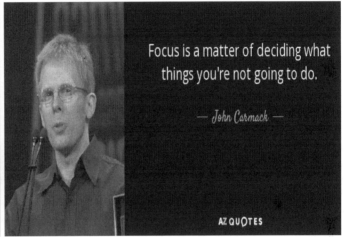

[출생] 1970년 8월 20일, 미국

[소속] 오큘러스 VR (CTO)

[학력사항]

미주리대학교 캔자스시티캠퍼스

[경력사항]

2013.08 ~ 오큘러스 VR CTO, 이드소프트웨어 기술디렉터

1991 이드소프트웨어 설립, 소프트디스크

[작품활동]

개발1999년 게임 퀘이크 3

개발1997년 게임 퀘이크 2

개발1996년 게임 퀘이크

개발1994년 게임 둠 2

개발1993년 게임 둠

개발1992년 게임 울펜슈타인 3D
개발1991년 게임 호버탱크
개발 게임 커맨더 킨

[요약]

존 카맥 2세는 **미국의 저명한 비디오 게임 프로그래머이다.** 1991년에 컴퓨터 게임 개발 회사 이드 소프트웨어를 공동 설립했고, 울펜슈타인 3D, 둠, 퀘이크의 리드 프로그래머를 맡았다. **카맥은 존 로메로와 함께 1인칭 슈팅 게임 (FPS) 장르를 정립했으며 그 영향력은 이후 만들어진 대부분의 1인칭 슈팅 게임 게임들에 미치고 있다.** 카맥은 오픈소스 운동을 지지하는 것으로도 잘 알려져 있다. 로켓 공학에도 관심을 가져 우주여행을 목표로 하는 아르마딜로 에어로스페이스를 설립해 공학자로 일하고 있다. 2013년 8월 오큘러스VR에 입사하였으며 CTO로 일하고 있다.

[생애]

[존 로메로와 만나기까지]

초등학교 시절부터 타고난 머리로 인해 영재 소리를 듣던 카맥은 냉소적인 성격과 혼자만의 세계를 즐겼던 탓에 대부분의 시간을 홀로 보낸다. 하지만 **초등학교 고학년 때 애플 II 컴퓨터를 접한 후 프로그래밍에 파고들기 시작했으며 11살의 나이로 울티마 게임 프로그램을 해킹해 능력치를 변환시키는 등의 작업도 하게 된다.** 그러나 자식을 의사나 교수 등으로 키우고 싶었던 카맥의 부모는 당시로서 전망도 불확실한 프로그래머라는 직업을 반대했고, 개인용 컴퓨터를 사주지 않았다. 그러자 존 카맥은 사제 폭탄을 제작, 컴퓨터 가게의 문을 부수고 애플 II 컴퓨터를 가지고 나온다는 계획을 세우고 실행에 옮긴다. 그러나 폭탄이 터진 직후 출동한 경찰에 의해 체포 되고 결국 카맥은 소년원에 보내진다. 소년원에서 출소 한 뒤에도 **카맥의 관심사는 오로지 프로그래밍과 컴퓨터 게임이었고, 카맥은 컴퓨터 교육의 선두 주자였던 샤니 미션 이스트 고등학교를 거쳐 미주리 캔자스 대학교에 진학한다.** 고등학교 때부터 카맥은 어려워진 가정 환경 탓에 **각종 컴퓨터 회사에서 외주 일을 받아 프로그래밍 아르바이트를 하며 용돈 벌이를 했다.** 하지만 이윽고 별 도움이 안 되는 대학 수업과 답답한 시스템에 염증을 느끼고, 2학년 때 대학에 자퇴서를 제출한다. 이후 계속해서 프리랜서로 일하던 그는 잡지용 부록 게임 제공 회사인 소프트디스크에 들어가 존 로메로를 비롯한 훗날 이드 소프트웨어 창립자들(아드리안 카맥, 케빈 클라우드, 톰 홀 등)을 만난다. 후에 이 만남은 존 케멕의 인생에 지대한 영향을 미친다. 존 카맥은 훗날 이 시절에 대해 **"현재 나는 모든 사람으로부터 무언가를 배운다. 내가 세상에서 가장 똑똑하다고 생각했던 시절도 있었지만, 그 땐 정말 현명하지 못했다"**라고 회고했다. 그러나 프로그래밍 실력과 다양한 분야에 대한 깊은 상식을 지닌 존 로메로는 존 카맥 인생 최초의 스승이자, 마음을 터놓을 수 있는 친구가 되고, 존 로메로 역시 자신보다 세 살 연하이면서 뛰어난 프로그래밍 실력을 가진 존 카맥을 마음에 들어 한다. 그리고 그는 존 카맥을 자신이 맡고 있던 게임 개발 프로젝트에 끌어들인다.

[존 로메로와 존 카맥]

존 로메로와 존 카맥의 팀은 소프트디스크 산하에서 수많은 PC게임을 만들었다. 이 시기, 그는 주말을 이용해 전세계적으로 히트한 닌텐도의 슈퍼마리오 브라더스 3를 컴퓨터로 컨버전하는 데 성공하고, 이를 닌텐도에 보냈다. 이는 회사와 관계없는 존 카맥의 개인 작업이었다. 비록 닌텐도는 컴퓨터 게임에 흥미를 보이지 않았으나, 당시 업무상 협력 관계에 있던 어포지 사(3D렐름)의 CEO였던 스콧 밀러는 여기에 큰 관심을 보였다. 결국 스콧 밀러의 제안에 의해 존 카맥을 필두로 존 로메로, 아드리안 카맥, 톰 홀 등은 소프트디스크사를 퇴사해 1991년 2월, PC게임 전문 개발사 이드(id) 소프트웨어를 설립한다. 이드 소프트웨어는 초창기 자신들의 전 직장이었던 소프트디스크와의 계약 의무 이행을 위해 한동안 하청 업무를 진행했으며, 어포지 사와 함께 존 카맥의 초기작인 커맨더 킨을 출시하기도 했다. 커맨더 킨은 슈퍼마리오 3를 PC로 컨버전한 존 카맥의 기술을 살려 제작된 횡스크롤 액션 게임으로, 당시로서는 어려웠던 PC 상에서의 부드러운 스크롤 이동 기술을 선보여 화제가 되기도 했다. 한편 커맨더 킨을 비롯한 이드 소프트웨어의 초기 작품들은 일반적인 패키지 유통이 아닌 쉐어웨어(ShareWare) 방식으로 판매되었다. 쉐어웨어는 스콧 밀러의 어포지 사에서 당시 추진하던 일종의 네트워크 체험 판매 시스템으로, 일부 콘텐츠만을 담은 체험판을 네트워크를 통해 무료로 배포한 후 정식 버전을 구매하도록 유도하는 구조였다. 이는 향후 대부분의 PC 및 비디오게임에 도입되었으며, 모바일게임과 PC 소프트웨어 등에서 두루 사용되고 있다. 커맨더 킨은 쉐어웨어(Shareware)를 통해 15만 달러 이상의 수익을 냈으며, 이 자금은 이드 소프트웨어 초기 설립 자금으로 유용하게 사용됐다. 한동안 [커맨더 킨의 속편을 개발/출시하던 **이드 소프트웨어는 91년 자신들의 첫 FPS(First-person shooter, 1인칭 슈팅게임) [호버탱크]를, 그리고 이듬해에는 울펜슈타인 3D를 세상에 내놓았다. 위의 두 작품은 그때까지 개념마저 확실하지 않았던 FPS라는 장르를 확실히 정립시켰다.** 실시간으로 진행되는 1인칭 시점에서 무기를 바꿔 가며 적을 해치우고, 탄약과 회복 아이템을 주워 먹으며 진행하는 게임 방식. 이는 향후 둠에서 더욱 발전되어 계속 통용되는 FPS 시스템의 대부분을 구현하게 된다. 울펜슈타인 3D는 이름에 3D가 붙긴 했지만 이는 과거 출시되었던 액션 어드벤처 게임 울펜슈타인성을 리메이크하며 FPS 방식을 도입했기 때문에 붙은 이름으로, 정작 게임 자체는 2D 그래픽의 응용이었다. 존 카맥은 다양한 시도를 통해 당시 컴퓨터 성능의 한계를 뛰어넘어 3D 환경을 만들려고 노력했으며, 이는 울펜슈타인 3D 등에서도 어느 정도 구현되어 많은 찬사를 받았다. 그리고 울펜슈타인 3D가 발매된 이듬해인 1993년, 이드 소프트웨어는 둠(DOOM)을 출시한다.

[게임사의 기념비적인 역작 둠]

비록 개발 도중 이드 소프트웨어의 설립 멤버이자 기획자였던 톰 홀이 퇴사하는 등의 진통이 있긴 했지만, 그럼에도 불구하고 둠은 전세계 게임 팬들에게 거대한 충격을 안겨줬다. 한편 **둠은 게임사에 기념비적인 작품으로 평가 받고 있는데 그 이유는 1) 현대 FPS와 비교해도 뒤쳐지지 않을 정도의 시스템을 확립시킨 것. 2) 3D 텍스처와 2D 그래픽을 적당히 섞어 기술적 충격을 안겨줌과 동시에 엔진을 판매하며 게임시장에 엔진 붐을 일으킨 것. 3) 세계 최초로 네트워크 대전 기술을 도입하여 온라인게임 시대의 발판을 연 것. 4) 그리고 유저 제작 콘텐츠(MOD: Game Modification)의 활성화를 이끈 것** 등이다.

둠이 제시한 FPS 게임 방식은 과거 울펜슈타인 3D에서 보여줬던 고전적인 시스템에서 한층 발전한 것으로, 최근의 FPS에서도 적용되는 다양한 개념을 정립시켰다. 예를 들어서 게임 내에는 샷건이나 런처 등 다양한 무기가 존재했으며, 서로간의 개성이 매우 뚜렷했는데 이는 현대 FPS의 다양한 무기 체계를 확립시켰다. 또한 비슷한 적과 단순한 플레이만 존재했던 울펜슈타인 3D와는 달리, 둠은 다양한 적과 공격 패턴, 그리고 투명이나 야시경 등의 아이템을 부여해 게임 플레이의 다양성을 더욱 진화시켰다. 또한, 엔진의 발전으로 인해 맵의 높낮이나 명암 등 다양한 요소를 직관적으로 느낄 수 있어 게이머로 하여금 '자신이 게임 속 가상세계에 있는 느낌'을 들게 만들었다. 엔진 판매 역시 이러한 게임성과 존 카맥의 완성도 높은 프로그래밍 기술을 토대로 시작되었다. 이드 소프트웨어는 둠 제작에 사용된 둠 엔진의 사용 라이선스를 레이븐 소프트웨어와 로그 엔터테인먼트 등 타 개발사에 판매하며 로열티를 받았다. 사실 그 이전에도 게임 개발 소스를 판매하는 방식이 존재하지 않았던 것은 아니지만, 이드 소프트웨어는 그러한 소스를 둠 엔진이라 명명하고 이른바 패키지 형식으로 판매하기 시작했다. 이는 둠의 높은 인기와 시너지 효과를 내어, 향후 에픽게임스 등을 주축으로 한 3D 미들웨어 엔진 시장이 만들어지는 데 큰 기여를 했다. 네트워크 대전을 처음으로 도입한 것 역시 둠이다. 존 카맥은 당시 조금씩 일반에 보급되고 있던 네트워크 기술을 활용해 원거리에서 다른 플레이어와 함께 게임을 할 수 있는 시스템을 개발했고, 이는 둠에서 데스매치라는 모드로 처음 구현되었다. 이 데스매치 모드는 미국 전역의 네트워크 통신망을 마비시킬 정도로 높은 인기를 끌었다. 당시로서는 안방에 앉아 멀리 떨어진 플레이어와 대전을 즐긴다는 것은 미래 기술 정도로 받아들여졌기에, 둠의 데스매치 기능은 하나의 혁명과도 같았다. 향후 데스매치 모드는 불특정 게이머와 매칭을 즐길 수 있는 배틀넷으로 확장되었으며, 여기서 영감을 받은 수많은 게임사들에 의해 수많은 온라인 멀티플레이 모드가 등장하고 훗날 온라인게임 시대를 여는 발판을 마련한다. 또한 둠은 게임의 폭력성에 대한 시비의 시발점이 되기도 했다. 이는 게임 디자이너인 에이드리언 카맥의 개인적 취향이 한껏 반영된 결과인데, 결과적으로 둠 시리즈 특유의 액션성에 크게 기여했지만 폭력성에 대한 질타를 받는 원인이 된다. 그 중 대표적인 사건은 콜럼바인 고교 총기난사 사건의 원인으로 둠이 지목된 것이다.

90년대 중반, 미국에서는 모탈 컴뱃 등 폭력적인 게임이 출시됨에 따라 게임의 폭력성을 규제해야 한다는 여론이 들끓었다. 그 와중 1999년, 세계를 놀라게 한 흉악범죄 콜럼바인 고교 총기난사 사건의 용의자가 둠의 마니아라는 것이 밝혀지며 **둠은 순식간에 비난의 대상**이 된다. 그러나 미국 법원은 콜럼바인 사건에 둠이 영향을 미쳤다며 유족들이 건 소송에 대해 '흉악 범죄의 원인을 게임으로 볼 수는 없다' 는 판결을 내렸고, ESA(북미 자율심의등급기구)의 활동이 본격화되며 이와 관련된 문제는 상당히 줄어들었다. 한편 둠은 93년 출시되어 2년 동안 쉐어웨어(Shareware) 방식으로 판매되었으며, 북미와 유럽에서만 1,500만 장 이상의 판매고를 올렸다. 곧이어 출시된 둠 2 역시 쉐어웨어 대신 패키지 판매로 바뀐 상태에서 북미 지역에서만 200만 장이라는 높은 판매고를 올렸고, 이로 인해 존 카맥과 이드 소프트웨어의 이름은 세계 전역에 알려졌다.

[퀘이크 그리고 존 로메로와의 이별]

둠 2로부터 2년 후인 1996년, 그들은 풀 3D FPS인 퀘이크를 발매했다. 퀘이크는 둠에서 보여준 각종 요소를 한층 업그레이드 시킨 게임으로, 2D 그래픽을 응용해 3D 효과를 낸 울펜슈타인 3D나 둠 시리즈와는 달리 진정한 3D 그래픽을 구현했다. 이는 초창기 3D 가속카드 시장의 발전에도 커다란 영향을 미쳤다. 뿐만 아니라 [둠]에서 최대 4인까지 함께 할 수 있었던 멀티플레이를 32명이 동시에 즐길 수 있는 데스매치로 발전시켰으며, 컴퓨터 게임 멀티플레이 대전 문화를 한껏 꽃피웠다. 이전까지 일부 회사에만 판매했던 엔진 라이선스 역시 퀘이크 엔진에 이르며 엄청나게 활성화되었다. 퀘이크 엔진은 당시 FPS 제작사들에게 가장 환영받았던 엔진으로, 인피니티 워드의 콜 오브 듀티, 밸브 코퍼레이션의 하프 라이프, 레이븐 소프트웨어의 솔저 오브 포춘, 드림웍스의 메달 오브 아너 등 수많은 FPS게임들이 퀘이크 엔진 시리즈를 전부 혹은 부분적으로 사용해 제작되었다. 그래픽카드의 경우 게임 개발사가 얼마만큼이나 해당 하드웨어를 지원하는지에 따라 성능에 큰 차이가 있었고, PC용 3D 게임의 선두에 서 있는 존 카맥의 결정은 그대로 그래픽카드 업체의 매출로 이어졌다. 따라서 퀘이크 시리즈를 통해 존 카맥은 3D 게임업계의 독보적 존재로 자리잡았다고 해도 과언이 아니다. 이드 소프트웨어는 울펜슈타인 3D와 둠을 통해 현대 FPS의 틀을 정립시키고, 퀘이크 시리즈로 FPS 장르를 꽃피우며 게임업계의 슈퍼스타로 일약 발돋움했다. 존 카맥과 존 로메로 등 개인에게 엄청난 부와 명예가 주어졌고, 게임 개발에 있어서도 물량과 인력을 충분히 투자할 만큼의 여유가 갖춰졌다. 하지만 단순한 게임 플레이와 효율성을 추구하는 존 카맥과 게임에서도 영화와 같은 디테일과 화려함을 넣어야 한다고 주장하는 존 로메로는 잦은 의견 충돌을 하기 시작했고 둘의 사이는 퀘이크 2 개발 도중 급속히 나빠졌다. 그리고 결국 둘 중 하나가 회사를 나가야 할 상황에까지 이른다. 이드 소프트웨어는 존 카맥의 프로그래밍 실력을 기반으로 성장, 발전해 온 회사였기에 자연히 사내 분위기는 존 로메로의 퇴사 쪽에 쏠렸고, 결국 존 로메로는 퀘이크 2가 발매된 1997년 이드 소프트웨어를 퇴사했다. 이후 존 로메로는 이온스톰이라는 개발사를 설립하고 다이카타나라는 게임을 개발했으나, 흥행 저조로 인해 결국 게임업계 최전선에서 은퇴한다.

[이드 소프트웨어의 내리막]

2000년대에 들어, 존 카맥은 개발자로서의 명예에 정점을 찍는다. 대표적인 것이 2001년, 미국예술과학아카데미(AIAS)가 시상하는 명예의 전당에 게임업계 관계자 중 미야모토 시게루, 시드 마이어, 사카구치 히로노부에 이어 네 번째로 이름을 올린 것이다. 이 때 존 카맥의 나이는 31세로, 이 최연소 기록은 오랫동안 깨지지 않고 있다. 더불어 그는 2000년, 로켓 개발 회사 아르미달로 에어로스페이스를 설립했다. 어릴 적 폭탄이나 로켓을 만들며 놀던 것에 착안한 것으로, 그는 약 14년 동안 자신의 사비를 털어 가며 로켓 개발에 매진했다. 그러나 존 로메로가 떠난 이후, 존 카맥의 성공신화도 차츰 빛을 잃어가기 시작했다. 이드 소프트웨어는 여전히 최고의 게임 개발사였지만, 둠과 퀘이크처럼 세상을 뒤흔들 만한 작품은 더 이상 나오지 않았다. 물론 존 로메로의 퇴사 후에도 이드 소프트웨어는 퀘이크 3나 둠 3 등을 출시했고, 완성도와 깊이 면에서는 여전히 좋은 평가를 받았다. 그러나 이들은 전작에 비해 파급효과가 크지 않았고, 이로 인해 이드 소프트웨어는 언리얼 토너먼트의 에픽게임스나 하프 라이프의 밸브 코퍼레이션 등 후발 주자들에게 조금씩 밀려나기 시작했다. 퀘이크 3 이후 퀘이크 시리즈가 예전 같은 영향력을 잃고, 둠 3 이후 대작 프로젝트 소식이 한동안 끊기며 이드 소프트웨어에도 점차 내리막길을 걷기 시작한다. 존 카맥은 2005년 이후에도 각종 모바일 RPG와 게임 엔진 등을 제작하며 건재한 모습을 보여줬지만, 예전만큼 큰 활약을 보여주진 못하고 이윽고 2009년, 존 카맥은 이드 소프트웨어를 베데스다 소프트웍스의 모회사 제니맥스에 매각한다. 이드 소프트웨어를 인수한 베데스다는 막대한 자본력을 바탕으로 개발진을 배 이상으로 늘리는 한편, 개발사의 자유를 최대한 보장했다. 존 카맥은 오랫동안 개발진의 크기를 10~20명 내외로 유지해 왔는데, 이는 초기에만 해도 상당한 이점이었으나 갈수록 거대해져가는 게임의 스케일과 규모를 감당하기엔 부족했다. 언리얼 토너먼트나 하프 라이프 개발진에 절반에도 못 미치는 인원으로 게임을 제작하다 보니, 여러 부분에서 아쉬운 점이 드러났던 것이다. 다행히 제니맥스에 의한 개혁은 존 카맥의 의지와 크게 상충되지 않는 방향에서 진행되었고, 비록 흥행실적은 다소 아쉬운 감이 있지만 2011년 오픈월드 FPS 레이지를 통해 변해 가는 시대에 맞춘 이드 소프트웨어의 모습을 보여준다. 가상현실 분야로 레이지와 각종 모바일 프로젝트, id Tech 엔진 시리즈 등에서 조용하지만 꾸준하게 활동해 오던 **존 카맥은 2013년 8월, 이드 소프트웨어를 떠나 가상 현실 기기 오큘러스 리프트를 제작하는 오큘러스VR의 최고기술경영자(CTO)로 들어간다.**

[업적 및 성공과 실패]

1990년, 이드 소프트웨어의 첫 작품인 '커맨더 킨(Commander Keen)'을 통해 카맥은 당시 PC 게임에서는 볼 수 없었던 부드러운 스크롤을 선보였다. 게임 자체는 슈퍼 마리오 브라더스의 아류 게임이었다. 커맨더 킨 이후 카맥은 3D 게임 개발로 방향을 돌려 원시적인 FPS 게임인 '호버탱크 3D'를 개발했지만 별 다른 반응을 얻지 못하였다. 이에 회사 내부에서 '커맨더 킨'의 후속작 및 다른 횡스크롤 게임들을 발매할 동안 존 카맥은 더욱 개선된 3D 엔진 개발에 박차를 가해, 1992년 5월 5일, '울펜슈타인 3D(Wolfenstein 3D)'를 발매하였고 그로부터 1년 7개월 후인 **1993년 12월 10일, '둠(Doom)'을 내놓아 커다란 성공을 거두었다.** 1996년에 발매한 퀘이크에서는 본격적으로 풀폴리곤을 도입했다.

퀘이크가 발매된 1996년에는 이전까지 이드 소프트웨어의 얼굴마담 역할을 하던 존 로메로가 회사에서 해고된 후였기에 존 카맥이 대신 소규모 랜파티로 시작한 퀘이크콘 행사부터 본격적으로 대중들에게 얼굴을 내밀기 시작했다. 이후 **퀘이크 2를 개발하던 1997년 즈음부터 존 카맥은 일반 대중들에게 유명세를 타기 시작했고 3D 게임 그래픽 기술의 구루(Guru)로서 추앙받기 시작했다.**

2002년 E3에서는 개발중인 둠 3의 데모를 공개했는데 당시로서는 생소했던 실시간 광원 및 그림자와 노멀맵을 적용한 그래픽을 선보여서 게임업계에 화두가 되기도 했다. 그러나 둠 3의 출시 연기로 존 카맥은 게임 그래픽 기술의 Guru로서의 빛이 서서히 바라기 시작했다. 특히 둠 3 출시 전에 둠 3을 능가하는 비주얼과 신기술들을 선보인 언리얼 엔진 3가 공개됨에 따라 둠 3는 기술적으로 크게 특출나지 않은 게임이 되었으며 둠 3가 출시된 2004년 시점에서는 이미 파 크라이 등 둠 3의 그래픽 기술을 능가하는 게임들이 먼저 출시된 상태였다.

2005년 무렵엔 모바일 게임 개발에도 관심을 보이기 시작하여 둠 RPG를 시작으로 소수의 모바일 게임을 개발하였으나 크게 성공한 게임은 없었다. 추후 iOS용으로 레이지를 개발, 발매하였으나 이 역시 별 반향을 불러일으키지는 못했다. 2007년에는 id Tech 5와 함께 메가텍스처라는 기술을 공개해서, 또 한 번 게임업계의 화두가 되었으나 그 기술로 만들어낸 레이지가 상업적으로도, 비평적으로도 미흡한데다가 레이지 발매 초기시 PC 버전의 치명적 결함, 시대를 역행하는 개념으로 개발된 메가텍스처의 기술적 실패로 인해 대중에게 많은 비판을 받기도 했다.

레이지와 각종 모바일 프로젝트, id Tech 엔진 시리즈 등에서 조용하지만 꾸준하게 활동해 오던 존 카맥은 2013년 8월, 이드 소프트웨어를 떠나 가상 현실 기기 오큘러스 리프트를 제작하는 오큘러스 VR의 최고기술경영자(CTO)로 들어간다. 초반에는 이드 소프트웨어의 기술 자문 역할도 병행했으나, 현실적인 이유와 함께 관심사를 나눠 집중하기 힘들다는 이유로 이를 사퇴함에 따라 존 카맥은 22년간 재직했던 이드 소프트웨어를 완전히 떠났다. 이로써 이드 소프트웨어는 초기 설립자 4명이 모두 퇴직하여 현재는 후임자들과 제니맥스 측 인원들에 의해 운영되고 있다. 존 카맥은 오큘러스VR 기술이사로 임명될 당시 "가상현실이 앞으로 큰 영향을 미칠 것으로 믿는다, 이를 준비한 사람은 모두 개척자로 이름을 남길 것이다. 난 그중 한 사람의 개척자로 일하고 싶다"며 열의를 보이기도 했다. 한편 오큘러스 VR은 2014년 3월, 총 약 20억 달러(한화 약 2조 2천억)에 세계 최대 소셜 네트워크서비스(SNS) 업체인 페이스북에 인수되었다.

[오큘러스 VR, Oculus VR]

2012년 7월 캘리포니아주 어바인에 설립된 미국의 기술 기업으로, 본사는 멘로파크에 위치해 있다. **가상현실 하드웨어와 소프트웨어 제품이 전문이다.** 2012년 4월, Luckey는 비디오 게이밍을 위해 설계된 가상 현실 헤드셋인 리프트를 발표하였고 개발자들에게 가상현실 헤드셋을 판매할 수 있도록 8월 킥스타터 캠페인을 런칭하였다. 이 캠페인은 성공이 입증되어 240만 달러의 수익을 올렸는데, 이는 원래 목표치인 25만 달러의 10배에 해당한다. 2개의 생산 이전 모델들이 개발자들에게 공개되었는데, **오큘러스 VR DK1(개발 키트 1)과 오큘러스 VR DK2(개발 키트 2)이다.** 소비자용 제품은 2016년 3월 28일 완전히 새로워진 디자인과 함께 출시되었으며 전용 VR 디스플레이, 포지셔널 오디오, 적외선 추적 시스템이 포함되었다.

2014년 3월, **페이스북 CEO 마크 저커버그는 오큘러스 VR을 현금과 주식으로 23억 달러에 인수**하기로 합의하였다. 2015년, 오큘러스 VR은 3차원 재구성 및 혼합 현실에 집중했던 영국의 스타트업 서리얼 비전(Surreal Vision)을 인수하였으며 이로써 오큘러스 VR이 원격현장감 개념을 갖춘 제품 개발을 시작할 수 있게 되었다.

2015년 11월 삼성 갤럭시 스마트폰용 삼성 기어 VR을 개발하기 위해 삼성과 파트너십을 맺었다. 삼성디스플레이 뉴스룸은 2019년 6월 "최근 출시된 무선 VR 제품 '오큘러스 퀘스트'는 현재까지 가장 완성도가 높은 독립형 VR 전용기기"라고 밝혔다. 오큘러스가 2018년 9월 공식 발표한 오큘러스 퀘스트는 PC 없이 자체적으로 구동이 가능한 일명 '올인원 VR' 제품이다.

카맥 명언

- ♣ **집중이란 당신이 확실히 안 할 것들을 결정하는 일이다.**
- ♣ 한 가지 일에 열심히 하는 것은 성공을 위한 가장 실질적인 방법이다.
  오직 목표에만 초점을 맞춰라. 그리고 목표를 달성하기 위해 다음 발걸음을 내딛어라.
  만약 지금 네가 하고 있는 길에 대한 확신이 서지 않는다면, 다른 길도 함께 가보고 더 나은 것이 어떤 건지 찾아내라.
- ♣ 게임에 스토리를 넣는 것은 포르노에 스토리를 넣는 것과 같다.
  게임에서 스토리는 포르노에서의 스토리와 같다. 그만큼 중요하지 않다.
- ♣ 블랙잭을 하는 것은 개인 훈련에 대한 시험이다. 카드를 세고 규칙을 아는 기법은 사소한 능력이지만, 어려운 부분은 당신의 근본적인 직관을 극복하고, 당신 자신을 일정하게 로봇과 같이 행동하도록 하는 것이다.
- ♣ **가상현실이 앞으로 큰 영향을 미칠 것으로 믿는다.** 이를 준비한 사람은 모두 개척자로 이름을 남길 것이다. 난 그중 한 사람의 개척자로 일하고 싶다.

02

1960년대 출생 인물들

1960년대에 태어나서 현재와 미래에도 왕성한 활동을 하고 있는 인물들 20명을 소개한다. 운영체
체(OS), 소셜네트워크 서비스(SNS), 자율주행차, 인공지능(AI), 검색 포털, 전자상거래, 게임, 정보보호,
프로그래밍 및 웹서비스 분야 등의 소프트웨어(SW) 융합·창조분야에서 큰 업적을 이룬 인물들의 삶과
생각(명언)등을 소개한다.

토발즈 Linus Torvalds

• 프로그래머 • 핀란드/미국 • 1969년생

"Most good programmers do programming not because they expect to get paid or get adulation by the public, but because it is fun to program."

Linus Torvalds

[출생] 1969년 12월 28일, 핀란드 헬싱키

[거주지] 미국 오리건 주 던 소프
[국적] 핀란드 → 미국
[학력] 헬싱키 대학교 석사 수료
[직업] 소프트웨어 엔지니어 활동
[배우자] 토브 토발즈
[자녀] 3명
[부모]
닐스 토발즈 (아버지)
안나 토발즈 (어머니)

스웨덴계 핀란드인으로서 핀란드 헬싱키에서 태어난 소프트웨어 개발자로, 리눅스 커널과 깃을 최초로 개발한 사람으로 잘 알려져 있다. 후에 토발즈는 리눅스 커널 개발 최고 설계자가 되었고,

프로젝트 코디네이터로 활동하고 있다. 토발즈는 커널의 플랫폼 독립적인 부분과 인텔 IA-32 아키텍처로 구체화되는 핵심 커널의 컴포넌트들을 관리한다. 저명한 오픈소스 소프트웨어 개발 리더들에게 부여되는 명예 타이틀직인 자비로운 종신독재자 중의 한 사람이기도 하다.

[일대기]

코모도어 VIC-20 리누스는 닐스(Nils)와 안나(Anna) 토르발즈의 딸이자, 시인 올레 토발즈의 손자로 태어났다. 리누스의 가족은 아이티 인구의 5.5% 정도를 차지하는 소수 스웨덴어 사용자에 속한다. 리누스의 이름은 노벨 화학상을 수상했던 미국인 화학자 라이너스 폴링에서 따온 것이지만, 리누스는 자신의 저서 ≪Rebel Code: Linux and the Open Source Revolution≫라는 책에서 "**나의 이름은 피너츠에 나오는 라이너스에나 어울린다.**"고 언급한 바 있다.

리누스는 1988년 헬싱키 대학교에 입학해 다녔고, **1996년 컴퓨터 과학 석사로 졸업했다. 석사 논문 제목은 '리눅스: 이식 가능한 운영체제'**이다. 리누스는 대학교 1학년을 끝낸 후 포병 관측 장교로 핀란드 군에 입대하여 소위로서 11개월간 복무하여 병역을 마쳤다. 1990년에 복학한 후 최초로 DEC MicroVAX에서 운영하는 ULTRIX의 형태로 유닉스를 만나게 되었다.

리누스의 컴퓨터에 대한 관심은 코모도어 VIC-20와 함께 시작했다. 이후 싱클레어 QL를 구입하고 그 운영체제를 변형시키며 OS를 변형시키고 어셈블리어 프로그램과 텍스트 에디터를 만들거나 몇가지 게임을 프로그램하기도 하였다. 1991년 2월 2일, 그는 인텔 80386 기반의 IBM PC를 구입하였다. 한 달 정도 페르시아의 왕자 등의 게임을 하면서 MINIX의 사본을 기다렸는데, MINIX가 도착한 직후 그는 리눅스 커널을 만드는 일을 시작하였다. 2000년 6월에 헬싱키 대학교는 리누스 토르발스에게 명예 박사학위를 수여했다.

[리눅스 Linux]

[요약]

1991년 11월에 리누스 토발즈가 버전 0.02을 공개한 유닉스 기반 개인컴퓨터용 공개 운영체제이다. 1989년 핀란드 헬싱키대학에 재학중이던 리누스 토발즈가 유닉스를 기반으로 개발한 공개용 오퍼레이팅시스템(OS)으로, 1991년 11월 버전 0.02이 일반에 공개되면서 확대 보급되기 시작하였다. 유닉스가 중대형 컴퓨터에서 주로 사용되는 것과는 달리, 리눅스는 워크스테이션이나 개인용 컴퓨터에서 주로 활용한다. 리눅스는 소스 코드를 완전 무료로 공개하여 전세계적으로 약 5백만 명이 넘는 프로그램 개발자 그룹을 형성하게 되었으며, 이들에 의해 단일 운영체제의 독점이 아닌 다수를 위한 공개라는 원칙하에 지속적인 업그레이드가 이루어지고 있다. 파일구성이나 시스템기능의 일부는 유닉스를 기반으로 하면서, 핵심 커널 부분은 유닉스와 다르게 작성되어 있다. 인터넷 프로토콜인 TCP/IP를 강력하게 지원하는 등 네트워킹에 특히 강점을 지니고 있으며, 유닉스와 거의 유사한 환경을 제공하면서 무료라는 장점 때문에 프로그램 개발자 및 학교 등을 중심으로 급속히 사용이 확대되고 있다. **리눅스는 각종 주변기기에 따라 혹은 사용하는 시스템의 특성에 맞게 소스를 변경할 수 있으므로 다양한 변종이 출현하고 있다.**

♣ 대부분의 훌륭한 프로그래머들은 대중들로부터 돈을 받거나, 칭찬을 듣기 위해 프로그래밍을 하지는 않는다. 그게 재미있기 때문이다.

♣ C++는 끔찍한 언어다. 게다가 많은 수준 이하 프로그래머들이 사용하면서 더 끔찍해져서 이젠 C++로 그냥 쓰레기를 만드는 편이 훨씬 더 쉬울 정도다.

♣ 솔직히 오로지 C++ 프로그래머들의 접근을 차단하기 위한 목적으로 C를 선택한다 해도, 그 자체가 C를 사용할 이유로 충분하다.

♣ 컴퓨터는 에어콘과 같다. 창문(Windows)을 열자마자 쓸모없게 된다.

♣ 지능이란 일하는 것은 피하지만, 일은 완성되게 하는 능력이다.

♣ 말하기는 쉽다. 내게 코드를 보여줘봐~

레이쥔^{Lei Jun}

• 샤오미 창업자 • 중국 • 1969년생

주변 사람들을 유심히 살피다가 뜻밖의 사실을 발견했다. 다른 사람과 함께 일할 때 사람들은 기꺼이 손해 보려는 사람을 선호한다는 것이다. 남보다 더 많이 일하지만 수익을 덜 챙겨가는 사람, 그런 사람과 일하는 것을 사람들은 즐겨한다. - 샤오미 CEO 레이쥔

[출생] 1969년 12월 16일
중화인민공화국 후베이 성 셴타오 시
[거주지] 중화인민공화국 베이징
[국적] 중화인민공화국
[학력] 우한 대학교 출신
[직업] 샤오미 회장
[배우자] 장웅(张彤)
[자녀] 2명

[요약]
레이쥔(雷軍, Lei Jun, 1969년 12월 16일~)은 중화인민공화국의 사업가로 중화인민공화국의 주요 전자회사 중 하나인 샤오미 테크의 창업자이다. 미국 포브스지에 따르면 2014년 8월 현재 레이쥔의 재산은 41억 달러에 이르렀고, 부호 순위에서 중화인민공화국에서는 19위, 세계순위 375위에 올랐다. 2019년에는 재산이 약 11조원(96억불)으로 중국 14위, 세계 143위의 부자가 되었다.

[성장과 창업]

레이쥔은 1969년 중국 후베이 성 시안타오 시에서 태어났다. **1987년 중국의 명문대 우한대학 컴퓨터학과에 진학해 2년 만에 조기 졸업했다. 아침 7시부터 저녁 10시까지 공부하는 등 공부벌레의 모범이라고 부를만한 사람이었다.** 레이쥔은 실리콘밸리의 창업자들의 얘기를 듣고 창업의 꿈을 키웠다. 1991년 친구들과 함께 '산써(三色)'라는 IT 기업을 세웠다. 영어 대신 중국어로 프로그램을 만들 수 있게 해주는 프로그램을 만드는 회사였는데, 얼마 지나지 않아 다른 업체에게 기술을 도용당한 후 공중분해됐다. 실패를 맛본 레이쥔은 실패의 원인을 자신에게서 찾았다. 주위의 부추김으로 허영심만 가득했던 것이 실패 이유라며, 밑바닥부터 다시 시작하기로 결정했다.

레이쥔은 1992년 중국의 중견 IT 업체인 킹소프트에 입사했다. PC용 오피스와 백신 프로그램을 만드는 킹소프트에서 두각을 드러낸 레이쥔은 입사 6년 만인 1998년 킹소프트의 대표이사가 되었다. 킹소프트의 대표로 재직하며 동시에 온라인 서점인 '조요'를 창업해 아마존에 매각하는 등 다양한 행보를 보여줬다. 킹소프트에 재직하며 레이쥔은 회사를 세우고 경영해서 성공으로 이끄는 방법을 스스로 깨쳤다. 2007년 킹소프트의 기업공개를 성공적으로 완수한 후 레이쥔은 재충전을 이유로 킹소프트의 대표 자리를 사임했다. 이후 앤젤투자자로 활약하며 중국내 많은 스타트업에 투자를 단행했다. 앤젤투자자로 활동하며 레이쥔은 인터넷, 모바일, 전자상거래, SNS 등이 IT 시장의 새로운 대세로 떠오름을 느꼈다. 이 모든 것을 아우르는 것이 바로 스마트폰과 모바일 운영체제였다. "태풍의 길목에 서면 돼지도 하늘을 날 수 있다"는 격언을 되새기며 자신과 함께 모바일이라는 새로운 기회에 올라탈 파트너를 찾아 중국 전역을 돌아다녔다. 린빈 구글차이나 엔지니어링 총괄, 저우광핑 모토로라 중국 R&D 총괄, 리우데 베이징과학기술대 산업디자인학부장 등 다양한 분야에서 동지를 모았다. 쟁쟁한 창업자들의 면면을 보고 테마섹홀딩스, 퀄컴, IDG 캐피털 등 유명 벤처캐피탈과 회사들이 샤오미에 투자를 단행했다.

처음 창업후 레이쥔과 샤오미가 주력한 분야는 소프트웨어였다. '미우이(MIUI, 미 사용자환경)'라는 이름의 안드로이드 기반 커스텀 펌웨어를 선보였다. 그러나 레이쥔의 진짜 목표는 스마트폰 하드웨어였다. 2011년 미우이를 기본 탑재한 최초의 스마트폰 '미1'을 선보이며 시장에서 돌풍을 일으켰다. 샤오미 스마트폰의 가장 큰 강점은 저렴한 가격에 쓸만한 제품을 구매할 수 있다는 것(이른바 가격대 성능비)이었다. 당시 중국시장에는 수 많은 스마트폰 제조사들이 난립하고 있었지만, 삼성전자나 애플만큼 뛰어난 품질의 제품을 선보이는 업체는 없었다. 레이쥔은 샤오미의 스마트폰 품질을 둘과 대등한 수준으로 끌어올리고, 제품 가격을 1,900위안대로 낮춰 큰 인기를 끌 수 있었다. 당시 삼성전자와 애플의 스마트폰 가격은 4,000위안에 달했다.

샤오미가 이렇게 저가 전략을 추진할 수 있었던 비결은 바로 온라인 유통이다. 오프라인 유통을 중시했던 경쟁자들과 달리 자체 온라인 쇼핑몰인 '미닷컴'을 통해 제품을 유통해 오프라인 상점 유지에 들어가는 비용을 절감할 수 있었다. 이렇게 절감한 비용을 제품 가격을 낮추는데 활용해 가격 우위를 확보했다. **샤오미의 마케팅 전략도 주목할만한 부분이다. 샤오미의 마케팅 전략의 핵심은 '고객참여'다.** 샤오미는 800만 명이 넘는 '미펀(Mi fan)'을 보유하고 있다. 이들은 샤오미 제품의 열렬한 추종자들로, 샤오미의 신제품을 출시와 동시에 구매한 후 사용기를 인터넷에 올려주었다. 이들의 사용기가 입소문이 되어 중국내 사용자들 사이에서 샤오미 제품의 가치를 높여주었다. 또한 이들이 제품 사용기에서 지적한 불만과 단점은 레이쥔과 샤오미가 신제품을 개발하는데 **많은 도움이 되었다.**

[샤오미]

창립: 2010년 4월 6일

창립자: 레이쥔

본사: 중화인민공화국, 베이징

제품: 스마트폰, 태블릿 PC, 스마트 TV, 스마트홈 기기, 랩탑 등

매출액: 1,750억위안 (한화 약29조원) (2018년)

직원: 16,683명 (2018년)

샤오미 테크놀로지 유한회사(北京小米科技有限责任公司, Xiaomi Technology Co. Ltd.)는 중화인민공화국의 베이징에 본사를 두고 있는 전자제품 제조 및 판매회사이다. 세계에서 4 번째 규모의 스마트폰 제조업체이며, 주로 스마트폰, 모바일 앱, 랩톱 및 관련 가전제품을 설계, 개발 및 판매한다. 2011년 8월에 처음으로 스마트폰을 출시한 샤오미는 중국 내에서 가장 큰 시장점유율을 확보하였고, 스마트 홈 (IoT)등을 비롯한 다양한 가전제품을 개발해왔다. 샤오미는 2014년에 스마트폰 6천만개 이상 판매를 돌파하였다. 주로 중국을 비롯한 인도, 말레이시아, 싱가포르에 진출하여 8,000명이 넘는 직원을 두고 있으며, 인도네시아, 필리핀, 브라질 등 여러 해외 진출 확대를 추진하고있다. 2018년에는 한국에까지 진출했다. CEO이자, 창업자인 **레이쥔은 2019년 포브스에 따르면, 중국에서 14 번째, 세계 143위의 부자가 되었다.**

샤오미(Xiaomi)는 단순한 신흥 스마트폰 브랜드 기업이 아니며, 가전 기기 분야에서 새로운 비즈니스 모델을 구축하고 있는 기업인 동시에 제품 라인업을 생활 잡화 분야까지 넓히고 있는 브랜드 기업으로 변신 중에 있다.

레이쥔 명언

♣ 고객의 목소리에 귀 기울이고 시장에 민감하게 반응하라.

♣ 높은 곳을 바라보되, 현실을 인지하고 목표를 향해 발을 굴려라.

♣ 탄탄한 기술력과 팀을 효과적으로 이끄는 스킬을 가진 리더가 필요하다.

♣ 서로의 장단점을 보완해 줄 파트너와의 협력이야말로 최고의 전략이다.

♣ 저비용 체제일 때 신속한 확장 능력을 갖춰라.

♣ 성공적인 창업 경험을 갖춘 사람을 끌어들여라.

♣ 가장 먹음직스러운 시장이 돼라.

♣ 작은 일부터 인정받아라.

♣ 최고의 타이밍을 선택하라.

♣ 집중, 또 집중하라.

♣ "태풍의 길목에 서면 돼지도 하늘을 날 수 있다"

방준혁 Bang Jun Hyuk

● 넷마블 의장 ● 한국 ● 1968년생

'중졸의
승부사'

방준혁 넷마블 의장

3조원대 자산가 되기까지

전략적 제휴에 나선 방준혁 넷마블 이사회 의장(좌)과 방시혁 빅히트엔터테인먼트 대표.

[출생] 1968년 12월 23일
대한민국 서울특별시
[국적] 대한민국
[본관] 남양
[경력]
2000년 : 넷마블 설립
2000년 ~ 2003년 : 넷마블 대표
2003년 ~ 2004년 : 플레너스 사업전략담당 사장
2004년 ~ 2006년 : CJ 인터넷 사업전략담당 사장
2011년 ~ 2014년 : CJ E&M 게임부문 총괄상임고문
2014년 10월 ~ 2018년 3월: 넷마블게임즈 이사회 의장
2017년 : 상반기 넷마블 상장(157,000원), 시가총액 13조 100억불 돌파 IPO

2017년 10월 19일 주가 173,000원 돌파 리니지 레볼루션(2016년 매출 1,210억)

2017년 : 단일게임사상 첫 매출 1조원 돌파 예상

2018년 3월 ~ 넷마블 이사회 의장

[직업] 기업인

[소속] 넷마블게임즈 이사회 의장

[친척] 방시혁(친척동생)

[상훈]

2003년 골든브랜드 윤리경영대상

2005년 한국인터넷기업협회가 주관하는 올해의 인터넷기업대상 정보통신부장관상 수상

2015년 12월 15일 동탑산업훈장

2016년 3월 17일 '2015년도 고용창출 100대 우수기업' 선정

2017년 제26회 다산경영상 창업경영인부문상 수상

방준혁은 대한민국의 기업인이다. 2000년 넷마블을 설립하여 넷마블 대표와 CJ 인터넷 사업전략담당 사장, CJ E&M 게임부문 총괄상임고문을 역임하고, 넷마블게임즈 이사회 의장이다. 2017년 상장후 한국 10대 억만장자로 등극하였다. **2019년에는 재산이 3조 3,000억원(29억불)으로 한국 9위의 부자가 되었다.**

[생애]

가난한 환경에서 태어나 고등학교를 중퇴한 '흙수저'였지만 넷마블게임즈의 성공을 통해 주식가치가 3조 원대로 치솟을 정도로 부호가 된 자수성가형 기업인이다. 1968년 12월 23일 서울에서 태어나 가리봉동에서 가난한 어린 시절을 보냈다. **2000년 자본금 1억 원으로 게임회사 넷마블을 세워 큰 성공을 거뒀다. 2002년 PC온라인게임 시장에서 한국 최초로 부분 유료화 모델을 도입해 성공을 거뒀다.** 최초의 부분 유료화 모델이 도입된 게임은 '캐치마인드'였다.

2003년 넷마블 사업확대 자금을 마련하기 위해 상장기업이던 플래너스엔터테인먼트의 자회사로 편입했다. 이 때 넷마블의 이름은 '플래너스'로 바뀌었다. 2003년 5월 모회사인 플래너스엔터테인먼트 지분을 흡수했다. 이 결정으로 넷마블은 플래너스엔터테인먼트가 보유하고 있던 콘텐츠 기획과 생산, 마케팅 등에 대한 노하우를 고스란히 흡수할 수 있었다. 2004년 넷마블은 CJ그룹에 편입됐고 이름은 CJ인터넷으로 변경됐다. 방준혁은 이 대가로 800억 원에 이르는 주식 부자반열에 올랐고, 3년간 CJ 인터넷 경영권을 보장받았다. 2006년 건강이 나빠져 CJ인터넷 사장에서 물러났다가 2011년 CJ E&M 에 '총괄상임고문'으로 복귀했다.

2014년 CJ E&M이 CJ넷마블을 물적분할해 자회사인 CJ게임즈와 통합하면서 CJ넷마블 최대주주에 올랐다. **당시 중국 최대 게임기업인 텐센트에게 5억 달러에 이르는 투자를 유치했다.** 2014년 10월 CJ넷마블의 이름을 넷마블게임즈로 바꾼 뒤 이사회 의장을 맡아 모바일게임에 주력하면서 넷마블게임즈를 연매출 1조 원 기업으로 키워냈다. 글로벌시장 확대와 인수합병에 적극 나서 넷마블게임즈를 2017년 국내 게임업계 매출 1위에 올려놓았다. 스피드한 결정을 중시하며 성과의 보상을 강조한다.

2017년 5월 17일 IPO로 2조 6,600억원의 자금을 증시통해 조달하였고, 시가총액 13조원을 돌파하였다. 2018년 10월말 현재 시가총액은 17조원을 돌파하였다. 방준혁은 **2019년에는 재산이 3조 3,000억원(29억불)으로 한국 9위의 부자가 되었다.**

[넷마블]

창립: 2000년 3월 1일
창립자: 방준혁
본사: 서울, 구로 디지털단지
매출액: 약 3,000억원 (2016년)
직원: 약 3,000명 (2016년)

넷마블(netmarble)은 넷마블게임즈 (구 CJ 넷마블)에서 운영하는 온라인 게임 포털 사이트이다. 2017년 5월 17일 주식상장(IPO 주당 157,000원)으로 2조 6,600억원의 자금을 조달하였다. 방준혁 창업자는 증시상장으로 단숨에 한국 10대 억만장자로 등극하였다. 2018년, 주식지분은 방준혁 (24.31%), CJ E&M (21.96%), 텐센트 (17.66%), NC소프트 (6.85%).

2019년 넷마블의 모바일 RPG '일곱 개의 대죄: GRAND CROSS'가 출시 10일 만에 일본 애플 앱스토어 매출 1위에 올랐다. 2019년 6월 13일 저녁, 출시 10일 만에 **일본 애플 앱스토어 매출 1위를 달성했고 일본 구글 플레이 매출 순위 4위에 올랐다. 국산 게임이 일본 애플 앱스토어 매출 1위에 오른 것은 지난 2017년 리니지2 레볼루션 이후로 처음이다.**

국내 순위도 여전히 최상위권을 유지하고 있다. 출시 10일이 지났지만 애플 앱스토어 매출 1위, 구글플레이 매출 4위에 안착했다. 6월 4일 한국과 일본에 정식 출시한 '일곱 개의 대죄: 그랜드 크로스'는 원작자 스즈키 나카바의 만화를 배경으로 한 일본 인기 애니메이션 〈일곱 개의 대죄〉 IP를 활용한 모바일 RPG. 출시를 앞두고 한국과 일본에서 진행한 사전등록에서 총 600만명을 돌파했으며 론칭 전 실시한 사전 다운로드만으로 한국과 일본의 애플 앱스토어 인기 무료 다운로드 랭킹 1위를 달성한 바 있다.

방준혁 명언

♣ **게임을 모르는 임원들과는 같이 일할 수 없다.** 게임을 모르는 임원들은 나가라.
♣ **연매출 1조 원을 넘는 게임회사를 만들겠다.**
♣ **직원들이 회사의 오너이다.**
♣ 성인이 될 때까지 한 번도 내 집에서 살아본 적이 없고, 초등학교 때는 여유가 없어 신문 배달을 하기도 했다.
♣ **안되더라도 될 때까지 해외사업을 키워야 한다.**

리옌훙 李彦宏, Robin Li

• 기업인 • 바이두 CEO • 중국 • 1968년생

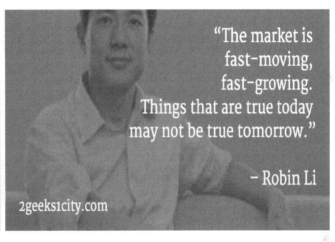

"The market is fast-moving, fast-growing. Things that are true today may not be true tomorrow."

– Robin Li

2geeks1city.com

(타임지 사진 사용)

[출생] 1968년 11월 17일, 중국
[소속] 바이두 (회장, CEO)
[학력사항]
뉴욕주립대학교버펄로대학 대학원 컴퓨터공학 석사
~ 1991 베이징대학교 정보경영 학사

[경력사항]
2013.03 제12기 중국인민정치협상회의 위원
        중국인터넷협회 부위원장
        바이두 회장, CEO
2000.01 바이두 설립
1997 ~ 1999.12 인포시크
1994 ~ 1997.06 IDD 인포메이션서비스

[수상내역]
2012 포브스 중국 최고 CEO
2010 포춘 올해의 비즈니스 인물
2006 비즈니스위크 최고경영인
2005 CCTV 올해의 중국경제인물
2003 중국 IT 10대인물
2002 중국 IT 10대인물

[요약]

리옌훙은 중화인민공화국의 기업가이다. **중국의 검색 엔진인 바이두(百度)를 설립하였다.** 1991년 북경 대학 전자계산학과를 졸업하였으며, 미국 뉴욕주립대로 유학한 뒤, 2000년에 바이두를 설립하였다.

[성장]

구글이 8년 만에 중국 시장에 재진출하려고 물밑에서 준비 중인 것으로 알려진 가운데 중국 최대 검색엔진인 바이두(百度) 창업자 리옌훙 회장이 구글과의 '리턴 매치'에서 승리할 수 있다고 자신했다. 리 회장은 위챗 계정을 통해 **"만약 구글이 중국에 다시 돌아온다면 우리는 다시 한번 이겨줄 자신이 있다"**고 밝혔다. 리옌훙은 "최근 수년간 바이두가 구글의 퇴출을 (기회로) 이용했다고 알려지기도 했지만 이런 일은 실제 벌어지지 않았다"며 **"구글은 중국에서 검색엔진을 먼저 내놓았지만 후발주자인 바이두의 시장 점유율이 70%가 넘어간 2010년 중국을 떠난 것"**이라고 말했다.
리 회장은 "최근의 중국 시장을 보면 우리의 산업 환경과 발전 규모에 천지개벽 수준의 변화가 있었고, 바이두는 전 세계 인공지능 분야에 거대 영향력을 지닌 기업이 됐다."며 "구글이 지금 돌아온다면 우리는 진짜 칼과 진짜 창으로 또 이겨줄 수 있다."고 덧붙였다. 검열정책 때문에 거대 시장인 중국 시장에서 2010년 떠났던 구글은 이번엔 중국 정부의 검열을 수용하는 검색엔진을 개발하고 중국 시장 재진출을 준비 중인 것으로 알려졌다. 뉴욕타임스(NYT) 등 미국 언론 보도에 따르면 구글은 중국 정부가 블랙리스트에 올린 웹사이트와 검색 결과를 차단하는 안드로이드 앱을 개발 중이며 중국 관리들에게 서비스를 이미 시연한 것으로 알려졌다. 이런 가운데 인민일보는 7일 공식 영문 트위터 계정을 통해 "구글이 중국 법규를 준수한다면 (중국) 본토 귀환을 환영한다."고 밝혔다.
중국에서는 공산당 기관지인 인민일보가 '법규 준수'라는 전제를 달긴 했으나 구글 복귀를 '환영'한다는 메시지를 공식 발표함으로써 구글의 중국 사업 재개가 가시권에 든 게 아니냐는 관측이 나오고 있다. 구글은 2010년 중국 시장에서 14%의 검색 트래픽 점유율을 기록했다. 당시 바이두의 검색 점유율은 79%였다. 미국 등 서방에서는 구글이 중국의 검열 정책에 굴복했다는 비판이 쏟아지고 있다. 그럼에도 구글로서는 인터넷 사용자가 7억 7천만명이 넘는 중국 시장이 중요한 차세대 성장 동력이 될 수 있다. 한편, 리 회장이 구글과의 재대결에 강한 자신감을 내비쳤지만, 구글이 중국에 다시 진출할 경우 바이두가 고전할 수 있다는 전망 속에서 미국 증시에 상장된 바이두 주식은 2018년 8월 7일 장중에 7.8% 급락했다. **2019년에는 재산이 약 11조원(96억 달러)로 중국 15위, 세계 143위 부자이다.**

[바이두]

창립일: 2000년 1월 18일, 중국, 북경

창립자: 리엔훙 (Robin Li)

본사: 중화인민공화국, 베이징 시

제품 및 서비스: 검색엔진 및 인터넷 포털

매출액: 1,023억위안(한화 약 16조 5,000억원) (2019년 1월)

직원수: 42,267명 (2018년)

바이두(百度, Baidu, Inc.)**는 중국의 최대 검색 엔진**이다. 알렉사닷컴 트래픽 측정 기준으로는 세계 상위권에 있다. 바이두(百度)의 상징은 '곰 발바닥'이다. 2005년 8월 5일에 미국 나스닥에 상장하였고 일본에도 진출하여 2008년 1월 23일부터 정식 서비스를 제공하고 있다. **자율 주행 자동차 및 인공 지능 분야에도** 서비스를 확장하고 있다.

리엔훙 명언

♣ 시장은 빨리 이동하고, 빨리 성장한다. 오늘 맞는 것이 내일은 아닐 수도 있다.

♣ 만약 구글이 중국에 다시 돌아온다면 우리는 다시 한 번 이겨줄 자신이 있다.

♣ 최근 수년간 바이두가 구글의 퇴출을 (기회로) 이용했다고 알려지기도 했지만 이런 일은 실제 벌어지지 않았다.

♣ **구글은 중국에서 검색엔진을 먼저 내놓았지만 후발주자인 바이두의 시장 점유율이 70%가 넘어간 2010년 중국을 떠난 것이다.**

♣ 최근의 중국 시장을 보면 우리의 산업 환경과 발전 규모에 천지개벽 수준의 변화가 있었고, 바이두는 전 세계 인공지능 분야에 거대 영향력을 지닌 기업이 됐다.

구글이 지금 돌아온다면 우리는 진짜 칼과 진짜 창으로 또 이겨줄 수 있다.

♣ **2018년 8월 현재 인공지능 중 상당수는 가짜이다.**

♣ 인공지능이 더 인간과 닮아야 한다고 노력할 필요는 없다.

기계가 사람처럼 걷고, 뛰고, 계단을 오르내리는 것은 학습하게 만들 것이 아니라 기계만의 방식으로 인간 두뇌의 가치와 역할을 실현시켜야 한다.

♣ AI(인공지능)의 A인 '아티피셜(Artificial)'은 '인공적인'이라는 뜻도 있지만 '가짜'라는 뜻도 있다. **현재 존재하는 많은 인공지능이 사실은 가짜이다.**

♣ 스마트 스피커에게 '누가 제일 잘 생겼냐?'고 물으면 '당신이 가장 잘생겼다.'고 대답할 겁니다. 이런 익살은 스마트 스피커가 당신을 잘 이해하지 못한다는 사실을 증명하죠. 아마 당신이 당나라가 왜 망했는지를 묻는다면 스마트 스피커는 답을 내놓지 못할 겁니다.

♣ **뇌가 어떻게 작동하는 지도 알지 못하는데 어떻게 인간의 뇌를 모방해 인공지능을 만들 수 있겠냐?**

♣ 기계가 인간 같이 사유하게 만드는 것은 매우 어려운 일이기 때문에 위협을 걱정하기 보다는 왜 인공 지능 발전이 느린지를 고민해야 한다.

김정주 金正宙, Kim Jung Ju

● 기업인 ● 넥슨 창업자 ● 한국 ● 1968년생

[출생] 1968년 2월 22일, 서울특별시
[소속] NXC (대표이사)

[국적] 대한민국
[부모] 김교창(부), 이연자(모)
[배우자] 유정현
[자녀] 슬하 2녀
[친척] 2남 중 차남
[종교] 무종교

[학력사항]
1993 카이스트 대학원 전산학 석사
1991년 2월 서울대학교 공과대학 컴퓨터공학과 학사

1988년 일본 조치대학 국제학 과정 수료
1986년 2월 서울 광성고등학교 졸업

[경력사항]
2011 ~ 한국과학기술원 바이오 및 뇌공학과 겸임교수
2006.10 ~ NXC 대표이사
2005.06 ~ 2006.10 넥슨 대표이사
2001.02 모바일핸즈 설립, 대표이사
1999.01 엠플레이 설립
1994.12 넥슨 설립, 국내 최초 그래픽 온라인 게임 '바람의나라' 개발

[수상경력]
2011년 동아일보 선정 [10년 뒤 한국을 빛낼 100인] - '도전하는 경제인'부문
2012년 벤처창업대전 벤처활성화 유공부문 석탑산업훈장 수상
2015년 제2회 카이스트 공과대학 올해의 동문상

[요약]
김정주는 대한민국 서울 출신의 기업인이다. 서울특별시에서 부친 김교창 (현직 변호사, 서울대학교 법과대학 졸업)과 모친 이연자(서울대학교 음학대학 졸업)사이에서 태어났다. 김정주의 배우자는 유정현(NXC 감사), 형은 김정우(명지대학교 바둑학과 교수)이며. 김정주의 첫째 이모부는 (고)김재익 (전)청와대 경제실장이며, 둘째 이모부는 한승주 (전)주미대사 이다. 서울대학교 컴퓨터공학과 학사, KAIST 전산학과 석, 박사 과정을 마쳤다. 박사 과정 중 글로벌 온라인 게임업체 넥슨을 창업하고, 세계 최장수 서비스 중인 그래픽 온라인게임 바람의 나라를 개발했다. 넥슨 그룹의 지주회사인 NXC 의 대표를 맡고 있으며, 회사를 매각할 예정이다. **2019년에는 재산이 8조원(71억 달러)으로 한국 5위, 세계 244위 부자이다.**

NXC는 국내 최대 게임회사 넥슨의 지주회사로, 김정주 회장은 NXC의 회장이자, 넥슨의 창업주다. **김정주 회장은 카이스트 대학원 시절 26살의 나이로 넥슨을 창업했다. 넥슨은 본래 인터넷 솔루션 개발 업체였으나 당시 PC통신에서 인기를 끌던 온라인게임에 관심을 가졌고, 창업 1년 후 최초의 그래픽 기반 온라인게임인 '바람의 나라'를 개발해 이듬해 유료 서비스를 시작했다.** 이후 명실공히 독보적인 국내 게임업계 1위를 유지해온 넥슨은 2016년 '진경준 게이트'로 큰 위기를 맞게 된다. 김정주 회장의 서울대 동기인 진경준 전 검사장에게 주식, 차량, 해외여행경비 등을 건넨 혐의로 기소된 것이다. 대법원이 김정주 회장에 무죄 판결을 내리면서 사건은 일단락되기는 했지만, 그간 김정주 회장이 쌓아온 신뢰가 무너지는 순간이었다.
우리나라의 주식부자 상위 40명 중에서, 최근 10년 사이 가장 가파르게 재산이 증가한 인물은 ICT 분야의 인물로 나타났다. 대기업 총수들이 줄을 지어 이름을 올리고 있는 주식부자 리스트에서 가장 두각을 드러낸 인물은 넥슨그룹의 김정주 회장(NXC 대표이사). 10년 전엔 2007년에 비해 775%의

자산 증가를 나타낸 김정주 회장의 자산 평가액은 총 4조 2,510억 원으로 나타나고 있다. 대부호로 평가되는 넥슨그룹의 창업자 김정주 회장은 세계 최초의 그래픽 기반 대규모 다중 접속게임 '바람의 나라'를 서비스한, 우리나라를 게임 강국으로 만든 일등공신으로 꼽을 수 있는 인물이다.

한 조사기관의 자료에 따르면 국내 게임사들의 브랜드 평판 조사에서 1위를 차지한 기업은 다름 아닌 '넥슨'이었다. 넥슨은 전 세계 게임 시장에서도 매출 기반으로 순위를 따질 때 닌텐도 바로 다음인 12위의 자리를 차지하고 있는 대규모의 게임사다. 넥슨을 비롯한 계열사들, 일본의 넥슨재팬까지 전 넥슨그룹의 정점에 올라있는 인물은 바로 김정주 회장이다.

[온라인 게임 시장을 일군 인물, 김정주 회장]

김정주 회장 부부는 비상장 회사인 NXC의 대부분의 지분을 보유하고 있다. NXC는 일본 증시에 상장한 넥슨재팬의 지분 57.87%를 보유하고 있으며, 넥슨재팬은 다시 넥슨코리아의 지분 전체를 보유하고 있다. 그리고 넥슨코리아가 국내의 다른 계열사들의 지분을 보유하고 있는 구조로 넥슨그룹은 운영되고 있다. 넥슨은 회사 창립 전까지 존재하던 다른 회사의 도움을 받아서 성장한 회사가 아니다. 김정주 회장은 넥슨그룹의 시초가 되는 기업의 창업자로, 회사의 시작부터 꾸준히 직원들과 함께 성장시켜 온 인물이다.

유복한 집안에서 태어나 서울대학교 컴퓨터공학과를 졸업한 김정주 회장은 학창시절부터 괴짜로 불린 인물이다. 학창 시절부터 둘도 없는 절친이자 대학 동기였던 송재경과 함께 이 둘은 학과 내에서 이질적인 존재로 꼽혀왔다. **김정주 회장이 컴퓨터를 처음 만졌던 것은 중학교 3학년 때. 컴퓨터에 대한 관심이 높았던 김정주 회장이 대학교에서 그의 인생의 파트너를 만나게 된 것이다.** 송재경과 함께 대학원 진학을 목표로 했던 김정주 회장은 카이스트 대학원 진학이 필수과목 미이수의 문제로 1년 미뤄진 것을 계기로 창업을 꿈꾸게 됐고, 대학원 입학 후 송재경, 카이스트 전산과 출신의 김상범과 동 대학원 경영과학과의 나성균, 그리고 동 대학원 이민교를 만나 의기투합하게 된다.

카이스트 대학원에서 1994년을 맞은 이들은 지금의 넥슨그룹의 전신이 되는 '넥슨'을 창업하게 된다. 초창기 넥슨의 모습은 게임사는 아니었다. 웹오피스라는 인터넷 솔루션을 개발하는 회사였으며, 기업의 인트라넷 개발의 용역을 담당하기도 했다. 넥슨이 기업 초창기 게임이 아닌 다른 소프트웨어의 개발을 진행한 것은 게임 서비스를 위한 여력을 마련하기 위한 조치였다. 게임이라는 콘텐츠의 가능성에 주목해 창업된 넥슨은 창업 1년 만인 1995년 말 온라인 게임 '바람의나라'의 개발을 완료했다. 바람의 나라는 김진 작가의 동명의 만화를 소재로 한 게임으로, 1995년 12월 25일 베타 테스트를 실시한 이후 이듬해인 1996년 4월 5일 정식 서비스를 시작했다. 바람의 나라는 2016년에 서비스 20주년을 맞았으며, 지금은 세계에서 가장 오래된 상용 온라인 게임으로 자리를 잡고 있다(이 기록은 기네스월드레코드로부터 인정받아 기네스북에 올라있다).

[최장수 온라인 게임으로 기네스북에 오른 바람의 나라]

바람의 나라가 가지고 있는 여러 진기록들 중의 하나는 국내 온라인 게임 최초의 해외 서비스 게임이라는 점이다. 1997년 10월 바람의 나라는 전 세계 영어권 사용자를 대상으로 서비스를 개시했으며, 1999년 5월에는 미국 현지 상용화를, 동년 7월에는 프랑스, 이듬해 9월에는 일본에서의 상용 서비스를 진행한 바 있다. 2011년 기준 바람의 나라의 누적 회원 수는 1,800만 명을 넘어섰다.

바람의 나라 출시 이후 넥슨은 두 번째 게임인 '어둠의 전설'을 1997년 10월 출시했다. 그리고 이어서 1998년에는 '일랜시아'를, 그 이후로도 해마다 새로운 게임을 내놓았다. 1999년 10월 1일 출시된 퀴즈퀴즈(큐플레이)는 대한민국 온라인 게임 역사상 최초의 반유료화, 세계 최초의 부분 유료화를 도입한 온라인 게임으로 기록되고 있다. 여러 게임의 잇따른 성공으로 점차 게임 사업에 자신감을 얻은 넥슨은 자체 개발 게임만이 아니라, 다른 개발사의 게임을 서비스하는 데에도 눈을 돌리게 된다. 퍼블리셔로서의 넥슨의 시작이다.

[인수합병, 커다란 공룡이 되다]

2000년대에 들어서 넥슨은 그전까지와는 비교도 되지 않는 큰 성공을 거두게 된다. 아케이드 게임 '비앤비', 국민 레이싱 게임 '카트라이더', 많은 이용자들이 즐기고 있는 '메이플스토리' 등 다양한 캐주얼 게임들이 동시다발적으로 폭발적 인기를 누리게 된 것이다. 엄청난 부를 거머쥔 넥슨은 이를 기반으로 역량 있는 게임사들을 대상으로 한 적극적인 기업합병을 진행하게 된다. 메이플스토리의 개발사 위젯스튜디오를 시작으로 국내외의 여러 게임사들을 넥슨그룹으로 합병하기 시작했는데, 그중에서도 가장 화제가 됐던 사례로 회자되고 있는 것이 '던전앤파이터'의 개발사인 네오플과의 M&A다. 천문학적 비용이 소요된 네오플과의 합병은 이후 중국 시장에서의 성공을 기반으로 투자금 이상의 수익과 기업가치 상승의 효과를 넥슨에 가져오게 된다.

[넥슨을 통해 서비스되고 있는 던전앤파이터]

하지만 넥슨의 투자가 항상 성공만 해 온 것은 아니다. 대표적으로 꼽을 수 있는 사례는 엔씨소프트와의 경영권 분쟁이다. 2012년 6월 넥슨은 엔씨소프트의 지분 약 15%가량을 매입하게 된다. 이는 엔씨소프트 전체 지분을 따져볼 때도 가장 많은 비율로, 국민연금의 약 12%, 김택진 대표 및 우호지분의 약 10%가량보다도 많은 것이었다. 온라인 게임 시장에서 1, 2위를 다투는 라이벌인 넥슨과 엔씨소프트가 사실상 한솥밥을 먹게 된다는 소식은 게임업계에 큰 파장을 가져왔다.

넥슨과 엔씨소프트가 손을 잡은 것은 세계 최대의 게임사인 일렉트로닉아츠(EA)의 인수를 목표로 했던 것으로 전해진다. 하지만 결과적으로 두 회사의 EA 인수는 결국 없던 일이 됐고, 엔씨소프트와 넥슨의 시너지는 이렇다 할 성과를 내지 못 했다. 넥슨은 엔씨소프트의 보유 지분 전량을 2015년 10월 전량 매각했으며, 두 회사의 빅딜은 결국 없던 일이 되고 말았다. 넥슨은 이를 통해 62억 엔의 차익을 보긴 했으나, 결과적으로는 라이벌과의 갈등의 골만 더 깊어진 일이 되고 말았다.

넥슨이 세계 시장에서도 손꼽히는 대형 게임사이지만, 모바일 게임 시대에는 제대로 된 결과를 내지 못했다. 김정주 회장 또한 넥슨이 모바일 게임 시장에 제대로 적응하지 못했음을 시인한 바 있다. **김정주 회장은 게임 개발자 컨퍼런스 NDC를 통해 "모바일 게임 시장이 열렸을 때, 대비가 늦었다"라며 "방향성 전환이 계속됐음을 반성해야 한다"고 자사의 사업을 자평한 바 있다.**

[다양한 모바일 게임을 출시할 예정]

하지만 지난 2016년부터는 넥슨이 모바일 시장에 대해 본격적으로 '감'을 잡은 모습을 보여주고 있어 시장의 관심을 모으고 있다. '히트'로 2016년 상반기 모바일 게임 시장에서 성공을 거뒀으며, 쉴 새 없는 신작 러시로 게임 시장에서의 화제성을 줄곧 이어오고 있다. 온라인 게임 라인업 못지않은 모바일 게임 라인업을 갖춰놓고 있다는 점에서 눈길을 끈다. 넥슨은 던전앤파이터, 엘소드, 다크어벤저, 트리오브세이비어, 진삼국무쌍 등 쟁쟁한 IP 기반의 대작 모바일 게임을 선보일 계획이었다.

게임 업계를 비롯해 위메프, 전기차, 달 탐사 등 다양한 분야에 투자를 지속하고 있다. 하지만 그가 중심을 두고 있는 분야는 어디까지나 게임이고 넥슨이다. **김정주 회장은 '플레이'라는 책을 통해 넥슨을 "디즈니 수준까지 키우고 싶다"는 포부를 드러낸 바 있다.** 이 책에서 "100년을 못 사니 아쉬울 뿐"이라며 "우리 세대에서 성급하게 굴지 않고 참고 가면 넥슨은 디즈니 수준까지 갈 수 있을 것"이라고 말했다. 이미 국내 게임업계 최대의 부호가 됐으며, 또 국내 최대의 기업을 일군 김정주 회장은 아직 넥슨이 갈 길을 멀게 보고 있었다. **김정주 NXC 대표는 넥슨의 매각을 추진 중이다.** 2019년 5월, 최대 19조원에 육박하는 넥슨의 몸값 부담으로 이미 수 차례 연기되었던 NXC 지분 매각이 본입찰 예정이다. 넥슨 매각을 위한 본입찰에는 **넷마블과 카카오, MBK파트너스 등 한국기업과 콜버그크래 비스로버츠(KKR), 베인캐피탈 등** 해외 사모펀드운용사들이 참여했다. 2019년 5월, **세계보건기구(WHO)가 게임중독을 질병으로 분류하기로 최종 의결**해서 넥슨 매각에 어떤 영향을 줄지 주목되었다. 게임중독은 194개 WHO 회원국에서 2022년부터 적용된다. 한국의 경우 2020년 한국 표준질병 사인분류(KCD)를 포함시키지 않을 것으로 알려져 2026년에나 적용될 것으로 전망된다.

[넥슨]
창립: 1994년
창립자: 김정주
본사: 대한민국 서울, 일본 도쿄도 주오 구 신카와 (2005년~)
매출액: 2,537억엔 (한화 약 2조 5,296억원) (2018년)
제품 및 서비스: PC 및 모바일 온라인 게임
직원: 6,441명 (2018년)

김정주 명언

♣ **모바일 게임 시장이 열렸을 때, 대비가 늦었다.**
방향성 전환이 계속됐음을 반성해야 한다.
♣ **나는 사적 관계 속에서 공적인 최소한의 룰을 망각하는 잘못을 저질렀다.**
너무 죄송하여 말씀을 드리기조차 조심스럽다.
법의 판단과 별개로 나는 평생 이번의 잘못을 지고 살아가겠다.
♣ **넥슨을 디즈니 수준까지 키우고 싶다.**
100년을 못 사니 아쉬울 뿐, 우리 세대에서 성급하게 굴지 않고 참고 가면 넥슨은 디즈니 수준까지 갈 수 있을 것이다.

오미다이어 Pierre Omidyar

• eBay 설립자 • 프랑스/미국 • 1967년생

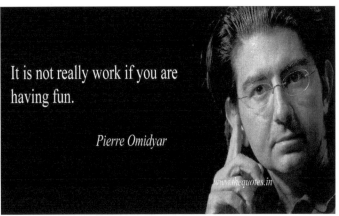

It is not really work if you are having fun.

Pierre Omidyar

[출생] 1967년 6월 21일
[학력 사항]
~ 1988 터프츠대학교 학사
[경력사항]
2004 ~ 오미다이어네트워크 회장
1995.09 ~ 2004 이베이 회장

[생애]
이란 부모님 사이에서 파리에서 태어났다. 6살 때 미국으로 이민, 워싱턴 DC에서 성장한다. 고교 시절에 컴퓨터에 관심을 갖게 되고, 터프츠 대학교에서 컴퓨터 과학을 전공한다. 1988년 졸업 후, 애플 컴퓨터의 자회사인 클라리스 (현 파일 메이커)에 입사하여, MacDraw 개발에 종사했다.
1991년에 3명의 친구와 함께 Ink Development를 공동 설립하고, e-커머스 사업의 시작과 함께 1993년에 eShop과 사명을 변경, 마이크로소프트에서 인수했다. 1994년 말에 퇴사하고 General Magic에 입사하였다. 1995년, 오미다이어는 인터넷을 통한 소비자간 거래의 수요를 예상, 방학을 이용하여 eBay의 기반이 되는 컴퓨터 코드를 다 썼다. 같은 해 9월 4일 시험적으로 Auction Web의 이름으로 인터넷 경매 서비스를 시작하였으며, 수요는 예상을 뛰어넘었다.

General Magic를 퇴사하고 서비스를 사업화하여 1997년에 eBay로 개칭하였다. 1997년 중반에는 1일당 약 80만 경매를 처리하고 1998년까지 100만명 이상의 사용자를 확보하였다. 1998년 9월에 상장을 하였다. 자선 활동에도 관여하여, 2004년 6월, 비영리 단체에 자금을 제공하는 오미다이어 네트워크(Omidyar Network)를 아내와 함께 설립했다. 2005년 11월에는 모교 터프츠 대학교에 1억 달러를 기부했다. **2019년에는 재산이 약 13조원(114억 달러)로 세계 120위 부자이다.**

[이베이]

창립: 1995년 9월 3일, 미국
창립자: 피에르 오미디야르
본사: 미국, 캘리포니아주 산호세
제품 및 서비스: 인터넷 온라인 쇼핑
매출액: 108억달러(한화 약 12조원) (2018년)
직원: 14,000명 (2019년)

이베이 주식회사(eBay lnc.)는 미국 캘리포니아 주 새너제이에 본사가 있는 다국적 전자상거래 기업으로 이베이 웹사이트에서 소비자 대 소비자 그리고 비즈니스 대 소비자 판매를 중개하고 있다. 이베이는 1995년 피에르 오미디야르에 의하여 설립되어 닷컴 버블의 주목할 만한 성공적인 사례로 꼽히고 있으며, 전 세계에서 다양한 종류의 물건과 서어비스를 일반 개인과 사업체가 사고파는 사이트 이베이 닷컴(eBay.com)을 운영하고 있다.

이베이는 온라인 송금 서어비스를 제공하는 페이팔(PayPal.com)을 2002~2015년 동안 자회사로 두고 있었다. 미국 시장에서 키지지는 2010년 이베이 안내 광고에 통합되었고, 하프 닷컴(Half.com)은 2017년 9월 운영을 중단하고 역시 이베이에 흡수되었다. 2017년 12월 31일 이베이는 활성 가입자 즉, 지난 12개월 동안 이베이 시장 및 스텁허브 플랫폼에서 거래를 성공적으로 마감한 구매자 숫자 1억 7천만을 기록하였으며, 이베이 마켓플레이스의 전 세계 총 상품 판매액은 884억 달러에 달했고, 이중 미국 시장에서의 총 상품 판매액은 363억 달러였다. 2018년 3월 31일 현재 이베이의 라이브 리스팅; 다시 말해 구입할 수 있는 온라인의 개별적인 상품 페이지 숫자는 모두 11억 개에 이르며, 2018년 1분기 총 상품 판매액의 62%가 모바일 기기에서 이루어졌고 역시 총 상품 판매액의 88%는 온라인 경매가 아닌 고정 가격 판매(Buy it Now) 형식에 의한 것이었다.

오미다이어 명언

♣ 재미를 느끼며 한다면, 그건 진짜 일이 아니다.
♣ 내 일상의 일이 있을 때, 난 취미삼아, 이베이를 실험적으로 시작했다.
♣ 뭔가에 정열적이며, 열심히 일한다면, 성공할 것이다.
♣ 누구나 똑같은 능력으로 태어나지만 균등한 기회는 부족하다.
♣ 이베이 초창기 시절, 나는 사람들이 근본적으로 착하다는 믿음을 표현했다.

스런 Sebastian Thrun

• 컴퓨터 과학자 • 독일 • 1967년생

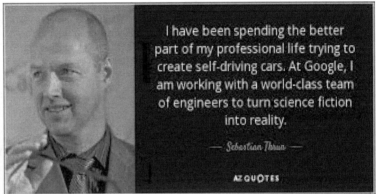

I have been spending the better part of my professional life trying to create self-driving cars. At Google, I am working with a world-class team of engineers to turn science fiction into reality.

— Sebastian Thrun —

AZ QUOTES

• 기업인, 대학교수, (전)구글 부사장

[출생] 1967년 5월 14일 (독일)

[소속] Udacity, 회장
스탠퍼드대학교 (연구교수), 구글 (전 부사장)

[학력사항]
~ 1995 Bonn대학교대학원 박사
~ 1993 Bonn대학교대학원 석사

[경력사항]
구글 부사장
미국 스탠퍼드대학교 연구교수
미국 스탠퍼드대학교 인공지능연구소 책임자

2007 미국 스탠퍼드대학교 전기공학 교수
1998 미국 카네기멜론대학교 컴퓨터과학과 조교수
1995 미국 카네기멜론대학교 컴퓨터과학과

유다시티 회장인 세바스찬 스런은 구글 (전)부사장이었고, 스탠퍼드대학교 연구교수로 재직하고 있다. 〈패스트 컴퍼니〉가 뽑은 '세계에서 가장 창의적인 비즈니스 리더' 5위에 올랐고 〈포린 폴리시〉가 뽑은 '글로벌 사상가' 4위에 선정되기도 했다. 스탠퍼드대학교의 스런 랩(Thrun Lab)에서 구글 스트리트뷰의 개발을 이끌었고, 이후 **구글의 비밀연구소인 구글 X를 설립했는데,** 무인자동차, 구글 글래스, 실내 내비게이션, 구글 브레인, 배달용 드론을 개발하는 프로젝트 윙, 풍선을 띄워 무선 인터넷을 공급하기 위한 프로젝트 룬 같은 기획에 참여했다. 스탠퍼드대 재직 때 자신의 전공인 인공지능 강의를 인터넷에 개방했고, 전 세계 190개 국가 16만 명이 이 강의에 열광했다. **세바스찬은 고등교육의 민주화를 위해, 세계 최초의 온라인 고등교육 공개강좌 사이트 유다시티를 창업했다.** 독일계인 스런은, 20세 당시 절친한 친구가 오토바이 사고로 사망한 경험을 한 뒤 교통사고를 막을 수 있는 방법을 고안하던 중 **무인자동차에 관심을 가졌다고 말했다.** 스런은 "**무인자동차개발은 자동차제조기술이 아니라 데이터가 핵심입니다. 자동차 메이커들은 승차감, 핸들링 등에 초점을 맞추지만 무인자동차는 컴퓨터 부문이 훨씬 중요하고, 구글은 세계 최고의 컴퓨터 기술자들을 보유하고 있습니다**"라고 말했다.
구글 글래스 익스플로러 에디션은 2014년 4월과 5월에 1,500 달러의 가격으로 한정판매되었다. 구글 글래스의 실패 이후 구글은 개인용 제품이 아닌 산업용 웨어러블 글래스로 방향을 틀었다. 새로운 구글 글래스 엔터프라이즈 에디션 2를 2019년 5월에 발표했다. 안드로이드 오레오 기반 OS가 탑재되며 글래스의 터치패널을 사용해 기기를 조작할 수 있다. 가격은 조금 더 저렴해진 1,000 달러이다.

스런 명언

♣ 내 전문적 삶에서 좋은 부분을 나는 자율주행차를 만드는 일에 쏟고 있다.
  구글에서 나는 세계 일류 엔지니어 팀과 과학 픽션을 실현시키는 일을 하고 있다.
♣ 당신의 성공만큼이나 실패를 축하하는 것이 중요하다.
♣ 나는 실패했고, 노력했으며, 나는 틀렸고, 나는 무엇인가를 배웠다.
♣ 자율주행차의 능력은 결국엔 학습이 관건이다. 기계는 사람보다 빨리 학습한다.
  사람이 실수를 통해 배울 때는 자신만 배울 뿐 다른 사람이 그 실수에 대한 대처는 배우지 않는다.
  기계는 하나의 기계가 학습하면 다른 기계들도 같이 학습할 수 있다.
♣ 인공지능은 사람들의 능력을 강화시켜주고, 우리에게 더 많은 힘을 실어주는 기술이다.
  그런 면에서, 유다시티는 사람을 더 스마트하게 하는 곳이다.
♣ **자율주행차를 통해 다양한 비즈니스 모델이 개발 될 것으로 본다.**

이해진 李海珍, Lee Hae-jin

• 네이버 창업자 • 한국 • 1967년생

[출생] 1967년 6월 22일
[국적] 대한민국
[학력] 한국과학기술원 전산학과 석사
[직업] 기업인
[소속] 네이버 (Global Investment Officer), 라인 (회장)

[학력사항]

~ 1992 카이스트 대학원 전산학 석사
~ 1990 서울대학교 컴퓨터공학 학사

[경력사항]

2017.03 ~ 네이버 Global Investment Officer(GIO)
2013.08 ~ 2017.03 네이버 이사회 의장

2013.04 ~ 라인 회장, 이사

2012.01 ~ 2013.03 NHN Japan 회장

2007.01 ~ 2013.03 NHN Japan 이사

2004.01 ~ 2013.07 NHN 이사회 의장

2004.01 ~ 2011.12 NHN 최고전략책임자 CSO

2001.11 NHN 공동대표이사 사장

1999.06 네이버 설립, 대표이사 사장

1999.6 ~ 2000.7 네이버컴 사장

1997.10 ~ 1999.5 삼성 SDS 사내벤처 네이버 소사장

[수상내역]

2012 포춘 Fortune 선정 아시아에서 가장 주목받는 기업인 25명

2007 세계경제포럼 WEF 선정 차세대 지도자

[요약]

이해진은 대한민국의 기업인이다. 1999년 네이버컴을 창업했다. 네이버와 한게임의 합병으로 탄생한 NHN의 공동대표를 2001년부터 맡았으며, 2004년부터는 이사회 의장과 CSO(Chief Strategy Officer)를 맡았다. 네이버 주식회사(구 NHN)의 이사회 의장과 라인 주식회사(구 NHN JAPAN)의 회장직을 맡고 있다. **2019년에는 재산이 약 1조 7천억원(9억 4천만불)로 한국 48위 부자이다.**

[사업 성장]

국내 대표 인터넷 기업을 이끌어온 창업자이지만, 이해진도 끊임없이 변하고 경쟁하는 인터넷 환경이 늘 두렵다고 한다. 그럼에도 지금까지 업계 선두를 꾸준히 지킬 수 있었던 비결은 무엇일까? 삼성SDS 사내 벤처로 검색 엔진 연구를 시작한 이해진 창업자가 포털업계에 정식 진출한 것은 1999년. 글로벌 업체인 구글, 야후, 라이코스를 비롯한 다음, 엠파스 등 많은 국내 기업과도 경쟁을 펼쳐야 했던 때였다. 업계 후발주자로 시작한 사업 초기, 선보인 서비스는 제대로 검증받기 어려웠고 뚜렷한 수익 모델도 없어 문제였다. 이 창업자는 이런 **한계를 극복하기 위해 게임 업체 한게임과 합병을 결정, 2000년 NHN을 세웠다.** 당시 파격적이었던 두 기업의 합병은 보다 많은 회원 및 자금 확보 등 엄청난 시너지 효과를 만들었고, 오래 지나지 않아 NHN은 국내 최대 인터넷 기업으로 성장하게 되었다.

물론 이해진에게도 힘든 시기는 있었다. 인터넷 분야의 거품이 꺼진 2000년, 업계에는 살아남기 위한 마케팅 경쟁이 시작됐고 이 창업자는 80억원의 적자를 냈다. 불과 1년 후에는 회사 존립에 위협이 될 만큼 재정 상태가 나빠지기도 했었다. 또한 검색 엔진만으로는 업계에서 도태될 수 있단 불안감에 이메일, 커뮤니티 등의 사업에 손대기도 했다. 이 일로 수익은 올리지 못하고 핵심 역량인 검색 사업마저 위태로워지고 말았다. **잘못된 선택으로 한 치 앞도 내다볼 수 없는 시기에 이 창업자를 구한 것은 검색 광고와 웹보드게임이었다.** 이는 NHN을 세우고 새롭게 벌인 사업이 아닌 네이버와 한게임이 오랜 기간 집중해온 핵심 사업으로, 추후 본질에 더욱 충실할 수 있는 계기가 됐다.

이해진 창업자는 사업 초기부터 일본 사업을 중심으로 한 해외 시장 진출에도 노력을 기울여 왔다. 국내 인터넷 산업이 세계에서 경쟁력을 갖추지 못하면 언젠가 외국 기업에 의해 무너질 수 있다는 우려 때문이었다. 하지만 한게임 재팬, 네이버 재팬 등 꾸준한 도전에도 해외에서 사업은 번번이 실패로 돌아왔다. 여기에 인터넷 환경이 PC에서 모바일로 넘어가는 등 급격한 변화는 그에게 네이버가 없어질 수 있다는 강한 위기감을 느끼게 했다. 이에 이해진 창업자는 살아남아야 한다는 절박함으로 연중 절반 이상 일본에 체류하면서 연구 또 연구, 마침내 **2011년 모바일 메신저 '라인'을 내놓았다. 해외 시장과 모바일이라는 두 토끼를 잡기 위한 회심의 한 수였다. 결과는 성공적이었다.** 라인은 2016년 말 기준 전 세계 가입자 7억 명을 넘겼고 일본, 대만, 태국, 베트남 등에서 모바일 메신저 시장 점유율 1위를 이어가고 있다.

오랜 기간 업계의 선두를 지켜온 이해진 네이버 창업자는 변화와 경쟁에서 살아남으려면 매년 다시 태어나 혁신해야 한다고 강조한다. 이제는 글로벌투자책임자(GIO)로서 변화를 이어갈 이해진의 행보가 어디까지 갈지 기대된다.

[네이버]

설립연도: 1999년 6월

본사: 경기도 성남시 분당구

주요서비스: 온라인 검색포털, 모바일 메신저 플랫폼

주요사업: 온라인 광고 및 콘텐츠 사업

해외법인: 일본, 미국, 프랑스, 중국, 베트남, 대만, 태국, 인도네시아 외

매출액: 4조 678억 원 (2017년)

직원: 2,793명 (본사 기준, 2017년)

기업가치: 약 20조원 (2019년)

네이버(주)는 한국 최대 검색포털 네이버 뿐만 아니라, 전 세계 2억 명이 사용하고 있는 모바일 메신저 라인, 동영상 카메라 스노우, 디지털 만화 서비스 네이버웹툰 등을 서비스하고 있는 글로벌 ICT 기업이다. 네이버는 인공지능, 로보틱스, 모빌리티 등 미래 기술에 대한 지속적인 연구개발을 통해 기술 플랫폼의 변화와 혁신을 추구하며 세계 각국의 수많은 이용자와 다양한 파트너들이 함께 성장할 수 있도록 노력하고 있다. 2013년에는 춘천시에 국내 인터넷기업 중 처음으로 자체 데이터 센터 '각'을 준공했다. 네이버는 2008년 11월 28일 주식사장에 상장하여, 2019년 기업가치는 약 20조원이다. **네이버는 2019년 매출 6조 5,130억 원, 영업이익 8,250억 원을 거둘 것으로 전망된다.**

네이버에서 제공하는 서비스는 크게 검색, 사전, 커뮤니티, 뉴스, 생활, 문화, 쇼핑, 웹툰, 지도, 생활위젯 등으로 나누어 볼 수 있다. 네이버 검색은 디렉토리, 다이렉트 검색, 웹문서 검색, 지역정보 검색, 지도검색, 교통검색, 인물검색, 실시간 급상승 검색어 등을 제공한다. 블로그나 카페, 사용자가 올린 질문이나 궁금한 내용에 대해 다른 사용자들이 자발적으로 답을 달면서 지식을 주고받는 지식iN 등이 대표적인 서비스다. 한편, 2000년도에 서비스를 시작했던 쥬니어 네이버 게임랜드는 18여 년만인 2019년 2월 서비스를 종료했다.

♣ 살아남기 위해 매 순간 절박하다.

♣ 리더의 역할은 변화에 대응하는 것, 애초 설정했던 목표를 고집하기보다 빠르게 변화하는 유연성이 필요하다.

♣ **핵심 역량에 집중해야 사업의 질을 높일 수 있고 고객의 발길을 붙들어 둘 수 있다.**

♣ 사람들은 결과만 보고 운이 좋았다고 하지만 사실 지독하게 수없이 도전한 시도 중 하나가 통한 것이다.

♣ 내가 아는 성공은 천재의 영감이 아닌 실패에 실패를 거듭하고 더는 발 디딜 곳이 없을 때 이루어지는 것이다.

김택진 金澤辰, Kim Taek Jin

● 기업인 ● 엔씨소프트 창업자 ● 한국 ● 1967년생

[출생] 1967년 3월 14일, 서울특별시
[소속] 엔씨소프트 (대표이사, Global CEO), NC 다이노스 (구단주)
[국적] 대한민국
[직업] 기업인, 컴퓨터 프로그래머
[종교] 천주교
[배우자] 윤송이
[친척] 여동생 한 명, 남동생 한 명

[학력사항]
1997년 2월 서울대학교 대학원 컴퓨터공학 박사과정 중퇴
1991년 2월 서울대학교 대학원 전자공학 석사
1989년 2월 서울대학교 전자공학 학사
1985년 2월 대일고등학교 졸업

[경력사항]

2018.01 ~ 한국공학한림원 회원, 엔씨소프트 Global CEO

2011.03 ~ NC 다이노스 구단주

2010.06 ~ 2012.05 미래기획위원회 위원, 엔씨소프트 대표이사

1997.03 엔씨소프트 설립

1995 ~ 1996 현대전자 아미넷 개발팀 팀장

1991 ~ 1992 현대전자 보스턴 R&D 센터

1989 한메소프트 설립, 아래아한글 공동개발

1985년 ~ 1989년 서울대 컴퓨터 연구회 활동

[수상내역]

2012 매경이코노미 선정 올해의 CEO

2010 한국공학한림원 선정 대한민국 100대 기술과 주역

2009 매경이코노미 선정 올해의 CEO

2009 제3회 언스트앤영 엔터테인먼트부문 최우수 기업가상

2007 대한민국문화콘텐츠 해외진출유공자포상식 대통령표창

2003 한국산업기술진흥협회 기술경영인상 최고경영자상

2001 문화관광부 문화산업발전기여 표창

2001 파이스턴 이코노믹 리뷰 변화를 주도한 인물상

2001 비즈니스위크 선정 아시아의 스타상

1999 컴퓨터기자클럽 올해의 인물상

[요약]

김택진은 대한민국의 기업인이다. 서울특별시에서 2남 1녀 중 장남으로 태어났으며, 1살 아래의 남동생(김택헌-엔씨소프트 부사장)이 한명 있다. 서울 대일고등학교를 졸업하고 서울대학교 전자공학과 학사, 석사 학위를 마쳤으며, 박사과정 중 엔씨소프트를 창립했다. 엔씨소프트 창립 이전 '아래아한글'을 공동 개발했으며, 한메소프트를 창립하여 도스용 '한메타자교사'를 개발하는 등, 소프트웨어 개발자로서 명성을 얻었다. 온라인게임 '리니지', '리니지2', '길드워' 등을 통해 엔씨소프트를 세계적인 게임기업으로 성장시켰으며 2007년 12월 대한민국문화콘텐츠 해외진출유공자포상 대통령표창을 받았다. **2019년에는 재산이 약 1조 7천억원(15억 3천만달러)로 한국 24위, 세계 478위 부자이다.**

[성장]

김택진 대표의 유년기는 불운했던 것으로 전해진다. 부친의 사업이 어려워지는 바람에 빚 독촉까지 받을 정도로 가난했던 어린 시절을 보냈던 것으로 이야기된다. 그럼에도 불구하고 전국 방방곡곡을 돌아다니며 의류를 팔아 조금씩 빚을 갚아가는 부친의 모습에 김택진 대표는 많은 영향을 받았다. 고생하는 부친을 위해 공부에 몰두했고, 주변의 기대에 부응해 학업에 큰 성취를 일궈냈다. 학창시절 김택진 대표의 꿈은 의사나 변호사 같은 직업이었으며, 이찬진 대표의 제안을 공학 교수의 꿈을

이루기 위해 거절한 것도 이런 배경이 영향을 끼쳤던 것으로 보인다.

한 살 아래의 **동생 방에서 애플2를 보고 컴퓨터의 세계에 빠진 김택진 대표**는 결국 소프트웨어를 통해 자신의 미래를 개척해 나가기로 결정했다. B2B, B2C 소프트웨어에서 게임으로 방향을 전환하고, 리니지 프로젝트가 초기부터 상정하고 있는 PC 통신 대신 월정액 기반의 서비스와 PC방이라는 유통경로를 적극적으로 공략한 끝에 김택진 대표의 엔씨소프트는 성공을 거뒀다. 엔씨소프트는 야구단까지 운영하고 있는 국내 최대의 게임 회사가 되어 있다.

김택진에 대한 비판이 없는 것은 물론 아니다. MMORPG 외에는 제대로 된 성과를 거두지 못하고 있는 회사라는 비판은 끊임없이 제기되고 있으며, 넥슨과 손을 잡았을 때는 회사를 떠나려 한다는 의혹을 받기도 했다. 하나의 사회를 이루고 있는 리니지를 비롯한 자사의 MMORPG들의 지나친 과금 유도와 사행성, 그리고 독재자적인 회사 운영 방식도 자주 사람들의 입방아에 오르내린다. 그럼에도 불구하고 **김택진 대표는 국내 게임 시장에서 자수성가형 기업가로 입지전적 위치에 올라있는 인물**이라는 점을 부정할 수는 없을 것이다. 새로운 시장으로의 도전을 시작하는 엔씨소프트와 김택진 대표의 성과와 향후의 행보에 귀추가 주목된다.

[창업]

지금 우리나라는 세계에서도 손꼽히는 게임 강국이다. 단순히 게임을 많이 즐길 뿐 아니라, 많은 수의 게임을 개발하고 또 공급하고 있는 나라이기도 하다. 대한민국에서 개발돼 전 세계에서 서비스되고 있는 게임 중에서 대중적인 인지도가 가장 넓은 게임을 하나만 꼽자면, 가장 많이 꼽힐 게임은 역시나 엔씨소프트의 '리니지'가 될 것이다. 1998년 상용 서비스를 시작한 리니지는 한국을 대표하는 게임으로 이야기되고 있으며, 서비스 20년이 넘게 많은 이들이 즐기고 있고 또 이를 통해 다양한 부가가치가 창출되고 있는 아직까지 팔팔한 현역 온라인 게임이다.

리니지를 서비스하고 있는 게임 기업 엔씨소프트는 1997년 생겨난 회사다. 최초 엔씨소프트는 온라인 게임이 아닌 인터넷 기반 소프트웨어 개발 기업으로 탄생했다. 마이크로소프트와 제휴를 통해 그룹웨어를 만들기도 했으며, 인터넷 기반 PC 통신 서비스인 '넷츠고'도 엔씨소프트에 의해 제작된 것이다. 창업 기업인 엔씨소프트가 넷츠고를 비롯한 다양한 프로그램을 초기부터 개발할 수 있었던 것은 창업자인 김택진 대표의 덕으로 이야기된다. **1985년부터 1989년까지 서울대학교 컴퓨터 연구회 동아리(SCSC)에서 활동하고 1989년에 이찬진 드림위즈 사장을 만나 '아래아한글'을 공동 개발**하면서, 엔씨소프트 창업 전부터 김택진 대표는 업계에서 유명한 인물이었다. 아래아한글의 성공을 기반으로 설립한 '한글과 컴퓨터'에 SCSC 동아리 회원들이 중역으로 스카우트됐으나, 김택진 대표는 이찬진 대표의 제안에도 불구하고 공과대학 교수의 꿈을 이루기 위해 이를 거절했던 것으로 전해진다.

이후 병역 특례로 현대전자 보스턴 연구개발센터에서 근무한 김택진 대표는 승승장구하던 중 현대전자 내부의 분열 때문에 인터넷 사업을 제대로 전개하지 못하는 모습에 염증을 느끼고 현대전자를 퇴사하게 된다. **현대전자 퇴사와 함께 창업한 기업이 바로 엔씨소프트였다.** 창업 이후 굵직한 프로젝트를 성사시키며 순항하던 엔씨소프트의 김택진 대표는 곧 다른 소프트웨어 분야로 눈을 돌렸으며, 그 결과 선택한 서비스가 바로 '게임'이었다.

새로운 사업을 물색하던 김택진 대표는 아이네트의 허진호 박사 소개를 통해 현 엑스엘게임즈의 송재경 대표를 만나게 된다. 김택진 대표는 아이네트에서 송재경 대표가 개발하던 게임 프로젝트를 이어받아 엔씨소프트에서 개발을 지속했는데, 본래 PC 통신 기반의 게임이었던 리니지를 보다 접근성이 높은 인터넷 게임으로 방향을 전환하면서, 본격적으로 우리가 알고 있는 게임 리니지의 모습으로 바꾸게 된다. 대한민국 온라인 게임 산업의 전성기를 연 리니지는 1998년 9월 1일 상용화 서비스를 시작했으며, 성공을 통해 엔씨소프트의 폭발적 성장을 견인하게 된다. 엔씨소프트의 리니지는 국내외 누적 매출액 2조 6,000억 원을 돌파했으며, 하반기 국내 게임 최초 3조 원 매출 돌파가 유력한 상황이다.

리니지 서비스 초창기만 하더라도 게임 및 소프트웨어 기업으로 홍보되던 엔씨소프트는 완연히 게임 중심 기업으로 바뀌게 된다. 리니지의 성공 이후 엔씨소프트는 2D 기반의 그래픽을 3D로 바꾼 후속작 리니지2의 유료 서비스를 2003년 10월 시작해 역시 큰 성공을 거뒀다. 국내 서비스되고 있는 MMORPG는 크든 작든 리니지의 영향을 받을 수밖에 없는 상황이며, 리니지2는 현대 온라인 게임 시장의 주류를 이루고 있는 3D MMORPG의 국내형 표본을 제시한 게임으로 이야기되고 있다. 엔씨소프트는 리니지와 리니지2를 잇는 또 하나의 리니지 시리즈인 '리니지 이터널'을 개발하고 있다. 리니지 이터널은 사내 테스트를 거친 후 머지않아 서비스를 개시할 것으로 기대를 모으고 있다.

리니지와 리니지2 이외에도 엔씨소프트는 다양한 게임을 개발하고 또 서비스해 왔지만, 이 기업의 주된 매출은 리니지 시리즈를 비롯해 아이온, 블레이드앤소울 등의 온라인 MMORPG에서 발생되고 있다. 캐주얼 장르의 게임들도 서비스를 시도하지 않은 것은 아니지만, 그 결과가 신통치 않았기에 대중들에게 엔씨소프트는 온라인 MMORPG에 특화된 기업으로 평가된다. 국내에서는 물론 북미, 중국 등 해외에서도 엔씨소프트의 게임들은 큰 인기를 끌고 있는데, 특히 북미의 자회사인 아레나넷을 통해 서비스되는 길드워 등의 영향력 있는 게임들로 인해 서구권에서의 인기도 상당한 것으로 전해진다.

엔씨소프트는 2016년 매출 1조원 달성이 유력할 것으로 전망되었다. 2016년 상반기 엔씨소프트의 실적은 크게 개선됐는데, 리니지의 안정적인 매출을 기반으로 북미권에서 블레이드앤소울이 인기를 얻은 덕이다. 엔씨소프트는 2016년 1분기 매출액 2,408억 원에 영업이익 758억 원, 2분기에는 매출액 2,405억 원, 영업이익 861억 원을 기록하며 순항했다. 2016년 3월에 모바일 TCG 게임 '블레이드 & 소울 모바일'을 중국에 론칭했다.

2017년에는 매출 1조 7,587억 원, 영업이익이 5,850억 원, 당기순이익이 4,439억 원을 달성했다. 연간 매출을 지역별로 살펴보면 한국 1조 3,340억 원, 북미 유럽 1,404억 원, 일본 433억 원, 대만 383억 원이다. 로열티 매출은 2,028억 원이다. 제품별로는 모바일게임 9,953억 원, 리니지 1,544억 원, 리니지2 658억 원, 아이온 470억 원, 블레이드앤소울 1,611억 원, 길드워2 828억 원을 기록했다.

2018년 1월, 리플라이 패치를 통해 유저를 대하는 행동에 대해 화가 난 유저들이 리니지M, 아이온 등 NC소프트의 모든 게임의 사행성과 게임내 재화인 "키나"를 마음대로 회수 및 삭제한 것에 대해 재산에 대한 피해를 언급하며 집단행동을 나서 청원운동을 벌이기도 했다. **2018년에는 연간 실적 결산(연결기준) 결과 매출 1조 7,151억 원, 영업이익 6,149억 원, 당기순이익 4,215억 원을 기록했다. 연간 매출을 지역별로 살펴보면 한국 1조 2,334억 원, 북미 유럽 1,283억 원, 일본 352억 원, 대만 367억 원이다.** 로열티 매출은 2,816억 원이다. 각 제품별 매출로는 모바일 게임 9,133억 원, 리니지 1,497억 원, 리니지2 639억 원, 아이온 634억 원, 블레이드앤소울 1,196억 원, 길드워2 802억 원을 기록했다. **모바일 게임은 안정적인 매출을 이어가며 전체 매출 비중 53%를 차지했다.**

2019년에 엔씨소프트는 연결기준으로 **매출 1조 8,460억 원, 영업이익 6,630억 원을 낼 것으로 전망됐다.** 엔씨소프트는 2019년 1분기 매출 3,588억 원, 영업이익 795억 원을 기록했다. 2018년 같은 기간과 비교해 매출은 24%, 영업이익은 61% 감소한 수치다. 제품별 매출은 모바일게임 1,988억 원, 리니지 207억 원, 리니지2 216억 원, 아이온 123억 원, 블레이드앤소울 233억 원, 길드워2 163억 원 이다. 지역별 매출은 한국 2,595억 원, 북미·유럽 253억 원, 일본 77억 원, 대만 89억 원이다. 로열 티는 574억 원이다. 로열티 매출은 대만 리니지M 업데이트 효과와 엔씨소프트 지식재산권 기반 모바일게임 성과로 전 분기 대비 8% 증가했다. 리니지2는 신규 서버 추가와 지속적인 콘텐츠 업데이트로 3분기 연속 매출 성장을 달성했다. 엔씨소프트는 2019년 5월 리니지M의 일본 서비스를 시작한다. 모바일 신작 리니지2M은 2019년 하반기 출시를 목표로 개발 중이다.

리니지 리마스터는 2019년 3월 27일 정식 서버로 업데이트 된 뒤 서버 3대로 서비스를 시작했는데 모두 트래픽이 붐비고 있다. 리니지는 리마스터 효과로 PC 방 점유율 순위가 10위권 안으로 상승했다. 리니지M도 3월 6일 '이클립스' 업데이트를 진행한 뒤 이용자 지표가 개선돼 2017년 4분기 수준의 트래픽을 회복한 것으로 분석됐다. 2019년 2분기 PC게임은 매출 1,110억 원, 모바일게임은 매출 2,210억 원을 낼 것으로 추산됐다. 직전 분기보다 매출이 각각 4.72%, 4.74% 늘어나는 것이다. 리니지M 일본 출시와 리니지2M 출시도 엔씨소프트 실적에 긍정적 영향을 미칠 것으로 예상됐다. 2분기 안에 일본 출시를 앞둔 '리니지M'은 2019년 3월 18일부터 일본에서 사전예약을 시작해 사전예약자 수 50만 명을 넘어서, 2분기부터 매출 증가에 기여할 것으로 예상된다. 리니지2M은 2019년 내에 출시될 예정이다. 2019년 10월에 출시돼 출시 초기 하루 매출 23억 원을 낸다고 가정하면 리니지2M은 2019년 매출 약 2,000억 원을 달성할 것으로 예상된다.

[엔씨소프트]

창립: 1997년 3월 11일

창립자: 김택진

본사: 대한민국, 경기도 성남시 분당구, 대왕판교로 644번길 12 (삼평동)

제품 및 서비스: 컴퓨터 게임, 온라인 게임

매출액: 1조 7151억원 (2018년)

직원: 3,457명 (2018년)

김택진 명언

♣ 떳떳할 수 있게 살아야 한다.
♣ 베팅이란 용어를 사용했는데 게임 이용자들은 돈을 얻기 위한 베팅을 하지 않는다.
♣ 게임 내에서 사행성을 유도하지 않는다.
♣ 확률형 게임 아이템은 게임 이용자들에게 아이템을 공정하게 나눠주기 위한 기술적인 장치이다.

김범수^{Kim Beom-soo}

● 기업인 ● 카카오 의장 ● 한국 ● 1966년생

[출생] 1966년 3월 8일
[소속] 카카오 (의장), 카카오브레인 (대표이사)
[거주지] 대한민국 서울특별시
[국적] 대한민국
[직업] 기업인
[부모] 김진용(부), 한상분(모)
[배우자] 형미선
[친척] 2남 3녀 중 장남(누나 2명, 남동생 한명, 여동생 한명)

[학력사항]

~ 1992 서울대학교 대학원 산업공학 석사

1986 ~ 1990 서울대학교 산업공학 학사

[경력사항]

2017.02 ~ 카카오브레인 대표이사

2016.03 ~ 제1대 스타트업 캠퍼스 총장

2015.09 ~ 카카오 이사회 의장

2014.10 다음카카오 이사회 의장

2011.07 국가지식재산위원회 민간위원

2011 카카오 이사회 의장

2007 아이위랩 대표

2007.01 NHN USA 대표

2004.01 NHN 대표이사 사장

2001.11 NHN 공동대표 이사

2000.07 네이버컴 공동대표이사 사장

1998.11 한게임커뮤니케이션 설립

1992.03 ~ 1998.02 삼성SDS

[수상내역]

2015 제60회 정보통신의 날 동탑산업훈장

2013 제22회 다산경영상 창업경영인상

2012 제6회 포니정 혁신상

2003 대통령표창 소프트웨어산업발전 유공자

[요약]

김범수는 대한민국의 기업인이다. 한게임(현 NHN엔터테인먼트)의 창업자이며 NHN의 공동대표이사였다. 통합 법인인 카카오의 이사회 의장을 맡고 있다. **2019년에는 재산이 약 2조 9천억원(26억 달러)로 한국 13위, 세계 1,058위 부자이다.**

[생애]

1966년 서울특별시에서 부친 김진용과 모친의 2남 3녀 중 맏아들로 태어났으며 형제관계로는 누나 2명과 여동생 하나, 그리고 막내 남동생(김화영, 카카오톡 자회사 까페톡 운영)이 있다. 1990년 서울대학교 산업공학 학사, 1992년 서울대학교 대학원 산업공학 석사과정을 수료했다. **초기 PC 통신 시절 인터넷에 관심을 가졌고, PC통신 관련 논문으로 석사 학위까지 받았다.** 이후 몸담았던 삼성 **SDS에서 퇴사하고 한게임을 만들었다.** 2000년 삼성SDS 동기 이해진이 이끄는 네이버컴과 합병하고 NHN 공동대표를 맡았으며, 2004년 NHN 단독대표를 거친 이후 해외사업을 총괄하는 대표를 맡았다. 2007년 8월, 대표직을 사임하였으며, 가족들과 3년을 보낸 후 **카카오톡을 만들었다.**

[성장]

김범수 현 카카오 의장은 1966년 3월 서울의 한 가정에서 2남 3녀 중 맏아들로 태어났다. 현재는 거부의 반열에 올라있지만 유년기의 가정형편은 넉넉하지 않았던 것으로 전해진다. 할머니를 포함해 여덟 식구가 단칸방에서 살았다. 어렵던 시절을 지나 김범수 의장은 1986년 서울대학교 산업공학과에 진학했다. 닷컴 버블의 시절 벤처신화를 일군 창업자들이 다 그러했듯 김범수 의장도 컴퓨터, 그리고 인터넷이라는 새로운 세상에 눈을 뜨게 된다. 김범수 의장의 석사 학위 논문은 PC통신에 관련된 내용을 담고 있다.

1992년 대학교 졸업과 함께 그는 삼성SDS 공채에 합격, 입사를 통해 첫 사회생활을 시작하게 된다. 네이버의 이해진 의장과 동기로 입사한 김범수는 1994년 유니텔 개발에 참여하게 되는데, 당시 기획과 설계, 기술 개발은 물론 유통까지 유니텔의 모든 것에 참여했다. 텍스트 기반의 BBS 클라이언트가 아닌 GUI 인터페이스의 클라이언트로 배포된 유니텔은 1996년 1월 론칭된 이후 삼성SDS 퇴사해인 1998년에는 하이텔을 제치고 천리안에 이어 PC 통신 2위의 자리를 차지하기에 이르렀다.

유니텔을 성공시킨 김범수 의장은 1997년 유니텔의 퀴즈 이벤트에 7만 명이 참가했던 것을 계기로, 그리고 자신이 대학 시절에 빠져있던 다양한 게임들을 떠올리며 삼성SDS에 사표를 던지고 창업에 나서게 된다. 게임을 다음 세대의 주력 사업으로 삼았던 김범수 의장은 바둑, 장기, 고스톱 등의 보드게임 서비스로 창업을 시작했다.

[한게임]

게임 시장에서의 초기의 성과는 그리 신통치 않았다. 포털 사이트 네띠앙 게임에서도 김범수 의장이 창업한 기업의 게임을 서비스했지만, 괄목할 성과를 거두지 못 했다. 업력이 길어지며 자금난에 빠진 김범수 의장은 상황을 타개하기 위해, 그때까지와는 다른 사업 모델을 시험하기에 이른다. 바로 PC방 사업이었다. 그것도 PC방을 대상으로 한 사업 모델이 아니라 그 자신이 PC방의 점주가 되는 사업을 시도한 것이다. 당시로는 2억 4천만 원이라는 거금으로 한양대학교 앞에 국내 최대 규모의 PC방을 차렸고 이는 성공을 거뒀다. 하지만 여기에서 김범수 의장은 자신의 기존 사업과 새로운 사업을 연계할 수 있는 새로운 방안을 모색하기 시작했다. PC방 관리 프로그램을 만들고, 다른 PC방에 그 프로그램을 팔기 시작했다. 1999년 12월 그 유명한 '한게임'을 오픈하며, 김범수 의장은 PC방 관리 프로그램을 타 PC방에 무료로 제공하며, 한게임을 PC방 컴퓨터의 초기화면으로 설정하는 조건을 내걸었다.

이익을 내고 있는 기존의 수익을 포기하고, 그 대신 이를 마케팅 수단으로 활용하는 방법은 당시로는 파격적인 것이었다. 온라인 게임 성장기의 시대를 지난 지금이야 PC방을 마케팅의 수단으로 삼는 방법은 일반적인 것으로 여겨지지만, 당시만 하더라도 이런 식의 발상 전환은 누구도 시도하지 못했으며 또 요건이 갖춰지더라도 쉽사리 실행할 수 없는 방법임이 분명하다. 당시 네이버와 함께 힘을 합쳐 전개한 김범수 의장의 공격적인 PC방 프로모션은 성공을 거뒀고, 한게임은 오픈 3개월 만에 100만 명의 회원을 유치하게 된다.

회원은 무서운 속도로 늘었다. 늘어나는 회원 수를 효과적으로 소화해 내기 위해 김범수 의장은 다시금 과감한 선택을 하게 된다. 당시 포털 서비스로 대규모의 투자를 유치한 네이버와의 합병을 결정한 것이다. 삼성SDS 동기이자 대학교 시절부터 친하게 지낸 이해진 의장과의 협의 결과, 2000

년 한게임과 네이버는 합병 후 NHN으로 다시 태어나게 된다. NHN 내에서도 한게임은 2001년 3월 게임 유료화를 통해 초창기 수익 창출에 커다란 기여를 하고, 지금의 네이버의 초석을 다지게 된다. 합병 이후 김범수 의장은 5년 가까이 NHN의 공동대표를 맡아 회사를 이끌어 갔다.

공동대표였던 김범수 의장은 2007년 초 돌연 NHN USA 대표로 발령이 났고, 8개월 만에 회사를 떠나게 된다. 2008년 6월까지 NHN에서 이사직을 유지한 김범수 의장이 회사를 떠난 이후 그는 가족이 있던 미국에서 지냈으며, 이 기간 동안 2006년 12월 창업한 '아이위랩(카카오의 모태가 되는 회사로 꼽히며, 나를 뜻하는 아이와 우리를 뜻하는 위를 합쳐 만든 명칭)'의 운영과 '부루닷컴', '위지아' 등의 서비스를 오픈하지만 제대로 된 성과를 거두지 못 했다.

웹 기반의 서비스에 어려움을 겪던 김범수의 눈에 들어온 것은 스마트폰, 모바일 서비스였다. 모바일 서비스 중심으로 방향을 선회한 김범수 의장은 2009년 2월 스마트폰 위젯 개발사 '바이콘'을 인수하고 모바일 서비스 개발자를 모집하며, 모바일용 앱 시장에 집중하게 된다. 카카오라는 브랜드를 단 서비스들이 연이어 선보인 것은 이듬해인 2010년부터였다. 소셜 네트워크 서비스인 '카카오아지트'를 2010년 2월 선보인 것을 시작으로, 동년 3월에는 모바일용 메신저 서비스인 '카카오톡'을 아이폰용으로 선보이게 된다.

카카오톡이 그때까지 모바일에서는 없던 새로운 서비스였던 것은 아니었다. 전 세계적으로 인기를 끌던 왓츠앱이 당시에 이미 서비스되고 있었으며, 우리나라에서도 많은 사용자를 확보한 상태였다. 하지만 왓츠앱이 유료였던 데 반해, 카카오톡은 무료로 서비스된다는 강점을 가지고 있었다. '무료 문자 메시지 서비스'로 포장된 카카오톡은 무서운 속도로 이용자를 늘려갔고, 우리나라 제1의 메신저 서비스로 자리를 잡았다. 기존의 PC 기반 메신저 서비스들도 뒤이어 모바일용 앱을 내놓았지만 그 누구도 국내 시장에서 카카오톡의 아성을 넘지 못 했다.

빠르게 스마트폰 필수 앱이자 국민 메신저 자리를 꿰찬 카카오톡이었지만, 이 역시 수익 모델의 발굴이라는 어려움에 봉착했다. 이용자는 많지만 그 이용자에게서 어떻게 수익을 거둬들일 것인지가 카카오톡의 숙제로 거론됐고, 실제로 카카오는 상당한 기간을 뾰족한 수익 모델 없이 운영됐다. 먼저 이용자를 확보한 후, 시장 지배자적 위치에 있을 때 과금 모델을 적용해 수익을 창출하는 방식은 김범수 의장의 기존 사업들에서 몇 번 반복되어 온 사례였다. 카카오톡 또한 이와 같은 방식을 취했는데, 카카오 수익 모델에 대한 우려가 절정에 달했을 때 '게임'을 통한 수익 모델을 발표한 것이다.

카카오톡 게임 서비스로 천문학적 수익을 거둬들인 카카오는 다음커뮤니케이션을 인수합병했고, 김범수 의장은 다음의 수장이 되었다. 벤처기업의 신화이자 NHN의 공동대표였던 김범수 의장, 이해진 의장은 이제 국내 포털 서비스를 양분하고 있는 각각의 기업들의 의장으로 자리매김하고 있다. 카카오의 2019년 직원 수는 약 2,700명, 매출액은 약 1조 2,000억원 정도이다.

김범수 의장은 멘토를 찾기 힘든 국내 벤처기업 환경 내에서, 많은 이들로부터 닮고 싶은 인물로 꼽히고 있다. **김범수는 케이큐브 벤처스를 통해 스타트업 기업을 지원해 왔으며, 스타트업 캠퍼스의 총장으로 있으면서 자신을 멘토로 바라보는 이들에게 모범을 보이려 노력하고 있다.** 모바일 시대를 맞아 새로운 도전을 이어가고 있는 김범수 의장은, 계속 후배들이 존경할 수 있는 벤처기업의 신화적 인물로 기억될 것이다.

[카카오]

창립: 1995년 2월 16일 (합병: 2014년 10월 1일)
본사: 대한민국, 제주특별자치도 제주시 첨단로 242 (영평동)
핵심 인물: 김범수 (이사회 의장)
제품: 다음, 카카오톡 등
매출액: 6,733억 (분기 2018.4Q)
직원: 3,052명 (2018년)

카카오(Kakao)는 대한민국의 IT 기업이다. 1995년 2월 설립된 (주)다음커뮤니케이션을 전신으로 하고, 다음커뮤니케이션이 2014년 10월 (주)카카오와 합병하면서 상호를 (주)카카오로 변경했다. 국내 1위 모바일 메신저인 카카오톡을 비롯하여 다음, 카카오택시, 멜론 등 다양한 모바일 서비스를 제공하고 있다.

김범수 명언

♣ 배가 항구에 있을 때 가장 안전하지만, 그것이 배가 존재하는 이유는 아니다.

♣ 악착같이 살지 말라. 다만 관점을 바꿔보라.

♣ 힘들수록 내가 좋아하는 것, 내가 잘하는 것에서 출발합시다.

♣ **같은 것을 보고, 같은 놀이를 해도, 다르게 생각하는 것, 이것이 성공 비결이다.**

♣ 제4차 산업혁명이 시작되고 있는 지금 스스로 세상의 문제를 정리하고 해결해 나갈 수 있는 능력이 필요하다. 이를 위해서는 배움의 변화가 절실히 필요하고 스타트업 캠퍼스는 '업'을 스스로 찾아가는 배움의 공간으로 만들어 갈 것이다.

♣ 지난 20년간 세상은 정말 크게 변했다. 우리는 인터넷이라는 새로운 세상을 갖게 되면서 인간과 기계가 공존하는 시대로 접어들고 있다. 그럼에도 불구하고 여전히 19세기 산업화 시대에 지식노동자를 대량으로 길러내는 교육 패러다임에 머물고 있는 것이 현실이다. 가르치는 사람과 배우는 사람이 모두 시험 위주의 교육 과정, 지식을 끌어 모으기만 하는 교육에 머물러 있어서는 안된다.

♣ **스타트업 캠퍼스가 단순한 지식이 아닌 스스로 필요한 가르침과 배움을 일깨우고 공유하는 공간으로 만들겠다.**

♣ 오늘 자신의 업을 찾기 위해 이 자리에 참석한분들 스스로의 역할이 중요하다.
누구도 여러분을 대신해 업을 찾아줄 수 없으며 이곳에서 치열하게 고민하고 토론하고 경험하면서 스스로의 길을 발견하길 바란다.

♣ 스타트업 캠퍼스 학생들이 스스로 길을 찾기 위해서는 운영진, 교수진 역할이 더 중요하다. 그들의 고민을 해결하기 위해서는 많은 고민이 필요하다.

모하임Michael Morhaime

● 기업인 ● 미국 ● 1966년생

[출생] 1966년
[소속] 블리자드 엔터테인먼트 (회장, 최고경영자 CEO)

[학력사항]

~ 1990 캘리포니아 주립대학교 로스앤젤레스 캠퍼스
그라나다 힐스 고등학교

[경력사항]

2008 인터랙티브 아츠 앤 사이언스 학회 명예의 전당 헌액
블리자드 엔터테인먼트 회장, 최고경영자(CEO)
1991.02 실리콘 앤 시냅스 공동설립

[요약]

마이클 마이크 모하임은 블리자드 엔터테인먼트 (1991년 설립 당시 실리콘 & 시냅스) 의 창립자이자 CEO로 액티비전 블리자드를 소유하고 있으며 또한 게임 개발자이다.

[생애와 업적]

워크래프트, 디아블로, 스타크래프트 게임을 전혀 모르는 사람이라도 이 3가지 중 1개나 2개는 들어봤을 것이다. 그만큼 블리자드는 게임을 즐기지 않는 사람에게도 이름을 알린 대중적인 게임사 중하나로 손꼽힌다. 특히 그들의 노하우가 꽃을 피운 [월드 오브 워크래프트]는 유저 1,200만 명, 월매출 1,300억원을 기록하며 흥행 신화를 써내려 갔다. 또한 [월드 오브 워크래프트]의 4번째 확장팩인 [대격변]은 출시 하루 만에 330만 장이 팔리며, 가장 빨리 팔린 PC 게임으로 기록됐다.

블리자드는 [월드 오브 워크래프트]를 통해 천만 제국 시대를 열었다. 그리고 그 중심에는 설립 때부터 지금까지 자리를 지키고 있는 마이크 모하임이 있다. 직원의 월급을 주지 못할 정도로 어려웠던 시절을 넘어, 자사의 대표 프랜차이즈 3종을 마련하고 이후 이를 더 발전시켜 거대한 MMO 세계를 만들어낸 모하임은 '재미와 즐거움' 그리고 스스로 납득할만한 완성도를 우선시 삼아 왔다. 특히 **재미있는 게임을 만드는 것은 물론 이 게임을 더 즐겁게 할 수 있는 서비스와 운영에 주의를 기울이고, 나아가 이 게임을 만드는 사람도 즐겁게 작업에 임하는 환경을 구축하자**가 모하임의 신조다.

마이크 모하임은 1966년에 태어났다. 모하임이 게임이라는 재미에 눈을 뜨게 된 계기는 어린 시절 할아버지와 함께 카드게임을 즐기면서부터다. 경쟁, 전략, 도전 등을 즐기던 마이크 모하임에게 게임이란 '재미와 즐거움' 그 자체였으며, 이러한 생각은 훗날 게임회사를 설립할 때도 동일하게 적용됐다. 재미있게 만들고 재미있게 즐기며, 그 자체로 재미있는 게임을 만들자는 것이 모하임의 모토가 되었다.

모하임은 12살 때 게임 콘솔을 사기 위해 형제들과 함께 돈을 저축할 정도로 어릴 때부터 게임에 애정을 가지고 있었다. 당시 **마이크 모하임이 구입한 발리 프로페셔널 아케이드는 1978년에 출시되었으며, 간단한 프로그래밍을 할 수 있는 기기였다. 이를 이용해 마이크 모하임은 간단한 게임을 개발하고, 매달 정기적으로 오는 게이밍 뉴스레터를 뒤지며 프로그래밍 코드를 짜는데 필요한 사례를 수집했다. 학교를 마치고 집에 돌아오면 모하임은 우편함을 확인하고, 프로그래밍 작업에 활용할 수 있는 정보를 읽는데 몰두했다.**

마이크 모하임이 게임업계, 그것도 본인 스스로 회사를 설립해야겠다고 결심하게 된 계기는 대학 시절에 맺은 인연이 유효하게 작용했다. 마이크 모하임과 함께 블리자드의 전신, 실리콘 & 시냅스를 창립한 앨런 애덤스가 그 주인공이다. 마이크 모하임과 앨런 애덤스는 캘리포니아 대학교 로스앤젤레스 캠퍼스 동문이다. 졸업반에 들어가기 전까지 서로의 존재를 모르던 두 사람이 친해진 계기는 우연한 장난이었다. 학교 내 컴퓨터 연구실에서 작업 중이던 앨런 애덤스는 커피를 가져오기 위해 PC를 잠그고 자리를 비웠다. 이 때 옆에 나란히 앉아 있던 마이크 모하임은 본인의 비밀번호 'Joe'로 앨런 애덤스의 PC 비밀번호를 바꿔놓는다.

그러나 앨런 애덤스는 아무렇지도 않게 PC 잠금을 해제하고 다시 작업에 몰두하기 시작했다. 마이크 모하임 입장에서는 앨런 애덤스가 바꿔놓은 비밀번호를 어떻게 풀었는지가 궁금할 수밖에 없었다. 답은 의외로 간단했다. 앨런 애덤스가 본래 설정해둔 비밀번호 역시 [Joe]였으며, 우연히도 두 사람이 똑같은 비밀번호를 사용한 것이었다.

우연한 기회로 서로를 알게 된 알렌 애덤스와 마이크 모하임은 서로의 비전을 공유하는 사이로 발전했다. 특히 알렌 애덤스는 게임회사를 설립하는데 큰 관심을 두고 있었으며, 알렌 애덤스의 끈질긴 설득을 계기로 마이크 모하임 역시 함께 게임사를 꾸려보자는 판단이 섰다. 이후 둘은 같은 대학 출신의 프랭크 피어스와 함께 실리콘 & 시냅스를 설립했다. 1991년 2월 8일에 캘리포니아에 설립된 중소업체 실리콘 & 시냅스는 이미 발매된 게임의 컨버전을 담당하는 외주 업체로 시작했다. 동시에 [RPM 레이싱]과 [록큰롤 레이싱], [로스트 바이킹] 등 자체 게임 제작에도 동시에 힘을 기울였다.

마이크 모하임은 1994년 [워크래프트 1]이 출시되기 전까지 프로젝트의 경중을 두지 않고 최대한 많은 일을 하는 것을 목표로 삼았다. **마이크 모하임이 실리콘 & 시냅스에서 맡은 첫 번째 프로젝트는 [로스트 바이킹] 개발에 사용된 셀 편집기 CED를 직접 만드는 것이었다. 모하임이 제작한 CED는 C++를 기반으로 제작된 것으로, 훗날 [스타크래프트]나 [워크래프트]에 사용된 지도 편집기의 시초가 되었다.**

마이크 모하임은 게임 제작은 몇 명의 천재가 아닌 팀 전체가 함께 완성도 있는 작품에 매진하는 것임을 잘 이해하고 있었다. 마이크 모하임이 직원을 채용할 때 가장 고려한 점은 게임과 게임을 만드는 일을 좋아하는 사람이었다. 따라서 모하임은 자금적인 여유는 부족했으나 필요한 인재를 영입하는데 힘을 썼다. 샘 와이즈 디디에나 조이레이 홀, 밥 피치, 크리스 멧젠 등 블리자드 프랜차이즈 3종의 주축 제작진은 모두 실리콘 & 시냅스 설립 초기에 입사한 직원들이다. 외주업체로 시작한 실리콘 & 시냅스는 [로스트 바이킹]과 [록큰롤 레이싱]을 토대로 개발사로서의 입지를 구축해나가기 시작했다. 그러나 언제나 좋은 날만 있었던 것은 아니었다. 게임 개발사로서의 입지는 높아졌으나 실리콘 & 시냅스는 자금난에 허덕였다. 정말 어려웠던 시절에는 마이크 모하임과 앨런 애드햄 등 임원진들이 개인 신용카드를 긁어 직원들 월급을 챙겨줘야 할 정도의 상황이었다.

이 와중에도 마이크 모하임은 직원들이 게임을 만드는 것에만 전념하도록 했다. 게임을 만들기 위해 회사에 온 사람들을 다른 일로 신경 쓰게 하고 싶지 않다는 것이 모하임의 생각이었다. 교육용 프로그램 제작사 데이비슨 앤 어소시에이츠에 67만 5,000달러에 회사를 매각할 당시, 마이크 모하임은 게임 개발사로서의 창의성과 자율성을 보장해준 점을 우선시했다. 이 때, 실리콘 & 시냅스라는 회사명이 카오스 스튜디오를 거쳐 블리자드 엔터테인먼트로 확정된다.

1994년 이후, 블리자드는 본격적인 행보에 들어선다. [워크래프트]와 [디아블로], [스타크래프트]로 이어지는 라인업을 갖추기 시작한 것이다. 이 때, 블리자드의 운명을 정한 마이크 모하임의 선택은 크게 3가지로 압축된다. 하나는 [스타크래프트]의 재개발을 결정한 것, 2번째는 [디아블로]를 턴제 RPG에서 액션 RPG로 전환한 것, 마지막은 [워크래프트]를 MMORPG로 개발하기로 한 것이다. 블리자드의 핵심 프랜차이즈 3종의 공통점은 '진보'다. 즉, 기존 장르를 한 단계 더 발전시킬 방법을 찾아 업계의 트렌드를 선도한 것이다. 그 동안 쌓인 유산을 토대로 소위 완성형 게임을 구축한 판단력이 지금의 블리자드를 있게 한 원동력이다.

블리자드는 1994년, [워크래프트] 시리즈의 시작을 알린 [워크래프트: 오크 & 휴먼]을 출시하고 독자적인 게임 개발 및 퍼블리싱에 나선다. 이후 1995년 출시된 [워크래프트 2: 어둠의 물결]은 전작보다 개선된 시스템과 그래픽을 선보이며 블리자드에게 최초로 올해의 게임 상을 받게 했으며 전 세계 게이머들에게 상당한 인기를 끌며 글로벌 게임회사로서의 초석을 다지게 했다.

1992년 출시된 웨스트우드의 [듄 2]를 보며 전략 시뮬레이션 게임의 가능성을 엿본 마이크 모하

임은 본인의 전공을 살려 회사 경영과 개발을 병행하는 시기를 가졌다. [워크래프트 1]의 네트워크 프로그래머를 시작으로 [워크래프트 2]에서는 핵심 프로그래머로 활동했다. 마이크 모하임은 [워크래프트] 시리즈를 확립하며 '쉬움'과 '비주얼'에 방점을 두었다. 또한 본인이 네트워크 프로그래머를 전담하며 구축한 [워크래프트 1]의 멀티플레이는 실시간으로 다른 유저와 맞붙는 온라인게임의 경험을 널리 전파하는데 유효하게 작용했다. 또한 이는 [디아블로]의 핵심 성공요인으로 자리한 [배틀넷]의 토대가 되었다.

[블리자드의 시작을 알린 워크래프트]

여기에 훗날 블리자드의 강점 중 하나로 자리매김한 시네마틱 부서의 토대 역시 [워크래프트 1]의 개발 도중에 마련했다. [워크래프트 1]에서 [듄 2]의 아류작이라는 평가를 벗어나지 못한 블리자드가 [워크래프트 2]를 만들며 가장 고심한 부분은 풍부한 스토리를 넣는 것이었다. 인간과 오크는 물론 드워프나 고블린, 엘프 등 다양한 종족을 넣고, 각각의 역사와 개성을 부여했다. [워크래프트 3]에 도달해서는 동영상을 통해 서사적인 매력을 전하는 이야기꾼으로서의 능력을 선보였다.

워크래프트의 흥행에 힘입어 1997년에 출시된 [디아블로]의 성공에는 블리자드의 온라인 게임 서비스인 배틀넷이 결정적인 요소로 작용했다. [워크래프트]의 성공 후 새로운 IP를 준비하던 블리자드는 [저스티스 리그 태스크포스]의 포팅 작업을 담당하던 콘도르 스튜디오가 제작하던 턴제 기반 RPG에 30만 달러를 지원하고 이 작품의 판권을 소유한다. 본래 턴제 시뮬레이션 RPG였던 게임을 빠르고 생동감 있는 실시간 RPG로 바꾸기로 결정한 점은 [디아블로]의 성패를 좌우하는 요인으로 작용했다. 당시 마이크 모하임은 [디아블로]의 클라이언트 프로그래머로 활동했다. [워크래프트]부터 네트워크 게이밍에 방점을 둔 방향성은 [디아블로]에서 더 진보됐다. [워크래프트] 때 구축된 네트워크 플레이는 [디아블로]에 이르러 [배틀넷]으로 새롭게 정립됐다. 이 때 마이크 모하임이 염두에 둔 점은 편리함이다. 기존처럼 IP주소를 일일이 입력하는 것이 아니라 클릭 한 번으로 친구들과 함께 게임을 즐길 수 있는 접근성이 좋은 시스템을 원했던 것이다. [디아블로] 때 구축된 배틀넷은 블리자드의 네트워크 플레이의 기반을 이루는 요소로 자리잡았다.

[RPG의 신세계를 연 디아블로]

[워크래프트 1]과 [워크래프트 2]는 블리자드의 이름을 알리는 주된 프랜차이즈로 자리잡았으나 [듄 2] 이후 [커맨드 앤 컨커]를 내놓은 웨스트우드의 명성을 따라잡기에는 사실상 역부족이었다. 이에 마이크 모하임이 대항마로 생각한 것이 바로 [스타크래프트] 였다. 특히 [스타크래프트]는 마이크 모하임이 직접 프로듀서 역을 맡으며 개발 과정을 총괄했다. [스타크래프트] 개발에 착수하며 마이크 모하임은 오크를 우주로 내보내, 인간과 오크의 우주 전쟁을 만들어보자는 아이디어를 냈다. 실제로도 이 아이디어는 내부에서 심도 있게 고려된 부분이라 한다.

초기 [스타크래프트]는 [워크래프트 2]에 우주 스킨을 입혀놓은 것 이상의 의미가 없다는 냉혹한 평가가 돌아왔다. CES를 통해 [스타크래프트]와 [디아블로]를 출품한 블리자드는 당시 출품된 크리스 테일러의 [토탈 어니힐레이션]을 보고 큰 충격에 빠지고 만다. 그리고 여기서 마이크 모하임은 중대 결정을 내린다. 게임을 처음부터 다시 만드는 것이었다. 이에 개발팀은 8개월 동안 야근과 철야를 이어가며 [스타크래프트] 재개발에 나섰다. [스타크래프트] 전용 엔진을 다시 만들고, 2종족이 정석이었던 당시 전략 시뮬레이션 게임에 3종족 체제를 세로 도입하고 종족과 유닛 별로 강점과 약점을 부여해 전략성을 더했다.

[블리자드식 RTS를 정립한 스타크래프트]

[디아블로 2]부터 마이크 모하임은 선임 프로듀서 역을 맡아 블리자드의 초기 히트작 제작에 직접 참여했다. 모하임이 선임 프로듀서로 참여한 작품은 [디아블로 2]와 [워크래프트 3], [월드 오브 워크래프트]다. 즉, 지금도 이어져오고 있는 [워크래프트]와 [스타크래프트], [디아블로]의 기반을 스스로 직접 닦은 셈이다. [디아블로 2]의 경우, 아이템의 세분화로 파밍의 재미를 더하고 플레이어가 입장할 때마다 맵의 구조가 바뀌는 [랜덤맵] 시스템을 구축했다. 또한 래더 게임을 도입해 유저들이 서로 경쟁하는 재미를 강화했다.

마이크 모하임이 [워크래프트]를 MMORPG로 개발해야겠다고 생각한 시점은 [워크래프트 3]가 제작되던 중이었다. 20주년 회고록을 통해 마이크 모하임은 "월드 오브 워크래프트 개발을 시작했을 때, 모든 것이 자연스럽게 진화했다. 언젠가 [워크래프트]의 세계를 현실로 불러오고 끊임없이 계속될 게임 세계 속에서 각자가 살아 숨쉬는 세계의 한 존재가 되는 그날을 꿈꿨다"라고 전하고 있다.

[테마파크형 MMORPG를 정립한 월드 오브 워크래프트]

블리자드는 [월드 오브 워크래프트]를 출시할 때 최대 접속자 수용치를 북미에서만 40만 명으로 잡았으나, 한 달 만에 이 수치를 경신한다. 늘어나는 사용자 수를 감당할 수 없었던 블리자드는 [월드 오브 워크래프트]가 출시된 2004년에 수 차례 출고를 멈추고, 수용 인원 규모를 늘리는데 집중해야 했다. 마이크 모하임은 눈앞에 놓인 벽을 회사가 한 단계 더 발전할 기회로 삼았다. 기존까지는 한정된 인원이 구매하는 패키지 게임을 관리했다면, 이제부터는 수백 명이 플레이하는 온라인게임을 서비스하는 입장에 놓인 것이다. 즉, 게임 하나를 단기적인 측면이 아닌 장기적인 안목으로 바라봐야 할 때가 온 것이다.

[월드 오브 워크래프트]를 서비스할 시점부터 마이크 모하임은 게임의 미래는 온라인 게이밍에 있다는 확신을 가지고 있었다. 자사의 프랜차이즈를 하나로 묶는 온라인 플랫폼인 [배틀넷 2.0] 역시 보다 향상된 온라인 게이밍 경험을 제공하기 위한 것이었다. 실제로 [배틀넷 2.0]을 기반으로 한 [스타크래프트2]와 [디아블로3]는 배틀넷을 통한 네트워크 플레이가 게임의 중심 요소 중 하나로 떠올랐다.

[내면의 끼를 발산-자유로운 개발 환경 구축]

4,000여명이 일하는 대형 기업을 운영하며 마이크 모하임이 강조한 부분은 직원들의 끼(GeeK)를 발산할 수 있는 개발 환경을 구축한 점이다. 회사 안에서 직원들이 자유롭게 취미활동을 하도록 권장하거나, 자율적으로 출퇴근시간을 결정하도록 한 점, 본인의 취향을 반영해 꾸밀 수 있는 사무공간을 제공한 점은 직원들의 창의성을 자극하기 위한 것이었다. 실제로 본사 [월드 오브 워크래프트] 개발실에서는 명상을 위해 사무실 조명을 끄고 촛불을 밝혀두곤 했었다.

[영감을 자극하는 개발환경을 중시하는 블리자드]

블리자드의 사훈 중에는 [네 안의 끼를 수용하라]는 조항이 있다. 개발자라면 언제나 외부의 자극에 예민하게 반응하고, 이를 바탕으로 창조력을 발휘할 수 있어야 한다는 마이크 모하임의 신조가 반영된 운영 방침이다. 유연한 사고를 강조한 마이크 모하임의 방침은 실제 제작에도 영향을 미쳤다. 블리자드의 초기작인 [로스트 바이킹]은 작은 캐릭터를 조정해 퍼즐을 푸는 [레밍즈]에서 영감을 받았다. [스타크래프트]의 경우 당대 인기 있던 [스타워즈]와 같은 우주 대서사시를 다루는 게임을 만들어보자는 아이디어에서 비롯됐다.

마이크 모하임 본인 스스로 역시 Geek한(괴짜) 것을 즐겼다. 마이크 모하임이 크리스 시거티와 샘 디디에, 데이브 베이그런, 알란 아비리와 함께 사내 밴드 [90레벨 타우렌 족장]의 멤버로 활동한다는 것은 이미 널리 알려진 사실이다. 또한 포커나 TRPG 역시 즐겨 하는 취미로 알려져 있다. 특히 포커의 경우, 2006년에 DICE가 개최한 토너먼트에서 2위에 오른 바 있다.

꾸준한 AS를 통해 핵심 프랜차이즈의 완성도를 높이는 활동도 이어졌다. 블리자드의 전매특허 중 하나인 출시일 연기 역시 이를 위한 조치였다. 실제로 블리자드는 [디아블로 1]을 1996년 추수감사절에 출시하려 했으나, 발매 일정을 맞추지 못했다. 두 번째로 목표로 했던 크리스마스도 훌쩍 넘겨 [디아블로 1]은 12월 31일에 모습을 드러냈다. [스타크래프트 1] 역시 본래는 1997년 연말 시즌에 맞추는 것을 목표로 했으나 결국 그로부터 6개월 뒤에 세상의 빛을 보게 된다.

이러한 조치는 판매를 위해 억지로 시기를 맞추는 것은 좋지 않다는 판단에서 우러난 것이다. 게임이 완성될 적절한 때를 기다린 마이크 모하임의 결정은 주요 IP의 가치를 높였다. 이러한 행보는 [워크래프트]와 [스타크래프트], [디아블로] 시리즈에 대한 소비자의 신뢰도를 높이는데 주요하게 작용했다. 블리자드 게임은 확장팩부터라는 문구 역시 자사의 IP를 끝까지 책임지겠다는 의지가 반영된 부분이다.

오랜 기간 동안 준비해온 프로젝트를 완성도가 부족하다는 판단 하에 취소하는 경우 역시 있었다. 그 대표적인 사례가 Xbox360으로 개발 중이던 [스타크래프트: 고스트]다. [스타크래프트]에서 많은 인기를 얻었던 [노바]를 주인공으로 한 3인칭 슈팅게임으로 이목을 집중시킨 [스타크래프트: 고스트]는 결국 2006년 3월에 출시가 무기한 연기되어 버린다. [호드]의 영웅 [쓰랄]을 주인공으로 한 [워크래프트 어드벤처] 역시 도중에 중단한 게임으로 알려져 있다.

이와 같은 기조를 토대로 블리자드는 [워크래프트 1] 이후 탄탄한 라인업을 구축해왔다. 2004년 출시 후 총 4종의 확장팩이 출시된 [월드 오브 워크래프트]는 **3번째 확장팩 [대격변]이 출시 하루 만에 330만 장의 판매를 기록하며 기네스북에 [가장 빨리 판매된 PC 게임]으로 기록됐다.** [디아블로] 시리즈는 전세계 2,000만 장 이상 판매되었으며, [디아블로 2]는 출시 2주 만에 100만 장 이상의 판매고를 올렸다. 1998년에 출시된 [스타크래프트]와 [브루드워]는 1,100만 장 팔렸다. 특히 **[스타크래프트]와 [디아블로]는 한국에 블리자드라는 회사를 알린 주요 타이틀로 작용했다.**

마이크 모하임은 [월드 오브 워크래프트]의 성공과 [스타크래프트], [워크래프트], [디아블로] 프랜차이즈를 정립한 공로를 인정받아 지난 2007년 아카데미 오브 인터랙티브 아츠 & 사이언스(AIAS)의 11번째 명예의 전당 대상자로 선정되었다. AIAS의 명예의 전당은 게임업계에서 혁신적인 성과를 달성한 개발자를 위해 마련된 자리이며, 닌텐도의 미야모토 시게루를 필두로 시드 마이어, 존 카맥, 윌 라이트 등이 자리해 있다.

자본금 2만 달러를 기반으로 3명이 시작한 실리콘 앤 시냅스는 20여 년 뒤 17억 달러의 매출, 세계 각국에 4,000명 이상의 직원을 둔 글로벌 게임회사 블리자드로 발전했다. 블리자드는 여전히 바쁜 행보를 이어가고 있다. [하스스톤]의 PC 버전과 온라인 버전이 출시되었으며, 계속해서 [디아블로3]의 첫 확장팩 [영혼을 거두는 자]가 발매되었다. [월드 오브 워크래프트]의 5번째 확장팩 [드레노어의 전쟁군주]와 알파 테스트 중인 [히어로즈 오브 더 스톰] 역시 출시했다. 신규 IP 창출도 이어지고 있다. [월드 오브 워크래프트] 이후 블리자드가 개발 중인 차기 MMO인 [프로젝트 타이탄]이 그 주인공이다.

[블리자드 이끈 마이크 모하임의 은퇴]

마이크 모하임이 블리자드에서 이룩한 업적은 한 장르의 완성형을 정립한 것이다. [듄 2]에서 [워크래프트]를 [에버퀘스트]에서 [월드 오브 워크래프트]를 이뤄낸 힘은 기존 장르를 완성해낼 요소를 찾아 잘 버무린 안목에 있었다. [디아블로] 역시 턴제 RPG를 실시간으로 바꾼다는 발상의 전환을 토대로 RPG의 새로운 장을 열었으며, [하스스톤]은 [매직: 더 개더링] 등 기존 TCG의 방식을 배우기 쉽고 간단하게 정립해 라이트 유저도 부담 없이 즐길 수 있는 방향으로 개선했다. 한 걸음 더 나아갈 수 있는 트렌드를 찾는 힘, 이것이 블리자드가 모방을 넘어선 창조가 가능하게 한 원동력이다.

1991년부터 27년간 개발자이자 대표로서 블리자드를 이끌었던, 블리자드 엔터테인먼트의 공동 설립자이자 대표인 마이크 모하임이 2018년 대표직에서 물러났다. 모하임은 대표직에서 물러난 뒤, 블리자드의 고문 역할을 담당하고, 모하임 이후 신규 대표로는 과거 월드 오브 워크래프트의 프로덕션 디렉터이자 현 제작 책임인 'J. 알렌 브렉(J. Allen Brack)'이 맡게 됐다.

[블리자드]

1991년 플랫폼 기반의 게임 소프트웨어를 개발하는 외주 개발업체로 설립되었다. 본사는 미국에 있지만, 프랑스의 미디어 그룹 비방디유니버설(Vivendi Universal SA)의 자회사였다. 설립 초창기에 로큰롤 레이싱, 로스트 바이킹 등의 게임 소프트웨어를 출시하였으나, 성공하지는 못하였다. 그러다 1994년 워크래프트(Warcraft)-오크 앤드 휴먼을 내놓았는데, 이 게임이 최고의 전략 시뮬레이션 게임으로 인기를 얻으면서 세계적으로 알려지기 시작하였다. 이어 **1997년 1월 디아블로(Diablo), 1998년 3월 전략 시뮬레이션 게임 스타크래프트를 출시하면서 세계적인 게임 소프트웨어 개발업체로 성장**하였다. 이후 스타크래프트 2, 오버워치, 히어로즈오브스톤 등의 히트작을 발표했다. 2016년 비방디유니버설이 보유 중이던 액티비전 블리자드의 주식 지분을 전량 매각하면서 비방디유니버설로부터 독립하였다.

2012년 기준 11개 도시에 걸쳐 약 4,700명의 직원을 고용하고 있었으며 그중 약 1,700명이 캘리포니아 어바인의 본사에서 근무하고 있었다. 블리자드 엔터테인먼트는 엔터테인먼트 소프트웨어 업계를 선도하는 개발사이자 유통사로서 설립된 이후, 많은 대중에게 높은 평가와 지속적인 사랑을 받는 컴퓨터 게임 개발사로 도약했다. 또한, 완벽한 기획과 최고의 재미를 추구함으로써 블리자드는 설립 초기부터 누구도 따라올 수 없는 완성도 높은 게임을 제작하는 회사로서 호평을 받았다. 2018년 들어서 주가가 상승곡선을 그리면서 시가총액이 650억 달러 수준까지 올라갔다. 그러나 하반기에 들어서 액티비전 블리자드는 휘청거리기 시작했다. 디아블로 이모탈 발표 당시의 혹평들과 히오스 리그 폐지, 블리자드의 실망스러운 행보와 번지의 계약종료 등의 내부적 악재에다 외부적으로는 중국 판호문제까지 휘말려 휘청거렸다. 2018년 회사 총 매출은 약 75억 달러, 영업이익은 약 20억 달러를 기록했다.

[블리자드 엔터테인먼트]
창립: 1991년국가 미국의 기 미국
창립자: 마이클 모하임, 앨런 애드햄, 프랭크 피어스
본사: 미국, 캘리포니아주 어바인
제품: 비디오 게임
매출액: 75억달러 (한화 약 8조 5,000억원) (2018년)
직원: 4,700명 (2012년)

모하임 명언

♣ 여러 플랫폼 중 특히 **모바일 게임 분야에 관심**을 두고 있다.

♣ 개발자들이 연구한 몇 가지 아이디어들이 있으며, 숙련된 게임 디자이너들의 주도아래 인큐베이션 팀이 움직이고 있다.

♣ **유저들이 우리의 게임을 헤비하게 이용하는 걸 원하지 않는다.**
그들이 우리의 게임을 일상생활로 돌아가기 전, 가족 및 친구들과 즐길 수 있는 그러한 발판이 되길 원한다.

신지 | Mikami Shinji

• 프로그래머 • 일본 • 1965년생

Shinji Mikami
Producer, Production Studio 4, Capcom Co., Ltd.

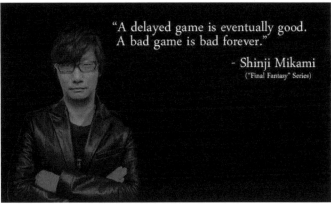

"A delayed game is eventually good.
A bad game is bad forever."

- Shinji Mikami
("Final Fantasy" Series)

[출생] 1965년 8월 11일, 일본
[소속] 탱고 게임웍스 (대표)

[학력사항]
도시샤대학교 상학부 학사

[경력사항]
탱고 게임웍스 대표
2010 탱고 게임웍스 설립
2007 ~ 2010 플래티넘 게임즈
2004 ~ 2005 클로버 스튜디오
　　　　　 캡콤 4개발본부 부장
1989 캡콤

[작품활동]

개발2005년 게임 바이오하자드 4

개발2002년 게임 바이오하자드 제로

개발2001년 게임 바이오하자드 리버스

개발2001년 게임 역전재판

개발2001년 게임 데빌메이크라이

개발1999년 게임 디노 크라이시스

개발1996년 게임 바이오하자드

개발1993년 게임 구피와 맥스: 해적섬 대모험

개발1992년 게임 알라딘

개발1991년 게임 로저 래빗

개발1990년 게임 캡콤퀴즈: 하테나의 대모험

[생애]

1965년 태어난 미카미 신지는 평범한 어린 시절을 보냈다. 당시 미카미 신지는 [Appoooh]라는 레슬링 게임에 푹 빠져 있었는데 이를 통해 서서히 게임이 주는 매력을 알게 됐다. 대학생활을 하기 까지 미카미 신지는 게임 개발자, 아니 게임이라는 문화 자체와 거리가 있었지만 게임은 당시 다소 거칠었던 미카미 신지의 마음을 살살 녹여주는 벗으로 삼기 충분한 힘이 있었다. **대학을 졸업한 미카미 신지는 무엇을 할까 고민하던 중, 우연히 캡콤이라는 회사가 주최한 어떤 개발자 파티에 참여하게 된다.** 미카미 신지는 [마계촌]이나 [1942] 등을 즐긴 경험이 있지만 캡콤에 대해서는 잘 몰랐다. 그저 파티에 참여하면 호텔 음식을 마음껏 먹을 수 있겠다는 생각이 더 앞섰다. 그러나 미카미 신지는 이 자리가 자신의 운명을 바꿀 줄은 상상도 못했다. 미카미 신지는 캡콤 직원들과 이야기하면서 게임을 제작하는 자신의 모습을 처음으로 상상했다. 결국, 미카미 신지는 인생에서 커다란 도전을 해보기로 마음먹는다. 게임을 직접 만들어보기로 한 것이다. 프로그래밍 등 개발 지식은 없었지만 '게임이 좋다'는 젊은 패기 앞에서는 큰 문제가 되지 않았다.

미카미 신지는 닌텐도와 캡콤에 입사지원을 했고, 고민 끝에 캡콤을 선택하게 된다. 닌텐도보다는 캡콤이 자신에게 조금 더 많은 기회를 줄 수 있으리라는 판단에서였다. 1989년, 미카미 신지는 이렇게 캡콤의 기획자로 입사했다. 1996년, 미카미 신지가 처음으로 디렉팅한 서바이벌 호러 [바이오하자드가 세간에 모습을 드러냈다. 당시 미카미 신지는 몇만 장만 팔려도 충분하다고 생각했지만, 게이머들의 반응은 이를 비웃기라도 하듯 큰 반향을 불러일으켰다. 결국 [바이오하자드]는 그 해에만 100만장 이상의 판매고를 올리며 밀리언셀러를 기록했다. 이는 플레이스테이션의 첫 밀리언셀러 타이틀이기도 하다. 이 게임은 [레지던트이블]이라는 이름으로 북미에도 출시됐는데, 큰 호응을 얻으며 통합 500만장 이상의 판매고를 기록하게 된다. 이렇게 [바이오하자드]는 패러다임을 바꾸며 호러가 더이상 마니아나들의 전유물이 아님을 증명해냈다. 호러게임이 '모두의 장르'가 되는 순간이었다.

바이오하자드의 성공으로 미카미 신지의 생활은 큰 변화를 맞이한다. 단숨에 스타 개발자 반열에 올라선 미카미 신지는 캡콤의 절대적인 신뢰를 쌓게 됐고, 미카미 신지의 후속작을 기대하는 팬층도 어마어마하게 많아졌다. 미카미 신지는 [바이오하자드]의 아버지로서, 호러 서바이벌 장르의 선구자로서, 그리고 유능한 개발자를 키워낸 프로듀서로서 일본 게임산업에 크고 작은 영향을 끼쳐왔다. 그러나 미카미 신지는 이런 자신의 업적보다는 '구조'를 더 중요하게 생각하고 있다. 미카미 신지가 생각하는 가장 이상적인 구조가 온전해야만 2011년의 [바이오하자드] 2012년의 [바이오하자드] 같은 독창적이고 기념비적인 게임이 탄생할 수 있으리라 믿고 있다. 미카미 신지가 일본 게임산업에 쓴소리를 남긴 것도, 스스로 캡콤에 반기를 든 것도 모두 이런 그의 철학과 일맥 상통한다. 2014년, 미카미 신지는 [디 이블위딘]을 통해 원점으로 돌아왔다. **미카미 신지에게는 바람이 있다. 과거 [바이오하자드]처럼 성공을 누린 이후, 실력 있는 후배들을 육성해 더 훌륭한 게임이 계속 등장하는 그런 구조다.**

신지 명언

♣ **늦게 나온 게임은 결국 좋다. 나쁜 게임은 영원히 나쁘다.**

♣ 한 때 일본 게임 시장은 전 세계를 선도했지만 지금은 북미 시장에 내줬다.
   일본 게임 개발자들은 지금보다 한 단계 성장한 게임을 선보여야 한다.

♣ 최근 내가 즐기는 게임 80%는 북미 게임이다. 일본 게임 시장에 비난을 쏟아내는 사람들의 생각을 바꾸려면 지금보다 더 뛰어난 게임을 만들어야 한다.

♣ 최근 나온 그라비티 러시를 비롯해 캐서린, 슈퍼마리오 3D랜드 등 서양 이용자들을 공략한 게임들이 다수 있지만 이것으로는 충분하지 않다.
   내수 시장에 주력하기보단 서양 공략을 선도할 게임이 필요하다.

♣ 캡콤과 코지마 히데오 사단의 노력에 대한 부분이 좋은 예다.

♣ **서양의 입맛을 공략하지 못하고 현실에 안주하는 일본 게임 개발자는 곧 도태될 것이다.**

♣ 일본 게임이 예전처럼 주목 받을 수 있도록 노력해야 한다.

델|Michael Saul Dell

• 컴퓨터 사업가 • 델 창업자 • 미국 • 1965년생

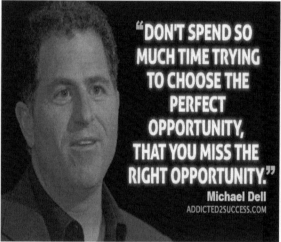

"DON'T SPEND SO MUCH TIME TRYING TO CHOOSE THE PERFECT OPPORTUNITY, THAT YOU MISS THE RIGHT OPPORTUNITY."
Michael Dell
ADDICTED2SUCCESS.COM

[출생] 1965년 2월 23일
[소속] 델 컴퓨터 CEO

마이클 사울 델은 미국 비즈니스계의 거물, 사업가, 자선가, 작가이다. 개인용 컴퓨터(PC)의 세계적인 판매기업들 가운데 하나인 델의 창립자이자 CEO이다. 델 컴퓨터의 창업자인 마이클 델은 미국 경제에 위기론이 팽배하던 지난 1984년 불과 수천달러로 이 회사를 창업해 세계 컴퓨터 업계에 유통혁명의 불씨를 댕긴 주인공이다. 컴퓨터 업계 최초로 주문 판매 방식을 도입한 마이클 델은 지난 2004년 최고경영자에서 물러나 이사회 의장으로 활동하고 있는데, 2012년 포브스 억만장자 목록에서 전 세계 41위의 부자로 순위를 올렸으며, 2014년 12월 기준으로는 22.4억 달러의 순재산을 가지고 있었으며, 2019년에는 재산이 약 39조원(343억 달러)로 세계 25위 부자이다.

[델]
창립: 1984년 2월 1일, 미국

창립자: 마이클 델 (CEO)

본사: 미국, 텍사스 주 라운드 록

제품 및 서비스: 컴퓨터, 휴대전화, 전자제품 제조 및 판매 등

매출액: US$ 787억 달러 (한화 약 90조원) (2018년)

주요 주주: 마이클 델 (75%), Silver Lake Partners (25%)

종업원: 145,000명 (2018년)

델 주식회사(Dell Inc.)는 미국의 전자제품 제조 및 판매 기업이다. 처음에는 1984년 11월 4일에 'PC's Limited'라는 이름으로 회사가 세워지다가, 사명을 바꾸어 새로 설립되었다. 또, 1980년대에서 1990년대 동안 델은 개인용 컴퓨터와 서버 분야에서 가장 큰 판매사였다. 2008년의 경우 컴퓨터 판매 분야에서 HP의 뒤를 이어 2위를 이어가고 있다. **주 제품은 개인용 컴퓨터, 서버, 기억 장치, 네트워크 스위치, 소프트웨어, 텔레비전, 컴퓨터 주변기기 등이며, 기술 관련 제품을 제조하여 시장에 내놓아 판매하고 지원하고 있다.** 2006년에 포춘지는 포춘 500에 델을 25번째로 가장 큰 회사로 순위를 올렸다. 2013년 2월 5일 마이클 델은 실버 레이크에 마이크로소프트의 추가 자금 조달과 더불어 차입 매수되었다고 선언했다.

델은 2015년 글로벌 1위 스토리지 솔루션 기업인 EMC를 670억 달러에 인수했고, 자회사인 가상화 솔루션 기업 VM웨어의 지분까지 보유하면서 클라우드 솔루션 기업으로 진화할 가능성을 보여줬다. 2017년 전 세계 PC 시장의 경우 중국 기업의 공세에 밀려 3위에 머물렀지만, 미국에서는 여전히 HP와 함께 1~2위를 다투고 있다. 전세계 서버 시장의 경우 HP엔터프라이즈 사업부와 1~2위 자리를 놓고 경쟁했다. 델테크놀로지스는 "5G 네트워크, 머신 인텔리전스, 몰입형 컴퓨팅, 멀티 클라우드, 블록체인 등" 2019년 IT 주요 기술트랜드를 발표했다.

델 명언

♣ 완벽한 기회를 고르기 위해서 너무 시간을 보내지 마라, 좋은 기회를 놓칠 수도 있다.

♣ 호기심을 느끼고, 기회를 새로운 방식으로 바라보라.
남들과 다르게 하면, 항시 기회가 있다.

♣ 오늘날 사업 환경에서 이메일을 제대로 활용하지 못하면 관계에서 바로 뒤처질 것이다.

♣ 델 사업은 기술과 관련된다. 또한 동시에 운영이나 고객관계 관련된 것이기도 하다.

♣ 우리가 노력하는 것은 고객들 마음을 기술적 경험으로 끌어당기는 것이다.

♣ 초기에 많은 사람들이 '**전자 상거래**'에서 '**상거래**'보다는 '**전자**'가 더 중요하다고 생각했던 것 같다.

♣ 내 첫 계산기(calculator)를 산 7살 때부터, 난 뭔가를 계산할 수 있는 기계라는 아이디어로 매력에 빠졌다.

이준호 Lee Joon-ho

• NHN 회장 • 한국 • 1964년생

이준호 NHN COO 주요경력

▶ 1993.2～1994.1   카이스트 인공지능
연구센터 연구원
▶ 1994.3～1995.3   미국 코넬대학교
전산학과 방문연구원
▶ 1994.1～1997.8   연구개발정보센터
선임연구원
▶ 1997.9～2008.8   숭실대학교
정보과학대학
컴퓨터학부 부교수
▶ 2003.7～2005.6   미국 매사추세츠대학교
전산학과 방문교수
▶ 2005.7～2007.12   NHN CTO
▶ 2007.4～2008.12   NHN CAO
▶ 2009.01～   NHN COO

[출생] 1964년 9월 17일
[소속] NHN (회장, 이사회 의장)

[학력사항]
~ 1993 카이스트 대학원 전산학 박사
~ 1989 카이스트 대학원 전산학 석사
~ 1987 서울대학교 컴퓨터공학 학사

[경력사항]
2019.04 ~ NHN 회장, 이사회 의장
2013.08 ~ 2019.03 NHN엔터테인먼트 회장, 이사회 의장
2009.01 ~ 2013.07 NHN COO
2007.04 ~ 2008.12 NHN CAO

2005.07 ~ 2007.12 NHN CTO

2003.07 ~ 2005.06 미국 매사추세츠대학교 전산학과 방문교수

1997.09 ~ 2008.08 숭실대학교 정보과학대학 컴퓨터학부 부교수

1994.01 ~ 1997.08 연구개발정보센터 선임연구원

1994.03 ~ 1995.03 미국 코넬대학교 전산학과 방문연구원

1993.02 ~ 1994.01 카이스트 인공지능연구센터 연구원

이준호는 대한민국의 기업인으로 2019년 NHN 이사회 의장 및 회장이다. 2019년 재산은 약 1조 3,000억원(11억 7,000만불)으로 한국 35위 부자이다.

[생애]

이준호는 1964년 9월 17일 태어났다. 1983년에 입학한 서울대학교 컴퓨터공학과를 졸업한 후에 한국과학기술원(KAIST)에서 전산학 사학위와 박사학위를 받았다. **한국과학기술원 인공지능연구센터 연구원을 거쳐 연구개발정보센터 선임연구원으로 검색관련 기술을 연구했다.** 1997년에 숭실대학교 정보과학대학 컴퓨터학부 부교수로 재직하며 검색엔진 연구를 계속해 자연어 검색 기술을 인터넷 검색 사이트인 '엠파스'를 통해 처음으로 선보였다. 네이버컴의 투자를 받아 독립법인 '서치솔루션'을 설립했다. NHN 최고기술책임자, 최고서비스책임자, 최고운영책임자를 거치며 NHN 경영 전반을 총괄했다. NHN이 네이버와 NHN엔터테인먼트로 기업분할되면서 NHN엔터테인먼트 회장 겸 이사회 의장을 맡고 있었다.

NHN엔터테인먼트가 **2019년 4월부터는 네이버와 한게임의 통합법인 시절에 사용했던 'NHN'으로 회사명을 바꾸고,** 최대주주인 이준호 NHN엔터 이사회 의장은 사내이사로 재선임되었다.

게임에서 출발해 점차 IT 기반 엔터테인먼트 신사업 쪽으로 사업 영역을 확대하고 있는 NHN은 이준호 회장이 전체적인 회사의 방향성을 정립하고, 정우진 NHN 대표는 실행 계획을 수립하는 역할을 주로 담당하는 것으로 알려진다. 정우진 대표는 지난 2000년 이준호 회장이 설립한 검색 전문 개발업체 '서치솔루션'에 입사한 이래로 20년 가까이 이 회장의 오른팔로 두터운 신임을 받아왔다. **NHN은 기존 게임사업과 함께 핀테크, 클라우드, AI, 빅데이터 등 신사업에 역량을 집중하며 지속적인 사업 확장에 나설 예정이다.** 신사업은 음원(벅스), 예매(티켓링크), 쇼핑(에이컴메이트), 웹툰(코미코), 클라우드(토스트), 디지털 광고(NHN ACE·인크로스) 등에 이르기까지 다양한 분야에서 공격적인 투자를 통해 외형 확장을 이어가고 있다. 그중에서도 간편결제 서비스 페이코의 성장이 두드러지는데, 페이코의 2018년 연간 거래액은 4조 5,000억원, 출시 이후 누적 거래액 8조 4,000억원, 실결제 이용자 수(PU·Paying User)는 900만명에 달한다. 삼성페이, 네이버페이, 카카오페이와 함께 '4대 페이'에 당당하게 이름을 올리고 있다.

[평가]

이준호는 **IT업계에서 정보검색 기술의 아버지로 불린다. 1990년대부터 인터넷 보급률 높아지면서 IT벤처 붐이 불자 검색기술의 중요성을 깨닫고 일찍부터 검색부문의 연구를 시작했다.** 국내에서 네이버 검색을 독보적 위치로 올려놓으며 한국을 '구글 검색엔진의 지배를 받지 않는 나라'로 만들었

다는 평가를 받기도 했다. 연구개발정보센터에서 근무하며 정보검색시스템 'KRISTAL-II'를 개발했다. 국내 검색부문의 연구만으론 부족함을 느껴 미국 코넬대학교 셀튼 교수를 찾아가 검색엔진에 관한 연구를 함께했다. **1998년까지 국내외 저명 학회에서 50여 편의 검색관련 논문을 발표했고 이후 상업적 서비스를 위한 검색엔진을 개발했다.**

1999년 자연어 검색 기술을 탑재한 지능형 정보검색 시스템을 완성해 엠파스에 독점적으로 제공하게 된다. 당시 국내 포털시장은 야후의 독점 체제로 구축되었는데 엠파스의 문장 검색 기술은 큰 위협으로 작용했다. 이준호가 네이버컴으로부터 지원받아 설립한 서치 솔루션은 통합검색 서비스 기술을 개발해 자체 검색 기술이 없었던 네이버컴에 독점적으로 제공했다. 네이버는 이 기술을 활용해 야후, 다음, 라이코스코리아, 엠파스를 제치고 포털업계 1위로 올라설 수 있었다는 평가를 받는다.

[NHN]

NHN은 2013년 8월 설립된 대한민국의 기업이다. 한게임과 네이버가 합병해 설립된 구 NHN㈜이 2013년 8월 네이버주식회사와 NHN엔터테인먼트로 분할되어 독립법인 형태로 운영되어 오다, **2019년 4월 1일부로 NHN엔터테인먼트가 다시 NHN으로 사명을 변경하였다.**

전신인 한게임 커뮤니케이션은 대한민국에 인터넷이 보급되던 시기인 1999년 김범수와 김범수가 다니던 직장인 삼성 SDS의 동료 및 주위 지인들과 함께, 한양대학교앞 PC방에서 운영과 개발을 시작하여 1999년 12월 1일 정식 서비스를 시작하게 되었다. 이후 국내의 인터넷 포탈들과 전략적 제휴를 맺어 발전하였다. **2000년 6월 네이버컴(현 네이버 주식회사)과 합병을 하여 NHN 주식회사를 설립하게 된다.** 이후 12년간 합병상태를 유지해 오다 2013년 8월 1일 법적으로 기업분할을 하였으며 2013년 8월 29일 KOSPI에 상장되었다. 2015년 8월 1일에는 '사는게 니나노'라는 캐치프라이즈의 간편결제 서비스인 페이코(PAYCO)를 출시하였다.

2018년 매출은 1조 2,821억원이다.

NHN은 IT 운영 노하우, 기술력, 서비스 운영 경험을 기반으로 게임, 웹툰, 음악, 광고, 커머스, 핀테크, 클라우드 등 다양한 분야에서의 서비스를 제공하고 있다. NHN의 CI는 N과 N을 연결하는 하이픈을 통해 즐거움으로 연결된 모든 가치와 시대와 공간, 세대를 이어주는 CONNECT의 의미를 담고 있다.

2019년 3월 29일 제6회 정기주주총회에서 정관 개정 변경을 통해 4월 1일부로 사명 변경을 'NHN(엔에이치엔)'으로 변경하고 IT기술기업으로 도약하겠다는 목표를 밝혔다.

이준호 명언

♣ 구글보다 네이버 검색이 뒤진다고 생각하지 않는다.
♣ 입력된 검색어를 통해 질문자의 의도를 파악하고 실제 자료들과 비교해 가장 정확도 높은 증거를 뽑아내는 게 검색이론의 핵심이다.
♣ 사람이 들으면 쉽게 이해할 말을 컴퓨터가 알아듣게 설계하는 게 제일 어려웠다.

마윈馬雲, Jack Ma

• 알리바바 회장 • 중국 • 1964년생

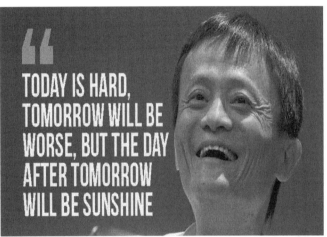

[출생] 1964년 9월 10일
중화인민공화국, 저장 성, 항저우 시

[거주지] 저장 성, 항저우 시
[학력]
~ 1988 항주사범대학, 영어과 (영문학 학사)
[소속] 알리바바그룹 (회장)
[경력사항]
2013 ~ 알리바바그룹 회장
1999 ~ 2013 알리바바그룹 회장, 최고경영자(CEO)
1999 알리바바그룹 설립

[요약]
잭 마는 알리바바 그룹의 창시자 겸 회장이다. 본명은 마윈(馬雲)이다.

2014년 12월에 마윈의 자산은 283억 달러(약 31조 1,498억 원)로 아시아 최대 자산가가 되었다. 2018년 마윈의 재산은 한화로 약 36조 36,40억 원이며, 중국에서 3번째 부자였다. **2019년에는 약 42조원(373억 달러)로 중국 2위, 세계 21위 부자이다.**

[생애 및 사업]

1964년 중국 저장 성 항저우 시에 태어났다. 알리바바 그룹의 수장, 마윈, 알리바바 성장의 중심에는 마윈 회장이 있다. 키 162㎝, 몸무게 45㎏이라는 왜소한 체격 탓에 마윈 회장에게는 '작은 거인'이라는 수식어가 따라붙곤 한다. 마윈은 거듭된 실패 속에서도 좌절하지 않고 끊임없이 도전한 전형적인 자수성가형 대표다. 다양한 강연을 통해 청년들에게 끊임없이 꿈과 야망을 가지라는 말을 던지기도 했다. 가난한 집에서 태어나 공부도 잘 못했던 마윈은 영어공부만은 놓치지 않았다. 영어를 배우고 싶은 열망에 매일 아침 자전거를 타고 호텔에 가서 외국인들과 영어로 대화를 했다. 1988년 항저우사범대학을 졸업하고 영어교사 생활을 했다.

마윈은 20여년 전만해도 월급 89위안(1만 5천원)으로 시작했던 그런 가난한 대학 영어강사였던 것이다. 입대도 거부당하고, 경찰모집에서 떨어졌으며, KFC와 호텔 입사 시험에도 모두 실패한, 그럼에도 불구하고 집에서 45분이나 자전거를 타고 가 호텔의 외국인 고객에게 무료로 여행 가이드를 해주던 꿈 많은 청년이었다. 마윈은 1992년 하이보라는 통역회사를 차려 창업에 나섰다. **1992년 31살 나이에 중국 최초의 인터넷 기업으로 평가받는 통역회사 하이보를 차리며 기업경영에 뛰어들었다.** 하지만 영어 실력만 있고, 경영 경험이 부족했던지라 무리한 사무실 운영과 회계직원의 횡령 등으로 쓴맛을 봤다. **이후 마윈은 미국에서 인터넷을 접하고 인터넷 불모지인 중국에서 1995년 인터넷 관련 기업을 창업했다.** 하지만 이마저도 실패로 돌아간다. 거듭된 실패에도 불구하고 마윈은 다시 도전했다. **1999년 3월 항저우에서 알리바바를 설립해서, B2B 사이트인 알리바바닷컴을 개설했다.** 알리바바란 회사를 차리고도 위기는 계속 찾아왔다. 마윈은 알리바바를 글로벌 기업으로 성장시키고 싶은 꿈이 있었다. 이를 위해서 미국에서 투자 유치를 받기 위해 40여 곳의 회사를 찾아갔지만, 모두 고배를 마셔야만 했다. 시련은 알리바바에게 자양분이 됐다. 알리바바는 2014년 상장 후 구글, 애플, 마이크로소프트를 잇는 IT 업계 4위 기업이 됐다. 이후 투자와 온라인 시스템 변화, 인터넷 시대가 열리면서 지금의 자리에 서게 됐다. 5조원 규모의 중국판 유튜브로 불리는 중국 최대 동영상 포털 '여우쿠투더우'를 인수하며 중국 1위 미디어 그룹 자리도 넘보고 있다. 알리바바의 성장은 끝나지 않았다. 2015년 4월 4일 중국 저장성 항저우의 항저우사범대학에 1억 위안(약 180억 원)을 기부했다.

[알리바바 마윈 회장: "사물 인터넷과 블록체인에 주목한다."]

"기술은 잘 모른다. 그러나 기술을 존중한다."는 마윈 알리바바 회장은 "**향후 30년동안 스마트 기술은 생활 곳곳에 침투하게 될 것**"이라고 전망했다. 마윈은 "**미래에는 우리(알리바바) 같은 인터넷 회사의 천하가 아니라 인터넷과 스마트 기술을 모두 잘 다루는 회사들의 세상이 될 것**"이라고 했다. 신소매, 신제조 뿐 아니라 실물경제와 가상경제가 융합된 새로운 영역이 나타나고 있다는 점은 전통 기업들에게 큰 도전이 되고 있다고 했다.

마 회장은 "어떤 이들은 제조업이 없으면 전자상거래도 존재할 수 없다고 말하지만 전자상거래가 없다면 이렇게 말하는 사람들의 주식은 형편없이 떨어질 것"이라고도 말했다. **마윈은 가장 눈여겨보고 미래 산업 분야로 사물인터넷(IoT)와 블록체인을 꼽았다.** 이 두 가지 기술이 인터넷 자체를 변화시키고 있다고 말했다. 그러면서도 사물인터넷 기술에 대한 아쉬움도 드러냈다. 마윈은 **"현재 IoT는 진정한 의미에서의 IoT가 아니며 스마트폰 어플리케이션 사업자들의 마케팅 수단으로 이용되고 있다."**며 "블록체인 기술 역시 비트코인과 동의어가 아니다."고 선을 그었다.

[알리바바]

창립: 1999년 4월 4일
창립자: 마윈
본사: 중화인민공화국, 항저우 시
제품 및 서비스: 온라인 쇼핑
매출액: 약400억 달러 (한화 약 45조원) (2018년)
직원: 101,958명 (2019년)

알리바바가 홍콩 증시 상장을 위한 2019년 6월 기업공개(IPO)를 신청했다. 최대 200억 달러(약 23조 6,600억원)의 모금이 가능할 것이란 전망이며, 알리바바 상장은 (홍콩 증시에서) 2010년 이후 최대 규모가 된다.

마윈 명언

♣ 오늘은 어렵고 내일은 더 나쁠 수도 있지만, 모레는 맑은 날이 될 수 있다.
♣ '너는 도대체 **무엇을 갖고 있는가?' '무엇을 원하는가?' '무엇을 버릴** 것인가?'
♣ **무수한 실패**가 없었다면 오늘의 알리바바에 이르지 못했을 것이다.
　모든 큰 나무 밑에는 거대한 영양분이 있다.
　많은 사람의 실패와 잘못에서 영양이 만들어진다. MBA와 실제 상인 간에는 차이가 있다.
　MBA 출신은 창업하기도 어렵고, 창업해도 성공하기 어렵다.
　왜냐하면 MBA는 어떻게 해야 성공하느냐 만을 가르치기 때문이다.
　창업이후 내가 얻은 최고의 지혜 중 하나는 다른 사람이 어떻게 실패하는지를 끊임없이 사고한다는 것이다.
♣ 기업가나 상인이 되는 것은 어렵다. 싸우는 것과 비슷하다. **살아남는 게 성공**이다.
　전쟁터에서 살아 돌아오는 게 성공이다.
　생존한 5%가 되려면 95%가 저지르는 실수에서 반드시 배워야한다."
♣ 사장은 미래에 대한 생각과 자기의 강점에 대한 생각에 매우 많은 시간을 보내야 한다.
　오늘 일만 생각하면 성공할 수 없다. 지금처럼 상장에 성공하고 시가총액이 큰 기업을 일군 것은 15년 전의 생각 덕분이다.
♣ 자신의 회사가 신의 회사라는 생각, 모든 걸 이해하고 있다는 생각,
　모든 걸 할 수 있다는 생각을 하는 순간 고난이 온다. **자기의 한계를 알아야** 한다.
♣ 알리바바는 전자상거래 회사가 아니다. 타인이 전자상거래를 할 수 있도록 도와주는 회사다. **전자상거래 기초시설을 제공하는 업체**인 셈이다.

♣ 20세기엔 IT 기술을 잘 활용하면 됐다. 금세기엔 **데이터기술을 잘 활용해야** 한다.

데이터 기술의 핵심은 인터넷이다. 여기엔 이타주의가 있다. 상대가 나보다 더 능력이 있다고, 더 중요하다고, 더 총명하다고 믿어야 한다. 데이터 기술 시대에는 다른 사람이 강해질수록 당신도 비로소 강해진다.

♣ 데이터기술 시대에 매우 **중요한 것은 체험**이다.

고객이 원하는 건 서비스가 아니고 체험이다. 음식점에 20여명의 여성 종업원이 문 앞에서 '안녕하세요'라고 인사하는 것이 좋은 서비스인가?

고객이 원하는 건 유쾌한 식사 체험이다.

♣ 체험시대에는 **여성**이 남성보다 더 대단하다.

남편과 아이를 생각한 뒤 자신을 돌보는 것처럼 남을 더 생각하기 때문이다.

남자는, 자기중심적이다. 알리바바는 세계 IT기업 중 여성이 가장 많은 기업 중 하나다.

직원의 46%가 여성이다. 원래는 49-50%였다. 그런데 남성이 많은 회사를 합병하다 보니 여성비율이 줄었다. 경영층의 23%가 여성이고, 우리는 여성을 여성이 아닌 사람으로 본다.

♣ 많은 젊은이가 저녁에 수많은 길을 생각하다가도 아침이 되면 가던 길로 갑니다.

창업은 당신의 훌륭한 이상과 생각에 달려 있지 않고, 대가를 지불할 의사가 있는지에 달려있습니다.

"그것이 옳다고 증명될 때까지 전심전력을 다 해 행동하세요."

♣ 믿음이 있다면 젊다는 것이고, 의혹이 있으면 늙었다는 것이다.

자신이 있으면 젊다는 것이고, 두려움이 있다는 것은 늙었다는 것이다.

희망이 있다는 것은 젊다는 뜻이고, 절망이 있다는 것은 늙었다는 것이다.

세월은 당신의 피부를 주름지게 하는 것에 불과하지만, 열정을 잃으면 영혼이 늙은 것이다.

♣ 알리바바의 고객이 돈을 벌지 못한다면, 알리바바도 돈을 벌 수 없습니다.

♣ GE, 제너럴 일렉트릭은 100년 전에 전구를 만들었다.

그들의 사명은 '세상을 밝게 만드는 것'이었다. 이것이 GE를 전 세계 최대의 전기회사로 만들었다.

디즈니랜드의 사명은 모든 사람들을 즐겁게 만드는 것이다.

이러한 사명을 지닌 디즈니는 언제나 즐거운 영화를 만든다.

알리바바의 사명은 세상에서 어렵게 거래하는 사람이 없도록 하는 것이다.

♣ 내가 보기에 세상에는 세 종류의 비즈니스맨이 있다. '장사꾼'은 돈만 번다.

'상인'은 해도 괜찮은 사업과 하지 말아야 할 사업을 구별한다.

'기업가'는 사회에 책임을 진다. 기업가는 사회를 위해 환경을 조성해야 한다.

기업가는 창조적인 정신이 있어야 한다. 80년대에는 용기로 돈을 벌었고 90년대에는 관계에 의존했다. 지금은 지식과 능력에 의존해야 한다.

♣ 사람들이 각자 취향에 맞는 책을 고르는 것처럼 나는 사업도 가장 즐거울 수 있는 일을 찾아서 했습니다. 가장 쉬운 일이나 사람들이 좋아하는 일을 찾아서 하고, 가장 중요하고 힘든 일은 다른 사람에게 남겨둡니다.

이건 내 창업의 비결입니다.

베조스Jeffrey Bezos

● 사장 ● 아마존 창업자 ● 미국 ● 1964년생

[출생] 1964년 1월 12일, 미국
[출생지] 미국 뉴멕시코주 앨버커키
[소속] 아마존 (사장)

[학력사항]
~ 1986 프린스턴대학교 전기공학 학사

[경력사항]
2016.07 ~ 미국 국방부 혁신자문위원회 위원
2000 블루 오리진 설립
2000 ~ 아마존 사장
1996 ~ 아마존 사장
1994 ~ 1999 아마존 사장
1994 ~ 아마존 이사회 의장
1994 아마존 설립
~ 1994 디이쇼 수석 부사장
1990 뱅커스 트러스트 부사장

[수상내역]
1999 타임지 올해의 인물

[국적] 미국
[배우자] 매킨지 터틀(1993년 결혼 ~ 2019년 4월 4일 이혼)
[소속] 아마존닷컴
[직위] 사장
[자산] 1,310억불(US$), 한화 약 147조 5,000억원 (2019년 3월, 세계 1위)

제프리 프레스턴 베조스(1964년 1월 12일~)는 미국의 기업가이며 투자자로, 아마존닷컴의 설립자이자 사장이다. 처음에는 인터넷 상거래를 통해 책을 판매하였으며, 이후에 넓고 다양한 상품을 판매하고 있다. 프린스턴 대학교를 졸업하고 1994년에 아마존닷컴을 설립하였다. 1999년 ≪타임≫지의 올해의 인물에 선정되었다. 2000년 블루 오리진사를 설립하고 우주여행선 프로젝트를 진행하고 있다. 2013년 워싱턴포스트를 인수했다. 재산은 2019년 1,310억달러(약 147조 5,000억원)로 2년 연속 세계 최고 부자이다.

[세계 부자 순위 1위]
미국의 대기업 아마존닷컴의 창업자이자 사장이다. 세계 최초로 대기업이 된 전자상거래 기업인 아마존닷컴을 1994년에 창립하였으며 사장으로 재직 중인 인물이다. 2017년 7월 빌 게이츠를 넘어 세계 최고의 부자가 되었다. 제프 베조스는 1964년 1월 12일 미국 뉴멕시코주 엘버커키에서 태어났다. 어머니 재클린 베조스는 17세에 결혼 후 제프 베조스를 낳았다. 생부는 잘 알려져 있지 않으며 생부 역시 재클린과 결혼 시 10대였고 제프 베조스의 생후 18개월 때 재클린 베조스는 제프 베조스의 생부와 이혼했다. 이후 재클린 베조스는 쿠바출신 미겔 베조스와 재혼했다. 미겔은 재클린이 제프 베조스를 임신했을 때 처음 만났으며 제프 베조스가 4살 때 둘이 결혼해서 제프 베조스를 양아들로 삼았다고 한다. 제프 베조스는 방학마다 외할아버지 프레스턴 기스의 목장에서 생활하며 외할아버지의 영향을 강하게 받았는데 어릴 때부터 차고에서 각종 전자제품을 만들거나 실험을 하는데 많은 시간을 보냈다. 제프 베조스는 세 살 때 어른 침대를 사용하겠다며 자신의 아기 침대를 분리해서 어른 침대로 바꾸려고 드라이버를 들었던 일화도 있다. 이후 제프 베조스는 휴스턴의 리버 오크스 초등학교에 입학했는데 그곳에서 메인프레임 컴퓨터를 사용하면서 컴퓨터에 빠지게 된다. 하지만 컴퓨터 사용시간의 대부분을 친구들과 스타트렉 게임을 하면서 보냈다고 한다. 흔한 게임 폐인 한편으로는 초등학생 시절에 자기 방 출입문에 사이렌 경보장치를 달아서 동생들이 들어오면 알람이 켜지게 하는 등 아이디어와 기술에 뛰어난 면모를 보이기도 했다. 제프 베조스의 초등학교 시절 선생님의 평가는 대단히 총명하나 리더의 자질은 없다는 것이었다.
고등학생 시절에는 플로리다 대학에서 주최한 과학교육 프로그램에 참여해서 실버기사상을 수상하기도 했다. 그 이후 제프 베조스는 프린스턴 대학교에 입학해서 이론물리학을 전공했지만 이후 컴퓨터공학과 전기공학에 더 애착을 보여 결국 전공을 전기공학으로 바꾸어 수석 졸업을 했다. 제프 베조스는 대학생 시절 여자한테 별로 인기가 없었다고 한다. 졸업 후 제프 베조스는 유명 대기업인 인텔, AT&T의 벨연구소, 앤더슨컨설팅의 오퍼를 거절하고 무명의 벤쳐기업 피텔에 입사하여 통신 프로토콜 프로그래밍 업무를 수행하였다. 그리고 제프 베조스는 입사 1년 후 기술 및 사업개발담당 부책임자로 승진하였으나 입사 2년 후 퇴사한다. 제프 베조스는 그 이후 뱅커스 트러스트에 컴퓨터 관리자로 입사한다. 제프 베조스는 뱅커스 트러스트 입사 10개월 만에 회사내 최연소 부사장으로 승진하게 된다. 그 이후 제프 베조스는 금융사 쇼(D.E. Shaw)의 펀드매니저로 전직하게 되고 쇼 입사 1년 후 26세의 최연소 부사장, 몇 해 후 수석 부사장이 된다. 그리고 그때 쇼에서 같은 회사 연구원인 매킨지 터틀을 만나 1993년에 결혼을 하게 된다.

1994년 7월 베조스는 회사를 갑자기 그만두고 시애틀로 출발하게 된다. 제프 베조스의 동행은 아내와 인터넷 서점이라는 창업 아이템이었다. 제프 베조스는 친척과 친구들에게 200만 달러의 창업자금을 투자받았는데, 그 중에는 제프 베조스의 아버지인 미겔 베조스의 투자금도 있었다. 제프 베조스는 자신의 아버지 미겔 베조스에게 사업 성공 가능성을 30%라고 이야기한 후 아마존닷컴의 주식 58만 2,528주를 팔아 10만 달러 상당의 자금을 확보했다고 한다. 그 이후 1995년 7월, 제프 베조스는 시애틀 자신의 집 창고에서 3대의 워크스테이션을 가지고 아마존닷컴을 창업했다. 그리고 마침내 1995년 7월 16일에 사업을 개시한 아마존닷컴은 창업 일주일 만에 미국 전역과 전세계 45개 도시에 서적을 판매하기 시작했고 1996년 5월에는 월스트리트지가 Amazon.com을 일면에 대서특필하기도 했다. 물품 없이 온라인 카탈로그만 존재하는 순수 전자상거래 업체로 출발한 아마존닷컴은 1997년 5월 주당 18달러에 상장됐고 이후 주당 100달러까지 상승하게 된다. 하지만 그렇게 잘 나가던 것도 잠시, 리먼 브라더스는 아마존닷컴이 일 년 내에 파산할 것이라는 보고서를 발표하게 된다. 이 보고서 발표 후 아마존닷컴은 1주일 만에 주가가 19%나 급락하게 된다. 게다가 뒤이은 2001년 초 닷컴 버블 붕괴의 파장으로 자금 경색이 심화된 아마존닷컴은 최고 100달러였던 주가가 2002년에는 6달러로 추락할 정도의 경영 위기를 겪게 된다. 결국 **아마존닷컴은 2001년 직원 1,300명을 해고한 후 사업 다각화를 실시하게 되는데 우리가 아는 종합쇼핑몰로서의 아마존닷컴이 바로 이 때 탄생한 것이다.** 이렇게 **닷컴 버블 붕괴와 경영 위기를 종합쇼핑몰 변신이라는 사업 다각화를 통해 타개한 제프 베조스는 이후 이북 단말기 킨들 시리즈와 킨들 파이어, 그리고 파이어 폰 등의 제품과 클라우드 컴퓨팅 서비스를 계속해서 내놓으며 공격적으로 사업 확장을 하는 경영 전략을 구사하고 있다.** 2018년 7월 베조스의 재산은 1,420억불(US$), 한화로는 약 159조원으로 세계 1위 부자였으며, **2019년 3월에도 1,310억달러(약 147조 5,000억원)로 2년 연속 세계 최고 부자 자리를 차지했다.**

그런데, 2019년 4월 아마존 CEO '제프 베조스'와 부인 '매켄지 베조스'가 아마존 지분 분할 등 이혼 조건에 합의해서, 베조스는 자신이 보유한 아마존 지분 중 25%를 매켄지에게 넘기고, 매켄지는 자신이 보유한 지분 의결권은 베조스에게 남겼다. 매켄지는 워싱턴포스트와 우주선 개발업체 '블루 오리진'에 대한 자신의 권리는 모두 베조스에게 넘기기로 했다. **이혼전의 부인이었던 매켄지는 이번 합의로 아마존 전체 지분 중 4%를 보유하게 되며, 매켄지 보유 아마존 지분 가치는 356억달러(약 41조 5,000억원)이다.**

[아마존]
창립: 1994년 7월 5일, 미국, 워싱턴주, 밸레뷰
창립자: 제프 베조스
본사: 미국, 워싱턴주 시애틀
제품 및 서비스: 전자상거래, 클라우드 컴퓨팅 등

매출액: 2,329억불 (한화 약 263조원) (2018년)
직원수: 647,500명 (2018년)

아마존 주식회사(Amazon.com, Inc.)는 미국의 워싱턴주 시애틀에 본사가 있으며, 전자상거래, 클라우드 컴퓨팅, 인공지능(AI)에 역점을 두고 사업을 하는 회사이다. 1994년 7월에 제프 베조스가 설립하였고, 이듬해 1995년 7월에 아마존닷컴은 온라인 서점으로 시작하였지만 1997년부터 VHS, DVD, 음악 CD, MP3, 컴퓨터 소프트웨어, 비디오 게임, 전자 제품, 옷, 가구, 음식, 장난감 등으로 제품 라인을 다양화하였다. 또한 전자책 단말기 킨들과 킨들 파이어 태블릿 컴퓨터를 제작하며(킨들 제품군은 아마존의 자회사 랩126에서 개발), 클라우드 컴퓨팅 서비스를 제공하고 있다. **아마존은 이미 인공지능 기업으로도 자리잡았다.** 오래 전부터 소비자 맞춤형 상품 추천 서비스를 제공해왔으며, 로보틱스나 드론 기반 무인 배달 서비스 등을 실험하기도 했다. 음성인식 비서 서비스 알렉사 역시 인공지능 기반이며, 무인 매장인 아마존 고 역시 각종 센서와 카메라 등으로 수집한 정보를 인공지능으로 처리해 구현했다. AWS는 이러한 역량을 기반으로 기업이 인공지능 서비스를 더 쉽게 구축할 수 있도록 솔루션 및 전문가의 지원을 제공하고 있다. AWS는 연 300억 달러 규모로 성장했고, 2019년 4월 'AWS 서밋 2019'가 서울 코엑스에서 열렸다. AWS는 100여개 이상의 전문적인 퍼블릭 클라우드 서비스를 제공하고 있으며, 각 분야별 전문 서비스 제공을 위해 파트너십을 강화하고 있다.

베조스 명언

♣ 도움이 안 되는 사람들과 시간을 보내기에는 인생이 너무 짧다.

♣ 모든 **비즈니스는 항상 젊어야** 한다. 만약 당신의 소비자층이 늙어간다면, 당신의 회사는 유명했으나 지금은 망한 백화점인 울워스(Woolworth's)처럼 될 것이다.

♣ 두 가지 종류의 회사가 있다. 소비자에게 물건 값을 최고로 많이 받으려는 회사와 값을 최소로 받으려는 회사. 우리는 **최소로 받으려는 회사**가 되려고 한다.

♣ 당신의 회사가 답을 알고 있는 비즈니스만 한다면, 당신 회사는 오래가지 못한다.

♣ 아마존에서는 그동안 3가지 아이디어만 가지고 일했다. 성공으로 이끈 이유 3가지이다.
  1) 소비자를 항상 먼저 생각해라. 2) 새로운 것을 만들어 내라. 3) 인내심을 가져라.

♣ 모든 비즈니스 계획은 실제상황에서 바뀌게 된다.
  실제상황은 계획하고는 항상 다르게 진행된다.

♣ 아마존이 혁신하는 방법은 **소비자 중심으로 생각**을 시작하는 것이다.
  이게 아마존이 **혁신하는 방법의 기준**이다.

♣ 일반 회사들은 매일 어떻게 경쟁회사보다 앞지를 수 있을까 고민하지만, 우리 회사는 **어떻게 소비자에게 도움이 될 수 있는 혁신을 만드는가**를 고민한다.

♣ 비판받기 싫으면 새로운 것을 안 하면 된다.

♣ 다른 회사들이 무엇을 하는지 **시장조사를 해야** 한다. 세상과 동떨어져 있으면 안 된다.
  그리고 **영감을 받아서, 당신만의 유일한 색깔을 만들어라.**

안철수 安哲秀, Ahn Cheol-soo

• 기업인 • 정치인 • 한국 • 1962년생

[출생] 1962년 2월 26일, 대한민국 경상남도 밀양군 밀양읍 내일리
(현 경상남도 밀양시 내일동)
[거주지] 대한민국 서울특별시 노원구 상계동
[국적] 대한민국
[소속] 바른미래당
[가족] 배우자 김미경, 아버지 안영모

[학력사항]
~ 2008 펜실베이니아대학교 와튼스쿨 경영학 석사
~ 1997 펜실베이니아대학교 대학원 공학 석사
~ 1991 서울대학교 대학원 의학 박사
~ 1988 서울대학교 의과대학원 의학 석사
~ 1986 서울대학교 의학 학사

[경력사항]

2018년 9월 ~ 독일 막스플랑크 혁신과경쟁연구소 방문연구원

2018년 3월 ~ 2018년 6월 바른미래당 인재영입위원장

2017년 8월 ~ 2018년 2월 국민의당 당대표

2017년 4월 ~ 2017년 5월 국민의당 제19대 대통령 선거 후보

2016년 5월 ~ 2017년 4월 제20대 국회의원 (서울 노원구병/국민의당)

2016년 2월 ~ 2016년 6월 국민의당 공동대표

2015.12 ~ 2016.02 제19대 국회의원 (서울 노원구병/무소속)

2015.07 새정치민주연합 국민정보지키기위원회 위원장

2014.08 새정치민주연합 상임고문

2014.03 ~ 2014.07 새정치민주연합 공동대표

2014.03 ~ 제19대 국회의원 (서울 노원구 병/새정치민주연합)

2013.04 ~ 2014.03 제19대 국회의원 (서울 노원구 병/무소속)

2012.07 ~ 제19대 국회 보건복지위원회 위원

2011.06 ~ 2012.09 서울대학교 융합과학기술대학원 원장

2011.06 ~ 2012.09 서울대학교 융합과학기술대학원 디지털정보융합학과 교수

2011.05 ~ 2012.09 포항공과대학교 이사

2008.09 ~ 2012.09 아름다운재단 이사

2008.05 ~ 2011.05 KAIST 기술경영전문대학원 석좌교수

2005.03 ~ 2012.09 안랩 이사회의장

2005.02 ~ 2011.02 POSCO 사외이사, 이사회의장

1995.02 ~ 2005.03 안철수연구소 창립, 대표이사

1991.02 ~ 1994.04 해군 군의관

1990.03 ~ 1991.02 단국대학교 의과대학 의예과 학과장

1990.01 ~ 1990.01 일본 규슈대학교 의학부 방문연구원

1989.10 ~ 1991.02 단국대학교 의과대학 전임강사

1986.03 ~ 1989.09 서울대학교 의과대학 조교

2018년 9월 ~ 독일 막스플랑크 혁신과경쟁연구소 방문연구원

2018년 3월 ~ 2018년 6월 바른미래당 인재영입위원장

2017년 8월 ~ 2018년 2월 국민의당 당대표

2017년 4월 ~ 2017년 5월 국민의당 제19대 대통령 선거 후보

2016년 6월 ~ 2017년 4월 국민의당 서울 노원구 병 지역위원장

[수상내역]

2015 제17회 백봉 라용균 선생 기념사업회 백봉신사상

2015 제3회 국회의원 아름다운 말 선플상

2015 일치를 위한 정치포럼 제5회 국회를 빛낸 바른 언어상 상임위 모범상

2014 제16회 백봉 라용균 선생 기념사업회 백봉신사상

2013 제15회 백봉 라용균 선생 기념사업회 백봉신사상

2011 대전광역시 명예 시민패

2010 세종문화상 사회봉사부문

2009 제1회 대한민국 브랜드 이미지 어워드 교육부문

2003 제1회 한국윤리경영대상 투명경영부문 대상

2002 동탑산업훈장

2002 제1회 대한민국SW사업자대상 경영부문 최우수상

2001 자랑스러운 서울대인상

2001 제2차 아시아 유럽 젊은 기업인 포럼 젊은 기업가상

2000 제14회 인촌상

2000 제4회 한국공학기술상 젊은 공학인상

1996 청와대 자랑스러운 신한국인상

1990 한국컴퓨터기자클럽 올해의 인물상

[종교] 무종교
[본관] 순흥
[부모] 아버지 안영모, 어머니 박귀남
[형제] 2남 1녀 중 장남
[배우자] 김미경
[자녀] 딸 안설희

[군복무]
해군대위 전역

[생애]
[학창 시절]
안철수는 1962년 2월 26일에 경상남도 밀양에서 2남 1녀 중 장남으로 태어났다. 이후 부산에서 학창 시절을 보냈다. 학창 시절에 60명 중 30등을 할 정도로 평범했으며 특별히 잘 하는 것이 있는 학생은 아니었다. 하지만 독서를 매우 좋아했다. 부산동성국민학교 재학 시절 학교 도서관의 책을 매일 몇 권씩 읽어 결국 도서관에 있는 책은 거의 다 읽게 됐다. 도서관 사서는 매일 몇 권씩 대출과 반납을 하는 안철수가 장난친다고 생각해서 책 대출을 거부할 정도였다. 안철수는 **"당시 책의 페이지 수, 발행 년 월 일, 저자까지 모두 다 읽고, 바닥에 종이가 떨어져 있으면 그것마저도 읽어야 직성이 풀리는 활자 중독증이었던 것 같다."**라고 회고했다.

그러나 수업 교과서는 별로 좋아하지 않았고 과학책이나 소설책을 좋아해 주로 읽었는데 책을 좋아했던 탓인지 사춘기도 없었다고 한다. 안철수가 태어난 밀양시 내일동 142번지는 갈비집이 위치하고 있다. 중간 정도의 성적을 유지하다가 고등학교 3학년 때 본격적으로 공부를 하기 시작하면서 1등을 차지하고 1980년에 서울대 의대에 입학했다. 그러나 공부를 잘 하는 학생들이 많은 의대에서 다른

학생들과 경쟁하면서 스트레스를 받기도 했다. 3학년 재학 중이던 1982년 가을에 처음으로 컴퓨터를 접하면서 이후 컴퓨터에 흥미를 갖게 되었다.

[의사 생활과 백신 개발]

1986년 서울대학교 의과대학을 졸업했고, 이후 서울대학교 대학원 의학과 생리학 교실에서 기초의학을 전공했다. 1988년 ≪동방 결절 내에서의 흥분 전도에 미치는 Adrenaline, Acetylcholine, Ca++ 및 K+의 영향≫이라는 논문으로 석사 학위를, 1991년 ≪토끼 단일 심방근 세포에서 Bay K 8644와 Acetylcholine에 의한 Ca2+ 전류의 조절기전≫이라는 논문으로 동 대학원에서 박사 학위를 취득하였다. 의대 대학원에서 심장 부정맥을 연구하는 '심장 전기 생리학' 박사과정을 밟고 있을 때 처음으로 컴퓨터 바이러스를 발견했다. 그가 컴퓨터를 공부한 이유는 의사로서 전공 실험을 더 잘하고 특기를 쌓기 위해서였다. 그러던 중 컴퓨터 잡지에서 컴퓨터 바이러스가 한국에 나왔다는 기사를 보고 자신의 컴퓨터와 50장 가량의 디스켓을 검사해보니 3장의 디스켓이 바이러스에 감염되어 있었다. 프로그램의 세부 데이터를 확인할 수 있는 프로그램을 통해 확인해보니 프로그램에 누군가 (c)Brain이라고 써놓은 것이었다. 그 바이러스는 최초로 파키스탄에서 나온 것이었다. 어떤 형제 둘이 컴퓨터 가게를 차려 자기들이 만든 프로그램을 팔아 가게를 운영하려 했는데 하나만 팔아도 불법 복제가 되어 가게가 망하자 이 형제들이 화가 나서 불법 복제를 한 사람들에게 복수를 하기 위해 바이러스를 만든 것이었다. 이것이 바이러스의 시작이었다.

이 바이러스의 원본에는 만든 사람의 이름, 주소, 집 전화까지 모두 표시되어 있었으나 국내에 유입된 바이러스에는 그 부분이 누군가에 의해 지워져 있었다. 이 바이러스는 한국까지 오는데 3년이 걸렸다. 그 당시엔 인터넷도 없었기 때문에 손에서 손으로 파키스탄에서 미국을 거쳐 한국으로 들어온 것으로 추정된다. 이 바이러스 때문에 디스켓이 파괴되는 일이 많았으나 당시 사람들은 바이러스에 대한 개념조차 없었기 때문에 누구도 원인을 알지 못했다. 그래서 "전철을 타면 디스켓이 깨진다.", "바이러스가 사람에게 옮긴다."는 등의 괴소문이 퍼지기도 했다.

안철수는 전공실험을 위해 열심히 배워두었던 컴퓨터 언어 공부를 막 끝낸 참이어서 절묘한 시기에 바이러스를 만난 것이었다. 그러던 중 후배가 안철수에게 찾아와 바이러스를 치료할 방법을 묻자 안철수는 바이러스를 치료할 수 있는 방법을 알려주었으나 후배가 이해하지 못하자 본인 자신이 직접 백신 프로그램을 만들게 되는데 밤을 세워 분석한 끝에 1988년 6월 10일 바이러스가 감염된 과정을 반대로 하면 치료할 수 있겠다 생각하여 '백신'(Vaccine)이란 이름의 안티바이러스 프로그램을 만들어 치료에 성공했다. 이것이 V3 최초 버전인 V1이다.

처음으로 문서화된 컴퓨터 바이러스 제거 프로그램은 1987년에 발표된 번트 픽스(Bernd Fix)인 것으로 알려져 있으나, 안철수는 "세계 최초 컴퓨터 바이러스 백신인 V1을 만들게 되었다"고 밝혔고 "미국의 백신 대기업들도 V1보다 1년 늦게 만든 것들이었다."라고 말했다. 바이러스 치료가 된다는 소식을 들은 많은 사람들은 안철수에게 도움을 요청해오기도 했다. 그 뒤로 바이러스가 나올 때마다 혼자서 만든 백신을 무료로 배포했다. 이후 당시 악명을 떨친 LBC, 예루살렘 바러이스 등을 치료하는 기능이 추가된 'V2', 'V2Plus' 등을 차례로 발표하면서 지속적으로 업데이트를 하였다. 특히, V2Plus는 모기업이 디스켓으로 제작하여 무상으로 컴퓨상터가 등지에 대량 배포됐고 당시 상인들로부터 많은 인기를 누렸다.

그렇게 낮에는 의사, 밤에는 백신 제작자로 7년간 이중생활을 했으며"다른 사람들에게 받은 만큼 나도 역할을 해야겠다는 생각을 가졌다."고 회고했다. 하지만 의사 생활과 백신 제작을 모두 하기엔 시간이 부족했다. 그래서 매일 새벽 3시에 일어나 6시까지 백신 제작을 하고, 의대에 가서는 박사 과정으로 생활했다. 당시 한국에는 안철수를 제외하고 바이러스 백신을 만들 사람이 한 명도 없었는 데 돈벌이가 되지 않았기 때문이었다.

안철수는 2009년 6월 문화방송의 예능 프로그램 무릎팍도사에 출연해 자신이 군대에 갈 무렵 미켈란젤로 바이러스가 극성을 부렸는데, 이에 대한 백신을 만들어 두지 않으면 3개월 동안 피해가 확산될 것을 우려했다고 말하며, "V3 최초 버전을 군대가는 날 1991년 2월 6일에 만들어서 PC통신으로 전송하고, 입대를 했다. 내무반에서 다른 사람들이 입대 전날 가족들과 헤어진 얘기를 했는데 가만히 생각해 보니 가족들한테 군대 간다는 말을 안하고 나왔다"고 말했다. 미켈란젤로 바이러스는 치료하였으나 그 바이러스를 만든 범인은 끝내 잡지 못했는데 당시엔 자기 이름을 과시하기 위해 장난으로 바이러스를 만드는 경우가 많았다. 일부는 취직하기 위해 일부러 바이러스에 허점을 만들어놓아 검거된 후 회사에 스카웃되기도 했다. 안철수는 이후 해군 군의관(대위)으로 복무하다가 전역했다. 대학생 때 만난 부인은 1년 후배로 대학 시절 캠퍼스 커플이었다. 처음에는 봉사 진료를 하다가 우연히 만났는데 같이 도서관에서 자리 잡아주는 사이로 지냈고 쉬는 시간에 커피도 마시면서 사랑을 키웠다. 안철수는 "당시에는 몰랐으나 나중에 알고 보니 의과 대학교에서 굉장히 유명한 커플이 되어 있었다"고 회고했다. 두 사람은 다른 사람들을 전혀 신경쓰지 않고 함께 대학 생활을 했고 당시 궁핍한 학생이었던 안철수는 아무것도 없이 같이 살자며 프로포즈를 했다. 생각과 가치관도 비슷했고, 같은 공부에 같은 의료봉사 동아리에서 활동하였기 때문에 서로에 대해 많은 것을 알게 됐다.

[벤처기업 CEO 생활]
의사생활과 백신개발을 하는 생활을 7년 정도 했는데 둘 중에 하나는 포기해야 하는 상황이 왔다. **컴퓨터 바이러스는 매년 2배씩 증가해 혼자서 해결할 수 없는 지경에 이르렀다.** 게다가 의대 교수로 재직하려면 지도 학생을 받아야 하는데 지도 교수가 학생 몰래 다른 일을 하게 된다면 학생은 불행한 것이라 생각하였고, 반년간의 고민 끝에 의사 생활을 포기하고 더 재미있고 잘할 수 있는 백신 제작에 모든 것을 걸게 된다.

그러나 돈벌이는 안된다는 것을 알고 있었기 때문에 7년 동안 모아놓은 모든 백신 자료들을 가지고 비영리 공익 법인을 만들어 무료로 배포하려고 정부 부처를 다니며 관계자들을 설득하였으나 모두 거절당했다. 특히 삼성 소프트웨어 관련에도 찾아가 삼성 로고를 달고 배포한다고 약간의 돈과 인력을 지원해달라고 하였으나 거절당하였다. 그러던 중 소프트웨어 업체 관계자가 찾아와 기업을 만들라는 조언을 해왔고 안철수는 그 의견에 동의하여 1995년 3월 15일 창업을 하게 되는데 이것이 안철수연구소이다.

기업을 만들더라도 백신을 개인에겐 무료로 보급하고, 기업들에만 사용료를 받아 기업을 운영해야겠다는 생각을 굳게 가졌으며, 개인적 사용자들에 한해서 1989년부터 도스용 백신 소프트웨어인 V3+ 네오라는 백신을 무료로 제공하였다. 이후 V3+ 네오는 시그니처 수의 증가로 인해 당시 가장 보편적인 저장매체인 3.5인치 디스켓 2장이 필요하는 등 실제 이용이 매우 어렵고 제한되게 되었다. 결국 한동안 무료백신에 크게 신경을 쓰지 않던 안연구소는 알약 등의 경쟁 무료 제품의 확산을 막기 위해 빛자루 제품을 유료에서 무료로 바꾸고 V3 라이트라는 무료 제품을 연이어 출시한다. V3+ 네오는 V3 라이트 출시 이후 단종되었다. 안철수는 사업에 대해서 잘 모르는 상태에서 시작했기 때문에 처음 4년간은 많은 고생을 했다. 당시 안철수연구소의 월급날은 매월 25일이었는데 월초부터 직원들의 월급 걱정을 해야 하는 지경이었고 자신이 월급을 받지 않고 직원들의 월급을 줄 때도 있었다.

회사를 세우고 몇 개월 지난 뒤 미국으로 유학을 떠나 1995년부터 1997년까지 미국 펜실베이니아 대학교에서 공학 석사 과정을 공부하였다. 안철수가 미국 유학 중 1997년 미국의 거대 백신업체 맥아피에게 1,000만 달러에 인수 제의가 들어왔다. 당시 안철수는 미국의 실리콘밸리에 갔다. 보통 재벌그룹 회장 정도가 되면 직접 발표를 하는 경우는 거의 없는데 당시 인수에 의욕을 가졌던 맥아피 회장은 안철수 앞에서 직접 발표를 하며 인수를 제안했으나 단번에 거절했다. 그러자 회장은 이전에 자신에게 회사를 매각했던 일본인 대표에게 전화를 걸어 통화를 시켜줬다. 일본 대표는 "당시 회사가 적자나서 힘들었으나 많은 돈을 받고 회사를 팔고난 후 걱정도 없이 잘 지낸다."라며 안철수에게 회사를 팔라고 설득했으나 안철수는 끝내 거절했다. 당시 맥아피는 전 세계적으로 사업을 확장하고 있었는데 당시 안철수연구소 때문에 한국에 진출하지 못했기 때문에 이를 인수한 후 안철수연구소를 폐기하고 미국 백신으로 한국 사업을 독점하기 위해서 이러한 인수를 제의한 것이었다. 그러나 안철수는 회사를 매각한다면 그 후에 직원들이 해고되어 실업자가 된다는 사실을 직시했고 또한 한국의 백신이 맥아피같은 해외 업체에 의해 장악당하는 그런 결과를 원하지 않았기 때문에 거절했던 것이었다. 그 결정에 대해서 한 번도 후회해본 적이 없다고 말했고 감정을 소비하는 후회는 원래 하지 않는다고 말했다.

그러던 중 1999년 4월 26일 CIH 바이러스(체르노빌 바이러스) 사건이 일어나면서 적자가 나던 회사는 흑자로 전환됐다. CIH 바이러스로 인해 30만대 가량의 컴퓨터가 파괴되어 기업과 공공기관 등에서 수천억원의 피해가 발생했다. 이로 인해 바이러스에 대한 국민적 인식이 변화하게 되어 백신에 대한 관심도가 급증했다. 당시 안철수연구소는 직원이 50명가량이었는데 하루 종일 전화가 걸려와 업무가 마비될 수준이었고 컴퓨터를 들고 찾아오는 사람들도 많았다. 매출은 급증했고 1999년 대한민국 소프트웨어 업체로는 한글과컴퓨터에 이어 두 번째로 연매출 100억 원을 돌파했고 이후 세후 순익 100억 원 돌파는 안철수연구소가 최초로 달성했다.

[철학]
[일상 생활]

안철수는 모든 사람들에게 나이와 지위고하를 막론하고 존댓말을 쓴다. 다른 사람들에게 반말을 못하는 안철수는 심지어 군의관으로 복무하던 시절에도 병사들에게 반말을 하지 못해 애를 먹기도 했다. 간호사와 안철수연구소 직원과 자신이 가르치는 학생들처럼 사회적인 지위가 자신보다 낮은 사람들과 가족에게도 존댓말을 쓴다는 점이 평범한 사람들과 다른 안철수는 부부싸움을 하느냐는 질문에 "존댓말로 한다"며 "어린 시절 자신에게 늘 존댓말을 쓰시던 어머니의 영향이 컸다"라고 말했다. 어머니는 안철수에게 매번 존댓말로 대해주었으며 혼낼 때도 마찬가지였는데 그동안 어머니의 존댓말을 당연한 것으로 생각하였으나 고등학교 1학년 때 늦잠을 자서 택시타고 등교할 때 어머니가 "학교 잘 다녀오세요."라고 하자 택시기사가 처음에는 사촌이나 친누나로 착각하고 "누나가 참 착하네요." 라고 하였으나 후에 어머니라고 밝히면서 "어떻게 어머니가 존댓말을 할 수 있느냐"라는 말을 듣고 어머니의 존댓말이 평범하지 않은 것임을 깨닫게 됐다고 한다. 스스로 자신은 모범적인 사생활을 한다고 말한바 있는데 서울대학교 의과대학 재학 시절엔 술을 자주 마셨으나 회사를 경영하던 시절에 과음으로 건강이 크게 악화된 이후부터 술을 끊어 전혀 마시지 않고 있으며 흡연도 하지 않는다. (참고로 안철수는 과음과 과로로 입원한 상태에서도 회사를 경영하다가 건강이 심각하게 악화되었다.) 그리고 직원들이나 남들 앞에서 화를 내본 적도 한 번도 없으며 욕을 해본 적도 없었다. 다른 사람들은 안철수에게 청교도적인 삶을 산다고 지적하기도 하는데 그런 말에 동의하지 않는다고 말했다. 자신은 뭔가를 참아본 적도 없고 오히려 마음 편한대로 살아왔다고 생각했고 돈보다 명예가 중요하며, 명예보다 자기 마음 편한 게 중요하며 그렇게 살아왔다고 말한다. 매순간 재미있고 의미있는 생활을 해왔다고 자부했는데 "의사로서 계속 생활을 했다면 훨씬 단순하고 집중할 수 있는 생활을 했겠지만 의사를 그만둠으로 인해서 다채로운 경험을 할 수 있었던 것에 의미를 두므로 후회하지는 않는다."고 말했다.

한편 안철수는 자신이 크게 성공한 것에 대해 시기가 잘 맞았다고 말한다. 바이러스는 기계어를 알아야 분석할 수 있는데 적절한 시기에 기계어를 배운 상황에서 바이러스를 만나게 되어 이런 길을 걷게 되었다는 것이다. "운이라는 것은 기회가 준비와 만난 순간이다."라고 하는데 모든 사람들에게 기회가 오지만 준비된 사람만이 그 기회를 자기 것으로 가질 수 있다는 것이라고 말한다. "성공한 사람은 재능과 노력, 운이 모두 맞아떨어진 것이며 사회가 그 사람에게 기회를 준 것이기 때문에 그것을 인정해야 한다는 것이며 사회적 성공이 혼자서 이룬 것은 아니다."라고 말한다.

[경영]

안철수는 CEO는 제일 높은 사람이 아니라 단지 역할만 다른 사람이라고 생각한다. 수평적인 관계에 있으며 CEO는 대외적으로 회사를 대표하는 일을 하는 것일 뿐이라는 게 기본 철학이다. 그는 회사를 경영할 때 영혼을 불어넣는 일을 해야 한다고 생각했다. 서로 다른 사람들이 모인 회사지만 이 사람들이 공통적으로 믿는 가치관이 있으면 자신이 없거나 구성원이 바뀌어도 변하지 않고 계속 갈 수 있다는 생각이었다.

과거에는 바이러스가 장난의 목적으로 만들어졌으나, 최근의 바이러스는 돈벌이 수단으로 사용되는 경우가 많다. 바이러스 유포를 통해 개인정보를 알아낸 후 중국 등에서 한국인들의 개인정보를 암거래 하는데 사용되며 러시아의 마피아가 동원되는 등 조직범죄로 발전했다. 안철수는 "백신회사는 범죄율(바이러스)이 높을수록 이익이 높아지는 아이러니한 수익구조를 가지고 있기 때문에 사명감이 높아야 한다."고 말한다. 그는 또 "돈벌이 수단으로 백신 사업을 시작한다면 오히려 사회에 해악이 된다."고 강조했는데 경찰과 군인 등도 마찬가지에 해당된다. 이를 위해 상류층의 사람들의 노력이 중요한데 현실은 그렇지 못하다고 한다. 일례로 미국에서 발생한 서브프라임 모기지 사태 때도 사건의 핵심 인물 상위층으로 올라가면 명문대학교를 나온 엘리트 출신들이 많으며 이들이 문제의 원인인 경우가 많다는 것이다. 안철수는 "사회에 똑똑한 사람들은 우리 사회에 얼마나 도움이 되는지에 대한 회의감도 갖게 됐다."고 말했다. 그가 워튼 스쿨 샌프란시스코 캠퍼스 MBA에서 법학 강의를 들을 때 담당 교수는 "A학점을 줄 수밖에 없는 똑똑한 학생들이 있었는데 10년 후에 보니 대부분의 학생들이 감옥에 가 있었다."고 말했다며 똑똑하지만 개인적인 성공만 추구하는 사람들이 우리 사회에 도움이 되는지에 대한 의문을 갖게 됐다고 말했다.

안철수는 자신과 빌 게이츠를 비교하는 것을 부담스러워 한다고 말했는데 "분야도 다르고 소프트웨어에 대한 인식도 다르며, 회사 규모 차이도 크기 때문"이라고 말했다. 2011년 11월 14일 안철수는 자신의 안철수연구소 주식 37.1%의 절반을 저소득 가정의 자녀 교육을 위해 사회에 환원하겠다고 밝혔다. 2011년 12월 9일 기준으로 그가 기부할 주식의 가치는 약 2,500억 원이었다. 2012년 2월 5

일 안철수가 재산을 기부해 설립할 공익 재단 이사장에 박영숙이 선출됐고 2012년 2월 22일 공익 재단의 이름은 공모 결과 안철수 재단으로 선정됐으나 2013년 3월 7일 동그라미재단으로 명칭이 바뀌고 김영 이사장이 선임됐다.

[벤처와 중소기업]

안철수는 "대한민국의 벤처기업 95%는 망한다."고 말한 적도 있다. 혹자는 "요즘 세대들은 너무 안전 지향적이다. 도전정신이 없다."고 말을 하는데 안철수는 여기에 동의하지 않는다. 카이스트에서 학생을 가르쳐온 안철수는 학생 개개인이 그렇지는 않다고 생각한다. "여전히 학생들은 도전 정신을 가지고 있고 호기심이 왕성하다."며 "다만 그런 도전정신이 강한 학생들을 사회가 더 큰 힘으로 안전지향적인 선택을 할 수밖에 없게 몰아붙이는 사회 구조가 더 큰 문제"라고 지적한다. 미국의 실리콘밸리가 성공의 요람이라고 하는데 안철수는 "실패의 요람"이라고 바꿔 말한다. 그 이유는 다음과 같다.

"실리콘밸리에서는 100개의 기업이 나타나면 99개는 망하고 1개만 생존한다. 실패한 기업에게 도덕적인 문제가 없고 최선을 다했다면 계속 기회를 주는 것이다. 99번 실패를 하더라도 1번 성공하여 1,000배의 성공을 하게 된다면 그동안의 실패를 전부 갚고도 남게 된다는 것이다." 그는 이것이 미국 실리콘밸리의 성공 모델이라고 생각하고 있으며 실패한 사람에게도 계속 기회를 주는 게 청년들의 도전 정신을 살리는 길이며 벤처와 청소년을 살리는 길이라고 이 같은 말을 했다.

[단독 저서]

- ≪안철수의 생각≫ (김영사, 2012)
- ≪행복 바이러스≫ (리젬, 2009) - 예스24 올해의 책 선정
- ≪CEO 안철수, 지금 우리에게 필요한 것은≫ (김영사, 2004) - 베스트셀러 종합 1위, 올해의 책
  ≪CEO 안철수, 영혼이 있는 승부≫ (김영사, 2001) - 베스트셀러 종합 1위
- ≪안철수의 인터넷 지름길≫ (정보시대, 2000)
- ≪안철수와 한글윈도우 98 지름길≫ (정보시대, 1998)
- ≪안철수의 바이러스 예방과 치료≫ (정보시대, 1997)
- ≪바이러스 분석과 백신 제작≫ (정보시대, 1995)
- ≪별난 컴퓨터 의사 안철수≫ (비전, 1995)
- ≪바이러스 뉴스 2호≫ (성안당, 1991)
- ≪바이러스 뉴스 1호≫ (성안당, 1990)

[공저]

- ≪인생기출문제집≫ (북하우스, 2009)
- ≪나눌수록 많아진다≫ (지식산업사, 2009)
- ≪재능을 키워 준 나의 어머니≫ (JEI 재능아카데미, 2009)
- ≪9인 9색 청소년에게 말걸기≫ (김영사, 2008)
- ≪내 인생의 결정적 순간≫ (이미지박스, 2007)

- ≪내가 잘할 수 있는 무엇 하나≫ (높빛, 2006)
- ≪내 평생 잊지 못할 일≫ (한국일보, 2006)
- ≪공부하기 싫은 사람 모여라≫ (깊은책속 옹달샘, 2005)
- ≪나는 무슨 씨앗일까?≫ (샘터, 2005)
- ≪당신에게 좋은일이 나에게도 좋은일입니다≫ (고즈윈, 2004)
- ≪나의 선택≫ (정음, 2003)
- ≪가슴 속에 묻어둔 이야기≫ (아침이슬, 2000)
- ≪컴퓨터, 참 쉽네요≫ (영진출판사, 1995) 등

[안랩 AhnLab, Inc.]
(이전 이름: 안철수연구소, 2012년 상호 변경)
창립: 1995년 3월 15일
창립자: 안철수
대표이사: 권치중
매출액: 1,598억원 (2018년)
종업원: 1,005명 (2017년)
조직: 솔루션 중심의 'EPN사업부'와 서비스 중심의 '서비스사업부'

안철수 명언

- ♣ 준비가 안 된 상황에서 다가온 기회는 오히려 불행이다.
- ♣ 영혼이 없는 기업은 구성원 개개인의 목적을 달성하는 도구일 뿐이다.
  영혼이 있는 기업에서는 전사원이 스스로 주체의식을 가지고 기업의 영혼을 자신의 것으로 내재화해서 공동의 발전을 이뤄나간다.
- ♣ 나는 다른 사람과 나를 비교하지 않는다. 나와의 진정한 비교의 대상은 외부에 있는 것이 아니라 '어제의 나'와 '오늘의 나'라고 생각한다.
- ♣ 모든 사람에게 기회가 오지만 준비된 사람만이 그 기회를 자신의 것으로 가질 수 있다. 운이라는 것은 기회가 준비와 만난 순간이다.
- ♣ 말이나 생각이 그 사람이 아니라 행동과 선택이 그 사람이다.
- ♣ 언젠가는 같이 없어질 동시대 사람들과 좀 더 의미 있고 건강한 가치를 지켜가면서 살아가다가 '별 너머의 먼지'로 돌아가는 것이 인간의 삶이라 생각한다.

뉴웰 Gabe Newell

● 프로그래머 ● 사업가 ● 미국 ● 1962년생

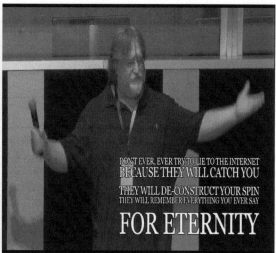

[본명] 게이브 로건 뉴웰, Gabe Logan Newell
[출생] 1962년 11월 3일, 워싱턴 주 시애틀

[국적] 미국
[학력] 하버드 대학교 중퇴
[직업] 밸브 코퍼레이션 최고경영자
[활동 기간] 1983년-현재
[순자산] 41억 미국달러(2017년 1월 기준)
[배우자] 리사 메넷 뉴웰(Lisa Mennet Newell)
[자녀] 2
[상훈]
BAFTA 펠로우십 (2013)
AIAS 명예의 전당 (2013)

[요약]
게이브 로건 뉴웰은 게이븐(Gaben)으로 별칭되는 미국의 컴퓨터 프로그래머, 사업가다. 비디오 게임 개발사 및 디지털 배급사 밸브 코퍼레이션의 공동 설립자이자 회장으로 유명하다. 시애틀 출신 뉴웰은 1980년 초 하버드대에 재학했으나 미국 기술회사 마이크로소프트에서 일하기 위해 자퇴했다. 그렇게 십년간 그 회사에서 몇몇 윈도우 운영체제를 제작하는 데 힘썼다. 회사에 근무하던 중 뉴웰은 동료 회사원 마이크 해링턴과 이드 소프트웨어의 ≪둠≫과 ≪퀘이크≫ 등 1990년 중엽 발표된 컴퓨터 게임에 감탄했다. 게임이 유망한 엔터테인먼트임을 완전히 확신하고 자신만의 개발 스튜디오를 소유하는 것을 목표로 뉴웰은 해링턴과 마이크로소프트를 퇴사하고 1996년경 밸브를 공동 설립했다. 아직까지도 뉴웰은 회사의 회장직을 수행하고 있다.

[생애]
뉴웰은 1962년 11월 3일 워싱턴 주 시애틀에서 출생했다. 1996년 리사 메넷 뉴웰과 결혼했다. 뉴웰 1980년에서 1983년까지 하버드 대학에 재학했는데, 미국 기술회사 마이크로소프트에서 일하기 위해 자퇴했다. 뉴웰 향후 13년간을 그 회사에서 근무했고, 윈도우 1.01, 1.02, 1.03 운영체제의 개발에 참여했다. 뉴웰 이후 밝히기를 자신은 마이크로소프트에서의 첫 3개월간 배운 것이 하버드 시절보다 많았다고 했다. 이것은 그가 자퇴를 한 이유 중 하나였다. 마이크로소프트를 떠나 컴퓨터 게임 ≪퀘이크≫를 이드 소프트웨어에서 제작한 마이클 애브라시에게 고무된 뉴웰 동료 마이크로소프트 임원 마이크 해링턴과 함께 마이크로소프트를 퇴사해 1996년 밸브 유한책임회사를 세웠다. 뉴웰 해링턴은 모아온 자금으로 밸브에 투자하여 ≪하프라이프≫의 제작 및 골드Src 게임엔진 개발에 사용했다. ≪하프라이프 2≫의 제작 기간에는 스팀 프로젝트에 수개월간 주력했다.

2007년, 뉴웰 게임 콘솔, 특히 플레이스테이션 3을 위한 자신의 소프트웨어 개발에 대해 불만을 가지고 있음을 피력했다. 뉴웰 콘솔의 개발과정이 대개 "모두의 시간을 빼앗는 짓"이며, "많은 측면에서 재앙이다. 내가 장담하건대, 분명 이 이후에도, 그들은 그저 취소했다가 다시 또다시 반복할 것이다. 이렇게 말해야 한다. '이건 참담한 재앙이며 사과의 말씀을 드리며 그것의 개발로 사람들을 설득시키는 짓을 그만두겠습니다.'" 그런데 2010년 일렉트로닉 엔터테인먼트 엑스포에서 소니 키노트의 무대에 출연한 뉴웰, 자신의 콘솔 개발에 대한 노골적 언사를 인정하며 소니 플레이스테이션 3 플랫폼의 열린 특성에 대해 논하고 ≪포탈 2≫가 콘솔용으로 발표된다는 사실과 함께 스팀웍스가 모든 콘솔에 있어 최상의 버전을 지원할 것을 공표했다. 또한 뉴웰 엑스박스 라이브 서비스를 비판하며, 그것을 "철도 사고"에 비유했다. 또한 마이크로소프트 윈도우 8에 비판적이며 그것이 열린 특성을 지닌 PC 게이밍에 있어서 "참사"이자 "위협"이라고 불렀다.

2010년 12월, ≪포브스≫는 뉴웰 "당신이 알아야 할 이름"으로 선정했다. 그가 구축한 스팀이 다양한 주요 개발사들과 협력하고 있다는 사실이 그 이유였다. 2013년 3월, 뉴웰 비디오 게임 산업에서의 공헌으로 BAFTA 펠로우십 어워드를 수상했다. 2017년 1월 기준으로 ≪포브스≫는 뉴웰 순자산을 41억 달러로 추산하여 그는 포브스 400에서 134위에, 그리고 세계서 가장 부유한 사람 순위에서 427위에 올랐다. **2019년 재산은 40억 달러(한화 약 4조 5,000억원)가 되었다.**

[카스, 스팀을 만든 디지털 게임유통의 대부]

게이브 뉴웰은 [하프 라이프]와 [포탈], [레프트 4 데드]등 다양한 : FPS(First-person shooter, 1인칭 슈팅) 게임을 탄생시킨 개발자로서의 모습, 그리고 [스팀]을 통해 전 세계 PC 패키지 디지털 유통 시장을 정복한 사업가. 끊임없이 게이머들과 소통하며 새로운 아이디어를 적극적으로 받아들이는 진취적인 인물로서의 면모를 동시에 가지고 있다. 동시에 그는 예리한 판단력과 시대의 흐름을 읽는 감각으로 인해 게임업계의 '마이다스의 손'으로도 불리고 있다.

[하프 라이프와 포탈, 그리고 스팀을 만든 게이브 뉴웰]

게이브는 1962년, 유복한 미국 중산층 집안에서 태어났다. 그의 형과 누나도 그랬듯, 게이브 역시 어릴 적부터 출중한 두뇌를 타고났다. 게이브는 어릴 적 의사가 되고 싶어 했으나, **중학 시절 접한 컴퓨터 프로그래밍의 매력에 빠져들어 진로를 변경했다.** 결국 그는 1980년, 최고 명문대 중 하나로 꼽히는 하버드대학교 컴퓨터공학과에 합격해 대학 생활을 시작했다. 당시 컴퓨터 산업은 한창 떠오르는 직종이었고, 게이브 역시 세계적인 소프트웨어를 개발하겠다는 꿈에 가득 차 있었다.

그러나 하버드 생활은 생각보다 시시했다. 게이브는 향후 자신의 하버드 시절을 "MS에서의 3개월보다 배운 것이 적다. 하버드에서는 어떻게 눈 위에서 물구나무서며 술을 먹는 지만 배웠다. 유용한 기술이긴 하지만, 소프트웨어 개발에 도움은 되지 않았다"라고 평했는데, 특유의 과장이 섞인 말이지만 대학교 생활에 크게 정을 붙이지 못한 것은 확실하다.

학교생활에 염증을 느끼던 게이브는 3학년 재학 중, 방학을 틈타 형이 근무하던 미 동부로 휴가를 갔다. 이 때 게이브는 당시 직원 규모 200여 명 수준의 중소기업이던 마이크로소프트와 처음 연을 맺게 된다. 마이크로소프트에서 3개월가량 머무르며 다양한 일을 경험했는데, 이 때 스티브 발머(전 마이크로소프트 CEO)가 게이브를 눈여겨봤다. **게이브의 재능을 파악한 스티브 발머는 곧바로 게이브를 스카우트했고, 게이브는 이를 흔쾌히 받아들였다. 그렇게 게이브는 하버드를 중퇴한 뒤 마이크로소프트의 271번째 직원으로 입사한다.**

당시의 마이크로소프트는 빌 게이츠와 폴 앨런, 스티브 발머를 필두로 MS-DOS를 개발하여 막 대중적 인기를 얻기 시작하던 시기였다. 이후 마이크로소프트는 GUI 기반의 [윈도우 3.x]과 [윈도우 95] 등을 연이어 출시하며 세계 최고의 소프트웨어 업체로 발돋움한다. 게이브는 윈도우 개발 부서에서 13년 동안 프로듀서로 근무했으며, 이때의 경험은 훗날 [개발자들이 하는 일을 누구보다 잘 파악하는 사장]으로서의 게이브를 만드는 밑바탕이 된다.

마이크로소프트에 재직하며 게이브는 엘리트 개발자로서의 탄탄대로를 걸었다. 90년대 중반, 마이크로소프트는 어느새 세계 최고의 소프트웨어 업체가 되어 있었으며, 전 세계 프로그래머들이 간절히 바라는 최고의 직장으로 손꼽혔다. 같은 하버드 중퇴자로서 빌 게이츠와도 상당히 절친한 사이였던 게이브는 윈도우 개발뿐 아니라 마케팅과 시장 조사 등 다양한 분야를 섭렵해 나갔다. 이대로라면 훗날 마이크로소프트 사의 임원이 되는 것은 기정사실이었다.

그렇게 게임과 관계가 먼 인생을 살던 **게이브에게 인생의 전환점이 찾아온 것은 1993년, 존 카맥과 이드 소프트웨어가 출시한 FPS 게임 [둠(Doom)]을 만나고부터였다.** 당시 [둠]은 FPS라는 새로운 장르를 열며 전 세계 게이머들을 열광시켰는데, 당시 [윈도우 3.0]의 미국 내 보급율을 조사하던 게이브는 [둠]이 [윈도우]보다 훨씬 많은 컴퓨터에 설치되어 있음을 확인하고 충격을 받았다.

이전까지 게임에 대해 단순히 [성장 가능성이 높은 산업]정도로 생각해 왔던 게이브는 [둠]을 만난 이후로 게임이라는 엔터테인먼트에 깊이 매료되었다. 이후 게이브는 [둠]을 윈도우로 포팅하는 과정에서 존 카맥을 만났고, 카맥의 자유로운 개발 정신에 깊이 빠져들었다. 결국 게이브는 마이크 해링턴을 비롯한 몇 명의 마이크로소프트 동료 직원들과 함께 퇴사 후, **1996년 밸브 코퍼레이션(Valve Corporation)**를 공동 설립한다. 30대 중반의 나이에 세계 최고의 직장이었던 마이크로소프트를 그만둔다는 선택은 쉽지 않았지만, 게이브는 망설이지 않았다. 게이브의 머릿속에는 이미 눈부신 게임의 세계가 펼쳐지고 있었다.

밸브 코퍼레이션을 세운 게이브는 마이크로소프트에 재직하며 모은 자산과 외부 투자를 합쳐 첫 번째 작품 개발을 시작했다. 이후 밸브는 외부 투자로부터 독립해 자주성을 확보하는데, 이로 인해 게이브는 자신이 원하는 사업을 과감하고 소신 있게 진행해 나갈 수 있는 기반을 마련한다.

게이브는 [둠]과 [퀘이크]의 MOD를 만들던 개발자들을 끌어들이고, 존 카맥의 [퀘이크 2]엔진을 개량해 골드소스 엔진을 만들었다. 이 엔진으로 제작된 게임이 바로 밸브의 첫 게임인 [하프 라이프(1998)]이다. 전혀 이름값 없는 신생 개발사의 첫 작품이었음에도 불구하고 [하프 라이프]는 발매 전부터 수많은 화제를 모았다. 발매 후에는 게이머들 사이에서 엄청난 인기를 끌며 50여 개의 [올해의 게임 상(GOTY)]를 수상하는 등 화려하게 데뷔했다. 당시는 [레인보우 식스]나 [언리얼], [듀크 뉴켐]등 다양한 FPS게임이 출시되던 시기였지만, [하프 라이프]는 그 중에서도 정점을 찍었다.

[하프 라이프]는 존 카맥이 [울펜슈타인 3D]와 [둠], 그리고 [퀘이크]로 정립시킨 FPS의 틀을 한 단계 더 발전시켰는데, 특히나 게임 디자인 측면에서 큰 호평을 받았다. 이전의 FPS는 큰 스테이지로 시나리오를 나누고 스테이지 사이마다 컷씬이나 이미지를 삽입하는 형태의 구성을 채택했으나, 스테이지를 세분화 된 레벨로 구성하고 게임 안에서 모든 이야기를 체험하게 함으로써 캐릭터와 스토리를 표면으로 끌어냈다. 이는 어드벤처의 명가 시에라 엔터테인먼트와의 합작을 통해 구현된 것으로, **FPS라는 장르를 단순히 1인칭에서 진행하는 액션 게임이 아니라 캐릭터가 겪는 이야기를 보다 실감 나게 체험할 수 있는 장르로 발전시켰다는 평가를 받았다.**

시스템적으로도 많은 호평을 받았는데, 대표적인 업적을 꼽는다면 키보드 자판의 W,A,S,D키를 이용한 이동 체계의 확립과 인공지능(AI) 강화를 들 수 있다. [하프 라이프]는 키보드의 오른편에 위치한 화살표 키 대신 왼편의 W,A,S,D 키를 방향키로 사용해 FPS 조작 체계를 표준화시켰는데, 이는 향후 발매되는 대부분의 FPS 및 액션 게임에 채택되며 질서를 확립시켰다. 또한, AI를 대폭 강화해 기존까지 정해진 루트를 따라 움직이며 똑 같은 공격만 반복했던 적 캐릭터를, 숨어 있는 플레이어를 적극적으로 공격하고 엄폐물을 이용할 줄 아는 똑똑한 적으로 재탄생시켰다. 이를 통해 플레이어는 더 이상 총만 쏘는 것이 아니라, 실제 전투를 머릿속에 그리며 게임을 진행해야만 했다. 이는 [하프 라이프]의 메인 카피인 "Run, Think, Shoot, Live(달리고, 생각하고, 쏘고, 살아남아라)"를 잘 반영한 결과다.

[하프 라이프]는 이후 확장팩인 [어포징포스]와 [블루쉬프트]를 출시하며 상승세를 이어갔다. 비록 확장팩은 밸브 본사가 아닌 기어박스 소프트웨어(Gearbox Software)에서 외주 제작하긴 했지만 상당한 인기를 끌었다. 이후 기어박스는 [보더랜드]를 비롯한 각종 화제작을 연달아 출시한 유명 개발사가 되었다. 이후 2004년 발매된 [하프 라이프 2]는 같은 시기에 발매된 [둠 3]를 판매량과 평가 등에서 누르고 FPS 1인자 자리를 차지했다.

[게이머들의 창조성을 적극 수용, 이것이 밸브 정신]

[하프 라이프]의 업적은 게임의 재미뿐만이 아니었다. **존 카맥이 [둠]과 [퀘이크]의 게임 개발 소스를 공개했듯이, 게이브는 아예 [하프 라이프]의 게임 맵을 직접 디자인 할 수 있는 에디터 프로그램을 배포했다.** 이는 많은 게이머들로 하여금 [하프 라이프]를 토대로 한 유저 제작 콘텐츠(MOD)를 만들 수 있는 기회의 장을 마련해 준 것으로, 여기서 나온 게임이 바로 [카운터 스트라이크]다. [카운터 스트라이크]는 위에서 설명했듯 [하프 라이프]의 인기 MOD로 시작되었으며, 밸브는 이 제작팀을 통째로 스카우트하여 상용 패키지화 시켰다. 이후 [카운터 스트라이크]는 [하프 라이프]를 뛰어넘을 정도의 인기를 얻으며 [컨디션 제로], [글로벌 오펜시브]등의 확장팩이 출시되었고, 5대 5 매치와 서버 시스템 등을 확립해 [서든어택]이나 [스페셜포스]등 국내 온라인 FPS의 등장에도 막대한 영향을 미쳤다.

이처럼 게이브는 아마추어 게이머들이 제작한 MOD나 소규모 개발사가 제작한 인디 게임의 흥행 가능성을 판단해 자신들의 산하로 편입시키는 정책을 펼친다. 이는 [하프 라이프]이후 밸브의 계속되는 히트작 러시를 가능케 하는 원동력으로 작용하는데, 대표작으로는 [팀 포트리스]와 [포탈], [도타 2]등이 존재한다. 게이브의 게임을 보는 안목과 적극적인 아이디어 수용 자세가 이를 가능케 했다.

[퀘이크]의 MOD로 시작된 [팀 포트리스]는 FPS에 처음으로 병과 시스템을 도입한 게임으로, [카운터 스트라이크]와 견줄 정도로 큰 인기를 끌었다. 게이브는 이 MOD 역시 충분한 성공 가능성이 있다고 판단, 제작자들을 밸브로 영입해 [팀 포트리스 클래식]을 제작해 배포한다. 이후 [팀 포트리스]시리즈는 아기자기한 그래픽의 [팀 포트리스 2]로 그 인기를 이어간다.

공간을 오가는 독특한 설정으로 인기를 끈 [포탈]역시 아마추어 개발자들을 영입해 제작한 작품이다. 공간을 왜곡시켜 가며 미션을 수행하는 방식의 퍼즐 FPS [포탈]은 게임개발 전문 공과대학 디지펜(DigiPen)의 학생들이 졸업작품으로 만든 게임 [나바큘라 드롭(Narbacular Drop)]에서 비롯되었다. 이 게임을 본 게이브는 대학을 막 졸업한 아마추어 개발자들을 모두 채용한 후, [하프 라이프]의 세계관과 밸브의 개발력을 더해 매력적인 시리즈로 재탄생시켰다.

2013년 발매된 [도타 2]는 [스타크래프트]에 존재하던 유즈맵 [Aeon of Strife]를 발전시켜 만든 [워크래프트]의 유즈맵 [도타(Dota)]를 기반으로 한다. 미국의 대학생 Eul이 만든 [도타]는 현 AOS의 기틀을 만든 작품으로 [카오스]등 다양한 MOD를 낳았으며, 이후 [리그 오브 레전드]등으로도 발전한다. AOS 장르가 인기를 끌기 시작할 무렵, 게이브는 Eul과 [도타 올스타즈]를 제작한 Icefrog 등을 영입해 [도타 2]의 제작을 시작한다. 이후 밸브는 블리자드와의 상표권 싸움에서 승리해 [도타 2]의 상표권을 획득했으며, 2013년 정식 서비스에 들어가 [리그 오브 레전드]와 함께 북미 AOS 시장을 양분하고 있다.

이외에도 밸브는 [데이 오브 디피트], [레프트 4 데드]등의 대작 게임들을 출시하며 성공 신화를 이어간다. 밸브는 급격한 성장세에도 불구하고 발매된 타이틀의 수가 꽤 적은 편인데, 스토리와 게임 플레이, 그래픽, 최적화 성능에 대한 엄격한 내부 기준이 존재해 개발 속도가 더디기 때문이다. 대신 밸브에서 출시하는 모든 게임은 기대 이상의 품질을 보여준다. 이로 인해 밸브는 그 어떤 게임 개발사도 쉽게 얻지 못하는 게이머들의 신뢰를 손에 넣었다.

재미있는 것은 밸브의 작품 대부분이 상업적 성공과 동시에 높은 작품성을 인정받았음에도, 3편 이상의 후속작을 찾아볼 수 없다는 점이다. [하프 라이프]나 [팀 포트리스]등 오래된 IP는 물론이고, [레프트 4 데드]나 [포탈]과 같은 비교적 최신 IP의 경우에도 2편 이후의 작품이 나오지 않고 있어, 일 각에서는 [게이브의 키보드는 숫자 3 키가 고장났다]같은 유머까지 나오고 있다.

[스팀을 통해 PC게임 시장을 활성화]

밸브는 게임 개발사이지만, 게이브는 자신의 활동 영역을 단순히 게임 개발에만 한정시키지 않고 게임 엔진 및 영상 제작 등 다양한 분야에 뛰어들었다. [하프 라이프]제작 시 [퀘이크 1]엔진을 개량해 골드 소스 엔진을 만든 것을 시작으로, [하프 라이프 2]때는 아예 순수 자체 제작 엔진인 소스 엔진을 개발했다. 밸브의 소스 엔진은 물체의 재질 구현 면에서 뛰어난 성능을 발휘하는 것이 특징으로, 국내에서도 넥슨의 액션RPG [마비노기 영웅전]이나 YNK코리아에서 서비스했던 FPS [스팅]등이 소스 엔진을 사용했다.

게이브는 영상 콘텐츠에도 다방면의 투자를 진행했다. 대표적인 것이 3D 영상 제작 툴 [소스 필름 메이커]인데, 이는 스팀을 통해 무료로 공개돼 다양한 UCC 제작에 큰 공로를 세웠다. 또한 밸브 내부에는 다큐멘터리 제작 팀이 존재하는데, [도타 2]프로게이머의 삶을 다룬 [Free to Play]등 다양한 게임 관련 영상을 촬영하며 게임이라는 문화의 기록에 한창이다.

그러나 **밸브의 무엇보다 큰 업적은 PC게임 온라인 유통 플랫폼 [스팀(Steam)]을 출시한 것이다.** 90년대 후반부터 시작된 불법 다운로드로 인한 게임 타이틀의 판매량 감소는 국내뿐 아니라 전 세계적으로 게임산업에 막대한 영향을 미쳤다. 게임사는 불법 복제를 막기 위해 총력을 기울이고, 해커들은 이러한 장치를 뚫고 게임을 무단 업로드하는 전쟁이 계속되었다. 그 와중 일부 유통사는 정품 유저를 걸러내기 위한 DRM을 무리하게 도입하다가 정품 유저들의 거센 비난을 받기도 했다.

게이브는 이러한 게임 시장의 문제점을 정공법으로 해결했다. 소매점을 거치지 않고 온라인을 통해 게임을 직접 다운로드 받는 편리성은 유지하되, 불법 다운로드가 아닌 정당하게 대가를 지불하는 디지털 패키지 구매 방식을 도입한 것이다. 이른바 **PC게임 유통 & 관리 플랫폼 [스팀]프로젝트이다.** [스팀]은 [하프 라이프]출시 이후부터 바로 개발에 들어간 밸브의 초기 프로젝트로, 처음에는 [하프 라이프]나 [카운터 스트라이크]같은 자사의 게임을 인터넷을 통해 어디서든 즐길 수 있게 하는 부분적 스트리밍 시스템으로 DRM(불법 복제 방지장치)을 겸해 시작되었다. 그러나 게이브는 [스팀]시스템을 더욱 발전시켜 건전하고 편리한 PC게임 유통 플랫폼으로 만들고자 했고, 결국 영국 인디게임개발사 인트로버전의 RTS게임 [다윈이아]의 유통을 시작으로 [스팀]은 본격 디지털 PC게임 유통 플랫폼의 **길을 걷기 시작했다.**

[온라인 PC게임 유통 플랫폼으로 자리잡은 스팀]

[스팀]이 디지털 게임 유통 플랫폼으로서의 길을 발표했을 때, 업계에서는 이를 비관적으로 바라봤다. 무료로 게임을 다운로드 받는 이들이 굳이 스팀을 통해 돈을 지불해야 할 이유가 없으며, 어떤 게이머가 손에 들어오지 않는 디지털 패키지를 위해 지갑을 열겠느냐는 관측이 많았다. 그러나 게이브는 이러한 지적을 정면으로 돌파했다. 수천 종류의 게임을 지원하고, 시시때때로 할인 행사를 벌여 유저들의 부담을 줄이고, 다양한 도전 과제와 세이브 파일 클라우드 서비스, 간편한 결제와 막강한 보안, 방대한 커뮤니티 시스템 등을 지원해 여러 가지 이점을 부여했다. 밸브의 이러한 노력은 조금씩 먹혀들어, [스팀]이용자는 나날이 늘어갔다.

[스팀]은 서비스 10여 년 만에 디지털 유통 플랫폼 업계를 거의 독과점하다시피 하며 막강한 영향력을 미치고 있다. 2014년 기준, [스팀]은 전 세계 6,500만 명의 유저를 보유하고 있으며, PC로 출시되는 전 세계 대부분(75%가량)의 게임이 스팀에 등록되고 있다. [스팀]의 성공에 자극받은 EA의 [오리진], 유비소프트의 [유플레이], 마이크로소프트의 [GFWL(Games for Windows Live)]등 다양한 후발 주자가 나섰지만, 대부분이 자사 게임들의 한정적 판매에 그치고 있다. 전 세계 게임 개발사가 서로 참여하고 싶어하는 거대 플랫폼으로의 길을 걷는 것은 오로지 [스팀]뿐이다.

게이브는 [스팀]을 단순한 디지털 패키지 유통 플랫폼에서 벗어나 홈 엔터테인먼트의 중심으로 만들기 위한 작업에 한창이다. PC가 없이도 거실에서 TV에 직접 연결해 즐길 수 있는 전용 하드웨어 [스팀머신]을 개발 중이며, 이를 위한 운영체제 [스팀OS], 전용 패드인 [스팀 컨트롤러]등도 함께 선보이고 있다. 여기에 가상현실(VR)을 염두에 둔 [스팀VR]시스템까지 도입하며 영역을 확대하는 중이다. **[스팀]은 단순한 디지털 유통 플랫폼을 넘어서, 게임 구매의 새로운 장을 열어가고 있다.** 게임을 다운로드 받는 데 대가를 지불하는 것을 당연히 여기는 사람들은 점차 늘어나고 있으며, 개발자들도 이를 통해 더 좋은 게임을 만들 기반을 마련한다. 소규모 인디 게임 개발자들도 아이디어만 있다면 [스팀]을 통해 자신들의 작품을 부담 없이 전 세계 게이머들에게 선보일 수 있다. 모두 [스팀]이 없었다면 이루어지지 못했을 일이다.

게이브는 그 누구보다 유저 친화적인 개발자이다. 최근에는 SNS 등을 통해 개발자와의 의사소통이 비교적 쉬워졌지만, 게이브는 SNS가 존재하지 않던 시절부터 유저들과 끊임없이 소통했다. 자사 게임에 불만이 있는 유저들을 초청해 그들의 의견을 경청하고, 신선한 아이디어를 가진 아마추어 개발자들을 만나 그들을 격려하고, 때로는 밸브 직원으로 채용하기도 한다. 게이브와 유저 간 만남에 대한 에피소드는 차마 다 소개할 수 없을 정도로 많다.

게이브는 게임을 단순한 개별 프로젝트로 인식하는 것이 아닌, 그 안에 담긴 흥행 코드를 읽어내는 데 능하다. 덕분에 밸브의 작품은 언제나 시대의 흐름과 맥을 같이 하며, 게이머들이 진정 원하는 요소를 날카롭게 짚어낸다. 이러한 과감하고 자유로운 사업 전개는 밸브 전체 지분의 절반 이상을 게이브가 소유하고 있어 가능한 것이겠지만, 그보다 우선적인 것은 게이브의 선택이 언제나 좋은 결과를 몰고 왔다는 사실이다. 게이브는 밸브 직원들과 게이머들에게 절대적인 지지를 받고 있으며, 항상 다음 행보에 대해 궁금하게 만든다.

게이브는 2013년, 게임업계에 혁신적인 성과를 이룬 개발자를 기리기 위해 마련된 미국 과학예술아카데미(AIAS) 명예의 전당에 헌액되었다. 이제 게이브는 게임 개발을 넘어 게임이라는 문화 콘텐츠의 보급과 발전에 힘을 쏟고 있다. 게이브의 차기 행보가 게임업계를 어떻게 변화시킬지, 전 세계가 지켜보고 있다.

[밸브]
창립: 1996년 8월 24일, 미국 워싱턴주 커클랜드
창립자: 게이브 뉴얼, 마이크 해링턴
본사: 미국, 워싱턴주 벨뷰
제품 및 서비스: 컴퓨터 게임, 비디오 게임, 스팀(온라인 PC게임 유통 플랫폼)
매출액: 15억달러 (한화 약 1조 7,000억원)

직원: 1,220명 (2018년)

밸브 코퍼레이션은 10여 년 동안 마이크로소프트에서 근무했던 게이브 뉴얼과 마이크 해링턴이 1996년 8월 24일 공동으로 창립했고, 창립 당시의 이름은 밸브 소프트웨어였다.

부담되지 않는 가격으로 최신 게임을 즉시 즐길 수 있게 한다. 언제 어디서든 내가 구매했던 게임은 바로 다시 다운로드할 수 있고 그전까지 내가 플레이했던 기록들도 서버에 온전히 보관된다. 힘들어서 크랙 파일을 찾고 또 악성코드를 걱정해 가며 플레이해야 하는 **불법복제 파일들보다 스팀은 훨씬 더 편하고 안정적인 환경을 제공한다.** 게이머의 게임 소비 패턴을 변화시킨 것이다. 규제하고 금지하며 양심에 호소하는 것이 아니라 그 이상의 편리함을 제공해 플랫폼을 확대시킨 밸브의 전략은 콘텐츠 플랫폼을 제공하는 모두에게 하나의 커다란 모범사례가 되었다. **밸브의 스팀이 없었다면 아이튠즈, 앱스토어, 구글 플레이, 넷플릭스와 같은 플랫폼이 제대로 자리를 잡을 수 없었을지도 모른다.**

뉴얼 명언

♣ 내일의 프로그래머들은 미래의 마법사들이다.
  당신은 다른 사람들에 비해서 매직 파워를 가진 것처럼 보일 것이다.
♣ 결코 인터넷에게 거짓말하지 마라. 왜냐하면, 당신을 붙잡을 수 있고, 뜨개질을 해체할 수 있고, 당신이 말했던 모든 것을 영원히 기억할 것이다.
♣ 커뮤니티를 움직이는 건 사실 돈이다.
♣ 〈아티팩트〉는 앞으로 우리가 낼 여러 게임 중 하나이다.
♣ 〈하프라이프 3〉, 〈하프라이프2: 에피소드 3〉의 상황에 대해 묻는 질문에, **3라는 숫자는 언급되어서는 안된다.**
♣ 밸브가 '싱글 플레이 기반의 게임'을 만들고 있다.
♣ **불법 복제를 막는 가장 쉬운 방법은** 불법 복제 방지 기술을 적용하는 것이 아니다.
  그 사람들에게 **해적으로부터 받는 것보다 나은 서비스를 제공하는 것이다.**

쿡Tim Cook

• 기업인 • 애플 CEO • 미국 • 1960년생

[출생] 1960년 11월 1일, 미국
[소속] 애플 (최고경영자 CEO)

[학력사항]

~ 1988 듀크대학교 대학원 경영학 석사
~ 1982 오번대학교 산업공학 학사

[경력사항]

2011.08 ~ 애플 최고경영자(CEO)
2009.01 ~ 2009.06 애플 최고경영자(CEO) 대행
2007.01 ~ 2011.08 애플 최고운영책임자(COO)
2005 나이키 이사
2004 애플 최고경영자(CEO) 대행
1998.03 ~ 2002 애플 수석부사장
1997 ~ 1998 컴팩 부사장
IBM 북남미사업부 총괄 디렉터

[수상내역]
2012 미국 타임지 세계에서 가장 영향력 있는 100인

[요약]
티머시 "팀" 쿡은 애플의 CEO로, 1998년 3월 애플에 입사하였다. **팀쿡은 2011년 8월 24일 스티브 잡스가 애플의 CEO에서 사임한 후, 새로운 애플의 CEO로 선임되었다.**

[생애]
팀 쿡은 앨라배마 주 로버츠데일에서 자랐다. 팀 쿡의 아버지는 조선소 노동자였고, 어머니는 전업 주부였다. 쿡은 1982년 오번 대학교에서 산업 공학 이학사 학위를 얻었고, 1988년 듀크 대학교에서 경영학 석사 학위를 받았다. 쿡은 스티브 잡스에게 고용되어 애플사에 입사하기 전에 컴팩에서 6개월 정도 일했다. 그전에, 쿡은 컴퓨터 재판매 부서의 최고 운영 책임자 (COO)로 근무하고, IBM 개인용 컴퓨터 사업의 북미 총괄 책임자로 12년 일했다. 2007년 1월, 쿡은 CEO로 승진하였다.

쿡은 스티브 잡스가 췌장암 수술로 회복하고 있을 때, 2004년 두 달 동안 애플사의 CEO로 근무한 적이 있으며, 2009년에도 스티브 잡스가 간 이식 수술을 위해 휴직하는 몇 달 동안 다시 애플사의 CEO로 근무하였다. 2011년 1월 애플사의 이사회는 스티브 잡스가 요청한 세 번째 의료 휴직을 승인하였다. 그 기간 동안, 팀 쿡은 애플사의 일상 업무 대부분을 책임졌다. 2011년 8월 24일, 결국 팀 쿡은 스티브 잡스가 사임하면서 애플사의 새로운 CEO로 선임되었다. 쿡은 나이키의 이사직도 맡고 있다.

팀 쿡은 결혼도 하지 않고 자신의 모든 것을 일에 바치는 생활을 한다. 팀 쿡은 거의 항상 오전 4시 30분에 일어나 이메일을 확인한 뒤, 한 시간 동안 체육관에서 운동을 하고 6시가 조금 지날 때쯤 사무실 책상 앞에 앉는다. 일요일 저녁에는 전화 회의를 하며 다가올 한 주를 준비한다.

팀 쿡은 블룸버그와의 인터뷰에서 "나는 동성애자인 것이 자랑스러우며, 이는 신이 내게 준 선물이라고 생각한다."며 커밍아웃을 했다. 팀 쿡과 함께 "동성애자로 살면서 소수자를 깊이 이해할 수 있었고 더 공감을 잘하는 사람이 될 수 있었다.", "내가 동성애자라는 것이 때로는 힘들고 불편했지만 역경과 편견을 넘어설 수 있는 자신감을 얻었다."고 강조했고, "애플의 CEO가 동성애자라는 것을 알려 자신이 누구인지 고민하는 사람이나 혼자라고 느끼는 사람이 격려와 위안을 얻을 수 있다면 프라이버시와 맞바꿀 가치가 있다고 생각했다."라며 자신이 커밍아웃을 한 이유에 대해 밝혔다. 팀 쿡은 커밍아웃 이전에도 동성애자를 공개적으로 지지하고, 동성 결혼을 인정하지 않는 주 정부를 비판 해 왔다.

[최근 활동]
애플이 시장 기대를 뛰어넘는 실적을 기록하면서 팀 쿡 최고경영자(CEO) 역시 큰 보상을 받게 됐다. 2018년 8월 23일 CNN머니 등에 따르면 쿡은 24일 1억 2,000만 달러(약 1,342억원) 규모의 애플 주식 56만주를 받았다. 이번 포상은 애플의 '좋은' 실적 덕분이다. 애플은 2017년 8월 이후 주가가 급등했으며 2018년에 들어서만 25% 상승했다. 애플은 2018년 뉴욕증시에서 미 상장회사 최초로 1조 달러(약 1,118조원) 고지에 오르기도 했다.

한편 지난 2015년 전 재산을 자선단체에 기부하겠다고 밝힌 쿡은 꾸준히 기부를 이어오고 있다. 미

국 증권거래위원회(SEC)는 쿡이 497만 달러(약 56억원) 규모의 애플 주식 2만3,215주를 자선단체에 기부했다고 공개하기도 했다.

근본적 혁신이 보이지 않는다는 비판도 있지만, 실적만 보면 애플은 건재하다. **시가총액은 사상 최초로 1조 달러를 돌파했고 현금 보유고는 2010년 이래 네 배가량 증가했다.** 아이폰은 프리미엄 제품으로 스마트폰 매출 1위를 굳게 지키고 있다.

미·중 무역분쟁으로 중국 본토에서 애플 제품이 금지될 경우, 애플의 실적이 하락할 수도 있다. 2019년 회계연도 2분기 기준 애플의 매출에서 중국 사업이 차지하는 비중은 17%가 넘으며, 대만·홍콩 등 중화권 시장에서 애플이 벌어들인 돈은 약 12조 1,600억원에 이른다. 미·중 무역전쟁으로 애플이 심각한 타격을 입을 것으로 예상되자, 쿡 CEO가 트럼프 대통령과 애플 생산품에 대한 관세 인상 문제 등을 논의했다.

[애플]

창립: 1976년 4월 1일
창립자: 스티브 잡스, 스티브 워즈니악, 로널드 웨인
본사: 미국, 캘리포니아주 쿠퍼티노
제품 및 서비스: 스마트폰, 앱 스토어 등
매출액: 2,656억달러 (한화 약 300조원) (2018년)
직원: 132,000명 (2018년)

쿡 명언

♣ 아이패드를 처음 만들때 많은 사람들이 반대했다.
  쓸모가 없을 것 같다. 전혀 혁명이라고 부를 수가 없다. 넷북을 이길 정도가 안된다.
  하지만 우리는 우리의 제품을 믿었다. 170 Million 수의 아이패드가 팔렸고 태블릿 사용률의 무려 80%를 애플 아이패드가 차지했다.

♣ 노력과 경험을 통해 뛰어난 제품을 만들면, 사람들이 사용하게 되어 있다.

♣ 자신이 하는 일을 사랑하면, 더 이상 그것을 일로 여기지 않게 된다.
  위대한 일을 할 수 있는 유일한 방법은 자신이 하고 있는 일을 사랑하는 것이다.

♣ 집중이야말로 모든 것의 핵심이라고 나는 배웠다.
  회사운영뿐만 아니라 개인의 삶 역시 마찬가지이다.

♣ 시간이 걸리더라도 제대로 하는 것이 중요하다.

♣ 인생의 목표는 멀리 있는 목표가 아니라 그 과정에 있다.

♣ 현재의 성과에 만족하지 말고, 똑똑하고 다 배웠다고 자만하지 말고 **항상 모자란다고 생각하라.**

헤이스팅스 Reed Hastings Jr.

• Netflix 설립자 • 미국 • 1960년생

COURTESY: NETFLIX

Our brand at Netflix is really focused on movies and TV shows.

(Reed Hastings)

izquotes.com

[출생] 1960년 10월 8일, 미국
[소속] 넷플릭스 (CEO)

[학력사항]
~ 1998 스탠퍼드대학교 대학원 컴퓨터공학 석사
~ 1983 보든대학 수학 학사

[경력사항]
2011.06 ~ 페이스북 이사회 이사
2007.03 ~ 2012 마이크로소프트 이사회 이사
2001 캘리포니아주립교육위원회 회장
1999 넷플릭스 사장
1998.09 ~ 넷플릭스 CEO
1997 넷플릭스 이사
1997 래쇼날 소프트웨어 CTO

1991 퓨어 소프트웨어

[수상내역]
2010 포춘 올해의 기업인 50명

[요약]
리드 헤이스팅스는 미국의 기업인이다. 넷플릭스의 CEO이며, 페이스북을 비롯한 여러 비영리재단 이사회 멤버로 있다.

[생애]
1960년 미국 매사추세츠에서 태어난 **리드 헤이스팅스는 보든 대학에서 수학을 전공한 뒤 스탠퍼드 대학교에서 컴퓨터공학 석사 학위를 받았다.** 컴퓨터공학을 공부하기 전에는 스와질란드에서 수학 교사로 평화봉사단 활동을 했는데, 이 경험을 통해 안정적인 교사보다는 도전과 모험을 즐기는 일이 자기 적성에 더 맞는다는 것을 깨닫는다. 이후 리드 헤이스팅스는 컴퓨터공학 전공을 살려 어댑티브 테크놀로지에서 개발자로 근무한다. 그러던 중 1991년에 개발자를 위한 개발툴을 만드는 '퓨어 소프트웨어'를 설립해 개발자이자 기업 CEO가 되었다. 퓨어 소프트웨어는 빠르게 성장했지만 리드 헤이스팅스는 자신이 CEO보다 개발자로서의 정체성이 더 강하다는 사실을 알게 되었다. 결국 기업 CEO로서 한계를 느낀 그는 퓨어 소프트웨어를 떠나기로 결심한다. 1997년 아트리아 소프트웨어사에 피인수 후 회사를 떠난다.
리드 헤이스팅스는 회사를 매각한 후 집에서 여유로운 시간을 보낸다. 그러던 어느 날, 대여점에서 빌린 〈아폴로13〉 DVD의 반납 기한을 놓쳐 연체료 40달러를 내야 했다. 집에서 멀리 떨어진 대여점까지 가는 것도 귀찮은데 반납이 늦었다고 연체료까지 물어야 한다니, 리드 헤이스팅스는 이 구조가 불합리하다고 느꼈다. 그리고 작은 아이디어를 떠올렸다. **거실에서 원하는 드라마와 영화를 감상하고 바로 반납할 수는 없을까? 인터넷과 컴퓨터 기술이 좀 더 발달하면 가능하지 않을까? 이 사소한 아이디어가 넷플릭스의 첫 시작이었다.**
1998년 마크 랜돌프와 함께 넷플릭스를 설립한다. 비디오와 DVD를 택배나 우편으로 배달하는 사업으로 시작, 2007년 인터넷 스트리밍 서비스로 확장했으며, 2013년 하우스 오브 카드를 시작으로 드라마 제작까지 하고 있다. 넷플릭스의 자세한 사업내용은 다음과 같다.

[넷플릭스]
설립자: 리드 헤이스팅스(Reed Hastings), 마크 란돌프(Marc Randolph)
설립일: 1997년 8월 29일
본사: 미국, 캘리포니아 로스가토스
한국지사: 넷플릭스코리아
총자산: 약 260억 달러 (한화 약 29조원) (2018년)
매출액: 약 158억 달러 (한화 약 18조원) (2018년)
주요생산품: DVD 대여, 인터넷 스트리밍 서비스 등

[요약]
스트리밍 미디어, 온 디맨드 비디오, DVD 대여 서비스를 제공하는 미국의 다국적 엔터테인먼트 기업이다. 넷플릭스는 미국의 멀티미디어 엔터테인먼트 기업이자 세계 최대의 동영상 스트리밍 서비스 기업이다. 넷플릭스에 가입해 일정 금액의 돈을 지불하면 영화, 드라마, 애니메이션, 다큐멘터리 등의 영상을 무제한 시청할 수 있다. 미국에서는 넷플릭스의 시청률이 가장 높은 프라임타임에 전체 인터넷 트래픽의 3분의 1이 사용될 정도로 그 인기가 어마어마하다. 2018년 7월에는 전 세계 가입자 수 1억 명을 돌파해 동영상 스트리밍 서비스 기업 중 1위 자리를 놓치지 않고 있다. 넷플릭스는 1997년에 리드 헤이스팅스와 심리학자 지그문트 프로이트의 조카 손자인 마크 랜돌프가 설립했다.

[사업 이력]
1997년 리드 헤이스팅스와 마크 란돌프가 캘리포니아 스코츠 밸리에 설립했다. 본사는 캘리포니아 로스 가토스에 있다. **리드 헤이스팅스(Reed Hastings)는 1991년 소프트웨어 개발자 툴을 만드는 업체 퓨어 소프트웨어(Pure Software)를 설립했고, 이후 마이크로웨어하우스(MicroWarehouse) 창립자 마크 란돌프(Marc Randolph)와 함께 1997년 비디오 대여 업체 넷플릭스를 설립했다.** 1998년부터 넷플릭스닷컴(netflix.com)을 통해 온라인으로 영화 DVD를 주문받고 우편으로 대여해주기 시작했다. 또한, 월정액 가입제를 도입해서 대여 개수와 상관없이 월마다 일정한 금액을 받았고 대여기한과 연체료, 배송료를 없앴다.

2002년 기업공개를 통해 주식을 상장했고 2003년에는 매출액이 약 2억 7,200만 달러, 수익이 약 650만 달러로 크게 성장했다. 약 800여 명의 개발자가 동원되어 개인별 맞춤 영화 추천 알고리즘 시네매치(Cinematch)를 개발했고 큰 성공을 거뒀다. 점차 가정 내 DVD 플레이어의 보급이 많아지면서 DVD 대여사업이 번창했고, 2005년에만 회원수가 420만여 명으로 늘어났다. 2007년부터는 온라인으로 TV와 영화를 다운로드 없이 바로 시청할 수 있는 스트리밍 미디어 서비스, 비디오 온 디맨드 서비스를 제공했다. 하우스 오브 카드(House of Cards)와 같은 TV 시리즈, 영화를 직접 제작했고, 넷플릭스 오리지널(Netflix Original) 이름으로 온라인상에서 콘텐츠를 보급했다. 오늘날 총 190여개 이상의 국가에서 약 1억 명의 가입자를 보유한 거대 인터넷 스트리밍 기업으로 성장했다.

주요 서비스는 DVD 대여 사업과 인터넷 스트리밍 서비스로 나눌 수 있다. 월 정액제를 가입하고 원하는 DVD를 온라인으로 주문하면 우편으로 원하는 기간만큼 대여해준다. 또한, TV 프로그램, 영화, 자체 제작 TV 시리즈 등을 인터넷 스트리밍 서비스 가입을 통해 무제한 시청할 수 있다. 가입 직후 1개월은 무료로 이용이 가능하다. 자체 개발한 영화 추천 엔진 시네매치를 통해 영화 리뷰, 등급, 홈페이지 이용 현황, 평점 등 수집된 빅데이터를 토대로 각 사람에게 맞는 영화를 추천해주고, 태블릿, PC, TV, 스마트폰 등 인터넷 연결이 가능한 모든 기기를 통해 광고나 약정 없이 동영상을 시청할 수 있다.

2016년 기준 한 해 매출액이 약 88억 달러, 총 자산이 약 135억 달러이고, 총 3,200여 명의 직원을 두고 있다. 2019년에는 190여개 국가에서 1억 400만명이 넘는 회원이 온라인으로 영화, TV, 드라마 등을 시청하고 있다. 콘텐츠를 확대하기 위해 20세기 폭스 텔레비전(20th Century Fox Television), 월트디즈니 등과 제휴를 맺었다. 한국에서는 2016년 1월부터 공식적으로 서비스를 시작했고, 올레TV 등의 국내 IPTV 업체와 경쟁을 벌이고 있다. **2018년 매출액은 한화로 약 18조원, 총 자산은 약 29조원이고, 약 5,400여 명의 직원을 두고 있다.**

"넷플릭스는 앞으로도 광고를 도입하지 않을 생각이다. 또 뉴스, 스포츠 등 생중계 콘텐츠 없이 TV드라마와 영화에 집중할 예정이다." 전 세계에 스트리밍 구독 혁명을 일으키고 있는 넷플릭스의 리드 헤이스팅스 최고경영자(CEO)가 2019년 3월 18일 전 세계 기자 60여 명이 참석한 가운데 미국 로스앤젤레스(LA)에서 열린 '랩스데이' 행사에서 향후 TV드라마, 영화 등 오리지널 콘텐츠 제작에 전념한다는 미래 전략을 밝혔다. 또 조선시대 좀비를 다룬 드라마 '킹덤'이 세계적으로 큰 인기를 끌자 한국 콘텐츠를 지속적으로 제작하고 투자를 늘리겠다고 공개적으로 약속했다.

넷플릭스는 2019년 약 120억~140억달러(약 13조 5,552억~15조 7,200억원)를 콘텐츠 제작에 투자할 예정이다. 이 금액을 아마존이나 홀루 등 경쟁사처럼 스포츠 중계권 확보나 뉴스 채널 추가에 쓰지 않고 오리지널 TV드라마와 영화 제작에만 투자한다. 헤이스팅스 CEO는 애플이 2019년 3월 발표할 새로운 스트리밍 서비스에는 참여하지 않는다고 밝혔다. "애플은 훌륭한 회사다. 하지만 우리 콘텐츠를 넷플릭스에서만 보도록 하고 싶다"고 말했다.

디즈니, AT&T(워너브러더스), 컴캐스트(NBC유니버설), 애플이 올해 각각 넷플릭스 대항마를 출시한다. 실제 애플이 2019년 3월 25일 스티븐 스필버그 감독의 영화, 리스 위더스푼 등이 출연하는 드라마 등 최소 11편의 오리지널 콘텐츠가 포함된 스트리밍 서비스 계획을 발표할 예정이다. 디즈니는 픽사, 마블, 스타워즈, 내셔널지오그래픽 등을 묶어 연말 자체 스트리밍 서비스 '디즈니 플러스'를 시작한다. 워너미디어(워너브러더스, HBO, CNN)를 인수한 AT&T도 자체 스트리밍 서비스를 연내 출시하며 컴캐스트 NBC유니버설은 광고가 포함된 스트리밍 서비스를 시작한다고 전략을 밝힌 바 있다.

넷플릭스는 한국 콘텐츠에 대한 투자를 늘리겠다고 밝혔다. 헤이스팅스 CEO에 이어 넷플릭스의 2인자로 불리는 테드 서랜도스 최고콘텐츠책임자(CCO)는 "한국 콘텐츠는 최고의 경쟁력을 보이고 있다. 가장 한국스러운 콘텐츠인 '킹덤'은 아시아 외에도 미국 러시아 등 전 세계에서 인기를 끌고 있다"고 말했다. 넷플릭스는 한국 드라마로서는 처음으로 '킹덤' 시즌2 제작을 확정했으며 '페르소나' 등도 곧 공개할 계획이다. 서랜도스 CCO는 "킹덤은 한국 전통 의상이 등장하고 무술, 좀비 등 독특한 문화적 배경이 있지만 전 세계적으로 인기를 끌고 있다. 워낙 퀄리티가 뛰어나서 당초 예정에 비해 4개월 늦게 완성도를 높여 개봉했다. '가장 한국적(로컬)인 것이 가장 세계적인 것'이라는 점을 보여주는 좋은 사례"라고 말했다. 넷플릭스는 E3 2019를 계기로 게임사업에도 나선다.

헤이스팅스 명언

♣ 네플릭스 브랜드는 영화와 TV 쇼에 초점이 맞춰져있다.

♣ 뛰어난 얼간이에게 참지마라. 팀워크 비용이 너무 비싸다.

♣ 대부분의 기업가적 아이디어는 미친 소리이고, 어리석고, 비경제적으로 들리지만, 맞는 걸로 바뀐다.

♣ 스타버스의 비밀이 라테를 받을 때의 미소라면, 우리 웹사이트는 개인의 취향에 맞춰진다는 것이다.

♣ 우리의 다음 1억 명은 인도로 부터이다.

1950년대 출생 인물들

1950년대 태어난 인물들 15명을 소개한다. 컴퓨터 운영체제(OS), 정보통신기술(ICT) SW, 게임SW, 그래픽분야 등의 선구자들과 SW융합·창조 글로벌 리더 들을 선택하였다. 게임프로그래머 및 CEO, SW 벤처기업인, ICT분야 사업가, 파이썬을 개발한 프로그래머, 마이크로소프트 최고기술책 임자(CTO), MS설립자, 애플설립자, 인터넷의 아버지, 자바(Java)의 아버지, 구글회장, 썬 창업자, 프로그래머, 게임개발자등의 삶과 업적 및 생각(명언)등을 소개한다.

사토루 Iwata Satoru

● 닌텐도 CEO ● 일본 ● 1959년생

[출생] 1959년 12월 6일, 일본 홋카이도 삿포로
[사망] 2015년 7월 11일 (55세), 일본 교토부 교토 시

[국적] 일본
[교육] 도쿄 공업대학 공학부

[배우자] 이와타 가요코(岩田佳代子)
[부모] 아버지: 이와타 히로시(岩田弘志)

[분야] 정보공학
[주요 성과]
벌룬파이트, 별의 커비 시리즈, 대난투 스매시브라더스 시리즈 등

[요약]

닌텐도의 네 번째 CEO였으며, 2002년에 물러날 때까지 오랫동안 회사를 경영해 왔던 야마우치 히로시의 뒤를 이었던 인물이었다. 이와타 사토루의 아버지는 홋카이도 무로란 시의 시장을 맡았었던 이와타 히로시였다. 이와타 사토루는 2001년, 게임큐브가 발매되기 이전, 그리고 발매되었을 때 닌텐도의 경영 전략의 지휘에 대한 막대한 책임이 있었다. 2002년 회계 연도에 게임큐브는 41%의 판매량 증가를 보였다. 2015년 7월 11일 지병인 담관암으로 사망하였다. "Barron's Magazine"은 이와타를 Wii와 매일매일 DS 두뇌 트레이닝의 판매량과 급상승하는 주가를 이유로, 세계 최고의 CEO로 명명했다.

[생애]

이와타 사토루는 일본 홋카이도 삿포로 시에서 태어났다. 이와타 사토루는, **자신은 어려서부터 비디오 게임을 제작하는 것에 흥미가 있었으며, 휴렛 패커드의 전자계산기를 접하여 컴퓨터 프로그래밍에 익숙해질 수 있는 환경에 있었다고 한다. 이와타 사토루는 고등학교 학생일 때 자신의 집에서 실제로 전자 게임을 만들었다.** 이와타가 만들었던 몇 가지의 단순한 숫자 게임들은 휴렛 패커드 전자계산기로 만든 것이었다.

고등학교 졸업 이후, 이와타는 컴퓨터 과학 전공을 마친 도쿄 공업대학에서 인정받았다. 이러한 환경은 이와타의 비디오 게임에 대한 기술적 자문과 열정이 인정받게 되는 계기가 되었으며, **닌텐도의 외주 업체인 HAL 연구소에서 시간제 프로그래머로 일하게 된다.** 1982년, 대학 졸업 이후, 이와타는 HAL 연구소에 신입 사원으로 채용되었다. 1983년, 사토루는 소프트웨어 생산팀의 코디네이터가 되었다. 이와타 사토루는 그 곳에서 일하는 동안 ≪벌룬 파이트≫, ≪마더≫, ≪별의 커비≫와 같은 작품의 제작을 도왔다. 1993년, 마침내 이와타는 HAL 연구소의 사장으로 승진하였다. 그럼에도 불구하고, 이와타 사토루와 연구소는 가끔 자유 계약으로 닌텐도의 비디오 게임 제작에 참여하기도 하였다. 2000년, 이와타는 기업 기획부서의 수장으로서 닌텐도에 자리를 잡았다.

1949년부터 쭉 닌텐도의 사장을 역임해 왔던 야마우치 히로시가 2002년 5월 31일부로 물러난 이후, 이와타는 닌텐도의 네 번째 사장이자, 최초로 야마우치 혈통에 관계되지 않은 집안의 사장이 되었다. 이와타 사토루는 거래처로서 HAL 연구소를 돕는 일을 계속하였다. 그것은 이와타가 여전히 그 곳의 아티스트로 일하는 것을 의미했으며, 이와타 사토루는 별의 커비 시리즈를 위한 캐릭터 컨셉 아트의 디자인을 만드는 데 조력했다. 이와타 사토루가 진행했던 가장 최신 프로젝트는 Wii와 닌텐도 DSi LL이다. **이와타 사토루는 닌텐도 웹사이트에 종종 연재되는 "사장님이 묻는다." 시리즈의 주인공이다. 이와타 사토루는 또한 ≪젤다의 전설≫ 시리즈, ≪마리오≫ 시리즈, ≪동물의 숲≫ 시리즈에 참여하기도 했다.**

2014년 6월 건강진단에서 담관암이 발견되어 수술을 받았다. 수술후 요양을 거쳐 동년 10월 경영방침 설명회를 통해 복귀 했는데, 이후 닌텐도 다이렉트에 불참 하거나 살이 빠진 모습으로 등장 하는 등 병세가 나빠졌다. E3 2015에서는 조금 좋아진 모습을 보여 팬들을 안심 시켰으나, 결국 2015년 7월 11일 향년 56세의 나이로 세상을 떠났다.

[게임개발 업적 등]

이와타 사토루는 닌텐도의 전(前)사장이다. 야마우치 히로시를 이어 2002년 5월 24일에 사장이 되었다. **어린 시절 HP의 전자계산기에 흥미를 가져 신문배달 끝에 구입해서 프로그래밍을 마스터하고, 대학에 갔을 때는 이미 다 아는 것만 가르치고 있어 시시해질 정도의 실력을 보유하고 있었다.** 이후 HAL 연구소에 대한 소개를 받아 아르바이트를 하게 되었다고 한다. 이후 **대학 졸업 후 그대로 HAL 연구소에 취직했다.**

생전에 "게임은 어렵고 복잡해선 안 된다.""게임은 만인에게 받아들여져야 한다."는 생각을 갖고 있어서 이와타 사토루가 닌텐도의 사장이 된 이후 닌텐도는 저연령층과 고연령층은 물론, 여성에게도 어필할 수 있는 게임을 주로 제작하여 게임인구 확대에 열을 올리는 모습을 보였다. 다만 젊은 코어 게이머들은 닌텐도의 이런 모습을 딱히 반기지 않아서 이와타 사토루가 취임하고 난 이후의 닌텐도 게임기 유저층 조사를 보면 초등학생층은 매우 두텁지만 이후 점점 줄어들다가 고교생 이후로는 반토막이 나고, 30대 이후 다시 폭발적으로 증가하는 경향을 보인다.

대학시절 아르바이트로 HAL 연구소에서 프로그래밍을 하다가 졸업 후 정식 입사했다. 당시부터 뛰어난 프로그래밍 실력으로 사내는 물론 닌텐도에서도 유명했다. 특히, 당시 닌텐도내에서도 패미컴의 CPU, 6502를 제대로 다룰 줄 아는 프로그래머가 적었는데, 이와타가 평소 만져왔던 기기가 6502였던 것이 큰 행운으로 작용했다고 한다. 이와타가 패미컴용으로 이식한 벌룬 파이트가 아케이드용 보다도 더 매끄럽게 움직이자 오히려 닌텐도에서 배우러 왔을 정도였다. 그는 당시의 노하우를 슈퍼 마리오의 수중 스테이지에 적용했다고 한다.

"프로그래머는 'No'라고 말하면 안 된다."는 지론을 갖고 있어서 기획서에 적혀있는대로 구현이 불가능하다는 생각이 들어도 '이것은 기술적으로 불가능하다.'는 말을 하기 보다는 최대한 원 기획서에 제시된 것과 가까운 모양으로 프로그래밍하는 방법을 연구하였다고 한다. 실제로 그동안 다른 회사라면 구현하기 힘들다며 반려되던 여러가지 기획들을 성공적으로 구현시켰다. **포켓몬스터 금·은의 개발에도 관여**해서, 게임 프리크에서 게임보이 컬러 롬 카트리지 용량 문제로 성도 지방만 넣으려던 계획을 혼자서 압축 프로그램을 직접 만들어 주면서 관동 지방을 게임에 넣게 했다고 한다. 또한 포켓몬 스타디움의 개발에도 관여했는데, **포켓몬스터 적·녹의 전투 시스템을 닌텐도 64에 이식하기 위한 목적으로 혼자서 일주일만에 어셈블리어 코드를 해석하여 C언어로 코딩했다고 한다.**

2000년에 야마우치 사장의 스카우트로 닌텐도에 경영기획실장으로 입사했다. 그리고 2002년, 물러나는 야마우치 사장의 부탁으로 사장이 되었다.

사장이긴 하지만 야마우치가 퇴임하며 회사를 이사회가 경영하는 방식으로 바꾸고 간 덕분에 회사를 좌지우지하던 야마우치만큼의 영향력은 발휘하지 못했다. 하지만 적극적으로 대외활동을 하며 미야모토 시게루와 함께 닌텐도의 광고탑으로 활동했었다. 사장 취임 후 NDS & Wii의 폭발적 성공 때는 비교적 조용한 경영을 하였으나, 시장 상황이 바뀐 3DS & Wii U 때는 전면적으로 나서 마케팅에 열을 올리기도 했었다.

그러나 이러한 예능감을 뽐내며 친근한 사장으로서 유저에게 접근하던 모습은 2015년 7월 11일을 기점으로 다시는 볼 수 없게 되었다. 2014년 6월 건강진단에서 담관암이 발견되어 수술을 받았다. 수술 후 요양을 거쳐 동년 10월 경영방침 설명회를 통해 복귀했는데, 이후 닌텐도 다이렉트에 불참하거나 살이 빠진 모습으로 등장하는 등 병세가 나빠졌다. 2015년 E3 때는 조금 좋아진 모습을 보여 팬들을 안심시켰으나 결국 같은 해 7월 11일 세상을 떠났다.

[닌텐도]

창립: 1889년 9월 23일

창립자: 야마우치 후사지로

본사: 일본, 교토 시

제품: 비디오 게임

매출액: 약 10조 560억원 (2018년)

직원: 5,944명 (2019년)

닌텐도 주식회사(Nintendo Co., Ltd.)는 일본의 교토에 본사를 둔 가전제품·비디오 게임 회사이다. 닌텐도는 마리오 시리즈, 젤다의 전설, 포켓몬스터와 같은 널리 알려진 프랜차이즈 게임을 생산했고, 전 세계에서 시가 총액이 가장 큰 비디오 게임 회사 중 하나이다. 1889년 9월 23일 야마우치 후사지로가 화투 제조 회사로 설립한 것으로 시작되었으며, 1963년까지 운송업이나 러브 호텔 등 틈새 시장을 노렸으나 성공을 거두지 못했다. 1960년대 들어서는 일본의 완구 회사인 울트라 핸드와 협력하여 완구 사업에 총력을 기울이기 시작했고 그 외의 다른 사업에서 손을 떼게 되었다. 1970년대부터는 비디오 게임 회사로 변모하였고, 지금까지 이어져 오고 있다. 닌텐도의 회사 가치는 850억 달러로, 비디오 게임 산업에서 가장 영향력이 큰 회사이자 일본 내에서 3번째로 가치가 높은 회사이다. 1992년부터 2016년까지, 닌텐도는 또한 메이저 리그 베이스볼의 시애틀 매리너스의 최대 주주였었다.

2019 미국 E3게임쇼에서 구글은 '스타디아(STADIA)'를, 마이크로소프트는 '엑스(X)클라우드'라 불리는 스트리밍 게임 서비스와 게임 구독 서비스 '게임패스 얼티밋'을 선보이는 등 '스트리밍'과 '게임 구독'이 게임업계 핵심 키워드로 떠올랐다. 닌텐도도 스트리밍과 게임 구독에 주목하고 있으며, 사업성이 있는지 평가를 진행하고 있다.

♣ 내 명함에 나는 회사 사장이다. **맘속으로는 게임 개발자이다. 가슴속에서 나는 게이머이다.**

♣ **적은 량의 힘도 어떤 분야에 집중되면 크나큰 효과를 가진다.**

♣ 게임은 만인에게 받아들여져야 한다.

♣ 난 어린이들이 닌텐도에 도움을 줘서 당황한 적이 많다. 자랑스럽다.
   어린이들은 본능적으로 제품을 판단한다.

♣ 게임은 어렵고 복잡해선 안 된다.

♣ 한 곳에만 머물러 있다면 시대에 뒤떨어질 것이다.

♣ 비디오 게임들은 실수였다.

조현정趙顯定, 영문이름Cho Hyun Jung

• 기업인 • 비트컴퓨터 CEO • 한국 • 1957년생

우리나라 대학생들 소프트웨어 기피 현상, 자살골과도 같아
학생들의 열정을 소프트웨어를 공부한다면 창조가능

[출생] 1957년 8월 13일, 경상남도 김해
[소속] 비트컴퓨터 (대표이사 회장)
[가족] 배우자 신현미, 슬하 3남

[학력사항]

2004년 인하대학교 명예공학박사

1997년 연세대학교 보건대학원 보건환경 고위정책과정 수료

1985년 인하대학교 공과대학 전자공학과 학사

1977년 용문고등학교 졸업

[경력사항]

2017 ~ 국민안전안심위원회 위원

2016 ~ 2017 검찰개혁추진위원회 위원

2015 ~ 2017 국민경제자문회의 위원

2015 ~ 2016 검찰미래발전위원회 위원
2013 ~ 2017 공공데이터전략위원회 위원
2013 ~ 한국소프트웨어산업협회 회장
2011 ~ 2016 한국공학한림원 이사
2010 고용노동부 청년고용 홍보대사
2010 ~ 벤처기업협회 명예회장
2010 ~ 한양대학교 특임교수
2009 ~ 한국공학한림원 정회원
2008 ~ 대한의료정보학회 부회장
2007 ~ 2016 통일IT포럼 부회장
2006 ~ 코스닥협회 부회장, 이사
2005 ~ 2007 벤처기업협회 회장
2005 ~ 비트컴퓨터 대표이사 회장
2003 ~ 2006 한국기술거래소 이사장
2003 ~ 이화여자대학교 겸임교수
2001 ~ 2012 한국소프트웨어산업협회 부회장
2000 ~ 조현정재단 이사장
1999 ~ 2014 인하대학교 겸임교수
1983 ~ 비트컴퓨터 사장(창업자)

[수상내역]
2012 모범납세자 기획재정부장관 표창
2010 은탑산업훈장
2007 한국생산성학회 생산성CEO대상
2002 보건복지부 신지식인상
2000 동탑산업훈장
1999 보건복지부장관 표창
1998 정보문화기술상 국무총리상
1997 정보통신부장관 표창

[저술 활동]
≪컴퓨터 여행≫ 조현정, 1992
≪한국벤처산업발전사 2≫ (아르케, 2006.02.28)
≪아름다운 열정≫ (청림출판, 2008.9.15)

[생애]
조현정은 대한민국의 벤처기업인이다. 경상남도 김해 출신으로 1983년 대한민국 벤처 1호 기업이자

의료정보업체인 비트컴퓨터를 설립한 대한민국 벤처기업 1호 기업인이다. 1982년 국내 최초의 애플리케이션 소프트웨어인 의료보험청구 프로그램을 개발한 것을 계기로, 다음해인 1983년 인하대 전자공학과 3학년 재학 중 비트컴퓨터를 설립하였다.

1988년 서울올림픽 당시 국내 최초의 멀티미디어 소프트웨어인 서울올림픽 성화봉송 및 문화예술축전 업무전산화 프로그램을 개발해 당시 미국, 일본 등 전세계 언론의 주목을 받았다. 1989년 「월스트리트 저널」 및 「아시안 월스트리트 저널」 TOP기사로 한국의 가장 우수한 소프트웨어 개발자로, 한국의 빌게이츠로 소개된 바 있으며, 중학교를 중퇴하고 충무로 기술자에서 고입 검정고시를 거쳐 용문고를 졸업했다. 인하대 재학 중에 비트컴퓨터를 설립한 입지전적인 이력으로 알려져 있다. 1998년 2월 MBC 성공시대 11회 주인공으로, 성공스토리가 소개된 바 있다.

1990년, IT업계의 사단, 혹은 조현정 사단으로 지칭되는 비트스쿨(구 비트교육센터)을 설립해 2014년 6월말 기준 8,600여명의 IT전문인력을 배출해 업계에 기여하고, 프로젝트의 프로그래밍 기법과 소스까지 매달 공개해 후배양성과 후배벤처 키우기에도 힘써왔다. 1988년 한국소프트웨어산업협회 설립을 주도하고 원년멤버로 가입했으며, 2013년 2월 제14대 회장에 취임해 한국의 소프트웨어산업 발전에 기여하고 있다. 또, 1995년에는 이민화, 변대규 등과 벤처기업협회 설립을 주도, 벤처비전 2005를 발표하고 벤처기업특별법을 제정, 코스닥 설립, 스톡옵션 제도 도입, 벤처빌딩, 실험실 창업제도 등 수많은 벤처정책을 입안하여 한국의 벤처대국 입지형성에 기여하였다. 2005년부터 2007년까지 벤처기업협회 6대회장에 재임하였으며, 이후 명예회장으로 활동하고 있다.

2000년에는 북한의 초청으로 대한민국 IT전문가로는 최초로 인민대학습당에서 북한 IT전문가 500여명을 대상으로 강의를 한 것을 계기로 대북 IT지원사업에도 관심을 가지고 활동한 바 있다. 2000년 1월에는 개인 사재 20억원을 현금으로 출연해 조현정 학술장학재단을 설립했다. 이를 계기로 벤처기업인들의 릴레이 기부를 촉발하는 계기가 되었다. 조현정 재단을 통해 매년 12~20명의 학생이 고2~대학2년까지 4년간 장학금을 수혜받았으며, 학술지원 등 사업을 지속적으로 펼치고 있다.

[한국소프트웨어산업협회 회장]

한국소프트웨어산업협회는 2017년 2월 24일 서울 양재동 엘타워에서 '제29회 정기총회'를 열고 조현정 회장(비트컴퓨터 대표)을 재선임했다고 밝혔다. 조현정 회장 재임기간동안 회원수는 1천123개에서 1천450개로 30% 증가했고, 협회 규모는 약 2배로 양적·질적 성장했다. 수석부회장제를 신설하고 협회 산하에 산하 7개 위원회, 13개 협의회를 신설 및 운영해 회원 중심의 활발한 활동을 지원하는 등 협회의 대외적 성장과 내실 다지기에 기여했다. SW가 4차 산업혁명의 핵심산업으로서 범사회적 관심과 가치를 인정받을 수 있도록 다방면으로 활동했다.

총회에서 수석부회장으로 엠프론티어 안재환 대표, 메타빌드 조풍연 대표, 한글과컴퓨터 이원필 대표 등을 선임했으며, 기존 임원 43개사를 연임했다. 신규 임원으로 테르텐 이영 대표를 부회장으로, 솔트룩스 이경일 대표, 컴투스 송병준 대표, 투비소프트 이홍구 대표, 데이타소프트 전현경 대표 등이 이사로 선임됐다. 협회측은 올해 '4차 산업혁명을 선도하는 대표 협회 위상 확보'를 모토로 ▲신산업 육성을 위한 SW사업 환경개선 ▲4차 산업을 대비한 현장중심의 고급 인재양성 ▲회원 중심의 협회 운영 체계 확립 등을 위한 사업을 중점 추진하기로 했다. 조현정 회장은 회장추대 수락연설에서 "지난 4년간 헌신적으로 활동해 주신 여러 임원 및 회원 덕분에 괄목할만한 성과를 낼 수 있었다."며

"SW가 4차 산업혁명을 선도하고 정당한 가치를 인정받을 수 있도록 봉사하는 마음으로 임하겠다."고 밝혔다.

[비트컴퓨터]

설립일: 1985.04.25. [대표자 **조현정, 전진옥**
업종: 시스템 소프트웨어 개발 및 공급업
주요 사업: 의료정보 소프트웨어 개발, 유-헬스케어, IT교육 등
취급품목: 의료정보 시스템, 그룹웨어, 병원정보 솔루션, 전자의무기록 시스템, 영상의무기록 시스템, 의원관리 프로그램, 무인처방전달 시스템, 건강통합 의료정보카드, 운영 전산프로그램

비트컴퓨터는 원스텝으로 만성질환관리를 할 수 있는 의료기관용 EMR(전자의무기록) 서비스를 2019년 출시했다. '만성질환관리서비스'는 요양기관 정보마당과 연계, EMR 내에서 만성질환자의 통합 관리가 가능한 솔루션이다. 삼성 헬스 등 앱과 연계해 만성질환자의 개인 건강 데이터 수집을 통해 환자의 생활습관까지 객관적이고 구체적으로 평가한다.

♣ 나와의 약속 "나는 할 수 있다"
♣ 낙천적 생각, 적극적 생활
♣ **남보다 먼저, 남과 다르게**
♣ 몰두하면 나마저 잊는다.
♣ **멈추면 쓰러진다.** (자전거론)
♣ 능력이 떨어지는 사람이 열심히 일하면 회사를 망하게 할 수도 있습니다.
  그게 바로 정보산업의 특징입니다.
♣ 노력에 앞서 충분한 실력을 먼저 갖추지 못하면 몇 달, 몇 년을 고생하고도 무용지물이 되거나 심지어는 고객을 도산하게 할 수도 있다.
♣ "Take pride." 자신감을 가져라. 긍지를 가져라.
♣ **한국은 한 해 1만명가량 SW 신규 인력이 배출된다.**
  중국은 매년 신규 SW 배출 인력이 74만명가량이다.
  인도는 20만명 이상이다.
♣ 중국에서 2018년 상반기 매출 1조원 이상 유니콘 기업이 160여개에 달했고, 이 가운데 **80~90%가 SW를 기반으로 서비스 모델을 만들었다.**
♣ 지식이 많으면 1등이지만 상상력이 많으면 1호가 될 수 있다.
♣ 'SW의, SW에 의한, SW를 위한 4차 산업혁명'이라고 표현할 만큼 SW가 중요하다.
♣ 과거에는 가정 수준에 따라 금수저, 흙수저로 나눠 직업이 결정됐지만, 미래 직업은 SW하는 사람과 다른 것을 하는 사람으로 나뉠 것이다.

손정의 Son Masayoshi

● 소프트뱅크 회장 ● 일본 ● 1957년생

99%의 사람들이 자신의 인생을 무엇에 걸 것인가를 결정하지 않고 살아간다.

[출생] 1957년 8월 11일 (일본)
[성별] 남성
[본명] 손정의
[별자리] 사자자리 띠 닭띠
[배우자] 오노 마사미 (大野優美, 손우미)

[소속] 소프트뱅크 (대표이사 회장), 소프트뱅크 호크스 (구단주)

[학력사항]
~ 1980 캘리포니아대학교 버클리캠퍼스 경제학 학사

[경력사항]
2005 ~ 소프트뱅크 호크스 구단주

2000.07 일본 총리정책자문기관 정보기술IT 전략회의 위원

2000 대만 천수이볜총통 개인고문, 일본 개인용컴퓨터SW협회 부회장

1996 ~ 2015.06 야후재팬 이사회 회장

1996 야후재팬 설립

1981.09 ~ 소프트뱅크 대표이사 사장

1981.09 소프트뱅크 설립

[수상내역]

1999 매일경제신문사와 전국경제인연합회 선정 21세기를 빛낼 기업인 7위

1999 미국비즈니스위크지 인터넷 시대를 주도하는 25인 선정

1998 미국타임지 사이버공간에서 가장 영향력있는 인물 50명 중 17위 선정

[요약]

손정의(孫正義) 또는 손 마사요시는 일본의 사업가로 현 소프트뱅크 그룹의 대표이사 겸 CEO이자 일본 프로 야구 후쿠오카 소프트뱅크 호크스의 구단주이다. 일본 최고의 재벌이다. 2019년 재산은 약 25조원(216억 달러)으로 일본 2위, 세계 43위이다.

[생애]

일본 사가 현 도스 시 출생으로 재일 한국인 3세이다. 할아버지인 손종경은 대구광역시에서 살다가 일본으로 건너가 정착하여 아버지인 손삼헌을 낳았고, 손정의는 아버지 손삼헌의 아들 4형제 가운데 차남으로 태어났다. 손정의의 어머니 역시 한국인으로 이씨라고 한다. 대한민국 대구광역시에서 살다가 일본으로 이주한 할아버지 손종경이 일본에 정착하면서부터 일본에서 살았는데, 그의 할아버지는 일본 사람들이 힘들어서 하지 않는 광산노동자로 일했으며, 손정의의 아버지인 손삼헌은 생선 장사, 양돈업 등의 여러가지 일을 하였다. 1973년 쿠루메 대학 부설 고등학교에 입학하여 다니다가 이듬해 중퇴하고, 일본 맥도날드 경영자 후지타 덴의 조언으로 유학을 준비했다.

16세가 되던 해에 미국 캘리포니아 주 살레몬테 고등학교에서 미국 유학을 시작했으며, **고등학교를 3주일 만에 졸업 후 캘리포니아 버클리 대학에서 경제와 컴퓨터 과학(컴퓨터 설계, 자료 처리 등을 다루는 과학)을 공부하였다. 캘리포니아 버클리 대학 경제학부 재학 시 마이크로칩을 이용한 번역기를 개발**했으며, 1980년 캘리포니아 오클랜드에 유니손 월드라는 사업체를 설립하였다. 공부를 마치면 귀국하겠다는 부모와의 약속을 지키기 위해 일본에 귀국했으며, 1년 6개월간 사업구상을 한 뒤 **1981년 9월 종합소프트웨어 유통업체인 소프트뱅크를 설립했다.** 소프트뱅크는 컴덱스(COMDEX)에 전시된 소프트웨어를 눈여겨본 일본회사들과 거래하면서 자라기 시작했으며, 일본업체들의 견제로 잡지에 광고를 싣지 못하자 스스로 컴퓨터 잡지를 출판하기도 했다. 1996년 야후재팬을 설립, 2001년 브로드밴드 사업에 진출, 2004년 일본텔레콤을 인수하였고, 같은 해에 프로야구단 후쿠오카 다이에호크스를 인수하였다. 2006년 보다폰 일본법인을 인수하여 휴대전화사업에 진출하였다. 2008년 애플의 아이폰3G 스마트폰을 일본에 발매하였다.

알리바바의 최대주주인 일본 소프트뱅크의 손정의 회장이 알리바바가 미국 증시에 상장되면서 5,000

억 엔(약 4조 8,000억 원)의 수익을 거둘 것으로 예상된다고 로이터통신이 2014년 9월 21일 보도했다. 알리바바는 뉴욕증시 상장 첫날인 지난 9월 19일 공모가(68달러)보다 38.1% 급등한 93.89달러에 거래를 마감하면서 소프트뱅크도 큰 수익을 거뒀다. 손정의 회장은 2000년 창업자인 마윈 회장과 만난 후 소프트뱅크가 2,000만 달러(약 207억 원)를 알리바바에 투자토록 결정했으며, 이 결단이 14년 만에 엄청난 대박으로 이어진 것이다. 이에 따라 손정의 회장은 재산이 166억 달러(17조 2,000억 원)로 일본 내 최대 갑부가 됐다. 소프트뱅크는 지분 32.4%를 보유하고 있다. 증시 전문가들은 대체로 알리바바의 성장 가능성이 아직도 크다면서 알리바바의 주가가 계속 오를 것으로 전망하고 있다. 손 회장은 미 CNBC와의 인터뷰에서 알리바바의 지분을 더 갖기를 원한다면서 "무엇이든 가능하지만 현재에 만족한다."고 말했다. 손 회장은 소프트뱅크가 알리바바를 핵심 자산으로 생각하고 있고, 이 회사의 미래에 대해 낙관적이라고 전했다. 그러나 일부에서는 알리바바의 복잡한 기업구조 등을 이유로 투자에 조심해야 한다는 경계의 목소리도 나오고 있다. 알리바바는 2014년 거래 첫날부터 주가가 엄청나게 뛰면서 미국 증시 인터넷 기업 중 시가총액이 페이스북을 제치고 구글(4,031억 8,000만 달러)에 이어 2위로 올랐었다. **알리바바는 2018년 매출액이 약 400억 달러 (한화 약 45조원), 직원수는 66,421명, 2018년 글로벌 브랜드가치는 약 400조원, 세계 9위의 기업으로 성장하였다.**

[소프트뱅크]
회사명(상호): 소프트뱅크 주식회사 SOFTBANK CORP.
창립: 1981년 9월 3일
창립자: 손 정의 (대표이사 사장)
본사: 일본, 도쿄도 미나토구 히가시신바시 1-9-1
자본금: 1,887억7,534만 엔
연결자 회사수: 117개 사, 분법적용 회사수 73개사
사업내용: 순수지주회사
제품 및 서비스: 유선 인터넷, 휴대전화 판매, 광대역 케이블 산업, 텔레비전 미디어 콘텐츠, 디지털 미디어, 사물 인터넷
매출액: 약 100조원 (2018년)
직원: 74,952명 (2018년)

소프트뱅크 주식회사는 1981년 9월 3일 일본 도쿄에서 설립된 고속 인터넷, 전자 상거래, 파이낸스, 기술 관련 분야에서 활동하는 일본의 기업 겸임 일본의 이동통신사이다. 사장은 한국계 일본인인 손 마사요시(손정의)이다.
영국 반도체 설계 업체 ARM이 2019년 5월 22일 중국 화웨이와 거래를 중단키로 했다. 미국의 화웨이 제재 행보에 동참하는 차원에서다. **ARM은 손정의 회장의 소프트뱅크가 2016년 234억 파운드(약 35조원)에 인수했다.** ARM과의 단절은 화웨이가 스마트폰용 애플리케이션 프로세서(AP)를 앞으로 만들 수 없다는 것을 의미한다. 화웨이는 자체 개발한 '기린' AP를 자사 스마트폰에 탑재하고 있다. 기린이 직접 설계한 AP이긴 하지만 ARM의 반도체 코어 설계를 가져다 수정해 사용한다. 따라서 ARM의 코어 설계가 없으면 사실상 기린을 만들 수 없게 된다. 스마트폰의 핵심 부품인 AP 없

이 스마트폰 사업을 하는 건 불가능하다. 미국의 제재로 화웨이는 세계 최대 AP 업체인 퀄컴으로부터 칩을 받을 수 없다. 그렇다고 화웨이가 삼성전자, 미디어텍 등 다른 업체의 AP를 사용할 가능성도 희박하다. **화웨이 스마트폰 사업의 운명이 손정의 회장 손에 달린 셈이다.**

밀월인 화웨이와 등 돌렸던 소프트뱅크 손정의 회장이 자신이 대주주인 미국 4위 통신사 스프린트의 3위 T모바일 합병이 2019년 6월 미국에서 제동이 걸리자 화웨이와 다시 손잡을 수 있다는 관측이 나왔다. 소프트뱅크가 LTE에 이어 화웨이를 5G 장비공급사로 선택하거나 화웨이에 결정적인 타격을 안긴 ARM의 제한을 푸는 등 화웨이 배제 결정을 번복할 가능성을 배제할 수 없다는 게 업계 시각이다.

♣ 창업 당시 동료들도 다 떠나갔다. 돈, 명예, 지위는 다 하찮은 것이다.
　사람들에게 **기쁨을 줄 수 있는 일**을 하고 싶다.
♣ 나는 사업가다. 뜻을 이루고 싶다.
　가장 사랑받고 꼭 필요한 회사, 사람들을 행복하게 하는 회사를 만들고 싶다.
♣ 정보혁명은 에너지 없이 이뤄질 수 없다. 태어났으니 **사명**을 다하겠다.
　깨닫고 나서 **행동**에 옮기지 않는 것은 죄악이다.
♣ 20세에 세상에 이름을 떨치고, 30대에 운영자금을 축적하고, 40대에는 일에 승부를 걸고, 50대에는 사업 모델을 완성하고, 60대에는 은퇴한다.
♣ 김범석 대표가 보여준 비전은 쿠팡을 한국 이커머스 업계의 리더이자 세계에서 가장 혁신적인 인터넷 기업 중 하나로 성장시켰다.
　고객들에게 계속해서 더 많은 가치를 제공하고 있는 쿠팡과 손잡게 돼 자랑스럽다.

로섬 Guido van Rossum

• 프로그래머 • 네덜란드 • 1956년생

"Yes, I definitely believe that it has some good cross-platform properties. Object orientation was one of the techniques I used to make Python platform independent."

Guido van Rossum

[출생] 1956년 1월 31일, 네덜란드 노르트홀란트 주 하를럼
[학력] 암스테르담 대학교 출신
[직업] 소프트웨어 엔지니어
[배우자] 킴 캄앱
[자녀] 오라진 마이클 냅 반 로섬

[요약]
귀도 반 로섬은 네덜란드 출신의 컴퓨터 프로그래머이다. 프로그래밍 언어인 파이썬을 개발한 것으로 유명하다. 2005년부터 2012년까지 구글에서 일했으며, 2013년부터 드롭박스에서 일하고 있다.

[생애]
반 로섬은 네덜란드에서 태어나서 자랐으며 1982년 암스테르담 대학에서 수학과 컴퓨터 공학 석사 학위를 받았다. 네덜란드 암스테르담의 Wiskunde & Informatica, 미국 국립 표준 기술 연구소

(NIST), 메릴랜드 주 게이 더스 버그, 버지니아 주 레스톤(Reston)에 있는 CNRI (National Research Initiatives)에서 근무하기도 하였다.

[가족관계]

귀도 반 로섬은 형식 디자이너이자 프로그래머 인 Just van Rossum의 형제이다. Just van Rossum은 "Python Powered"로고에 사용된 서체를 디자인했다. Guido는 그의 아내 Kim Knapp와 그의 아들 Orlijn과 함께 캘리포니아 주 벨몬트 (Belmont)에 거주한다.

[업적]

귀도 반 로섬은 Stichting Mathematisch Centrum (CWI)에서 일하면서 1986년에 BSD 유닉스에 glob () 루틴을 작성하고 기고했다. 또한 Ransum은 ABC 프로그래밍 언어의 개발에 참여했으며, 나중에 a,b,c 언어는 또한 파이썬을 제작할 때 쓰였다.

[파이썬]

1989년 12월, 나는 크리스마스 주중에 나의 "취미"가 될 만한 프로그램을 찾고 있었다.

1999년, 반 로섬은 DARPA에게 Computer Programming for Everybody라는 자금 제안서를 제출하여 Python에 대한 자신의 목표를 정의했다. 반 로섬은 2008년 구글 개발자 컨퍼런스에서 파이썬의 기원에 대해 귀도 반 로섬은 1996년에 다음과 같이 썼다.

"1989년 12월, 저는 크리스마스 주중에 저의 취미가 될만한 프로그램을 찾고 있었습니다.

1999년, 반 로섬은 DARPA에게 Computer Programming for Everybody라는 자금 제안서를 제출하여 Python에 대한 자신의 목표를 정의했습니다. 당연히 무료이며 오픈 소스이므로 누구나 개발할 수 있습니다. 평이한 영어로 이해할 수 있는 코드, 일상적인 업무에 대한 적합성과 짧은 개발 시간등 장점을 기반으로 파이썬은 대중적인 프로그래밍 언어가 되었습니다."

♣ 파이썬은 1989년 네덜란드에서 귀도 반 로섬이 개발하였다.
♣ 좋은 크로스 플랫폼 특성을 갖고 있다고 확실히 믿는다.
  객체 지향성은 내가 파이썬 플랫폼을 독립적으로 만든 기술들 중 하나이다.
♣ 1989년 12월, 나는 크리스마스 주중에 나의 "취미"가 될 만한 프로그램을 찾고 있었다.
♣ 당연히 무료이며 오픈소스이므로 누구나 개발할 수 있다.
♣ 쉬운 영어로 이해할 수 있는 코드, 일상적인 업무에 대한 적합성과 짧은 개발 시간 등 장점을 기반으로 파이썬은 대중적인 프로그래밍 언어가 되었다.

오지 | Ray Ozzie

• MS CTO • 탈코 대표이사 • 미국 • 1955년생

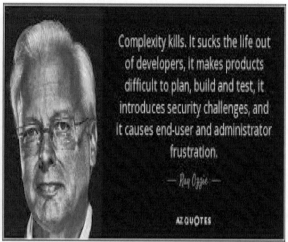

[출생] 1955년 11월 20일
[소속] 탈코 (대표이사), 스파크랩 (고문)

[학력사항]
~ 1979 일리노이대학교 어버너샘페인 캠퍼스 컴퓨터과학 학사
[경력사항]
2013.07 ~ 휴렛팩커드
2012.11 ~ 스파크랩 고문, 탈코 설립, 대표이사
2006.06 ~ 2010.10 마이크로소프트 최고 소프트웨어 설계책임자 (CSA)
2005 마이크로소프트 최고기술책임자 (CTO)
1997 그루브 네트웍스 창립
1984 로터스 노츠 개발
1983 로터스 근무, 전자 스프레드시트 프로그램 (VisiCalc) 개발

[성장]

레이 오지는 로터스 노츠를 개발하면서 천재 개발자로 명성을 날린 인물. 루 거스너 회장이 이끌던 IBM이 1995년 로터스를 인수하면서 레이 오지는 한 때 IBM에도 몸을 담았다. 하지만 '천재' 레이 오지는 IBM이란 큰 조직에 오래 머물진 않았다. 불과 2년 뒤인 1997년 P2P 방식의 그룹웨어 개발업체인 그루브네트웍스를 설립한 것이다. 8년 여 동안 그루브를 운영하던 레이 오지는 2005년 마이크로소프트(MS)에 회사를 매각하면서 최고기술책임자(CTO)로 영입됐다.

당시 MS 수장이던 빌 게이츠는 레이 오지를 '세계 3대 개발자'라면서 높이 평가했다. 빌 게이츠가 그루브 인수를 최종 결정한 것도 순전히 레이 오지를 손에 넣기 위해서란 소문이 나돌 정도였다.

MS에 합류한 레이 오지는 빌 게이츠의 전폭적인 지원을 받으면서 승승장구했다. 로터스 노츠를 개발할 당시부터 협업에 관심을 가졌던 레이 오지는 MS 내에서도 이런 부분을 강조했다. 특히 그는 하드웨어와 소프트웨어, 서비스를 유기적으로 결합한 애플을 주목해야 한다고 경고했다. 빌 게이츠 역시 레이 오지의 이런 역량을 높이 평가했다. 2006년 6월 레이 오지를 최고소프트웨어 아키텍트(CSA)에 임명한 것이다. 이후 레이 오지는 빌 게이츠와 함께 MS의 운영체제와 서비스의 새로운 비전을 만들어내는 일을 맡았다. 빌 게이츠는 2006년 일상 업무에서 손을 떼고 자선 사업 쪽으로 무게중심을 옮기면서 레이 오지를 MS의 미래를 이끌 중요한 인물로 꼽았다.

2008년 3월 MIX 08의 하이라이트인 키노트에서는 마이크로소프트 새로운 선장인 레이 오지(Ray Ozzie)의 발표로 시작되었다. 레이 오지는 현재 웹에서 주류 기술 거의 모든 부분을 섭렵한 듯 웹에서 마이크로소프트의 전략을 거침없이 쏟아 놓았다. 우선 검색과 광고의 성장에 집중할 것이며 과거의 "파일, 저장, 편집"이 "링크, 공유, 태깅"이 되도록 다양한 디바이스를 웹과 연결하는 전략을 구사하겠다고 하였다. 특히 **클라우드 컴퓨팅 분야를 언급하면서 "표준, 투명성, 호환성"을 기초로 가상화 플랫폼과 개발자, 애플리케이션을 연결한다는 전략을 발표했다.**

하지만 빌 게이츠 후임으로 MS를 이끌게 된 스티브 발머는 빌 게이츠와는 달랐다. '천재' 레이 오지가 마음껏 역량을 발휘하도록 풀어주지 않았던 것이다. 2010년 10월, 마이크로소프트(MS)에서 최고소프트웨어 아키텍트(CSA)로 있으면서 기술 전략을 총괄했던 레이 오지가 돌연 사임했다. 스티브 발머 MS 최고경영자(CEO)는 2010년 10월 18일 사내 직원들에게 보낸 이메일에서 레이 오지가 인수/인계 과정을 거친 뒤 회사를 떠날 것이라고 전했다. 구체적인 이유는 공개되지 않았다. MS는 지난 2005년 레이 오지가 직접 경영하던 그루브네트웍스를 인수했다. **로터스 노츠 소프트웨어 개발의 주역이기도 한 레이 오지는 MS에 합류한 뒤 빌 게이츠의 뒤를 잇는 기술 전략가로 활약했다. 윈도애저로 대표되는 MS판 클라우드 컴퓨팅 전략도 주도했다.** 블로그도 다시 시작해 관심을 끌기도 했다. 레이 오지의 사임은 MS 비즈니스 그룹을 이끌던 스테판 엘롭이 노키아 CEO 자리로 옮기고 엔터테인먼트&디바이스 부문을 총괄했던 로비 바흐도 떠난 뒤 이뤄진 것이었다. 뉴욕타임스는 **MS 클라우드 전략은 레이 오지의 리더십아래 추진됐지만 애저 플랫폼을 개발하는데 몇년이 걸리는 바람에 아마존이나 세일즈포스닷컴이 시장에서 입지를 강화할 수 있는 길을 열어줬다**고 전했다. 레이 오지는 당분간 MS에 머물면서 엔터테인먼트 전략에 관여할 것으로 전해졌다. 스티브 발머는 레이 오지 후임으로 새로운 CSA를 임명하지는 않을 계획이라 했다.

레이 오지는 2010년 MS를 떠난 뒤 클라우드 컴퓨팅 회사인 탈코를 설립했다. 이후 2013년 7월에 레이 오지는 휴렛패커드(HP) 이사회 멤버로 참여했다. 맥 휘트먼 HP CEO는 레이 오지 등을 영입하면서 소프트웨어와 마케팅 쪽을 대폭 보강할 수 있게 되었다.

♣ 복잡성이 죽인다. 개발자들의 생명을 빨아들이고, 제품을 계획하고 만들고 테스트하는 것을 어렵게 만든다.
  또한 보안을 어렵게 만들고, 최종 사용자와 관리자들에게 불만을 야기한다.
♣ 나는 소프트웨어를 사랑한다. 왜냐하면 상상할 수 있는 게 있다면, 만들 수 있기 때문이다.
♣ 우리 꿈은 당신의 생활과 비즈니스에서 모든 기술이 당신을 위해 동작하는 연속적 경험을 제공하는 것이다.
♣ 오늘보다 더 밝은 그럴듯한 미래를 그려볼 수 있는 자가 선도할 기회를 얻는다.

게이츠^{Bill Gates}

● 마이크로소프트 공동설립자 ● 미국 ● 1955년생

★ 지난 1,000년간 인물 100명 중 41위 선정

[출생] 1955년 10월 28일 (미국)
[소속] 마이크로소프트 (기술고문)
[가족] 배우자 멜린다 게이츠

[학력사항]
~ 2009 캠브리지대학교 명예박사
~ 2007 하버드대학교 명예박사
~ 2007 칭화대학교 명예박사
~ 2005 와세다대학교 명예박사
~ 2002 스웨덴왕립공과대학 명예박사 하버드대학교 법학 (중퇴)

[경력사항]

2014.02 ~ 마이크로소프트 기술고문

2008.06 마이크로소프트 이사회 의장

2000 빌 앤드 멜린다 게이츠 재단 설립

~ 2008 마이크로소프트사 사장

2000 ~ 2008.06 마이크로소프트사 회장, 기술고문

1989 코비스 설립

1975 마이크로소프트사 설립

1974 베이직(BASIC) 개발

[수상내역]

2013 제65회 밤비 미디어 어워드 밀레니엄 밤비상

2005 미국 타임지 올해의 인물

[본명] William Henry Gates III

[출생] 1955년 10월 28일, 미국 워싱턴 주 시애틀

[국적] 미국

[학력] 하버드 대학교 중퇴

[직업] 기업인

[소속]

마이크로소프트 (기술고문)

빌 & 멜린다 게이츠 재단 (공동회장)

테라파워(회장)

[자산] 965억불(US$), 한화 약 110조원 (2019년, 세계 2위)

[종교] 로마 가톨릭교회

[배우자] 멜린다 게이츠

[자녀]

제니퍼 캐서린 게이츠, 로리 존 게이츠,

피비 아델 게이츠

[부모]

아버지 윌리엄 H. 게이츠,

어머니 매리 맥스웰

빌 게이츠는 미국의 기업인이다. 어렸을 때부터 컴퓨터 프로그램을 만드는 것을 좋아했던 빌 게이츠는 대학을 다니다가 자퇴하고 폴 앨런과 함께 마이크로소프트를 공동 창립했다. 빌 게이츠

는 당시 프로그래밍 언어인 베이직 해석프로그램과 앨테어용 프로그래밍 언어인 앨테어 베이직을 개발했다.

[생애]
[성장 과정]
빌 게이츠는 워싱턴 주 시애틀에서 아버지 윌리엄 게이츠 시니어와 어머니 매리 맥스웰 게이츠의 아들로 태어났다. 빌 게이츠의 부모는 영국계 미국인이자 독일계 미국인이며, 스코틀랜드계 아일랜드 이민자였다. 빌 게이츠의 가정은 상중류층으로, 아버지는 저명한 변호사였으며 어머니는 미국 은행인 퍼스트 인터스테이트 뱅크시스템과 비영리 단체 유나이티드 웨이의 이사회 임원이었다. 또한 외할아버지인 J.W. 맥스웰은 미국 국립은행의 부은행장이었다. 게이츠에게는 누나 크리스티앤과 여동생 리비가 있었다. 빌 게이츠는 그의 가문에서 윌리엄 게이츠라는 이름을 물려받은 네 번째 남자이지만 실제로는 윌리엄 게이츠 3세로 불리는데, 이는 빌 게이츠의 아버지가 자신의 이름에서 '3세'라는 접미어를 사용하지 않았기 때문이다.

빌 게이츠가 어렸을 때, 빌 게이츠의 부모는 그가 법조계에서 일하게 되기를 바랐다. 빌 게이츠는 13세 때 상류층 사립 학교인 레이크사이드 스쿨에 입학했다. 8학년이 되었을 때, 학교 어머니회는 자선 바자회에서의 수익금을 텔레타이프라이터 단말기와 제네럴 일렉트릭(GE) 컴퓨터의 사용시간을 구매하는 데 사용하기로 결정하였다. 게이츠는 이 GE 시스템에서 베이식(BASIC)으로 프로그래밍하는 것에 흥미를 갖게 되었으며, 이에 프로그래밍을 더 연습하기 위해 수학 수업을 면제 받기도 했다. 빌 게이츠는 이 시스템에서 동작하는 틱택토(Tic Tac Toe) 게임을 만들었는데, 이는 빌 게이츠가 만든 최초의 프로그램으로 사람이 컴퓨터를 상대로 플레이할 수 있게 되어 있었다. 또한 다른 게임인 달 착륙 게임을 만들기도 하였다. 빌 게이츠는 입력된 코드를 언제나 완벽하게 수행하는 이 기계에 매료되었다.

게이츠가 훗날 회고한 바에 따르면, **당시의 기억에 대해 빌 게이츠는 '그때 그 기계는 나에게 정말 굉장한 것 이었다'라고 말했다.** 어머니회의 기부금이 바닥나자, 게이츠와 몇몇 학생들은 DEC의 미니컴퓨터의 사용 시간을 샀다. 이 시스템 중 일부는 PDP-10이라는 것으로 컴퓨터 센터 코퍼레이션에서 생산된 것이었는데, 훗날 게이츠를 포함한 네 명의 레이크사이드 스쿨 학생(폴 앨런, 릭 와일랜드, 켄트 에번스)은 이 시스템의 운영 체제가 가진 버그를 이용해 공짜로 컴퓨터를 사용한 것이 발각되어 이 회사로부터 사용을 금지당하기도 했다. 고등학교 졸업 후 하버드 대학으로 진학하여 응용수학을 전공했으나 재학 중 1975년 폴 앨런과 함께 마이크로소프트를 설립하고 학업을 중단했다. 당시에 빌 게이츠는 사업이 안 풀리면 학교로 돌아갈 예정이었으나 마이크로소프트의 성공으로 그럴 일은 없었다.

[재산]
자신이 죽을 경우 **전 재산의 대부분을 사회에 기증하고 세 명의 자녀들에게는 1인당 1천만 달러씩만 상속한다고 밝혔다.** 이는 빌 게이츠 전 재산의 8,000분의 3에 불과하며 무엇이든 하기에는 충분하지만 그렇다고 아무것도 하지 않기에는 부족한 액수이다. 영국의 유거브(YouGov)에서 전 세계 23개국에서 조사한 '2015년 세계에서 가장 존경받는 인물'에서 9.2점을 받아 남성 인물 중 가장 존경

받는 사람으로 선정되었다. 버락 오바마(6.4), 시진핑(5.3)이 뒤를 이었다. **2019년 3월 기준으로 965 억달러(한화 약 110조원)로 세계 2위 부자인데, 2001년부터 2017년까지 (단, 2008년에는 2위, 워런 버핏이 1위) 세계 1위 부자였다.** 2018년과 2019년에는 아마존의 제프 베조스가 1위가 되어, 빌 게이츠는 2년 연속 2위이다.

[업적]
1974년 BASIC 개발
1975년 마이크로소프트 설립
1975년~2000년 마이크로소프트 사장
1981년 MS-DOS 개발
2000년~2008년 마이크로소프트 기술고문
2000년 빌 & 멀린다 게이츠 재단 설립
2007년 윈도우 비스타 개발
2008년 마이크로소프트 회장직 은퇴
2015년 클린 에너지 기금 설립

[수상]
2005년 영국 명예KBE훈장(외국인대상 명예훈장)
2010년 보이스카우트로 부터 실버 버펄로상
[빌 게이츠를 소재로 한 작품]
[영화] 미국: 실리콘 밸리의 신화

[마이크로소프트]
창립: 1975년 4월 4일
창립자: 빌 게이츠, 폴 앨런
본사: 미국, 워싱턴주 레드먼드
매출액: 약1,100억달러 (한화 약 124조원) (2018년)
직원: 134,944명 (2018년)

마이크로소프트 코퍼레이션(Microsoft Corporation)는 미국의 세계 최대의 다국적 소프트웨어 및 하드웨어 기업이다. 기업명의 공식 약칭은 MS이다. 마이크로소프트는 다양한 컴퓨터 기기에 사용되는 소프트웨어 및 하드웨어 제품들을 개발, 생산, 판매, 관리한다. 마이크로소프트의 가장 유명한 제품은 마이크로소프트 윈도우라는 운영 체제이다. **1975년에 빌 게이츠와 폴 앨런이 베이직 인터프리터를 개발하여 판매하기 위해 미국 뉴멕시코주 앨버커키에 Micro-soft라는 이름으로 이 회사를 세웠다.**
2006년 6월 15일 빌 게이츠는 2008년 7월 31일에 은퇴하겠다고 선언하였으며 이후 직접 세운 자선 단체인 빌 & 멜린다 게이츠 재단에 전력하겠다고 밝혔으며, 대신 마이크로소프트의 이사회 의장을 맡고 있다. 1998년부터 2000년까지 빌 게이츠의 대학 시절 친구인 스티브 발머가 사장직을 담당했다. 2009년경, 빌 게이츠가 그의 오른팔인 스티브 발머에게 회사의 최고 리더십을 양하는 과정에서 바통을 정확히 넘기는 방법에 관한 교본을 마련하기도 했다. **게이츠는 2000년 발머에게 CEO직을 넘겼다.** 그러나 게이츠는 2008년 6월에야 회사의 일상 책임에서 완전히 벗어났는데 그 2년 전에 미리 이 사실을 알려 대비토록 한 바 있다. 그렇지만 게이츠는 여전히 워싱턴 주 레이먼드에 있는 회장실의 주인이다. MS는 발머의 인도 아래 세계 최고 수익성을 갖는 강력한 IT 기업으로 존재하고 있지만 2008년 여름 게이츠 퇴장 이후 주가가 30%나 떨어졌는데 발머에게 갖는 불안감 보다는 세계 경제의 어려움 탓으로 그 원인을 돌리기도 한다. **직원은 2018년 전 세계적으로 약 13만 5,000명**이며, 인도, 중국, 영국 등에 컴퓨터 연구소를 운영하고 있다.

2011년 5월 10일 마이크로소프트가 인터넷 전자회사 스카이프를 85억 달러(약 10조 원)에 인수하였다. 2013년 9월 2일, 마이크로소프트는 핀란드의 휴대전화 생산 업체인 노키아의 휴대전화 사업 부문을 54억 4,000만 유로(약 7조 8,654억 원)에 인수했다. 2014년 2월 4일, 마이크로소프트 CEO 스티브 발머가 은퇴하고. 후임으로는 사티아 나델라를 CEO로, 존 W. 톰슨을 회장으로 임명했다. 2015년 11월, 마이크로소프트는 HPE와 클라우드 사업부문에서 협력을 한다고 밝혔다. 특히 프라이빗 클라우드에 집중하고 퍼블릭 클라우드 서비스는 MS와 같은 파트너 솔루션을 제공할 것으로 전망된다.

마이크로소프트는 2019년 10월부터 클라우드 게이밍 '엑스클라우드'를 선보인다. E3 2019를 달군 클라우드 게이밍은 다운로드 과정 없이 스트리밍 방식으로 플레이한다.

♣ 난 어려운 일을 **게으른 사람**에게 맡긴다.
  그는 게으르기 때문에 일을 **쉽게 처리하는 방법**을 찾아낸다.
♣ 텔레비전은 실제 삶이 아니다. 실제 삶을 사는 사람은 커피숍에서 머물 시간이 없다. 일터로 향해야 한다.
♣ 자신을 그 누구와도 비교하지 마라. 자기 자신을 모욕하는 행동이다.
♣ 난 시험에 F를 맞은 적이 몇 번 있다. 내 친구는 모든 시험을 통과했다. 그는 지금 마이크로소프트에서 엔지니어로 일하고 있다. 난 마이크로소프트 주인이다.
♣ 좋은 제품을 만들 수 없다면 적어도 좋은 제품처럼 보이게 만들어야 한다.
♣ 불만이 가장 많은 **고객으로부터 배울 게** 가장 많다.
♣ 가난하게 태어난 건 그 사람의 잘못이 아니지만, 가난하게 죽는 건 그 사람의 잘못이다.
♣ 성공은 형편없는 선생님이다. 똑똑한 사람들을 실패할 수 없다는 착각에 빠트린다.
♣ **인생은 공평하지 않다.** 그 사실에 빨리 익숙해지는 게 상책이다.
♣ **성공의 핵심 요소는 인내심이다.**

잡스 Steve Jobs

● 기업인 ● 애플 설립자 ● 미국 ● 1955년생

스티브 잡스 분야별 주요 어록

● 일 – 진정으로 만족하는 유일한 길은 당신이 위대한 일이라고 믿는 일을 하는 것이고, 위대한 일을 하는 유일한 길은 당신이 사랑하는 일을 하는 것이다. 사랑하는 사람을 찾듯이 사랑하는 일을 찾아라.
● 돈 – 살아보니 돈은 중요하지 않더라. 매일 밤 잠자리에 들 때 '오늘 정말 멋진 일을 했다'고 말할 수 있는 것이 중요하다.
● 삶 – 다른 사람의 삶을 사느라 한정된 시간을 낭비하지 마라. 중요한 것은 당신의 마음과 직관을 따르는 용기를 내는 것. 이미 마음과 직관은 당신이 하고자 하는 바를 알고 있다.
● 도전 경신 – 실패의 위험을 감수하는 사람만이 진짝 예술가다. 늘 갈망하고 우직하게 나아가라.
● 죽음 – 언젠가 죽는다는 사실을 기억하라. 그럼 당신은 정말로 잃을 게 없다.

[스티브잡스 감동의 명언]

1. 좋아하는 것을 해라.
2. 세상에 자국을 남겨라.
3. 관계를 형성해라.
4. 1천개를 거부하라.(하나를 만들더라도 단순하고 정확하게)
5. 비정상적인 다른 일을 만들어라.
6. 메세지 전달에 능숙해져라.
7. 상품이 아닌 진짜 꿈을 팔아라.
8. 함께 내일을 만들어 나가자. 과거에 연연하지 말고.
9. 혁신은 리더와 그렇지 않은 사람들을 구분하는 기준이다.
10. 항상 갈망하라, 언제나 우직하게!

★ 인류 역사인물 50명에 선정 (Wopen.com 한국.net 선정)

[출생–사망] 1955년 2월 24일, 미국 ~ 2011년 10월 5일 (56세)
[가족] 배우자 로렌 파월 잡스

[학력사항]
1972 ~ 1972 리드대학 철학과 중퇴

[경력사항]
2011.08 ~ 2011.10 애플 이사회 의장
2011.03 ~ 2011.10 월트디즈니 이사
2000 ~ 2011.08 애플 최고경영자(사장)
1997 ~ 2000 애플 임시 최고경영자(사장)
1986 ~ 2006 픽사 최고경영자(사장)

1985 ~ 1996 넥스트 사장, 최고경영자(사장)
1985 넥스트 설립
1976 애플컴퓨터 설립
1974 ~ 1975 아타리

[수상내역]
2009 포춘지 선정 최고의 CEO
1985 국가 기술혁신 훈장

[출생] 1955년 2월 24일
미국 캘리포니아 주 샌프란시스코
[사망] 2011년 10월 5일 (56세)
미국 캘리포니아 주 팔로알토
[사인] 췌장암
[국적] 미국
[학력] 리드대학교 철학과 (중퇴)
[직업]
애플 이사회 의장
월트 디즈니 컴퍼니 이사
[종교] 선불교
[배우자] 로렌 파월 잡스
[자녀] 4명
[부모] 폴 잡스, 클라라 잡스

스티브 잡스는 미국의 기업인이었다. **애플의 전 사장이자 공동 창립자**이다. 2011년 10월 5일 췌장암에 의해 사망했다. **1976년 스티브 워즈니악, 로널드 웨인과 함께 애플을 공동 창업**하고, **애플 2를 통해 개인용 컴퓨터를 대중화했다.** 또한, 그래픽 사용자 인터페이스(GUI)와 마우스의 가능성을 처음으로 내다보고 애플 리사와 매킨토시에서 이 기술을 도입하였다. 1985년 경영분쟁에 의해 애플에서 나온 이후 **NeXT 컴퓨터를 창업**하여 새로운 개념의 운영 체제를 개발했다. 1996년 애플이 NeXT를 인수하게 되면서 다시 애플로 돌아오게 되었고 1997년에는 임시 사장으로 애플을 다시 이끌게 되었으며 이후 다시금 애플을 혁신해 시장에서 성공을 거두게 이끌었다. 2001년 아이팟을 출시하여 음악 산업 전체를 뒤바꾸어 놓았다. 또한, **2007년 아이폰을 출시**하면서 스마트폰 시장을 바꾸어 놓았고 2010년 아이패드를 출시함으로써 포스트PC 시대를 열었다. 스티브 잡스는 애니메이션 영화 ≪인크레더블≫과 ≪토이 스토리≫ 등을 제작한 컴퓨터 애니메이션 제작사인 **픽사의 소유주이자 CEO**였다. 월트 디즈니 회사는 최근 74억 달러어치의 자사 주식으로 이 회사를 구입하였다. 2006년 6월 이 거래가 완료되어 잡스는 이 거래를 통해 디즈니 지분의 7%를 소유한, 최대의 개인 주주이자 디즈니 이사회의 이사가 되었다. 한편 스티브 잡스는 2004년 무렵부터 췌장암으로 투병생활을 이어왔다. 스티브 잡스의 악화된 건강상태로 인하여 2011년 8월 24일 애플은 스티브 잡스가 최고경영책임자(사장)를 사임하고 최고운영책임자(COO)인 팀 쿡이 새로운 사장을 맡는다고 밝혔다. 잡스는 사장직에서 물러나지만 이사회 의장직은 유지시키기로 했으나, 건강상태가 더욱 악화되어 사임 2개월도 지나지 않은 2011년 10월 5일 향년 56세의 나이로 사망하였다. **IT분야의 혁신의 아이콘**으로 꼽힌다.

단순성:

단순함이 이긴다, 전쟁하듯 줄여라.
디자인만 아닌 조직·소통·철학까지 극도의 단순화가 잡스의 경영원칙
고객에 많은 선택지 주면 감흥 없어 단순화는 엄청나게 갈고 닦은 결과
켄 시걸이 말하는 **'잡스의 단순화 5원칙'**:
① **조직**: 모든 회의는 핵심 인력만, 층층이 쌓여있는 의사결정 체계 간소화
② **철학**: 뚜렷한 핵심 가치, '다르게 생각' 애플의 정신으로 자리잡아
③ **제품**: 복잡한 제품群, 머리만 아파, 개인·전문가·노트북·데스크톱 단 4개로
④ **소통**: 모든 제품 한 줄로 표현, 어려운 이야기 쉽게 하는게 진정한 고수
⑤ **디자인**: 적은 게 많은 것, 올인원 컴퓨터 '아이맥' 큰 매출 증가 안거

[애플]

창립: 1976년 4월 1일
창립자: 스티브 잡스, 스티브 워즈니악, 로널드 웨인
본사: 미국, 캘리포니아주 쿠퍼티노
제품 및 서비스: 스마트폰, 앱 스토어 등
매출액: 2,656억달러 (한화 약 300조원) (2018년)
직원: 132,000명 (2018년)

애플 주식회사(Apple Inc.)는 미국의 소프트웨어 및 컴퓨터 하드웨어를 개발, 제작하는 회사이다. 이전 명칭은 애플 컴퓨터 주식회사(Apple Computer, Inc.)였다. 최초의 개인용 컴퓨터를 만든 회사이며, 최초로 키보드와 모니터를 가지고 있는 애플 I을 출시하였고, 애플 II는 공전의 히트작이 되어 개인용 컴퓨터의 시대를 열었다. 이후 매킨토시(Macintosh)로 마우스를 이용한 컴퓨터 조작과 같은 그래픽 사용자 인터페이스의 보급을 선도하였다. 현재 개인용 컴퓨터인 매킨토시, MP3 플레이어인 아이팟, 스마트폰인 아이폰, 가정용 멀티미디어 기기인 애플 TV, 태블릿 PC인 아이패드 등의 제품을 판매하고 있다. 그리고 아이팟에서 재생할 수 있는 음원을 인터넷을 통해 제공하는 아이튠즈 스토어와 OS X, 아이폰 사용자의 편의를 위한 인터넷 서스인 아이클라우드(iCloud)를 제공하고 있다. 또한 2014년 Apple Special Event에서 애플워치가 공개 되었다.
본사는 애플 캠퍼스에 두고 있으며, 미국 캘리포니아주 쿠퍼티노에 소재하고 있다. 최고경영자는 전 애플의 CEO였던 팀 쿡이다. 2011년 8월 9일 미국 증시에서 장 중 엑손모빌을 누르고 시가총액 1위가 되었고, 8월 10일에는 종가에서도 1위가 되었다. 2015년 2월 11일 세계 최초로 주식 종가 시가총액이 7,000억 달러를 넘은 기업이 되었다. **애플은 2018년 8월 2일 주가가 207.39달러로 마감되면서 시가총액 1조 달러(한화 약 1,130조원)를 넘어섰다.** 미국 상장 기업이 시가총액 1조 달러를

돌파한 것은 처음이었다. 전세계 스마트폰 시장 점유율은 3위이지만, 전 세계 스마트폰 시장에서 발생한 수익 중 62%를 애플이 차지했다.

5세대(5G) 이동통신 스마트폰 시장에서 삼성·LG 등에 뒤진 애플이 추격을 하고 있다. 인텔의 모뎀사업 인수를 추진해 자체 5G 칩 개발에 박차를 가하고 있다. 2019년 6월 애플은 독일에 위치한 인텔 스마트폰 모뎀 사업 부문 인수를 추진하고 있는데, 이곳의 전신은 독일 반도체 업체 인피니언의 모뎀 사업부로 지난 2011년 인텔에 매각됐다. 2007년부터 2010년까지 아이폰 모뎀 칩을 제공한 적이 있어 애플 하드웨어에도 정통한 것으로 알려졌다. 인수가 완료되면 인텔의 모뎀 칩 인력 수백 명이 애플로 자리를 옮길 것으로 예상하고 있다.

♣ 묘지에서 가장 부자가 되는 건 중요치 않다. 내게 중요한 건, 밤마다 잠자리에 들면서 **"오늘 굉장한 일을 했어"**라고 말할 수 있느냐는 점이다.

♣ 지난 33년 동안 매일 아침 거울을 보며 물었다. **"오늘이 인생 마지막 날이라면**, 오늘 할 일을 하고 싶나?" 이에 대한 답이 "No"이고 그런 날이 연달아 계속되면, 변화의 시점이 찾아왔다는 걸 깨닫는다.

♣ 여러분에게 주어진 시간은 한정적이다. 다른 사람 인생을 살면서 삶을 허비하지 마라.
'도그마(dogma): 종교 교리'에 갇히지 마라. 이건 다른 사람들이 만들어놓은 것이다.
다른 사람 의견이 **당신 내부의 목소리**를 가라앉히게 하지 마라.
가장 중요한 건, 당신 **마음과 직감을 따를 용기를 가져야** 한다는 것이다.

♣ 일은 우리 인생의 많은 시간을 차지한다. 여러분이 삶에 만족할 수 있는 유일한 방법은 당신이 하는 일이 '**위대하다**'고 믿는 것이다. 위대한 일을 하는 유일한 방법은 당신 일을 사랑하는 것이다. 사랑하는 일을 찾지 못했다면 계속 찾아라. 타협하지 마라.
마음에 관한 문제가 그렇듯, 그걸 발견하는 순간이 온다.

♣ 내가 곧 죽는다는 걸 기억하는 건, 큰 선택을 할 수 있도록 도와주는 중요한 원동력이다.
왜냐하면 외부의 기대든, 자존심이든, 망신이나 실패에 대한 두려움이든,
뭐든 간에 **죽음 앞에선 아무 것도 아니기 때문**이다.
죽음을 기억하면 정말로 중요한 것만 남는다.

♣ 미래를 보면서 (인생의) 점들을 연결할 순 없다. 오직 **과거를 돌아봐야 점이 연결**된다.
그 점들이 미래에 어떻게든 연결될 것이라 믿어야 한다.
여러분의 배짱, 운명, 인생, 인연 등 여러분에 관한 모든 걸 신뢰해야 한다.
이러한 접근 방식은 결코 날 실망시킨 적 없다. 이 방식은 내 인생을 크게 바꿔 놓았다.

♣ 혁신을 시도하다보면 실수를 할 때가 있다. 빨리 실수를 인정하고, 당신의 다른 혁신들을 서둘러 개선해나가야 한다.

♣ 많은 사람들에게 '집중'이란 집중해온 것에 'Yes'하는 걸 의미한다.
하지만 전혀 그런 게 아니다. **집중이란 좋은 아이디어 수백 개에 'No'라고 말하는 것**이다. 당신은 **조심스럽게 골라야** 한다.

♣ 우리 IT업계에선 **다양한 인생 경험**을 갖고 있는 사람이 별로 없다.

연결할 만한 충분한 '점'들이 없고, 그래서 문제에 대한 넓은 시각이 없는 매우 단선적인 솔루션을 내놓는다. **인간 경험에 대한 광범위한 이해를 갖고 있을수록, 더 훌륭한 디자인이 나올 것이다.**

♣ 누구도 죽길 바라지 않는다. 천국에 가는 이들도 천국에 가려고 죽음을 택하진 않을 것이다. 하지만 죽음은 우리 모두가 공유한다. 누구도 죽음을 피할 순 없다.

죽음은 삶의 가장 훌륭한 발명품이다. 죽음은 삶을 바꾸는 원동력이다.

새로운 것을 위해 낡은 것을 없애 준다.

♣ **창조성이란 단지 점들을 연결하는 능력**이다. 창조적인 사람들한테 어떻게 그걸 했냐고 물어보면, 그들은 약간 죄책감을 느낀다. 왜냐하면 그들은 뭔가를 한 게 아니라, 뭔가를 보았기 때문이다. 그들한텐 명명백백한 것이다. 그들은 **경험들은 연결해서 새로운 걸 합성**해 낸다.

♣ **'집중'과 '단순함'.** 이게 내 원칙 중 하나다. 단순함은 복잡함보다 어렵다. 생각을 명쾌하게 해 단순하게 만들려면 굉장히 노력해야 한다. 하지만 결국 그럴 가치가 있다.

♣ 흥미로운 아이디어와 막 나온 기술로써 수년 간 혁신을 지속하는 회사로 변화시키려면, **많은 규율**을 필요로 한다.

♣ 그땐 몰랐는데, 애플에서 해고된 건 내게 일어난 일 중 가장 훌륭한 일이었다.

초기 성공의 무거움 대신 모든 게 불확실한 초심자의 가벼움을 갖게 됐다.

이는 날 자유롭게 만들어서 **내 인생 중 가장 창조적인 시간**에 접어들게 해줬다.

♣ 성공한 사업가와 실패한 사업가의 차이는 **'순전한 인내심'**이 있느냐 없느냐다.

리|Tim Berners Lee

• 컴퓨터 과학자 • 영국 • 1955년생

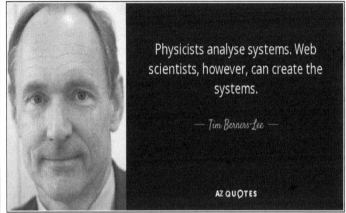

● 연구인, 대학교수

[출생] 1955년 6월 8일, 영국 [소속] 월드와이드웹컨소시엄 (소장)
[학력사항] 1973 ~ 1976 옥스퍼드대학교 물리학 학사
[경력사항]
월드와이드웹 컨소시엄 소장
1989 월드와이드웹 창시
1980 유럽 입자 물리 연구소

[수상내역]
2017 튜링상
2007 영국 메리트 훈장
2004 핀란드 밀레니엄 기술상

2004 대영제국 기사작위
1999 영국 타임스 20세기 가장 중요한 인물 100인

티머시 존 "팀" 버너스리 경은 영국의 컴퓨터 과학자이다. 1989년 월드 와이드 **웹의 하이퍼텍스트 시스템을 고안하여 개발**했다. 인터넷의 기반을 닦은 여러 공로로 **인터넷의 아버지**라고 불리는 인물 중 하나이다. URL, HTTP, HTML 최초 설계도 그가 한 것이다. 차세대 웹 기술인 시맨틱 웹 기술의 표준화에 힘을 쏟고 있다.

[경력]
CERN에서 WWW 개념의 기초가 된 Enquire를 개발
1989년 글로벌 하이퍼텍스트 프로젝트를 제안
1990년 최초의 하이퍼텍스트 브라우저와 편집기를 개발
1991년 8월 6일 최초의 웹 사이트가 만들어짐
1994년 W3C(월드와이드 웹 컨소시엄)를 창립
2002년 일본 국제상 수상
2004년 6월 15일 밀레니엄 테크놀로지 상의 첫 수상자가 됨
2004년 7월 16일 대영 제국 훈장 2등급(KBE, 작위급 훈장)을 받음
2007년 오더 오브 메리트(Order of Merit, OM)를 받음
2016년 튜링상을 받음

[저서]
당신이 꿈꾸는 인터넷 세상 월드와이드웹
정보 관리: 한가지 제안(Tim Berners-Lee, CERN)

[생애]
월드와이드웹(www)을 창시하여 인터넷 이용을 확산시킨 인물이다. 버너스리는 1955년 6월 8일 태어났으며, 부모는 메리 리 우즈(Mary Lee Woods)와 콘웨이 버너스리(Conway Berners-Lee)이다. 1990년에 낸시 칼슨(Nancy Carlson)과 결혼하였으나 2011년 이혼하였다. 2014년, 버너스리와 로즈메리 리스(Rosemary Leith)가 런던 세인트 제임스 궁전에서 결혼하였다.
1955년 영국에서 태어난 팀 버너스 리는 옥스퍼드 대학에서 물리학을 전공하였다. 졸업 후 스위스 제네바의 유럽입자물리학연구소(CERN) 컴퓨터 정보 수집 및 제어 관계 연구원 시절이던 **1990년, 인터넷을 편리하게 사용할 수 있는 '하이퍼텍스트' 프로젝트를 제안하고 '웹(www)'의 개념을 고안했다.** 원래 CERN은 유럽과 세계에 많은 회원을 가지고 있었는데, 서로 멀리 떨어져 있는 연구자들끼리 연구에 대한 여러 정보를 효과적으로 공유하기 어려웠기에 이를 해결하기 위한 목적으로 버너스 리는 하이퍼텍스트를 이용한 정보 전달 방법을 제안한 것이다. 월드와이드웹(www)의 명칭에 대해서도 '그물(the Mesh)'과 '정보의 보고(Mine of Information)' 등을 검토한 끝에 **인터넷이 지구촌을 거미줄(Web)처럼 둘러싸고 있다는 뜻에서 지금의 이름인 '웹(WWW)'으로 결정했다.** 이후 1990년

말에 NeXT라는 컴퓨터에서 동작하는 최초의 WWW소프트웨어가 발표되었다.

이 소프트웨어는 컴퓨터 전문가들만이 사용할 수 있는 특수한 명령어에 의해 이용되고 있었던 인터 넷상에서 하이퍼텍스트로 된 정보를 전송하고 보여주는 기능을 새롭게 선보였다. 그리고 이 소프트 웨어를 이용한 시연회가, CERN 위원회에서 개최한 세미나와 1991년도에 개최된 하이퍼텍스트 학술 대회에서 발표되었다. 이후 웹(WWW)은 1992년 미국의 슈퍼컴퓨팅센터(NCSA)에서 '모자익(Mosaic)' 이라는 브라우저를 만들어 무료로 배포하면서, 인터넷 서비스의 대표적 서비스로 확실히 자리매김하 게 되었다. 한편 버너스 리는 인터넷 표준을 제정하는 미국의 비영리법인 'W3(월드와이드웹) 컨 소시엄' 소장을 맡고 있으며, 2004년 4월 핀란드가 제정한 밀레니엄기술상의 첫 수상자로 결정됐다. 그해 대영제국 기사 작위를 비롯해 2007년 영국 메리트 훈장을 수여받은 바 있다. 팀 버너스 리는 2012년 런던 올림픽 개막식에서 무대에 등장해 박수를 받기도 했다.

[웹 30주년 의견]

웹 창시자인 팀 버너스리가 1989년 3월 월드와이드 웹 창시이후 30주년을 맞은 웹이 여전히 성 장통을 앓고 있으며, 공공선을 위해 모두가 행동에 나서야 한다고 주장했다. 30주년을 맞은 월드 와이드웹을 기념해, 웹 창시자 팀 버너스리가 웹을 탄생시킨 제네바 외곽에 있는 CERN(유럽입자물 리연구소)을 방문했다. 영국 과학자인 팀 버너스리는 1989년 3월 12일 CERN에서 화살표와 상자, 원, 거품 같은 걸로 복잡하게 디자인한 메모 형태로 혁신적인 글로벌 기술이 될 제안서를 처음 제출했다. 컴퓨터를 세계적으로 연결해주는 네트워크인 인터넷에서 편리하게 월드와이드웹은 인터넷 에서 사람들에게 정보를 공유할 수 있는 방법을 제공했다.

버너스리는 웹이 30살을 맞았지만 여전히 불완전하며 성장통을 앓고 있다고 말했다. 더 나은 웹 을 위해서 웹을 변화시키는 것을 목표로 하는 9가지 원칙으로 구성한 '웹을 위한 계약서'를 옹호한다 고 덧붙였다. 2018년 10월 버너스리가 활동하는 월드와이드웹 재단은 '웹을 위한 계약서'라는 이 름으로 가이드라인을 발표했다.

버너스리는 2019년 3월 11일 출간한 공개서한에서 많은 사람들이 웹이 공공선을 위한 도구인지 확 신하지 못하고 있지만, 앞으로 30년 안에 더 낫게 바꿀 수 없다고 가정하는 것은 패배주의이자 상상 력 부족이라고 말했다. "더 나은 웹을 만드는 걸 포기한다면 웹이 우리를 실패하게 하는 게 아니 라 우리가 웹에 실패할 뿐이다"라고했다. "지금은 디지털 청소년기에서 더 성숙하고 책임감 있고 포용력 있는 미래로 나가는 여정이다." 웹이 모두를 위한 도구로 변할 수 있도록 모두가 노력해야 한다고 강조했다. 최근 영국 BBC와 인터뷰에서 "웹이 제 기능을 하지 못하고 추락하는 것을 막기 위해 범세계적인 행동이 필요하다"고했다. 데이터 유출이나 해킹, 거짓 정보 같은 문제도 해결할 수 있다고 밝혔다.

[W3C]

창립: 1994년 10월 1일

창립자: 팀 버너스 리 등

멤버 기관: 전세계 476개 멤버 기관

직원: 62명 (스태프)

W3C(World Wide Web Consortium; WWW 또는 W3)는 월드 와이드 웹을 위한 표준을 개발하고 장려하는 조직으로 팀 버너스 리를 중심으로 1994년 10월에 설립되었다. W3C는 회원기구, 정직원, 공공기관이 협력하여 웹 표준을 개발하는 국제 컨소시엄이다. W3C의 설립취지는 웹의 지속적인 성장을 도모하는 프로토콜과 가이드라인을 개발하여 월드 와이드 웹의 모든 잠재력을 이끌어 내는 것이다.

♣ 세상의 새로운 도전들을 해결하기 위해서 우리는 생각의 다양성이 필요하다.
♣ 물리학자들은 시스템들을 분석한다. 그러나 웹 과학자들은 그 시스템들을 창조할 수 있다.
♣ 인터넷이 곧 **인권**이다.
♣ 여기의 많은 기자가 독립적일 수 있는 건 정부, 기업, 업계로부터 **독립적**이기 때문이다.
  편견과 소유주에게서 자유로워야 진실을 추구할 수 있다.
  인터넷의 독립성도 마찬가지이다. 그러려면 **중립성을 유지**하는 게 필요하다.
♣ 다수의 이해당사자가 참여하고 국적에 상관없이 참여하는 **거버넌스**가 바람직하다.
  참가자가 자체적이고 자발적으로 자기의 이해관계를 조정하면서 인류 혜택을 대변하는 자세가 필요하다. 기술자, 규제 담당자도 하나의 동료로서 이야기하며 이 **체계를 갖추는 게 필요**하다.
♣ 데미스 하사비스(인공지능 '알파고' 개발자)는 지구에서 가장 똑똑한 사람이다.
♣ 웹이 제 기능을 하지 못하고 추락하는 것을 막기 위해 범세계적인 행동이 필요하다.
♣ 열린 '웹(오픈웹)' 원칙이 보호받아야 한다는 걸 점차 더 강하게 느끼고 있다.
♣ 우리는 정부 안에 있는 '열린 웹' 옹호 인사가 필요합니다.
  기업의 이해관계가 공공의 이익을 위협할 때 나설 수 있고 열린 웹을 보호하기 위해 일할 수 있는 공무원과 선출직 인사들 말입니다.

고슬링 James Gosling

● 컴퓨터 과학자 ● 캐나다 ● 1955년생

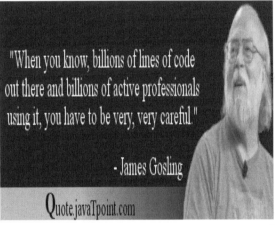

● 프로그래밍 언어: 자바(Java)의 아버지, 프로그래머

[출생] 1955년 5월 19일, 캐나다 앨버타 주 캘거리 근교
[국적] 캐나다
[교육] 카네기 멜론 대학교, 캘거리 대학교
[분야] 컴퓨터 과학

[출생] 1955년 5월 19일
[소속] 아마존 웹서비스
[학력사항]
~ 1983 카네기멜론대학교 대학원 컴퓨터과학 박사
~ 1977 캘거리대학교 컴퓨터과학 학사

[경력사항]

2017.05 ~ 아마존웹서비스

2011.08 ~ 2017.05 리퀴드 로보틱스

2011.03 구글

~ 2010.04 오라클 클라이언트 소프트웨어그룹 최고기술책임자(CTO)

썬 마이크로시스템즈 최고기술책임자(CTO), 특별연구원

[고용주]

썬 마이크로시스템즈

오라클

구글

리퀴드 로보틱스

타입세이프

[주요 연구] 자바

[수상] 캐나다 훈장 오피서

[요약]

제임스 아서 고슬링은 캐나다의 소프트웨어 개발자이다. 자바를 최초 개발하여 '자바의 아버지'라 불리며, 가장 영향력 있는 프로그래머들 가운데 한 사람이다. 자바 이외에도 다중 프로세서용 유닉스와 컴파일러, 메일 시스템, 데이터 인식 시스템 등을 개발하였다. 개발자 가운데서는 마이크로소프트의 빌 게이츠만큼이나 유명하지만, 개발자 특유의 '몰두' '은둔' 성향 때문에 세상에 널리 알려지지는 않았다. 고슬링은 또 자바 커피를 하루에도 10여 잔 씩 마시는 자바 예찬론자이기도 해서, 자바(Java)라는 명칭은 유명한 커피 재배지인 인도네시아 섬 이름인 자바섬에서 따왔다고 한다.

[생애]

제임스 고슬링은 캐나다 캘거리 대학교를 거쳐 카네기 멜론 대학교에서 박사학위를 밟고 썬 마이크로시스템즈에 합류한다. 고슬링은 1990년 말 Patrick Naughton, Mike Sheridan과 함께 그린 프로젝트 팀(GreenProject Team)에 배치됐다. 당시 썬 마이크로시스템즈는 어떤 하드웨어 플랫폼에서도 동작하는 객체 지향 운영 체제를 원하고 있었다. 그린 프로젝트 팀은 객체 지향의 새로운 언어인 Oak를 개발했다. Oak는 모든 전자제품에 적용시킬 수 있는 전천후 언어로 완성 단계에 이르렀다. 제임스 고슬링은 Oak를 기반으로 상품 개발을 추진했다. Interactive TV(양방향TV)에 탑재해 비디오와 오디오를 통제할 수 있는 작은 액정 Controller를 제작했다. 그 후 그린 프로젝트는 자바 프로젝트로 새 출발을 하게 된다. 고슬링은 Oak를 웹에 적용시킬 수 있는 코드 작업을 맡았고 Naughton이 코드를 인터넷 상에서 컴파일할 수 있는 킬러 애플리케이션을 제작했다. 그 결과 고슬링의 코드는 자바(Java)라는 이름으로, Naughton의 킬러 앱은 핫자바라는 이름으로 완성된다.

자바의 특징은 일단 프로그램을 작성하면 어떤 플랫폼에서도 실행된다는 의미에서 WORA(Write Once, Run Anywhere)로 요약된다. 이는 기존 프로그램들의 약점을 보완할 수 있는 놀라운 아이디

어였다. 컴퓨터 운영 체제는 호환이 되지 않기 때문에 예를 들어 유닉스에서 만든 프로그램은 다른 OS에서 돌릴 수 없어 새롭게 변형해야 하는 어려움을 안고 있었다. 하지만 자바는 각 OS마다 프로그램이 똑같이 동작할 수 있도록 OS와 프로그램 사이의 중계 구실을 하는 가상 머신을 만들어 이 문제를 해결했다. 원래 Java는 가전기기를 운영하기 위한 프로그래밍 언어로 개발됐다. 하지만 1990년대 초의 상황은 가전기기 따위에 Java를 동작시킬 만한 메모리나 하드웨어 여건이 마련되지 못했다. 하지만 인터넷과 웹 브라우저 시대가 되면서 자바는 화려하게 부상했고, 전 세계 프로그래머들 사이에 급속도로 확산될 수 있었다. 아이러니한 사실은 **10여년이 흐른 최근에야 휴대전화나 TV셋톱박스, 심지어 화성탐사용 로봇에도 자바로 만든 프로그램이 탑재돼 자바의 원래 소원을 이루게 된 것이다.**

지난 몇 년 동안 마이크로소프트와 썬 마이크로시스템즈 사이의 지루한 자바 기술 침해에 관한 소송이 진행되기도 했다. 최근 두 회사가 화해하고 손을 잡게 되면서, 이후 두 진영은 상호발전을 위하여 협력하는 분위기이다. 컨퍼런스와 외부행사에서 경쟁사의 제품에 대해 호의적 평가가 나오고 있다. 이후, 썬 마이크로시스템즈가 오라클에 흡수 합병되었고, 고슬링은 오라클의 클라이언트 소프트웨어 그룹 CTO로 활동하였다. 그리고 지난 2010년 4월 9일 고슬링은 오라클을 떠났으며 1년 정도 후에 구글에 입사하였다가 5개월 만에 다시 구글을 떠나 해양정보수집로봇을 개발하는 벤처기업 '리퀴드로보틱스'의 CSA(최고 소프트웨어 아키텍트)로 자리를 옮겼다.

[자바 개발]
자바(Java)는 세계에서 가장 널리 쓰이는 프로그래밍 언어다. 간단한 PC용 소프트웨어나 게임, 웹 애플리케이션은 물론, CRM, ERP, SCM 등의 기업용 애플리케이션을 만드는 SI(시스템 통합) 작업에 많이 쓰인다. 게임의 경우 모장(Mojang)이 만든 마인크래프트(Minecraft)가 자바 플랫폼 위에서 작동하는 대표적인 사례다. 안드로이드 스마트폰 앱 개발도 대부분 자바를 통해 이뤄진다. 안드로이드 앱 개발의 진입 장벽이 낮은 이유도 개발자들이 기존에 익힌 자바 언어를 대부분 그대로 사용할 수 있기 때문이다. 또한 오라클이 밝힌 바로는 전세계 1억 2,500만 대의 TV, 30억 대의 휴대폰에 쓰이고 있으며, 블루레이 디스크에 나타나는 대화형 메뉴창은 대부분 자바로 개발됐다. **자바를 만든 사람은 캐나다의 소프트웨어 개발자 제임스 고슬링(James Arthur Gosling)이다.** 세계에서 영향력 있는 개발자 중 한 명이자 은둔형 개발자의 아이콘이기도 하다.

[웹과 프로그래밍 언어의 만남]
제임스 고슬링은 1955년 캐나다 앨버타 주에서 태어났다. 1977년 캘거리 대학에서 컴퓨터 공학 학사를, 1983년 카네기 멜론 대학에서 컴퓨터 공학 박사 학위를 받는다. 박사학위를 수료한 이후 1984년부터 소프트웨어, 정보 기술 개발사인 '썬 마이크로시스템즈(SUN Microsystems)'에서 근무한다.

자바는 1991년부터 제임스 고슬링이 재직 당시 주도한 '그린 프로젝트'에서 시작한다. 처음에는 냉장고, 전기밥솥, TV 등의 가전제품에 장착하는 컴퓨터 칩에 각종 기능을 넣기 위한 프로그래밍 언어로 쓰일 예정이었지만 계획이 무산됐다. 이 아이디어가 나온 20여 년 전만 하더라도 가전제품용 메모리나 컴퓨터 칩은 이런 프로그램을 구동할 성능을 갖추지 못했기 때문이다. 마침 팀 버너스 리가 개발한 월드 와이드 웹이 선풍적인 인기를 끌기 시작했다. 제임스 고슬링은 웹이 널리 알려지기 시작한 **1993년 무렵, 지금까지 개발해온 프로그래밍 언어가 월드 와이드 웹용 개발 언어인 HTML의**

정적(靜的)인 부분을 보완할 수 있으리라 판단하고, 이를 웹과 결합하는 방법을 모색했다. 대부분의 브라우저들은 자바 애플릿(applet)을 웹 페이지 안에서 플러그인해서 실행할 수 있었다. 자바나 자바 애플릿은 자바스크립트와는 다르며, 2016년 1월 Java 9부터 애플릿을 위한 자바 플러그인 지원은 중단되었다.

[어떤 플랫폼에서든 사용할 수 있는 프로그램]

당시 등장한 **자바의 모토는 'WORA(Write Once, Run Anywhere)'다.** 즉 개발 코드를 한 번만 **작성하면 어떠한 플랫폼에서든 쓸 수 있다는 의미다.** 일반적으로 소프트웨어는 운영체제가 다르면 서로 호환할 수 없다. 예를 들어 윈도에서 사용하는 MS 오피스 같은 소프트웨어는 개발자가 맥OS X용을 별도 제작해 내놓지 않는 이상, 맥 사용자는 이를 이용할 수 없다. 제임스 고슬링은 이러한 문제를 가상 머신(JVM)을 활용하는 방법으로 해결했다. 운영체제와 자바로 개발한 프로그램 사이에 중계자 역할을 하는 가상 머신을 만들고, 이를 통해 모든 운영체제에서 똑같이 작동하는 프로그램을 만들 수 있다.

개발자들은 환호했다. 운영체제에 자바 가상 머신만 설치돼 있으면 어떤 웹 브라우저에서든 '자바 애플릿(자바 기반 웹 브라우저 플러그인)'을 불러와 프로그램을 실행할 수 있었기 때문이다. 이후 등장한 JDK(자바 개발 도구) 1.2버전부터는 각 개발자가 다양한 플랫폼에서 사용할 수 있도록 자바 엔터프라이즈 에디션, 자바 모바일 에디션, 자바 스탠다드 에디션 등을 만들었다. 자바는 웹 브라우저에서 추가기능을 실행하기 위해 별도의 소프트웨어(자바 런타임 등)를 설치해야 한다는 점에서 액티브 X와 유사한 듯 보인다. 하지만 윈도 운영체제와 인터넷 익스플로러에 종속된 액티브X와 달리, 자바는 거의 모든 운영체제와 웹 브라우저에서 작동하기 때문에 호환성이 높다.

한편, **썬 마이크로시스템즈는 2009년 오라클(Oracle)에 인수됐다.** 일명 '닷컴 버블'이라고 불리는 인터넷 기업 붐이 시들해지면서 어려움을 맞은 것이다. **제임스 고슬링은 썬 마이크로시스템즈가 인수된 이후 오라클에서 약 1년간 최고 기술 책임자(CTO)로 활동했다.**

[오라클에 등을 돌리다]

제임스 고슬링은 2010년 오라클을 떠났다. 이에 관한 이유를 자세하게 설명하지는 않았지만, 고슬링의 블로그에 '상실감이 컸다'는 말을 남겼다. 아마도 자바를 이윤추구를 위해 사용하는 오라클의 행보가 보기 편하지만은 않았던 듯하다. 실제로 오라클은 2010년 구글 안드로이드 운영체제에서 사용한 자바 API에 대해 저작권 관련 소송을 걸기도 했다(물론 이 소송의 승자는 구글이다).

자바의 아버지가 다음으로 선택한 곳은 당시 오라클과 소송을 벌이고 있던 구글이었다. 고슬링이 구글을 선택했을 당시 업계에서는 다양한 추측을 내놓았다. 예컨대, 구글에서 상징적인 위치에 있는 리더가 될 것이라든가, 새로운 모바일 운영체제와 개발 언어를 만들 것이라는 등의 추측이 나왔다. 하지만 제임스 고슬링은 입사한지 5개월 만에 구글을 떠난다. 이런 상황을 봤을 때 구글과 오라클의 소송에서 구글에 힘을 실어주는 목적이 컸을 듯하다.

구글을 떠난 고슬링이 입사한 곳은 신생 로봇 공학 기업인 '리퀴드 로보틱스(Liquid Robotics)'다. 리퀴드 로봇은 정보 수집 로봇을 개발하는 기업이다. 예를 들면 바다 위에 띄워놓고 해수면의 온도나 파도의 높이 등을 수집한다. 수집한 데이터를 통합 관리하려면 그만큼 뛰어난 알고리즘이 뒷받침돼야 하는데, 제임스 고슬링은 이런 알고리즘 개발을 맡았다.

[자바 이름의 유래]

제임스 고슬링이 주도하던 프로젝트의 코드명은 오크(Oak) 혹은 프로젝트의 이름을 따서 그린(Green)이라고 불렀으며, 자바라는 이름이 붙은 것은 그 이후다. 이 이름의 유래에 관한 설은 다양하다. 고슬링이 프로젝트의 이름을 생각하던 중, 책상에 놓인 자바산 커피가 눈에 들어왔다는 설이 있다. 또 다른 설은 썬 마이크로시스템즈가 프로젝트 이름을 위해 관계자들을 가둬놓고 마라톤 회의를 시키면서 특정 질문에 연상되는 단어를 떠올리게 했을 때 자바산 커피라는 단어가 나와서 이를 선택했다는 소문도 있었다. 공통적으로 포함하는 내용은 역시 자바산 커피다. 실제로 제임스 고슬링은 평소 인도네시아 자바산 커피를 즐겨 마신 것으로 유명하다. 또한, 자바의 로고는 커피잔과 접시로 구성된 것을 봤을 때 자바산 커피에서 프로젝트 이름을 따왔다는 설이 유력하다.

[자바와 자바스크립트는 다르다]

자바와 자바스크립트(JavaScript)는 이름 때문에 같은 맥락의 개발 언어라고 생각하는 경우가 있는데, 사실 둘은 전혀 다르다. 자바스크립트는 넷스케이프에서 개발한 프로그래밍 언어다. 자바로 개발한 프로그램은 독립적인 응용프로그램 형태로 존재할 수 있지만, 자바스크립트는 HTML 문서 내부에 위치해 대화형 기능을 추가하는 용도로 쓰인다. 즉 HTML 문서를 보는 도구 '웹 브라우저'에서 직접 작동한다는 의미다. 물론 자바도 웹 브라우저에서 작동한다. 하지만 가상 머신을 통해 작동하기 때문에 근본이 다르다. 웹 브라우저는 가상 머신으로 구현한 자바의 기능을 표시하는 도구에 불과하다. 자바와 자바스크립트의 차이를 '인도'와 '인도네시아'의 차이라고 설명하기도 한다. 이름은 비슷하지만 전혀 다르다는 의미다.

[20년 만에 현실이 된 그의 프로젝트]

자바는 처음 프로젝트 의도와는 조금 다르게 웹 애플리케이션 개발 언어로 태어났다. 앞서 말한 것처럼 당시 전자기기는 성능이 부족해 프로그램을 수용할 만한 여력이 되지 않았기 때문이다. 하지만 자바가 탄생한 지 20여 년이 지나서, **자바는 기기와 운영체제에 관계없이 다양한 플랫폼에서 작동한다.** 고슬링의 프로젝트가 현실이 된 셈이다. 고슬링은 외부에 나서서 활동하는 것을 즐기지 않는 만큼, 눈에 띄는 일화도 드물다. 하지만 고슬링이 오늘날 개발자들에게 준 선물은 엄청나다. 쉽게 사용할 수 있는 개발 도구인 것은 물론, 가상 머신을 통해 다른 운영체제에서도 똑같은 프로그램을 구동할 수 있다는 점은 개발자의 작업량을 줄이는 데도 일조했다. 제임스 고슬링이 개발한 것은 소프트웨어 개발의 핵(Core)이라고 할 수 있다.

[자바 Java, 프로그래밍언어]

자바는 썬 마이크로시스템즈의 제임스 고슬링과 다른 연구원들이 개발한 객체 지향적 프로그래밍 언어이다. 1991년 그린 프로젝트라는 이름으로 시작해 1995년에 발표했다. 처음에는 가전제품 내에 탑재해 동작하는 프로그램을 위해 개발했지만 웹 애플리케이션 개발에 가장 많이 사용하는 언어 가운데 하나이고, 모바일 기기용 소프트웨어 개발에도 널리 사용하고 있다.

자바의 개발자들은 유닉스 기반의 배경을 가지고 있었기 때문에 문법적인 특성은 파스칼이 아닌 C++의 조상인 C 언어와 비슷하다. 자바를 다른 컴파일언어와 구분 짓는 가장 큰 특징은 컴파일된 코드가 플랫폼 독립적이라는 점이다. 자바 컴파일러는 자바 언어로 작성된 프로그램을 바이트코드라는 특수한 바이너리 형태로 변환한다. 바이트코드를 실행하기 위해서는 JVM(자바 가상 머신, Java Virtual Machine)이라는 특수한 가상 머신이 필요한데, 이 가상 머신은 자바 바이트코드를 어느 플랫폼에서나 동일한 형태로 실행시킨다. 때문에 자바로 개발된 프로그램은 CPU나 운영 체제의 종류에 관계없이 JVM을 설치할 수 있는 시스템에서는 어디서나 실행할 수 있으며, 이 점이 웹 애플리케이션의 특성과 맞아떨어져 큰 인기를 끌게 되었다.

♣ 수십억 줄의 코드가 사용되고 있고, 수십억의 활발한 전문가들이 그것을 사용한다는 것을 알았을 때, 당신은 매우 조심해야만 한다.

♣ 액티브X 대신 오픈소스인 자바를 쓰라.

♣ 액티브X로 구현한 공인인증서는 자바 기술로 그대로 구현할 수 있다.
한국은 자바를 이용해 (액티브X 남용에 따른) 각종 문제를 해결해야 한다.

♣ 인터넷 뱅킹을 이용할 때 자바 기술을 이용해 보안 문제를 해결한 미국 사례가 숱하게 많다. **자바 기술은 운용체계(OS)와 브라우저에 독립적이고 소스코드도 공개돼 있어 벤더 종속에 따른 각종 폐해를 막을 수 있다.**

♣ 오라클은 썬 마이크로시스템즈(이하 썬)에서 받던 기본연봉을 그대로 책정했고, 기존 직급보다 훨씬 낮은 단계의 자리를 제안했다. 오라클이 내가 가진 지적재산권까지 모두 소유하기를 원했다. 오라클에서 나의 결정권을 최소화 했다.

♣ 썬이 오라클보다는 차라리 IBM에 인수 됐으면 하는 생각을 했다.

슈미트 Eric Schmidt

● 기업인 ● Alphabet 회장 ● 미국 ● 1955년생

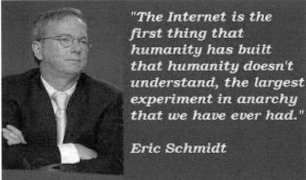

"The Internet is the first thing that humanity has built that humanity doesn't understand, the largest experiment in anarchy that we have ever had."

Eric Schmidt

[출생] 1955년 4월 27일, 미국 워싱턴 D.C.

[성별] 남성
[본명] Eric Emerson Schmidt
별자리: 황소자리
띠: 양띠
[소속] 알파벳 (고문, 전 회장)
[국적] 미국
[직업] 알파벳 고문, (전)이사회 의장, (전)회장

[학력사항]
~ 1982 캘리포니아대학교 버클리캠퍼스 대학원, 전기공학, 전산학 박사
~ 1979 캘리포니아대학교 버클리캠퍼스 대학원, 전기공학, 전산학 석사
~ 1976 프린스턴대학교 전기공학 학사

[경력사항]

2019.05 ~ 알파벳 고문

2016.03 ~ 미국 국방부 혁신자문위원회 위원장

2015.10 ~ 2019.04 알파벳 회장

2015.10 ~ 2019.04 알파벳 이사회 의장

2011.01 ~ 2019.04 구글 회장

2006 ~ 2009 애플 이사회 이사

2001 ~ 2011 구글 최고경영자

2001 ~ 2004 구글 이사회 의장

2001 ~ 2004 구글 이사회 이사

1997 ~ 2001 노벨 이사회 의장

1997 ~ 2001 노벨 이사회 이사

1997 ~ 2001 노벨 최고경영자

썬마이크로시스템즈 최고기술경영자

썬마이크로시스템즈 부사장

1983 ~ 1997 썬마이크로시스템즈

벨연구소

지로그

[생애]

에릭 에머슨 슈미트는 구글의 대표이사 회장이었다. 2011년 4월 4일 창업자 래리 페이지가 다시 CEO 자리에 올랐다. 프린스턴 대학교를 졸업하고 캘리포니아 대학교 버클리에서 컴퓨터 공학 석사와 박사 학위를 받았다. 애플 이사회에 참여하고 있으며 프린스턴 대학교 이사회에서 활동하고 있었으나, 구글과 애플의 사업 분야가 겹친다는 이유로 애플의 이사회에서 사퇴하였다.

슈미트 회장은 스스로 의도했든 의도하지 않았든 반 마이크로소프트(MS) 진영에서 오랫동안 일했던 인물이다. 선마이크로시스템 CTO 시절, OS에 관계없이 프로그램을 구동할 수 있는 '자바' 개발에 관여했으며 이후에는 리눅스 업체인 노벨에서 대표를 맡았다. 구글 핵심 전략이 반 MS적이라는 점은 어쩌면 IT 역사를 다시 쓰는 차세대 혁명 기업의 숙명일지도 모른다. MS체제를 허물지 않고는 변화가 없다는 점을 슈미트 회장은 수차례 언급했다.

에릭 슈미트가 구글에 합류한 시점은 지난 2001년, 당시 노벨 CEO였던 슈미트는 벤처캐피털 클라이너 퍼킨스의 존 도어의 강권에 못 이겨 CEO 인터뷰에 나섰지만, 구글에 합류할 생각이 크게 없었다. 닷컴 버블이 꺼진데다 신생업체인 구글 역시 적자에서 벗어나고 있지 못했기 때문이다. 에릭 슈미트의 생각을 바꾼 것은 구글의 젊은 창업자 래리 페이지와 세르게이 브린이었는데, 그들의 발칙한 사고와 통찰력에 감탄한 에릭 슈미트는 구글에 합류, 두 창업자와 성공 스토리를 써나간다. 슈미트 회장은 사업가 및 최고 기술 개발자로서 20여년의 풍부한 경험을 구글에 아낌없이 쏟아 부었다. 에릭 슈미트의 노하우는 독특한 기업 문화를 바탕으로 초고속 성장을 거듭하는 구글에 꼭 필요한 것이었다.

슈미트는 제록스 PARC(Xerox Palo Alto Research Center)의 컴퓨터 과학 연구소, 벨 연구소, 자이로그(Zilog) 등을 거쳐 1983년 선마이크로시스템스로 이직했다. 이곳에서 최고 기술 책임자로서 플랫폼에 구애받지 않는 프로그래밍 기술인 자바의 개발을 주도하게 된다. 이후 노벨 CEO로 활약하다 구글로 영입됐다. 에릭 슈미트는 프린스턴 대학에서 전기공학 학사를, 캘리포니아 버클리 대학에서 컴퓨터 과학 석사 및 박사 학위를 취득했다. 2006년 슈미트 회장은 세계에서 가장 성공적인 인터넷 검색엔진 기업인 구글의 전략 개발을 담당한 공로를 인정받아 미국 공학학회원으로 선출됐다. 2011년 1월 20일 구글은 에릭 슈미트가 구글 CEO 자리에서 내려올 것이고, 회사의 Executive chairman으로 그리고 페이지와 브린의 자문 역으로 남게 될 것이라고 발표했다. 구글의 CEO 자리는 2011년 4월 4일 래리 페이지가 이어받았다. 2013년 1월, 빌 리처드슨과 함께 북한(조선민주주의인민공화국)을 방문하였다. 2019년 재산은 약 15조원(129억 달러)으로 세계 101위이다.

2019년 4월 구글의 성공 신화를 쓴 에릭 슈미트 전 구글 회장이 18년 만에 구글의 모회사인 알파벳 이사회에서 물러났다. 슈미트 전 회장은 2019년 4월 30일 트위터에 "18년간 이사회 회의를 마치고 (고) 빌 캠벨 코치(전 애플 이사, "실리콘밸리의 코치"로 불렸던 인물)의 유산을 따르고자 한다"며 "재능 있는 다음 세대를 위해 봉사하겠다"고 밝혔다. "래리와 세르게이를 비롯한 모든 동료에게 감사한다"며 "앞으로 기술 고문으로서 알파벳과 구글 비즈니스, 구글 테크를 지도·교육하고, 재능 있는 지도자에게 조언하며, 보다 자유롭고 번영하는 사회를 만드는 데 헌신하겠다"고 덧붙였다.

[알파벳]

창립: 1998년 9월 4일, 캘리포니아주, 멘로파크 (구글)
    2015년 10월 2일 (알파벳)
창립자: 세르게이 브린, 래리 페이지
본사: 미국, 캘리포니아주, 마운틴뷰, 구글플렉스
제품 및 서비스: 인터넷, 소프트웨어, 통신 장비, 의료, 생명공학기술, 벤처 캐피털
매출액: 1,368억달러(한화 약 155조원) (2018년 12월)
직원수: 98,771명 (2018년 12월)

알파벳 주식회사(Alphabet Inc.)는 2015년 10월 2일 구글의 공동 설립자 래리 페이지, 세르게이 브린이 설립한 미국의 복합기업이다. 미국의 구글을 비롯한 여러 구글 자회사들이 모여서 설립된 기업집단이다.

♣ 인터넷은 인류가 이해하지 못한 것을 만든 첫 번째 것, 우리가 현재까지 가져본, 무정부상태에서 제일 큰 실험이다.

♣ 자신만의 스타일을 찾아라.

♣ **젊기 때문에 도전하는 것이 아니다. 도전하기에 젊은 것이다.**

♣ 처음부터 겁먹지 말라. 막상 가보면 아무것도 아닌 게 세상에는 참 많다.

♣ 스무 번 정도는 반복해서 말해야 할 일이 있다.

한두 번 말하면 사람들은 바빠서 귀 기울이지 않는다.

몇 번 더 말하면 그제야 무슨 소리가 들렸나 하는 반응을 보인다.

열다섯 번이나 스무 번 정도 반복할 때쯤이면 여러분은 완전히 지칠 것이다.

하지만 이때가 바로 사람들이 알아들을 시점이다.

삶은 모니터 빛 속에서 사는 것이 아닙니다.

♣ 삶은 여러분 스마트폰처럼 상태를 업데이트하는 그런 기계적 연속을 요구하는 것이 아닙니다. 삶에서 친구 수가 중요한 것도 아닙니다. 여러분이 신뢰하는 친구가 중요합니다. 혼자 할 때보다도 여럿이 함께 할 때 더 큰 힘이 발휘되는 것입니다.

♣ **새로운 일을 배우는 데 개방적이 되길 바랍니다.**

그래야 여러분의 삶에 변화를 주고 타인의 삶에 변화를 주게 됩니다.

♣ 중요한 삶의 태도가 있습니다. 바로 '네'라고 답함으로써 여러분들의 삶은 계속 변화할 것입니다. 남이 도움을 구할 때도 "네"라는 말을 하세요.

여러분의 편안한 공간만을 고집하지 말고 무엇이든 가치 있는 일에 "네"라고 말할 수 있어야 합니다. "네"라고 말할 수 있는 용기가 여러분을 스스로 지킬 수 있는 삶의 지혜가 될 것입니다.

♣ **여러분 세대는 역사상으로 어느 세대보다 더 큰 기회를 가지고 있습니다.**

여러분 모두는 여러분 이전 세대의 사람들이 생각하지 못한 방식으로 서로가 연결되어 있기 때문입니다. 그 **연결의 힘을 보이지 않는 유대를 강화하고 세상에 대한 이해를 깊게 하는 데 사용하세요.**

♣ **기술 진화에 맞는 새로운 교육 모델이 필요하다.**

궁극적으로 직업 미스매치 문제를 해결하는 데 초점이 맞춰져야 한다.

조이|William Joy

• 컴퓨터과학자 • 썬 창업자 • 미국 • 1954년생

[출생] 1954년 11월 8일, 미국 미시건 주 파밍턴힐스

[국적] 미국
[분야] 컴퓨터 과학

[출신 대학]
미시간 대학교 전기공학 학사
캘리포니아 대학교 버클리 전기공학 석사, 컴퓨터 과학 석사

[주요 업적]
BSD, vi, csh, chroot, TCP/IP 드라이버, 썬 마이크로시스템즈, 자바, SPARC, 솔라리스, NFS

[수상] 그레이스 머리 호퍼 상 (1986)

[요약]

윌리엄 넬슨 조이는 미국의 컴퓨터 과학자이다. 1982년 스콧 맥닐리, 비노드 코슬라, 안드레아스 폰 벡톨샤임과 함께 **썬 마이크로시스템즈사를 공동 창립**했고, 2003년까지 수석 연구원으로 재직했다. 버클리 대학의 대학원생 시절, BSD 유닉스 개발의 핵심적인 역할을 했으며, vi 편집기의 개발자로도 유명하다. 2000년에는 과학기술 발전에 대한 깊은 우려를 담은 에세이 "**미래에 왜 우리는 필요 없는 존재가 될 것인가? (Why the future doesn't need us?)**"를 와이어드 지에 발표하여 큰 반향을 불러일으켰다.

빌 조이는 윈도우에 의존하지 않고 다양한 응용 프로그램을 만들 수 있는 자바와 스타오피스를 개발해 세계 소프트웨어 업계를 평정했던 썬 마이크로시스템즈를 세운 선구자적 인물이다.

2003년 썬 마이크로시스템즈를 떠난 빌 조이는 배터리 개발만을 목적으로 설립된 스타트업 아이오닉 머터리얼즈(Ionic Materials)의 이사회 의장을 맡고 있다. 아이오닉 머터리얼즈는 배터리 생산의 원료가 되는 물질을 만들어 판매하고 재생 가능한 에너지원을 개발하는 업체다. 아이오닉 머터리얼즈는 지난 3일 록키 마운틴 인스티튜트(RMI)가 주최한 '2017 에너지 혁신 회의(2017 Energy Innovation Summit)'에서 고체 형태의 알칼리 배터리를 공개했다. 아이오닉 머터리얼즈와 빌 조이는 그동안 가볍고 부피가 작으면서도 폭발 우려가 없는 고체 배터리를 개발하는 것에 매진해왔다.

빌 조이의 연구결과에 따르면 알칼리 전지는 리튬이온 배터리와 달리 항공기와 같은 민감한 환경에서도 안전하다. 리튬이온 배터리는 최근 전자 담배와 휴대폰 등에서 발화 사고가 잇따르면서 안전문제가 불거졌다. 충전이 가능하다는 것도 알칼리 전지의 장점이다.

[썬 마이크로시스템즈]

창립: 1982년 2월 24일

창립자: 빌 조이(Bill Joy)

해체: 2010년 1월 27일

제품: 서버, 워크스테이션, 스토리지, 프로세서, 씬 클라이언트, 운영체제, 소프트웨어 등

본사: 미국, 캘리포니아주 샌타클라라

썬 마이크로시스템즈(주)(Sun Microsystems, Inc., 나스닥: JAVA)는 컴퓨터, 소프트웨어, 정보 기술을 개발 및 제공하는 미국의 회사로 1982년 2월 24일에 빌 조이(Bill Joy)에 의해 설립되었다. 흔히 썬이라 약칭한다. '네트워크가 곧 컴퓨터다'(The Network is the Computer)라는 슬로건을 사용하였다.

썬은 자사의 스팍 프로세서와 AMD의 Opteron 및 Intel의 Xeon 프로세서를 채용한 서버와 워크스테이션을 판매하였으며, 솔라리스 운영 체제, 자바 플랫폼, NFS, ZFS 파일 시스템 등을 비롯한 여러 소프트웨어들을 개발하였다. 2009년 4월 20일, 썬 마이크로시스템즈는 자사가 오라클에 인수된다는 것을 발표했다. 2010년 1월 27일 썬 마이크로시스템즈는 오라클에 공식 합병되었다.

♣ 사람들은 알칼리 배터리가 충전이 가능해 재사용 할 수 있다는 사실을 간과하고 있었다.

  지금은 알칼리 배터리 충전기술이 상용화될 정도는 아니지만 5년 이내에 가능해지도록 노력하고 있다.

♣ 10년 동안 400%씩 배터리를 생산해도 수요 급증을 감당하기 어려울 것이다.

  우리는 비록 배터리 제조 공장은 없지만 혁명적인 물질이 있다.

♣ 오늘날 수많은 디지털 디바이스와 전기차에 주요 사용되는 리튬 이온 배터리 대신 충전해 사용할

  수 있는 알칼리 배터리가 앞으로 더 주목받을 것이다.

스톨만 Richard Stallman

● 프로그래머 ● 미국 ● 1953년생

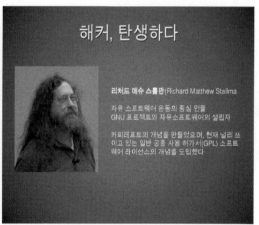

[출생] 1953년 3월 16일,미국

[경력사항]
1985.10 자유소프트웨어재단 설립
1971 ~ 1984
미국 매사추세츠공과대학 인공지능연구소 연구원

[학력사항]
~ 2011 코르도바대학교 명예박사
~ 2003 브뤼셀대학교 명예박사
~ 2001 글래스고대학교 명예박사
~ 1996 스웨덴왕립기술원 명예박사

MIT 대학원 1974 ~ 1975

MIT 물리학 1970 ~ 1974
하버드대학교 물리학 학사

[직업] 자유 소프트웨어 재단 이사장

[종교] 무신론

[요약]
리처드 스톨먼은 자유 소프트웨어 운동의 중심인물이며, GNU 프로젝트와 자유 소프트웨어 재단의 설립자이다. 스톨먼은 이 운동을 지원하기 위해 카피레프트의 개념을 만들었으며, 널리 쓰이고 있는 일반 공중 사용 허가서(GPL) 소프트웨어 라이선스의 개념을 도입했다. **스톨먼은 또한 탁월한 프로그래머이기도 하다. 스톨먼은 문서 편집기인 Emacs, GNU 컴파일러 모음 컴파일러, GDB 디버거 등 많은 프로그램을 만들었으며,** 이들 모두를 GNU 프로젝트의 일부로 만들었다. 스톨먼은 자유 소프트웨어 운동의 도덕적, 정치적, 법적인 기초를 세우는 데 본질적인 영향을 준 인물이며, 이는 독점 소프트웨어 개발과 공급에 대한 대안이 되었다.

[생애]
스톨만은 엘리스 립맨과 대니얼 스톨만의 아들로 맨해튼에서 태어났다. 1960년대 스톨먼의 **고등학교 저학년 시절에 처음으로 개인용 컴퓨터를 접해볼 수 있는 기회를 얻었다.** 그리고 지금은 사라진 시내에 있던 연구소인 IBM 뉴욕 과학센터에서 일하면서, 스톨만은 고등학교 졸업 후의 여름을 보냈고 거기에서 스톨먼의 첫 번째 프로그램인 IBM 7064를 위한 **전처리기(pre-processor)를 PL/I 프로그래밍 언어로 작성했다.** 다음과 같이 스톨먼은 회상했다.
"나는 첫 프로그램을 PL/I로 작성했다. 그 뒤, 그 프로그램이 그 컴퓨터에 맞지 않을 만큼 커졌을 때 어셈블리어로 다시 고쳤다." 1971년에 하버드 대학의 신입생으로 스톨만은 MIT 인공지능 실험실의 해커가 되었다.

[해커 문화의 타락]
1980년대, 스톨만의 삶이었던 해커 공동체가 소프트웨어 산업의 상업화로 인해 점차 사라질 위기에 처하기 시작했다. 특히, 실험실 내의 다른 해커들은 심볼릭스(Symbolics)라는 회사를 차리고는, 기존의 자유 소프트웨어를 그들만의 독점 소프트웨어로 바꾸는 작업을 적극적으로 시도했다. 1983년에서 1985년 사이의 2년 동안, 스톨만은 연구실 내에서 혼자 힘으로 심볼릭스의 결과물들과 똑같은 기능의 프로그램을 작성하여 그들의 독점을 막는 일을 계속했다. 그러나 그 당시 이미 스톨먼은 그의 세대 중에서 마지막 해커였다. 스톨먼은 비밀 유지 합의서에 사인하기를 요구받았으며, 스톨먼의 원칙인 다른 이들과의 공유나 이웃을 돕는 것에 위배되는 작업들을 수행할 것을 요구 받았다.

[GNU를 설립]
1985년, 스톨만은 GNU 선언문을 발표했다. 이는 유닉스에 대항하여 자유로운 대안을 만들기 위한

스톨먼의 의지와 동기를 역설한 것이었다. 그리고 얼마 안 있어 **스톨먼은 비영리 기관인 자유 소프트웨어 재단을 설립했다.** 그리고 스톨먼은 1989년 일반 공중 사용 허가서(GPL) 내에 카피레프트의 개념을 적용하였다. 허드(Hurd) 커널을 제외하고, 대부분의 GNU 시스템이 거의 동시에 완성되었다. 1991년, 리누스 토르발스는 GPL로 리눅스 커널을 발표했다. 이를 통해 완벽하게 기능하는 GNU 시스템인 GNU/리눅스 운영 체제가 탄생하게 되었다.

[자유 소프트웨어 대 오픈소스]
리처드 스톨만의 정치적이고 도덕적인 동기는 스톨먼을 매우 논쟁적인 인물로 만들었다. 코드를 공유하자는 개념에 동의하는 프로그래머들 중 많은 수가 스톨만의 도덕주의적인 입장과 개인적인 철학에는 동의하지 않았다. 이러한 논쟁의 한 결과로 자유 소프트웨어 운동의 대안인 오픈소스 운동이 생겨났다.

[자유 소프트웨어 재단]
결성일: 1985년 10월 4일
목적: 자유 소프트웨어 운동
본부: 미국 매사추세츠주 보스턴
이사장: 리처드 스톨먼

자유 소프트웨어 재단(Free Software Foundation, FSF)은 미국의 자유 소프트웨어 관련 재단이다. 자유 소프트웨어의 생산과 보급을 장려하기 위해 리처드 스톨만이 세운 재단으로, 주로 컴퓨터 소프트웨어를 만들어 배포하고 수정하는 보편적인 자유를 제고한다. 설립 이후부터 1990년대 중반까지 자유 소프트웨어 재단 기금은 GNU 프로젝트의 자유 소프트웨어를 작성하기 위해 소프트웨어 개발자를 고용하는데 대부분 사용되었다. 1990년대 중반 이후로 이 재단의 직원들과 자발적인 기여자들은 대개 자유 소프트웨어 운동과 자유 소프트웨어 커뮤니티를 위한 법적, 구조적 문제에 대한 작업을 처리하고 있다. 2002년 11월 25일, 자유 소프트웨어 재단은 자유 소프트웨어 재단 연합 멤버십 프로그램을 시작했다. 목표를 지속하기 위해 오직 자유 소프트웨어만이 FSF의 컴퓨터에 사용된다. **자유 소프트웨어는 저작권에 관계없이 누구나 차별 없이 자유롭게 사용, 수정, 복사, 재배포 등을 할 수 있다.** 단, 자유 소프트웨어를 수정하여 재배포하는 경우에는 수정된 모든 내용을 분명하게 표시해야 하고, 원저작자의 성명과 저작권 공고(copyright notice)를 삭제하거나 변경해서는 안 된다. 여기서 **자유(free)는 무료의 의미가 아닌 사용의 자유(libre)를 의미한다.**

♣ 저작권이 대중들이 복제하는 것을 막기 위해 출판사들이 사용하는 유일한 방법은 아니라는 점을 지적하고 싶다.

♣ 모든 기능적 저작물-소프트웨어, 메뉴얼, 교과서, 사전, 백과사전 등-은 자유로워야 한다고 믿는다. 이것은 사람들이 그것을 자유롭게 만들고, 복사본을 재배포하며, 또한 수정본을 출판할 수 있어야 한다는 것을 의미한다. **어떤 종류의 공표된 저작물이든, 최소한의 자유는 있어야 한다.** 즉, 누구나 그것을 비상업적으로 복제하고, 변형 없이 재배포하는 것을 자유롭게 하도록 허용해야 한다.

♣ 1984년도에 시작된 자유 소프트웨어 운동은 소프트웨어를 공유하고 변경할 자유는 도덕적 요청이라고 얘기한다. 오픈소스 운동은 우리의 철학에 대한 반작용으로 1998년에 시작되었다. 나는 정부가 그것을 뭐라 부르든, 자유 소프트웨어 개발을 지원하는 것은 좋은 일이라 생각한다. 2001년 이후 많은 국가에서 채택하고 있는, 인간의 기본권을 침해하는 일련의 법률들에서 그 해악을 보았다.

그러나, 이러한 억압적 법률들은 아직 끝나지 않았다. 미국, 영국, 호주 등에서 우리의 자유를 위협하는 더 많은 법률이 검토되고 있다.

♣ 정부는 어떠한 작업을 위한 자유 소프트웨어의 개발을 금지하는 법률을 거부해야만 한다. 예를 들어, **소프트웨어 특허는 거부되어야 한다.**

다양한 미디어 포맷을 인식할 수 있는 소프트웨어는 허용되어야 한다.

♣ 웹페이지에 대한 접근에 과금하는 것을 도덕적으로 나쁘다고 말할 수는 없지만, 나는 그것이 불행한 일이라고 본다.

앨런 Paul Allen

● 마이크로소프트 공동설립자 ● 미국 ● 1953년생

창업자 빌 게이츠와 폴 앨런

"기부로 미래 세대의 삶을 바꿀 수 있다"

- 폴 앨런

[출생] 1953년 1월 21일, 미국 워싱턴주 시애틀
[사망] 2018년 10월 15일, 미국 워싱턴주 시애틀 (65세)
[거주지] 미국 워싱턴주 머서아일랜드
[학력] 워싱턴 주립 대학교 중퇴
[직업] 기업인, 투자가, 자선사업가
[소속] Vulcan Inc. (CEO)
시애틀 시호크스 (구단주)
포틀랜드 트레일블레이저스 (구단주)
시애틀 사운더스 FC (공동 구단주)
[순자산] 217억달러 (한화 약 25조원) (2018년 10월)
[친척] 조디 앨런 (여동생)

폴 가드너 앨런은 빌 게이츠와 더불어 마이크로소프트를 공동 창업한 사업가이자 시애틀 사운더스 FC의 구단주로, 최근 들어 여러 부자 목록에 이름이 등재되었으며, 포브스 지에 따르면 **앨런의 재산은 2006년에 세계 6위**로, 50억 달러 상당의 마이크로소프트 주식을 포함, 총 227억 달러 에 달했다. 폴 앨런은 미국 워싱턴주 시애틀 출생으로 워싱턴 주립 대학교에 입학했으나, **개인용 컴퓨터에서 동작하는 상업용 소프트웨어 개발의 꿈을 이루기 위해 2년 만에 중퇴하였다.** 이후 친구인 빌 게이츠와 함께 마이크로소프트를 설립하였다. 2009년 11월 16일, 폴 앨런의 여자 형제이자 불칸 (Vulcan)의 최고경영자인 조디 앨런이 폴이 암의 형태인 비호지킨 림프종 (Non-Hodgkin lymphoma)을 진단 받은 상태라고 발표하였다. 2018년 10월 15일 비호지킨 림프종의 재발로 인해 시애틀의 자택에서 65세의 나이로 별세하였다. 2018년 10월 당시 재산은 한화로 약 25조원이었다.

[마이크로소프트]
창립: 1975년 4월 4일
창립자: 빌 게이츠, 폴 앨런
본사: 미국, 워싱턴주 레드먼드
매출액: 약1,100억달러 (한화 약 124조원) (2018년)
직원: 134,944명 (2018년)

♣ 만약 실패로부터 배울 의지가 있다면, 실패마다 다음 성공의 씨앗을 담고 있다.
♣ 새로운 창의적인 프로젝트를 일하면서, 나는 새로운 아이디어를 창조하는 걸 즐긴다.
♣ 어떤 노력이나 낙관주의와 높게 목표로 할 야망이 필요하다.

시게루 Miyamoto Shigeru

• 기업인 • 그래픽디자이너 • 일본 • 1952년생

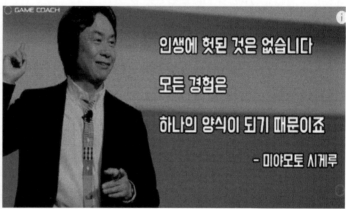

인생에 헛된 것은 없습니다

모든 경험은

하나의 양식이 되기 때문이죠

- 미야모토 시게루

[출생] 1952년 11월 16일, 일본 교토 소노베 쵸
[소속] 닌텐도 (전무이사)
[국적] 일본

[별칭] 마리오의 아버지

[경력]
마리오, 젤다의 전설, 피크민 등의 게임 시리즈 디자인 및 프로듀싱,
닌텐도 크리에이티브 펠로우

[직업] 게임 디자이너
[소속] 닌텐도 (전무이사)
[상훈] AIAS 명예의 전당 헌액, 프랑스정부 예술문화훈장 슈발리에장

[요약]
미야모토 시게루는 일본 교토부 난탄 시 출신의 게임 개발자이다. 슈퍼 마리오브라더스, 동키콩, 젤다의 전설, 피크민 등 수많은 작품을 개발하였으며 인기를 끌었다. 닌텐도에서 대표이사역 전무 겸 정보개발본부장을 맡고 있었다.

[생애]
1952년 11월, 미야모토 시게루는 일본 교토 외곽 소노베라는 작은 시골마을에서 태어났다. 모든 아이들이 그러하듯, 시게루 역시 동네 친구들과 산골짜기를 뛰어다니며 자연과 어울리며 놀았다. 시게루가 관심을 둔 대부분의 경험은 문화와 예술 분야에 가까이 있었다.

1977년 가나자와 미술공예대학을 졸업했고, 전공은 공업디자인이었다. 같은 해, 어릴 때부터 완구에 흥미를 느끼고 있었기에 당시 트럼프를 주축으로 여러 가지를 만들고 있었던 완구회사인 닌텐도에 관심을 가진다. 닌텐도에서 디자이너는 모집하고 있지 않았지만 아버지 친구의 소개로 야마우치 사장과 직접 면접한 뒤 공업디자이너로서 입사한다. 그런데 공업디자이너로서의 일은 전혀 맡겨지질 않고 포스터를 그리거나 오락실 장식을 하거나 했다.

1980년 닌텐도의 미국 법인이 아케이드게임 사업에 실패해서 재고를 처분하기 위해 NOA(Nintendo of America)의 사장이었던 아라카와 미노루(닌텐도의 전 사장 야마우치 히로시의 사위)가 게임을 만들어 ROM으로 보내달라고 닌텐도 본사에 의뢰한다. 하지만 "그런 장사가 될지 안 될지 모르는 것에 다 쓸 만큼 손이 남지 않는다."라는 이유로 한가하던 미야모토가 희생양이 된다. 그런데 여기서 **미야모토가 개발한 것이 동키콩이었다.** 프로그래밍을 제외한 게임 디자인, 캐릭터 디자인, 도트찍기 등, 대부분을 혼자서 담당한 이 게임은 대성공을 거두고 오히려 기판이 모자랄 정도로 인기를 얻게 되었다. **게임의 메인 캐릭터(나중에 "마리오"라는 이름이 붙게 된다)는 닌텐도의 마스코트 캐릭터가 된다.** 그 후 야마우치의 "100명의 범재보다 1명의 천재"라는 사상으로부터 닌텐도의 중심적 개발자가 되어, 신설된 정보개발부 4팀(닌텐도 R&D4, 현 정보개발본부 닌텐도 EAD)의 팀장에 취임하게 된다. 지금도 그 부서는 닌텐도의 게임 개발에서 메인을 차지하고 있다.

1998년 AIAS 전당(AIAS Hall of Fame, 미국의 게임업계 공로자에게 주어지는 상)에 처음으로 올랐다. 2005년 3월에는 헐리우드 명성의 길을 따라 샌프란시스코 메트레온 센터에 만들어진 "게임의 길(Walk of Game)"에서 처음으로 별(star)을 받게 되었다. 2006년 3월 13일, 프랑스에서 훈장으로서 예술문화훈장 슈발리에장을 받게 된다. 인터뷰 내용은 "예술의 중심이나 마찬가지인 나라에서도 평가받게 되어 영광이다. 혼자서 한 일이 아니긴 하지만 게임업계 전체로서의 영광스런 일이기에 (훈장을) 받기로 했다."라고 대답했다.

2006년 5월 10일부터 12일까지 사흘에 걸쳐 개최된 2006년 E3에서는 영화계의 거장 스티븐 스필버그와 Wii로 테니스 대결을 했고, 이것은 여러 매체에 보도되었다.

[2011년~ : Wii U와 3DS 그리고 닌텐도 스위치]
이후 3DS 게임인 〈슈퍼 마리오 3D랜드〉와 〈루이지 맨션 다크 문〉, Wii U 게임인 〈피크민 3〉를 제작했다. 2015년 7월 11일 미야모토는 이와타 사토루 사장이 사망함에 따라, 다케다 겐조와 함께 대표이사로 임명되어 7월 13일부로 취임했다. 이후 9월 16일 기미시마 다쓰미가 닌텐도 회장직에 취임

하면서 자리에서 물러났다. 미야모토는 추대 당시 '창조연구원'직에도 임명되어, 다케다와 함께 '지원체계'로써 기미시마 회장에게 전문가 자문을 지원하게 되었다.

2017월 3월 3일에 발매예정이었던 사상 최초의 하이브리드 게임기 닌텐도 스위치와 개발중이었던 신작인 젤다의 전설: 브레스 오브 더 와일드를 발표를 통해 전세계 게이머들이 이목을 집중시켰다. 또한 프레젠테이션때 미국현지에 있는 닌텐도 스토어 매장에서 NOA 사장이 축하인사 영상을 통해 게임플레이 하던 모습에 깜짝 등장하기도 하였다.

[업적]

대학을 졸업한 미야모토 시게루는 **1977년에 완구제품을 만드는 닌텐도에 입사**한다. 닌텐도와 미야모토 시게루의 만남은 조금 특별하다. 대학을 졸업한 미야모토 시게루는 하루하루 똑같이 반복되는 평범한 삶을 살기 싫었고, 고민 끝에 완구업체에서 장난감을 만들기로 한다. 앞서 밝혔듯 이게 가장 적성에 맞을 것 같았기 때문이다. 마침 당시 일본에서는 닌텐도가 제작한 '광선총'이 인기를 끌고 있었고, 미야모토 시게루는 아버지 지인의 추천으로 닌텐도에 면접을 볼 수 있었다. 당시 닌텐도는 디자이너가 필요 없었지만, 미야모토 시게루의 장난감 포트폴리오에 만족했던 야마우치 히로시 사장은 미야모토 시게루를 채용했다. 미야모토 시게루는 **인기 애니메이션 [뽀빠이]**를 기반으로 한 게임의 아이디어를 냈다. 닌텐도 입장에서는 아케이드 기기 재고 처리가 목적이었던 만큼, 북미에서 인기가 있던 [뽀빠이] 기반의 게임은 최적의 아이디어였다. 이렇게 미야모토 시게루의 아이디어는 채택됐고, 난생처음으로 '게임'과 운명적인 만남을 갖게 된다.

이후 미야모토 시게루는 본인이 할 수 있는 모든 걸 쏟아내며 게임 하나를 만들어낸다. 3개월 뒤, 그 결과물이 나왔는데 이게 바로 그 유명한 [동키콩]이다. 1980년, 북미에 발매된 [동키콩]은 먼지 쌓인 2,000대의 아케이드 기기를 모두 팔아 치웠고, 1년 만에 5만 대가 판매되는 등 그야말로 '대박'을 일궈냈다. 이때부터 **미야모토 시게루는 가정용게임기 소프트웨어 개발에 착수**하게 된다.

이후 미야모토 시게루가 제작해 내놓은 게임이 바로 그 유명한 **[슈퍼마리오 브라더스]와 [젤다의 전설]**이다. 두 게임은 명성은 판매량이 증명해준다. [슈퍼마리오 브라더스]는 1,000만장 이상 판매고를 기록했고, 전체 시리즈는 무려 2억 6,000만장을 돌파하며 역사상 가장 많이 팔린 게임으로 기네스북에 등재됐다. [젤다의 전설]은 발매 이후 650만장을 돌파했고, 전체 시리즈는 4,200만장이 팔리며 닌텐도의 '별'의 하나로 군림하게 됐다. 닌텐도DS' 이후 닌텐도는 **'게임인구 확대'**라는 슬로건 아래 또 한 번 차세대 기기를 기획한다. 이렇게 해서 나온 기기가 2006년 발표된 **'닌텐도 위'**다. 이 기기를 통해 닌텐도는 또 한 번 '원점 회귀'에 성공하게 된다. '닌텐도 위' 이후 발매된 '3DS'와 '닌텐도 위유'도 이런 맥락에서 제작된 기기다. 두 기기는 '닌텐도DS'와 '닌텐도 위' 정도의 파급력은 보이지 못했지만, 그들이 철학으로 삼는 '닌텐도 법칙'은 여전히 유효하다는 데 의미가 있다.

세계 많은 개발자들에게 존경받는 미야모토 시게루는 명성만큼 상복도 많다. 지난 2012년에도 스페인에서 가장 권위 있는 상으로 알려진 '스페인 왕자상'을 수상하기도 했다. 아스투리아스 왕자 재단은 미야모토 시게루에 대해 **"미야모토 시게루는 TV 게임을 통해 사회적인 혁명을 일으켰으며, 남녀노소 누구나 즐길 수 있는 매체로 발전시켰다."**면서 **"모든 연령의 사람이 민족과 사고방식의 차이를 넘어 즐길 수 있는 새로운 커뮤니케이션의 형태를 만들어냈다."**고 평가했다. 미야모토 시게루가 '어떤 인물'인지 확실히 알 수 있는 내용이다. 미야모토 시게루는 밝고 명랑한 게임을 만든다. 앞으로도 그럴 것이다. 특히 미야모토 시게루는 날이 갈수록 심화되는 게임의 사회 부정적 인식에 대해 안타까움을 크게 느끼고 있다. 때문에 미야모토 시게루는 창작자로서 사회적 책임을 다하는 부분에도 집중하고 있다. 단순히 자본은 투자해 사회공헌에 일조하는 것 외에도, 미야모토 시게루는 '닌텐도DS'와 '닌텐도 위'를 통해 온 가족이 함께할 수 있는 상황을 그리기 위해 노력했다. 물론 앞으로도 그럴 것이다.

[닌텐도]
창립: 1889년 9월 23일
창립자: 야마우치 후사지로
본사: 일본, 교토 시
제품: 비디오 게임
매출액: 약 10조 560억원 (2018년)
직원: 5,944명 (2019년)

♣ 게임을 만드는 사람이 즐겁지 않으면 그들의 게임을 하는 사람도 재미가 없을 것이다.
♣ **모든 경험은 결국 삶의 양식이 되기 때문에 인생에 헛된 것은 아무것도 없다.**
♣ 많은 사람들이 내가 마음속에 있는 이야기나 특정한 시나리오, 또는 특정한 캐릭터를 가지고 게임 디자인을 시작하는지 묻지만, **사실 나는 아주 기본적인 레벨에서 시작한다.**
♣ 정말로 나는 아주 기본적인 핵심 실험을 스크린이나 다른 특정한 게임 플레이 스타일에서 테스트하면서 시작한다.
♣ 우리가 '마리오'를 시작했을 때, 우리가 가지고 있던 것은 스크린 위의 블록 몇 개가 전부였고, 컨트롤러를 사용하여 플레이할 생각이었기 때문에 이 블록들을 튀어 오르게 하고 점프하도록 시도했다. 그것이 우리가 게임 디자인을 시작하는 핵심 요소였다.
♣ 냉정히 돌아보면, 슈퍼 패미컴이 나오기 직전에 흑백 게임보이가 나왔다.
16비트 풀칼라의 슈퍼 패미컴에 대하여, 8비트 흑백 게임보이가 같은 시기에 나와서, 양쪽 다 팔렸다. 그 뒤에 닌텐도64가 나왔을 때, 게임보이 포켓이 나와서 팔렸다.
첨단의 기술만이 팔리는 게 아니라, 그때 그때의 상품으로서의 밸런스가 중요하다.
♣ 앞으로, 현재의 틀을 벗어나 점점 게임의 영역이 넓어져 가겠죠.
단지, 그래도 게임산업이 키워온 놀이를 만드는 기술은, 새로운 놀이를 낳는 중심으로서 남을 것이다.
♣ 놀이의 요소라는 건 세상에 가득할 정도로 있어서, 그걸 우리들이 어떻게, 세상에 소개해 갈까. Wii가 "일반가정에 있는 비디오게임기" 라는 지위를 획득한다면, 다양한 다음 스테이지가 보이지 아닐까 하고 생각한다.

워즈니악 Steve Wozniak

● 애플 공동설립자 ● 미국 ● 1950년생

스타트 업할때는 훌륭한 경영자 , 문제 해결 능력이
엔지니어 , 시장과 제품을 잘아는 사람이 한 팀이 돼

스티브워즈니악, 이어폰잭 제거 반대!

● Computer Engineer, 기업인

[본명] 스티브 게리 워즈 워즈니악, Steve Gary Woz Wozniak

[출생] 1950년 8월 11일, 미국 캘리포니아 주 산호
[국적] 미국
[직업] 컴퓨터 엔지니어
[학력사항]
캘리포니아대학교 버클리캠퍼스 컴퓨터공학 중퇴
드 앙자 대학교 (전학)
콜로라도 대학교 볼더 (퇴학)

[경력사항]
퓨전 아이오 수석과학자
2002 애플 상담역
1976 애플컴퓨터 설립

[수상내역] 1985 국가 기술혁신 훈장

[배우자]
앨리스 로버트슨 (1976 ~ 1977)
캔디스 클라크 (1981 ~ 1987)
수잰 멀컨 (1990 ~ 2004)

[자녀] 3명

가정과 사무실에서 컴퓨터를 널리 사용하는 데 기여했다. 친구인 스티브 잡스와 애플 컴퓨터의 공동 창립자가 된다. 워즈니악이 만든 애플 I(애플 원)은 초기 개인용 컴퓨터 중 하나이며, 디스플레이와 키보드가 달린 현재의 형태를 갖춘 최초의 컴퓨터이다. 또 애플 II(애플 투)는 혼자서 설계한 마지막 개인용 컴퓨터가 되었다. 워즈니악은 종종 그의 별명인 '워즈'나 '마법사 워즈'로 불린다. '워즈'는 워즈니악이 세운 회사의 이름이기도 하다. **1975년 캘리포니아 대학교 버클리에서 컴퓨터 공학을 공부하다 중퇴하고 애플을 창업하였다.** 워즈니악은 애플 컴퓨터란 제품의 실질적인 제작자이고 애플의 두뇌로 평가 받는다. 2006년 9월 25일 자서전 ≪iWoz≫를 출간하였다. 워즈니악이 개발한 특허인 미국 특허 4,136,359 "Microcomputer for use with video display"로 인해 미국 발명가 명예의 전당에 헌액되었다.

[애플]
창립: 1976년 4월 1일
창립자: 스티브 잡스, 스티브 워즈니악, 로널드 웨인
본사: 미국, 캘리포니아주 쿠퍼티노
제품 및 서비스: 스마트폰, 앱 스토어 등
매출액: 2,656억달러 (한화 약 300조원) (2018년)
직원: 132,000명 (2018년)

♣ 성공하기 위해서는 주변사람들로부터 사랑을 받아야한다.
♣ 행복해지는 일이 목적이라면, 하루 몇번 웃느냐가 인생의 중요한 척도다.
♣ 모든 것을 통제하며 사는 사람보다 웃으며 사는 사람이 행복하다.

1940년대 출생 인물들

1940년대에 태어난 인물들로 현재 활동 중이거나 은퇴한 SW융합 인물들 12명을 선택하였다. 프로그래머, 암호화분야 컴퓨터과학자, 컴퓨터SW 기업인, 정보통신 장비 사업가, DB기업인, MIT 미디어랩 설립자, 인터넷의 아버지, 유닉스(Unix) 및 C언어 개발자, 애니메이션 감독 등의 삶과 업적 및 생각(명언)등을 소개한다.

시모니 Charles Simonyi

● 프로그래머 ● 헝가리/미국 ● 1948년생

문서작성에 없어서는 안될
워드와 엑셀을 개발 해준 그는 바로

MS 워드와 엑셀의 아버지
찰스 시모니
(Charles Simonyi, 1948~)

MS에서 약 20여년 간 근무한 **찰스 시모니**는
2002년 인텐셔널 소프트웨어를 설립한다.

MS 워드와 엑셀을 통해
억만장자의 반열에 든 찰스 시모니는
2007년 우주선을 타고 국제 우주정거장으로 향한다.
개발자로서의 호기심을 채움과 동시에
우주에 관심이 많은 사람에게 영감을 주고,
특히 꿈꾸는 어린이에게 도움이 되고 싶다는 것이
그의 설명이다.

사진 : 구글
내용 : 위키백과

● MS 워드 및 엑셀 개발자

[출생] 1948년 9월10일, 헝가리 부다페스트
[업적] 마이크로소프트 오피스 개발
[재산] 약 31억달러 (한화 약 3조 5,000억원)

[요약]
찰스 시모니는 헝가리 부다페스트 태생의 프로그래머이다. 인텐셔널 소프트웨어의 사장 겸 최고
경영자를 역임하고 있다. MS 워드 프로젝트를 진두지휘한 사람은 찰스 시모니(Charles Simonyi)로,
우리에게는 우주여행을 다녀온 억만장자로도 알려져 있다.

[생애]
찰스 시모니는 헝가리 부다페스트에서 태어났다. 시모니는 부다페스트 기술경제대학교에서 교수로

재직했던 아버지의 영향과, 학창시절 봤던 소비에트 연방(이하 소련)의 우랄2(Ural II) 메인프레임 등을 통해 **컴퓨터 기술에 흥미를 가지며 프로그램 개발을 배우기 시작했다.** 이 기간에 시모니는 **컴파일러를 직접 개발하고,** 해외 기술 교류단 앞에서 직접 소개하기도 했다. 찰스 시모니는 이 시절을 회고하며 "헝가리를 떠나 서쪽(미국)에서 자유를 얻고 싶었다"고 말하기도 했다.

17세가 되던 해 찰스 시모니는 헝가리를 떠났고, 1966년 덴마크에 있는 컴퓨터 기업(Regnecentralen)에서 근무하기 시작했다. 여기서 다른 팀원과 함께 RC 4000이라는 **미니컴퓨터의 실시간 관리 시스템을 만드는 일을 맡았다.** 1968년에는 덴마크를 떠나 미국으로 향했고 UC버클리에 입학한 뒤 1972년까지 공학 수학과 통계학을 배웠다. 찰스 시모니는 졸업 후 대학 시절 알게 된 버틀러 램슨(앨런 케이와 함께 제록스 알토 PC를 만든 인물 중 하나)과의 인연으로 제록스 팔로알토 연구소(Xerox PARC)에 입사했다. **제록스 파크는 1973년 최초의 GUI 기반 개인용 컴퓨터 제록스 알토(Xerox Alto)를 개발하는데, 버틀러 램슨과 찰스 시모니는 이 컴퓨터에서 사용할 수 있는 소프트웨어를 제작했다.** 찰스 시모니와 버틀러 램슨이 1974년 내놓은 제록스 브라보(Bravo)는 최초로 위지윅 방식을 적용해 사용자가 입력한 문자를 화면에 표시하고, 화면에 표시된 내용을 그대로 출력할 수 있는 워드프로세서다. 마우스를 이용해 텍스트 영역을 선택하는 것이 가능했으며, 특히 당시의 워드프로세서와 달리 명령어를 직접 입력할 필요 없이 GUI 기반으로 대부분의 기능을 사용할 수 있도록 설계한 소프트웨어였다.

1981년 제록스 파크에서 근무하던 전기 공학자 로버트 **메트칼프는 찰스 시모니에게 빌 게이츠를 찾아가보는 것이 어떠냐고 제안한다.** 당시 MS는 MS-DOS(IBM PC-DOS)에서 작동하는 응용 프로그램이 필요한 상황이었고, **찰스 시모니는 MS에 합류해 위지윅 방식으로 작동하는 워드프로세서를 개발하기 시작했다.** MS는 1983년 이를 '멀티 툴 워드'라는 이름으로 출시했으며, 제닉스(유닉스)와 MS-DOS를 위한 응용 프로그램이었다. 멀티 툴 워드는 이름을 조금 더 부르기 쉽게 바꾼다. 그것이 바로 MS 워드이다. 하지만 첫 번째 MS 워드는 시장에서 주목 받지 못했다. 당시 선풍적인 인기를 끌던 워드스타의 영향이 컸다. MS 워드가 등장하기 전인 1982년, MS-DOS 버전의 워드스타 3.0이 이미 출시된 상태였다. MS 워드가 인기를 끌기 시작한 것은 1985년으로 매킨토시용 워드 5.1을 발표하면서부터였다.

이전의 다른 워드프로세서와 달리 드롭다운 메뉴(버튼을 누르면 아래로 펼쳐지는 형태의 메뉴)를 적용했으며, GUI를 적극적으로 활용한 것이 특징이다. 맥용 워드로 재미를 본 MS는 윈도우용 버전도 제작하기로 마음먹고, 1989년 자사의 운영체제 윈도우 3.0에 맞춰 윈도우용 워드 1.0을 내놓았다. **맥 버전과 마찬가지로 드롭다운 메뉴를 적용하는 등 GUI의 장점을 적극적으로 활용했다.**

MS 워드와 MS 엑셀을 통해 억만장자의 반열에 든 찰스 시모니는 2007년 러시아에서 발사된 우주선을 타고 국제 우주정거장으로 향한다. 자신의 개발자로서의 호기심을 채움과 동시에 우주에 관심이 많은 사람에게 영감을 주고, 특히 꿈꾸는 어린이에게 도움이 되고 싶다는 것이 시모니의 설명이다. 열흘간의 실험을 마치고 돌아온 시모니는 2009년에도 우주 여행을 했으며 민간인으로서는 유일하게 두 번의 우주 여행을 경험한 인물이 됐다. 찰스 시모니는 우주 여행을 다녀온 소감을 담은 홈페이지를 제작하고 자신의 소감을 공유하고 있다.

2007년 3월 시점으로 순자산은 10억 달러에 달한다. 2007년 4월 7일, 러시아 우주선 소유즈 TMA-10으로 국제 우주 정거장 (ISS)에서 숙박 후 귀환했다. 따라서 ISS를 방문한 다섯 번째 민간 우주 여행자가 되었다. 또한 헝가리인으로는 두 번째 우주비행사이기도하다. 2009년 3월 26일에도 소유즈 TMA-14로, 민간인으로서는 두 번째 우주 여행을 하고 2번의 우주여행을 경험한 유일한 인물이 되었다. 시모니는 우주여행을 다녀온 소감을 담은 홈페이지를 제작하고, 자신의 소감을 공유하고 있다.

"러시아 소유즈 로켓이 붉은 섬광을 내뿜으며 하늘로 치솟습니다. 미국의 억만장자인 찰스 시모니와 두 명의 조종사를 태운 우주선은 10분 뒤 무사히 정상궤도에 들어갔습니다. 마이크로소프트 프로그램을 개발한 58살의 억만장자 시모니는 이번 13일 짜리 우주 여행에 2천만 달러를 지불했습니다. 시모니는 우주궤도를 여행하면서 자신의 블로그에 우주 여행담도 올리고 고전 영화도 관람할 계획입니다. 시모니는 약혼설이 나돌고 있는 마사 스튜어트 등의 환송을 받았습니다. 시모니는 돈을 주고 우주여행을 한 5번째 사람이 됐습니다."

시모니는 2017년 2월 워싱턴대학의 컴퓨터공학과에 57억원을 기증하였다.

♣ 당연한 말이지만, 건강하지 않았다면 나는 별로 행복하지 않았을 것이다.
　하지만 **건강하고 박식하며, 게다가 부유하기까지 한 게 훨씬 더 좋다.**
♣ 난 의식절차(의례)를 좋아한다.
♣ 요트는 평민이 통치권을 가질 수 있는 가장 가까이에 있는 것이다.
♣ **오늘날의 프로그래밍은 다이아몬드 채굴의 반대이다.**
　다이아몬드 채굴에서는 작은 값어치를 발견하게 위해 많은 흙을 파야한다.
　프로그래밍에서는 값진 것, 진정한 의도, 다음엔 많은 양의 흙 속에 그것을 파묻는다.

애들먼Leonard Adleman

• 컴퓨터 과학자 • 미국 • 1945년생

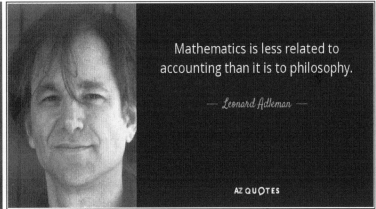

Mathematics is less related to accounting than it is to philosophy.

― Leonard Adleman ―

AZ QUOTES

[출생] 1945년 12월 31일, 샌프란시스코, 미국
[학력사항] 미국 버클리 대학
[주요업적] RSA 암호화 알고리즘 개발
[수상] 2002년 튜링상
[생애와 업적]

레너드 애들먼은 미국의 컴퓨터 과학자다. **레너드 애들먼은 2002년 컴퓨터 과학 분야의 노벨상으로 불리는 튜링상을 수상했으며, RSA암호화 알고리즘을 개발한 사람 중 한명이다.** RSA암호화 방식이란, 공개키로 암호화하고 그와 다른 비밀키로만 열 수 있는 암호화 알고리즘이다. Rivest, Shamir, Adleman의 세 학자 이름의 머리글자를 따서 만든 명칭으로 미국의 대중잡지 '사이언티픽 아메리칸'의 1977년 8월호에 선보였다.

애들먼은 1945년 12월 31일일 미국 캘리포니아에서 태어났다. 레너드 애들먼은 샌프란시스코에서 자랐고 버클리 대학에서 1968년 수학 학사, 1976년 전지 및 컴퓨터과학(EECS)박사 학위를 받았다. 1983년 레너드 맥스 애들먼은 한 보안 세미나에서 컴퓨터에 감염시켜 복제, 다른 컴퓨터에 확산되는 프로그램 동작을 시연했다. 여기에 사용한 코드는 유닉스 명령에 삽입, 당시 대형 컴퓨터 시스템에 침투해 불과 5분이면 시스템 제어 권한을 빼앗았다. 코드는 언뜻 보면 아무런 문제가 없는 프로그램

이 들어간 플로피디스크에 숨겨져 있던 것이다. 지금도 널리 사용 중인 공개키 암호화 가운데 하나인 RSA 암호 개발자이기도 한 애들먼은 이 코드의 행동이 질병을 일으키는 바이러스와 유사한 기능을 갖고 있다고 지적했다. 1994년에, 조합 문제에 대한 레너드 애들먼의 논문 분자 연산은 DNA를 컴퓨터 시스템으로 사용하는 실험을 설명했다. 7노드 인스턴스에 대한 해결책은 사소하지만, 이는 알고리즘을 계산하기 위해 DNA를 성공적으로 사용한 첫번째 알려진 예이다. 또한, DNA컴퓨팅은 여러가지 다른 대규모 조합 검색 문제를 해결하기 위한 수단으로 잠재력이 있는 것으로 나타났다.

2002년에 레너드 애들먼과 그의 연구 팀은 DNA계산 법을 이용하여 '비폭력적인' 문제를 해결하는데 성공했다. 그들은 애들먼이 1994년에 레너드 애들먼의 중요한 논문에 사용했던 방식과 유사한 방식으로 문제를 해결했다. 먼저, 문제의 해결 공간을 논리적으로 나타내는 DNA가닥들의 혼합물이 합성되었다. 이 혼합물은 생화학적인 기술을 이용하여 '부정확한' 가닥들을 식별하고 문제를 '충족' 시키는 가닥들만 남겨 놓은 채 작동되었다. 그리고 나머지 가닥들의 뉴클레오타이드 시퀀스를 분석한 결과 원래의 문제에 대한 '정답'이 밝혀졌다. 또한, 레너드 애들먼은 Primality Testing and Abelian Varieties Over Finite Fields라는 책을 저술했다. Adleman은 Strata의 수학 이론을 연구하고 있으며, 레너드 애들먼은 남 캘리포니아 대학의 컴퓨터 공학과 교수이다.

[RSA 암호]

RSA는 공개키 암호시스템의 하나로, 암호화뿐만 아니라 전자서명이 가능한 최초의 알고리즘으로 알려져 있다. RSA가 갖는 전자서명 기능은 인증을 요구하는 전자 상거래 등에 RSA의 광범위한 활용을 가능하게 하였다. 1978년 로널드 라이베스트(Ron Rivest), 아디 샤미르(Adi Shamir), 레너드 애들먼(Leonard Adleman)의 연구에 의해 체계화되었으며, RSA라는 이름은 이들 3명의 이름 앞글자를 딴 것이다. **이 세 발명자는 이 공로로 2002년 튜링상을 수상했다.**

그러나 RSA 방식을 제일 먼저 개발한 사람은 영국 GCHQ에 근무하던 수학자였으며, 이보다 빠른 1973년도에 개발하게 된다. 이 내용은 GCHQ에서 비밀로 취급되었으며, 이후 1997년 세상으로 발표되게 된다. RSA 암호체계의 안정성은 큰 숫자를 소인수 분해하는 것이 어렵다는 것에 기반을 두고 있다. 그러므로 큰 수의 소인수 분해를 획기적으로 빠르게 할 수 있는 알고리즘이 발견된다면 이 암호 체계는 가치가 떨어질 것이다.

1993년 피터 쇼어는 쇼어 알고리즘을 발표하여, 양자 컴퓨터를 이용하여 임의의 정수를 다항 시간 안에 소인수 분해하는 방법을 발표하였다. 따라서 양자 컴퓨터가 본격적으로 실용화되면 RSA 알고리즘은 무용지물이 될 것이다. 그러나 양자 컴퓨터가 이 정도 수준으로 실용화되려면 아직 여러 해가 더 필요할 것으로 보인다. RSA 암호화 알고리즘은 1983년에 발명자들이 소속되어 있던 매사추세츠 공과대학교(MIT)에 의해 미국에 특허로 등록되었고, 2000년 9월 21일에 그 특허가 만료되었다.

[RSA 시큐리티]

창립: 1982년

창립자: 라이베스트(Rivest), 샤미르(Shamir), 애들먼(Adleman)

본사: 미국, 매사츄세츠, 데드포드

직원: 2,700명 이상

미국의 컴퓨터 및 네트워크 보안회사이다. 1982년 설립하였고, 2006년 EMC사 21억불에 인수하여, EMC내의 부서로 되었다. 2016년에 EMC사가 델사에 인수되어서, 델사의 자회사가 되었다.

♣ 수학은 철학과의 관련성보다 회계에는 덜 관련되어 있다.
♣ 생물학과 컴퓨터과학, 생명과 계산이 서로 관련되어있다.
  그 연결 부분에서, 그것을 찾는 사람들이 위대한 발견들을 할 것으로 확신한다.

프렘지|Azim Premji

• 기업인 • Wipro 회장 • 인도 • 1945년생

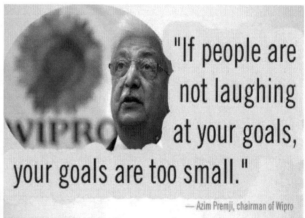

"If people are not laughing at your goals, your goals are too small."

— Azim Premji, chairman of Wipro

[출생] 1945년 7월 24일
[직업] 기업인
[소속] 위프로 회장 (Wipro)

[재산] US$ 226억불 (한화 약 26조원) (2019년)

[생애]
인도 남부의 벵갈루루는 '인도의 실리콘밸리'로 불린다. 2,000개가 넘는 인도의 IT 기업과 마이크로소프트(MS), IBM 등 세계적인 IT 기업들의 연구개발센터가 모여 있기 때문이다. 그러나 이곳은 20년 전만 해도 날씨 좋은 휴양지일 뿐이었다. 벵갈루루에 처음 공장을 세우고 인도 IT 산업의 부흥을 이끈 회사가 바로 소프트웨어기업 위프로(Wipro)다. 그 중심에는 당시 30대의 젊은 최고경영자 아짐 프렘지(Azim Premji, 1945년~)가 있었다.
명문대학을 중퇴하고 척박한 환경에서 거대한 IT 기업을 일궜다는 공통점 때문에 '인도의 빌 게이츠'로 통하는 프렘지는 2012년 「포브스」 집계 159억 달러(약 18조 원)의 재산을 가진 인도 세 번째, 세

게 마흔한 번째 갑부였다. 하지만 프렘지는 단지 유능하고 돈 많은 부자만은 아니다. 「타임」이 2004년과 2011년 두 번이나 '세계에서 가장 영향력 있는 인물 100인'에 프렘지를 선정할 정도로, 사회 불평등을 줄이려는 프렘지의 노력은 그가 쌓은 부(富)보다 더 깊은 울림을 준다. 2019년 재산은 약 26조원(226억 달러)으로 인도 2위, 세계 36위 부자이다.

[식용유에서 컴퓨터로, 컴퓨터에서 다시 소프트웨어로]

프렘지는 뭄바이(과거 봄베이)의 부유한 무슬림 집안에서 태어났다. 인도에서 고교를 졸업한 미국 스탠퍼드 대학으로 유학을 가 전기공학을 공부했다. 하지만 식용유 제조업체 '위프로'를 운영하던 아버지가 1966년 갑자기 사망하면서, 당시 스물한 살 청년 프렘지는 학업을 중단하고 인도로 돌아와 회사를 맡게 된다. 프렘지는 위로 세 명의 형이 있었지만, 아버지가 어릴 때부터 영리하고 똑똑했던 프렘지를 후계자로 택했다고 한다. 빌 게이츠가 꿈을 찾아 스스로 학교를 그만뒀던 것과 달리 프렘지는 가업을 계승하기 위해 어쩔 수 없이 학업을 포기해야 했다.

식용유만 해서는 회사가 성장하는 데 한계가 있다고 생각한 프렘지는 비누, 미용용품, 전구 등으로 사업 영역을 넓혀갔다. 결정적 기회가 찾아온 것은 1970년대 중반이다. 새로 들어선 인도 사회당정부가 외국 기업을 탄압하면서 IBM과 코카콜라 등 거대 외국 기업이 인도에서 철수하기 시작했다. **프렘지는 IBM이 철수하면서 빈자리가 생긴 컴퓨터 사업에 진출하기로 결심한다. 미국에서 컴퓨터 전문가 일곱 명을 스카우트해 벵갈루루에 컴퓨터 공장을 세웠다. 1981년 드디어 위프로의 첫 미니컴퓨터가 나왔다. 인도에서 만든 최초의 컴퓨터다.** 이와 함께 서비스 질 향상에도 심혈을 기울였다. 당시 사회주의가 널리 퍼져있던 인도 사회에는 '애프터서비스(AS)'라는 개념조차 없었다. 하지만 프렘지는 고객 한 명당 세 명의 AS 직원을 둘 정도로 고객 서비스를 중시했다. 이후 위프로가 인도의 컴퓨터 시장을 장악한 것은 당연했다.

그러나 언제까지 경쟁을 피할 수는 없었다. 1991년 정권 교체로 인도 시장이 개방되면서 IBM, 컴팩, HP 등 세계적인 컴퓨터 제조 업체가 인도로 몰려들기 시작했다. 품질이나 가격에서 그들을 당해낼 수 없던 위프로에 최대 위기가 닥쳤다.

이때 프렘지는 소프트웨어 개발로 방향을 틀었다. **위프로의 인력은 세계 다른 IT 인력에 비해 상대적으로 인건비가 낮다는 점을 적극 활용해 GE 등 세계적인 기업들의 소프트웨어 개발 프로젝트를 따내기 시작한 것이다.** 단지 인건비뿐 아니라 프렘지의 품질개선 노력도 중요한 밑바탕이 되었다. 1990년대 초반부터 소프트웨어 품질에 힘을 쏟은 위프로는 1995년 ISO 9000 품질인증을 땄고, **1999년에는 세계 최초로 국제공인 소프트웨어 기술표준인 CMM에서 최고등급(5등급)을, 인재 표준인 CMMI에서도 역시 최고등급(5등급)을 받았다.** '식물에서 뽑아낸 기름을 생산하는 인도 기업'을 의미하는 '웨스턴 인디아 베지터블 프로덕트(Western India Vegetable Product)'의 약자를 딴 식용유 회사 **'위프로(Wipro)'가 세계적인 소프트웨어 기업으로 거듭난 것이다.** 회사명은 그대로지만 직원 350명에 연 매출 150만 달러였던 식용유 회사가 직원 10만 명, 연 매출 8조 원에 이르는 거대기업으로 다시 태어난 것이다.

[정직한 기업의 검소한 회장님]

프렘지는 세계적으로 유명한 구두쇠이기도 하다. 위프로 회장인 프렘지가 타고 다니는 자동차는 도요타의 코롤라다. 코롤라는 해외시장에서 현대자동차의 아반떼와 경쟁을 벌이는 준중형차다. 심지어 2005년 이 차를 사기 전까지는 포드의 소형차 에스코트(1996년식)를 타고 다녔다. 해외로 출장을 갈 때면 비행기는 이코노미 좌석을, 숙소는 게스트하우스를 이용한다. 회사에서도 직원들이 퇴근한 후 사무실 전등이 꺼졌는지 일일이 확인하며, 화장실 휴지 사용량까지 점검할 정도다. 아들 결혼식에서도 고급 접시가 아닌 일회용 종이접시를 사용했다는 것은 아주 유명한 일화다.

하지만 심하다 싶을 정도의 검소함에는 그만의 이유가 있다. '성공에 겸손하라.'는 것이 프렘지의 철학이다. 프렘지는 "성공은 많은 사람들의 도움이 있기에 가능한 것이기 때문에, 성공한 사람들은 사회에 대한 고마움과 책임의식을 가져야 한다."고 강조한다. 성공한 사람일수록 거만함과 사치를 경계해야 한다는 것이다.

프렘지는 정경유착으로 성장한 인도의 많은 대기업들과 달리 정부에 뇌물이나 정치 자금을 일절 주지 않는 것으로도 유명하다. 대신 회사 성장의 열매를 직원들과 함께 나눈다. 프렘지는 1984년 '위프로 공평한 보상위원회(WERT : Wipro Equity Reward Trust)'를 설립해 직원들이 일정한 기준에 따라 회사 주식이나 배당금 등을 받을 수 있도록 했다. WERT와 직원의 공동 명의로 발행된 주식은 4년이 지나면 해당 직원에게 양도되고, 직원이 퇴직하거나 사망하면 상속인이 양도받을 수 있도록 했다. 인도인들이 프렘지를 '정직한 기업인', '절약하는 회장님'이라고 부르는 이유다.

[어린이들의 '키다리 아저씨']

프렘지는 기부에 있어서도 인도에서 가장 '큰손'이다. 프렘지가 가장 열정을 쏟는 부분은 초등학교 교육이다. "교육은 공정하고 인간적이며 지속 가능한 사회를 구축하기 위한 필수 요소"라는 소신을 가진 프렘지는 2001년 사재 5,000만 달러(약 600억 원)로 교육재단을 설립했다. 제대로 된 초등교육이야말로 인도의 빈곤 탈출과 삶의 질을 향상시키기 위한 지름길이라고 믿기 때문이다. 프렘지는 매년 500만 달러씩 기부해 초등학교에 학습법, 교사 커리큘럼, 재정 등을 지원하며 2만 5,000여 개 학교의 200만여 명 학생들을 후원해왔다.

그리고 2010년 12월에는 인도 역사상 가장 많은 기부금액인 20억 달러(약 2조 2,000억 원)를 학교 교육 발전을 위해 기부했다. 20억 달러는 프렘지가 가진 재산의 8분의 1에 해당하는 돈으로, 2025년까지 인도 전역에 1,300개의 학교를 세워 지역 언어로 무상 교육을 제공할 예정이다. 이와 동시에 프렘지는 자신의 이름을 딴 대학도 세워 교육 프로그램 개발, 지도자 양성, 교육 개혁을 위한 방안 등을 연구하고 있다. 이처럼 **프렘지는 19세 이하 인구가 5억 명(전체 인구의 45%)에 이르지만 지방 초등학생의 절반가량이 자국어를 제대로 못 읽는 인도의 현실을 개선하기 위해 교육에 온 힘을 쏟고 있다.**

프렘지가 2012년 1월 스위스 다보스에서 열린 세계경제포럼(WEF)에서 **"우리가 불평등 문제를 해결하기 위해 노력하지 않는다면 전 세계적인 혼돈을 초래할 수도 있을 것"**이라고 강조한 것도 같은 맥락이다. 프렘지는 개인적인 성공에 안주하지 않고 인간적이며 지속 가능한 사회를 만들기 위해 끊임없이 노력하는 '책임감 강한 재벌'의 모습을 꾸준히 보여주고 있다.

「포브스」에 따르면 최근 인도 경제가 급성장하면서 신흥 재벌도 급증해, 인도인 억만장자가 69명에 이른다고 한다. 하지만 대부분 자선사업에는 인색해 비난을 받고 있다. 비단 인도뿐 아니라 세계의 많은 슈퍼 리치들이 기부에는 인색한 게 사실이다. **돈을 꼭 써야 할 곳과 쓰지 않아야 할 곳을 분**

명히 구분해 모두에게 더 좋은 세상을 만들기 위해 힘쓰는 프렘지는 부자의 사회적 정체성을 환기시키는 빛나는 슈퍼 리치다.

[PR Newswire] 아홉 명의 자선가, 2017년 6월 카네기 자선메달의 수상자로 지명 국제적인 카네기연구소들은 아홉 명의 훌륭한 자선가들의 자선 사업에 대한 탁월하고도 혁신적인 리더십을 기리기 위해 그들을 카네기자선메달의 수상자로 지명하여 앤드류 카네기의 자선 사업에 대한 이상을 기념했다.

[2017년 수상자 명단]
- 메이 힝 착 중국; 홍콩자선재단
- H. F. (게리)와 마게리트 렌페스트 미국; 렌페스트재단
- **아짐 프렘지 인도; 아짐프렘지재단**
- 줄리안 로버트슨 미국; 로버트슨재단
- 제프 스콜 미국; 스콜재단
- 크리스틴 맥디빗 톰프킨스 미국; 톰프킨스콘서베이션
- 셸비 화이트 미국; 레온레비재단
- 제임스 D. 울펜슨 경 미국 및 호주; 울펜슨개발센터

뉴욕 카네기코포레이션의 사장 바르탄 그레고리안은 "2017 카네기자선메달 수상자들은 공공의 선에 대한 그들의 남다르며 장기적인 공헌을 통해 선정되었다."면서 "이 메달은 앤드류 카네기의 자선에 대한 장구한 유산을 기리는 것으로서 두 가지의 핵심 원칙을 지키고 있다. **첫째 원칙은 부에는 책임이 따른다는 것이며, 둘째는 믿음, 시민 정신, 인도주의 혹은 민주주의에 대한 열망에 따라 행동하는 개인들은 부를 인류 복지를 위해 사용하는 변혁의 능력을 갖추고 있다는 것이다.**"라고 말했다. 그레고리안은 계속해서 "**우리의 설립자가 밝혔듯이, 수상자들은 리더십을 통해 기부 문화를 창달했으며 다음 세대의 자선가들에게 본보기가 되고 있다.**"고 말했다. 카네기자선메달은 2001년에 설립되었으며 앤드류 카네기 비전의 이상을 자선 사업을 통해 실현한 개인들에게 2년 마다 수여하여 다른 기관들에 지속적인 영감을 주고 있다. 생전에 지구상에서 가장 많은 부를 일군 전설적인 미국의 산업가인 카네기는 "**이 세상에서 진실되고 영원한 선행**"을 행한다는 목표를 언급하면서 모든 재산을 기부하기로 했다.

[인도 IT 차르 위프로 그룹 아짐 프렘지 회장]
프렘지 회장은 위프로를 통해 글로벌 경제계를 호령하는 아시아 경영인이다. **인도를 대표하는 정보기술(IT) 기업인 위프로(Wipro Limited)의 아짐 하심 프렘지 회장은 인도의 'IT(정보기술) 차르'로 불린다. 위프로는 세계 3위의 소프트웨어 아웃소싱 회사다. 기업에 필요한 소프트웨어를 개발해주는 IT 서비스 업체다.** 인도를 대표하는 산업이기도 하다. 프렘지 회장은 이 회사를 통해 인도의 IT업계, 나아가 글로벌 경제계를 호령하는 아시아 경영인이다.
인도의 소프트웨어 산업 수준과 개발 인력의 능력은 세계적으로 인정받고 있다. 어린이들이 구구단

대신 18단을 외운다는 글로벌 수학 강국 인도의 능력이 보석처럼 빛나는 분야가 소프트웨어 개발이다. 인도는 수학의 역사에서 '0'이라는 개념을 최초로 창안한 나라다. 그런 전통의 수학 강국답게 0과 1로 이뤄진 디지털 소프트웨어 개발에서도 세계적인 강국이다.

['전 세계 가장 영향력 있는 100대 인물'에 두 번 선정]

그러한 소프트웨어 개발과 산업의 중심에 프렘지 회장이 자리 잡고 있다. IT 산업에서 프렘지 회장이 가진 엄청난 영향력과 프렘지가 일생에 걸쳐 이룬 업적 덕분이다. 프렘지 회장은 지난 40년간 IT 분야에서 일하며 사업을 키워 특히 소프트웨어 분야에서 글로벌 지도자의 한 사람으로 떠올랐다. 홍콩에서 발행되는 시사주간지 아시아위크는 2010년 프렘지 회장을 '전 세계에서 가장 영향력 있는 20명'에 포함했다. 시사주간지 타임은 '전 세계 가장 영향력 있는 100대 인물'에 프레지 회장을 두 차례나 넣었다.

포브스 전 세계 부호 실시간 재산 보유 현황에 따르면 프렘지 회장의 재산은, 2018년 7월 16일, 178억 달러로 나타났다. 프렘지는 포브스 2018년 전 세계 부자 명단에서 58위를 차지했으며 테크 분야에선 15위다. 인도에선 재산 순위 2위의 대부호다. 2011년에는 전 세계에서 가장 영향력 있는 인물 61위까지 올라갔다.

프렘지 회장은 미국 스탠퍼드대에 입학했지만 1966년 부친 무함마드 프렘지가 세상을 떠나면서 학업을 중단하고 급거 귀국했다. 인도 경영인 가운데는 이런 사연을 가진 사람이 제법 있다. 가족이 경영하는 기업을 장남이나 가장 능력이 뛰어난 아들이 물려받은 뒤 이를 시대의 흐름에 맞춰 새롭게 변화시켜 세계적 규모와 수준, 명성의 글로벌 기업으로 키우는 '가족 경영 성공 신화'다.

['버마의 쌀 왕'이라는 부친 기업 물려받아]

프렘지 회장이 부친의 부음을 받고 황급히 귀국해 물려받은 회사는 요리용 코코넛 기름 생산업체였다. 프렘지의 선친 무함마드 하심 프렘지는 인도 뭄바이의 시아파 모슬렘 집안 출신이었다. 프렘지 회장도 뭄바이에서 태어났다. 무함마드는 수완이 뛰어난 사업가였다. 인도 식민 통치 아래에서 버마(현 미얀마)에 건너가 쌀 교역으로 많은 돈을 벌었다. '버마의 쌀 왕'이라는 별명을 얻었을 정도니 사업에서 얼마나 성공했는지 짐작할 수 있다.

무함마드의 회사는 나중에 이름을 '서인도 야자정제유(Western India Palm Refined Oils Limited)'로 바꾸었다. 여전히 전통 기업 느낌이 강한 이 이름의 약자가 바로 위프로(WIPRO)다. 위프로라는 글로벌 소프트웨어 업체의 이름은 바로 야자유를 짜서 정제하던 전통산업 업체의 머리글자에서 나왔다. 프렘지 회장이 물려받은 선친의 사업을 관리하고 유지만 했다면 오늘날의 자리에 오르지는 못했을 것이다. 프렘지는 스탠퍼드를 다니다 황급히 귀국할 수밖에 없었지만 사업 확장은 결코 중단하지 않았다. 그 결과 프렘지는 아버지의 전통산업 기업을 오늘날 세계 굴지의 소프트웨어 외주회사로 키웠다.

사실 무함마드의 아들 아짐은 프렘지 가문의 희망이었다. 프렘지는 가족의 전폭적인 지지 아래 1960년대 초 미국 스탠퍼드대로 유학을 떠났다. 전공은 공학이었다. 인도에는 가장 성적이 뛰어난 남학생은 공대로 진학하는 전통이 있다. 근현대 과학기술이 뒤져 서양세력의 식민지가 됐다고 생각해 과학기술 수준을 높이는 것이 나라의 독립을 지키고 번영을 이끄는 길이라는 믿음이 강했다. 그래서 독립 이후 최우등 남학생은 공대, 여학생은 의대로 진학하는 것이 사회적 전통으로 자리 잡았다. 인도 대통령을 지낸 압둘 칼람은 "나는 식민지의 가난한 가정에서 태어나 자랄 때부터 과학과 기술에 관심을 두면서 강력한 인도를 꿈꿔왔다"고 말했다. 공학을 전공한 그는 인도의 전투기와 미사일, 핵 개발에 관여했다. **인도의 초대 총리인 네루다 간디는 1947년 독립 직후 인도공과대학(IIT)을 설립했으며, IIT는 지금 인도 전역에 15개 캠퍼스를 둔 이 나라 최고의 대학으로 성장했다.** IIT에 낙방하고 미국의 MIT에 붙었다는 학생이 수두룩하다는 말이 돌 정도로 IIT는 인도에서 입학하기 어려운 대학으로 유명하다. 졸업은 더욱 어렵다. 그러니 아짐 프렘지 회장이 공학 전공으로 미국 스탠퍼드대학에 유학했다는 이야기는 프렘지가 뛰어난 학생이었음을 보여준다.

하지만 프렘지의 스탠퍼드 생활은 길지 않았다. 귀국해 선친의 사업을 물려받은 21살의 프렘지 회장은 우선 사업 다각화에 착수했다. 제빵용 유지 생산을 시도한 것이 작은 시작이었다. 그런 다음 인도가 다양한 종교를 가진 국민으로 이뤄졌다는 데 착안했다. 다양한 종교 신자가 있는 만큼 다양한 종교적 금기가 존재하며 이들이 필요로 하는 생활 용품도 각각이었다.

[전통산업에서 하이테크로 전환해 성공]

종교적 금기는 제품 개발과 교역에서 중요한 변수다. 인도의 소수 종교인 모슬렘 집안에서 태어나 주변의 다양한 종교 신자들과 접하고 미국 유학으로 넓은 세계를 목격했던 아짐 프렘지는 자신의 경험과 관찰을 상품 개발에 연결했다. 식용유 업체는 종교별 금기를 고려한 세면도구 제작업체로 확대됐다. 사업이 날로 확장될 수밖에 없었다.

하지만 이러한 확장도 프렘지의 사업 인생에선 서막에 불과했다. 프렘지는 1980년대에 들어 인생의 대전환기를 맞았다. 프렘지는 당시 떠오른 신산업인 IT산업의 중요성에 일찍이 눈떴다. 프렘지는 이에 앞서 1970년대 말 사업에서 소규모 전환을 시도했다. 아이러니하지만, 전통산업으로 시작한 프렘지의 사업이 하이테크로 방향을 전환한 것은 좌파 정권 때문이었다. 1977년 자급자족을 강조한 사회주의 정당 바라티야 자나타당(인민당으로 번역)이 집권하면서 IBM과 코카콜라, 인텔 등 다국적 기업을 추방하는 사태가 벌어졌다. 이들 기업은 인도에서 영업도, 생산도 하지 못하게 됐다. 1980년까지 계속된 이 시대착오적인 좌파 정권의 외국 기업 배척은 인도 사회에 충격을 가져왔다. 특히 미국의 사무기기 업체로 컴퓨터 개발에 앞장섰던 IBM의 추방은 인도에 큰 공백을 가져왔다. 이는 동시에 인도 기업에 기회이기도 했다. 미국 회사가 떠나도 인도 경제계에서 컴퓨터를 비롯한 첨단 사무기기는 여전히 필요했기 때문이다. **프렘지 회장은 회사 이름을 위프로로 바꾸고 미국의 기술업체인 센티넬 컴퓨터(Sentinel Computer Corporation)와 손잡고 미니컴퓨터 제조업에 뛰어들었다. 프렘지 회장은 1980년 대 들어 기술산업에 본격적으로 뛰어들었다. 프렘지는 사업의 핵심을 비누에서 소프트웨어로 완전히 바꾸었다.**

업종만 바꾸었다고 프렘지가 성공을 거둔 것은 아니다. 프렘지는 소비자 서비스 개념이 부족했던 1980년대 인도에서 서비스 우선 전략으로 성공을 거뒀다. 판매 사원 1명당 애프터서비스(AS) 직원 3명을 붙였다. 소비자의 불만이 경쟁사에 비해 적을 수밖에 없었다. 당시 남이 걷지 않았던 길을 걸은 덕분에 사업은 성공 가도를 걸었다.

프렘지는 1990년대에 재도약을 했다. 소프트웨어 아웃소싱으로 업종을 다시 한번 전환했다. PC를 중심으로 IT 산업이 발달하면서 소프트웨어 개발 비용이 기업에 큰 부담으로 작용하기 시작했기 때문이다. 프렘지 회장이 소프트웨어 산업에 뛰어든 배경이다. **하드웨어 분야에서 글로벌 기업과 경쟁하기보다 인도가 비교우위를 가진 소프트웨어 분야에서 승부를 건 것이다.** 소프트웨어도 고객의 불만이 끊이지 않는 부문이다. **프렘지는 강력한 AS망을 바탕으로 하는 소프트웨어 서비스를 앞세워 경쟁사를 물리쳤다. 위프로는 IT 분야 소프트웨어 아웃소싱 업무에서 세계적인 업체로 성장했다.** 매출이 연평균 40% 이상 성장했을 정도다. 디지털 전략, 비즈니스 컨설팅 등 폭넓은 IT 서비스를 제공하고 있으며, 올해 매출은 84억 달러로 예상된다. 시가총액은 116억 달러로 세계 3위의 IT 서비스 업체로 자리 잡았다. 프렘지의 경영 철학인 '고객만족'을 앞세운 것이 주효했다.

위프로는 인도의 두뇌들이 몰려 있는 '인도의 실리콘밸리'에서도 가장 혁신을 주도해온 중심 기업으로 통한다. 단순히 소프트웨어 외주에 그치지 않았기 때문이다. 프렘지 회장의 사전에 '안주'라는 단어는 없다. 프렘지 회장의 위프로는 실리콘밸리에 연구센터를 두고 신기술을 적극적으로 도입하고 개발해왔다. 끊임없이 신생 스타트업 업체와 협력하면서 새로운 영역으로 비즈니스를 확장해왔다. 창업한 지 꽤 되는 위프로가 여전히 인도에서 젊고 활기차며, 창의적이고 미래 지향적인 기업으로 통하는 이유다.

['고객만족' 앞세워 위프로 성장시켜]

위프로가 인도 서남부 카르나타카(Karnataka)주의 주도인 벵갈루루(Bengaluru)에 자리 잡은 IT기업이라는 사실에 주목할 필요가 있다. 카르나타카주는 인도 서남부 해안에서 내륙의 데칸고원에 이르는 거대한 주로, 인구가 6,110만 명에 이른다. 카르나타카주의 주도는 데칸고원에 자리 잡은 벵갈루루다. 이 도시는 현지에서 사용하는 칸나다어로는 벵갈루루이지만 영국식 방갈로르(Bangalore)나 미국식 뱅걸로라는 이름으로 글로벌 사회에 더욱 잘 알려졌다. 인구가 1,240만 명에 이르는 '메가 도시'다.

벵갈루루라는 도시를 한마디로 요약하면 '인도의 실리콘밸리'다. 벵갈루루는 인도 전체 IT기업의 80%에 해당하는 2,100여 개 관련 업체가 몰려 있으니 이런 별명이 붙기에 충분한 자격이 있다. 인도 전체 전자제품 수출의 33%를 맡고 있기도 하다. 인도 최대의 IT산업 집약 도시다.

컨설팅 업체 맥킨지는 "이 도시가 2020년 무렵에는 실리콘밸리를 제치고 세계 최대의 IT 클러스터가 될 것"이라고 예측하기도 했다. 이 도시의 IT기업이 제공하는 일자리는 약 500만 개에 이르며 2020년에는 종사자가 800만 명으로 늘어날 것으로 전망된다. 인도 경제의 성장 엔진이기도 하다.

이렇게 IT업체가 몰린 가장 큰 원인은 이 도시에 IT 전문 인력, 특히 소프트웨어 개발 인력이 집중돼 있기 때문이다. 사실 IT산업이나 우주항공산업, 정밀기계 산업에는 연구와 개발, 생산 시설이나 인력뿐 아니라 소프트웨어 인력도 상당히 많이 필요하다. 하지만 이를 모두 기업 내부에서 맡으면 고용과 비용 부담이 지나치게 커진다. 이에 따라 전 세계 첨단산업 분야는 소프트웨어의 상당수를 외주에 의존한다. 대기업은 제품 개발과 생산 과정에서 필요한 프로그램 제작을 전문 소프트웨어 업체에 아웃소싱하면서 여기에 들어가는 비용을 절감할 수 있다.

위프로를 위시해 인도 기업 중 최초로 미국 나스닥에 상장하고 100억 달러 이상의 연매출을 올리는 IT기업 인포시스(Infosys)가 이 도시에 본부를 두고 있는 핵심적인 이유다. **IBM, 인텔(Intel), HP, 인텔·오라클, 시스코를 비롯한 글로벌 IT 공룡들도 줄줄이 연구센터나 자회사, 지사를 이 도시에서 운영 중이다.** 세계 3위의 반도체 기업으로, 반도체와 집적회로로 유명한 미국 IT기업 TI(Texas Instruments)가 일찍이 1985년에 이 도시에 칩 설계 센터를 세운 것이 효시다. 그 뒤 글로벌 IT기업이 이 도시에 연구소와 관련 업체를 세웠으며, 구글도 이 도시에서 연구 활동을 한다. 한국의 삼성전자와 LG전자도 인도 연구소를 이 도시에 두고 있다. 심지어 중국의 샤오미도 벵갈루루에 연구소를 두고 있다. 인도의 국영 통신기기 제작사인 ITI(Indian Telephone Industries Limited)도 이 도시를 본거지로 삼으면서 벵갈루루의 시너지를 높이고 있다. 인도정보기술공대(IIIT)도 이 도시에 자리 잡아 엔지니어 공급을 담당하면서 시너지를 높이고 있다.

벵갈루루는 인도 최대의 우주항공 도시이기도 하다. 이 도시는 '인도 항공우주산업의 수도(Aviation Monopoly Capital)'라는 별명으로도 불리며, 인도 우주항공산업 생산기지의 65%가 몰려 있다. 사실 인도는 핵 보유국일 뿐 아니라 우주 로켓을 쏘아올리고 옛 소련이나 러시아와 초음속 제트기를 공동 개발·생산하는 우주항공산업 강국이다. 벵갈루루는 IT와 더불어 인도를 대표하는 첨단 기술인 우주항공 관련 기술의 집약지이기도 하다. 이 도시에는 우주항공 분야 연구를 담당하는 인도우주연구원(ISRO)이 자리 잡은 것은 물론 제트전투기와 헬기, 무인기 등의 개발과 제작을 맡고 있는 힌두스탄항공(HAL)도 활동하고 있다. HAL은 러시아 수호이사와 손잡고 주력 전투기인 수호이 27의 인도 버전인 수호이-30MKI를 개발, 생산하고 있으며, 5세대 전투기인 HAL-FGFA와 미래형 중형 스텔스전투기인 HAL-AMCA도 개발 중이다. 여객기, 수송기 등 다양한 항공기를 자체 생산하고 있다. 그뿐만 아니라 이 도시에는 산업용 기계와 정밀 시계를 생산하는 기계업체인 힌두스탄머신툴스(HMT)도 둥지를 틀었다. 인도의 IT산업 클러스터, 우주항공 클러스터와 기계 클러스터까지 고루 갖추고 인도 미래 발전의 심장부 역할을 한다. 이들 업체 역시 소프트웨어의 거대 수요자다. **프렘지 회장은 이처럼 전략적인 지역에 자리를 잡고 인근 IT업체에 소프트웨어를 제공했다. 지역뿐 아니라 글로벌 영역에서 세계적인 소프트웨어 제공자가 됐다.** 프렘지는 비즈니스에서 '지리'가 얼마나 중요한지를 잘 보여준다.

프렘지가 이 회사를 운영해온 지난 40여 년은 그야말로 사업 다각화와 혁신의 세월이었다. 프렘지 회장은 이 회사의 지분 73%를 보유하고 있으며, 이와 별도로 20억 달러의 자산을 가진 '프렘지 투자'를 개인이 운영하고 있다. 프렘지는 지난 2013년 22억 달러를 기부해 인도 교육에 초점을 맞춘 '아짐 프렘지 재단'을 설립하고 IT를 이용해 인도 전역에 160만 개 이상 있는 초등학교의 교육수준을 높이는 사업을 벌이고 있다. 자선에도 열심인 셈이다. 부자의 덕목이다. 두 아들을 둔 프렘지 회장은 능력에 맞춰 후계자를 결정할 것으로 알려졌다. 프렘지의 아들인 리샤드는 1억 달러 규모의 벤처캐피털을 운용하면서 스타트업과 위프로의 네트워크를 군건히 하고 있다. 리샤드는 위프로의 미래 전략을 담당하고 있지만 그것만으로 회사를 물려받을 수 있을지는 미지수다. 자신의 손으로 키운 거대 기업을 사자의 아들이 아닌, 사자의 후계자 자격이 있는 인물에게 맡겨야 한다는 것이 프렘지 회장의 지론이기 때문이다.

[위프로]
창립: 1945년 12월 29일, 인도
창립자: 모하메드 프렘지
본사: 인도, 벵갈루루
매출액: 84달러 (한화 약 9조 5,000억원) (2018년)
직원: 171,425명 (2019년)

[은퇴 및 자선활동]

프렘지 회장은 2019년 7월 말 위프로 이사회 의장에서 비상임이사로 물러났다. 후임은 프렘지 회장의 아들인 라셰드 프렘지로 정해졌다. 프렘지 회장은 향후 계획에 대해서는 "앞으로 자선활동에 더 많은 시간을 낼 생각"이라고 말했다.

프렘지는 2019년 3월 75억 달러(약 8조 8천 500억원) 규모에 달하는 회사 지분을 자신이 세운 '아짐 프렘지 재단'에 넘기는 등 지금까지 이 재단에 210억달러(약 24조 8천억원)를 기부했다. 이는 프렘지 회장 개인 재산 가운데 3분의 2에 해당하는 금액으로 인도 역사상 가장 큰 기부 규모다. 세계적인 '기부왕' 빌 게이츠 마이크로소프트 창업자(기부액 약 450억 달러)와 억만장자 투자자 워런 버핏(기부액 약 467억 달러)에 견줄 정도다. 프렘지는 인도가 가난에서 벗어나려면 교육에 투자해 인재를 키워야 한다는 점을 강조해 왔다. 2001년에는 아짐 프렘지 재단을 세워 본격적으로 교육사업을 시작했다. 아짐 프렘지 대학교 등 인도 전역에 학교를 세웠고 취약 계층에 무상에 가까운 교육을 제공했다. 프렘지는 현재 인도에서 무케시 암바니 릴라이언스 인더스트리 회장에 이은 두 번째 부자로 꼽힌다.

♣ 당신의 목표들을 사람들이 비웃고 웃지 않는다면, 당신의 목표들이 너무 작은 것이다.

♣ 아주 큰 꿈을 가지고 시작하라.

♣ 성공은 두 번 이뤄진다. 먼저 마음속에서, 다음은 실제 세상에서.

♣ 리더십은 당신보다 더 똑똑한 사람들과 함께 일 할 수 있는 자신감이다.

♣ 우리가 불평등 문제를 해결하기 위해 노력하지 않는다면 전 세계적인 혼돈을 초래할 수도 있을 것이다.

♣ 교육은 공정하고 인간적이며 지속 가능한 사회를 구축하기 위한 필수 요소이다.

런정페이 任正非, RenZhengfei

● 화웨이 설립자 ● 중국 ● 1944년생

[출생] 1944년 10월 25일, 중국
[소속] 화웨이 (회장)

[학력사항]
충칭대학교 공학 학사

[경력사항]
1988 ~ 화웨이 회장
1987 화웨이 설립

[수상내역]
2005 미국 타임지 세계에서 가장 영향력 있는 100인

[성장]

1987년 마흔네 살의 런정페이는 빈손으로 화웨이를 창업해 과학기술력이 많이 요구되는 통신장비를 선택했다. 오늘날 화웨이는 **세계를 선도하는 정보통신 인프라와 스마트 단말기 제공업체로 성장해 디지털 세계를 개인과 가정, 조직에 연결시켜 만물 인터넷의 스마트 세계를 구축했다.** 런정페이는 화웨이의 가장 큰 문제는 외부적인 것이 아닌 내부의 조직이 비대하고 일보다 직원이 많은 것이라고 솔직하게 털어놓았다. 현재 아시아에서 유럽, 남미에서 북미까지 화웨이는 세계 170개국에서 사업을 하고 있고, **30건의 5G 상용 계약을 체결했으며, 2만 5천 개가 넘는 5G 기지국 장비를 출하했다.** 화웨이가 보안사고를 일으킨 적이 없음에도 불구하고, 일부 국가는 '네트워크 보안'을 이유로 화웨이의 진입을 배제하고 있다. **전 세계에 있는 화웨이 직원 18만 명 가운데 45%가 연구인력이고, 매년 R&D에 매출액의 약 15%를 투자한다.** 2018년 화웨이는 R&D에 투자한 금액이 150억 달러(약 17조 원)에 달했고, 향후 5년 이 금액이 1,000억 달러를 초과할 전망이다.

2018년은 중국 개혁개방 40년으로서, 100명의 '개혁 선봉'이 당 중앙과 국무원의 표창을 받았다. 많은 사람들이 각고의 분투 정신으로 화웨이 발전의 기적을 이룬 런정페이 회장이 표창자 명단에 들어있지 않은 점에 대해 의아해 했는데, 런정페이는 본인은 일에 전념할려고 선전시 당위원회, 시정부에 신청 명단에 이름을 넣지 말라고 했다고한다.

화웨이 본사 로비 스크린에 반복해서 방송되는 **홍보 화면의 주된 내용은 기초 교육, 즉 초등교육과 기초 과학연구가 산업사슬을 탄생시키고 진흥시키는 근본적인 동력임을 시사하고 있다.** 런정페이의 교육관은 다음과 같다. 향후 이삼십 년 사회에는 상전벽해의 변화가 나타날 것이다. **가장 큰 진보는 교육과 과학의 진보에서 비롯될 것이다.** 국가는 가장 먼저 교육을 중시해야 하고, 기초 교육, 특히 농촌의 기초 교육을 중시해야 합니다. 외국의 혹자는 한 국가의 강성(强盛)은 초등학교 교실의 강단에서 이루어진다고 했습니다. 또 **교육이 가장 값싼 국방이고, 국방은 꼭 무기가 가장 무서운 것이 아니라고도 했습니다.** "우리가 죽는다는 생각은 해본 적이 없다." 런정페이가 미국 제재 리스크를 두고 강한 자신감을 내비쳤다. 2019년 5월 26일 런정페이 CEO는 중국 관영 CCTV와의 인터뷰에서 "우리는 문제를 해결할 것이고 승리는 우리의 소유가 될 것"이라면서 "**우리는 이미 2만 개의 금메달을 가지고 있다**"고 자신했다. '2만개의 금메달'은 화웨이가 통신·휴대전화 분야에서 소유한 특허권을 뜻한다. 기술력에서 이미 우위를 갖추고 있는 만큼 미국의 압박도 해결할 수 있다는 얘기다.

[화웨이]

Huawei Technologies Co. Ltd. (華為技術有限公司)

창립: 1988년

창립자: 런정페이

본사: 중화인민공화국, 광둥 성 선전 시 룽강 구

매출액: 1,052억달러(한화 약 120조원) (2018년)

직원: 188,000명 (2018년)

화웨이 기술유한공사는 1988년 화시전자로 시작하여 현재는 중화인민공화국에서 가장 큰 네트워크 및 통신 장비 공급업체이다. 광둥 성 선전 시 룽강 구에 본사를 두고 있다. **1988년 런정페이(Ren Zhengfei)가 설립한 연구개발, 생산 그리고 통신 장비 마케팅에 특화된 첨단기술의 개인 기업이고, 통신 사업자를 위한 맞춤형 네트워크 서비스를 제공한다.** 화웨이는 상위 50위의 통신 운영사들 중 35개 회사에 납품하고 매년 매출의 10%를 R&D에 투자한다. 중국 선전, 상하이, 베이징, 난징, 시안, 청두 그리고 우한에 위치한 R&D센터와 더불어 스웨덴 스톡홀름, 미국 댈러스와 실리콘 밸리, 인도 방갈루루, 아일랜드 오팔리 Ferbane, 러시아 모스크바, 인도네시아 자카르타, 그리고 네덜란드 Wijchen에도 R&D 센터를 가지고 있다.

2015년부터 전세계 스마트폰 시장에서 삼성전자와 애플 다음으로 3위 자리를 지키고 있다. 한국 시장에는 2014년 10월 2일, 화웨이 아너 6를 통신사 LG유플러스 전용폰 화웨이 X3라는 제품명으로 처음 진출했다. 그 이후로 LG유플러스를 통해 화웨이 Y6, 넥서스 6P를 출시하면서 본격적인 공략을 시작했다. 그 후로도 H폰, Be Y폰과 Be Y패드 등을 내며 신제품을 출시하고 있다. 화웨이는 단기간에 급성장하여 2009년 이동통신 장비 산업에서 스웨덴의 에릭슨에 이어 세계 두 번째 회사가 되었고, 2012년 에릭슨을 누르고 세계 최대의 통신장비 제조 회사가 되었다. 2018년 12월 1일에는 멍완저우 부회장이 캐나다에서 미국의 요청에 의해 이란에 대한 제재 위반 혐의로 체포되었으며 이에 중국이 반발했다. 2019년 4월 5세대(5G) 서비스가 한국에서 먼저 시작되고, 뒤이어 미국에서도 서비스가 시작되었는데, **5G 모뎀칩은 삼성, 퀄컴, 화웨이만이 생산 중이다.**

화웨이는 상하이교통대와 공동으로 리눅스(Linux)를 기반으로 한 독자 OS인 홍멍(鴻蒙 : 세상이 탄생하기 전 혼돈 상태 속의 신비로운 힘)을 개발해왔다. 화웨이는 2019년 5월 런던에서 독자 개발 스마트폰 애플리케이션 프로세서(AP)인 치린(기린)980을 탑재한 아너20 시리즈 신제품을 새로 공개했다. 하지만 화웨이가 안드로이드 대신 독자 OS를 사용한다고 해도 중국을 제외한 유럽, 동남아, 남미 등 화웨이의 주요 해외 시장에서 받는 '미국과의 무역전쟁' 타격을 쉽게 극복하기는 어려울 것이라는 관측이다.

구글은 화웨이에 안드로이드와 구글 서비스에 대한 기술적 지원 중단을 보류했다. 안드로이드가 탑재된 화웨이 스마트폰 이용자들은 당분간 업데이트 등의 서비스를 계속 받을 수 있게 됐다. 이 조치는 미 상무부가 화웨이에 대한 거래제한 조치를 완화해 90일간 미국 기업과 거래할 수 있는 임시면허를 발급하기로 한 데 따른 것이다. 임시 거래 허용의 범위를 기존 네트워크 보수·점검이나 소프트웨어 업데이트 제공 등 기존 고객에 대한 지원으로 한정했다. 이에 앞서 미 상무부는 2019년 5월 16일 화웨이와 화웨이의 68개 계열사를 거래제한 기업 리스트에 올리고 이들이 미국 기업과 거래할 때 미 당국의 허가를 받도록 했다. 이에 따라 구글을 비롯 퀄컴 등 미국 기업들은 화웨이에 핵심 소프트웨어와 반도체 칩 등의 공급을 중단하기로 했다.

한편, 미국 백악관 예산국장 대행은 **국방수권법안(NDAA)이 곧바로 시행될 경우 '조달 대란'이 발생할 가능성이 있다**는 우려를 표했다. 이런 충격을 완화하기 위해 현행 2년인 법시행 유예기간을 4년으로 더 연장해달라고 요청했다. 그만큼 **미국이 화웨이와의 거래 중단을 이끌어내는 작업에 어려움을 겪고 있다.**

♣ 우리는 다른 사람보다 커피를 적게 마시고 일을 더 많이 하는 것 외에 다른 사람보다 뛰어난 장점을 가지고 있지 않다. 우리의 출발이 너무 늦었고 단기간에 성장해 축적한 것이 너무 적기 때문에 우리는 다른 사람보다 고생을 더 많이 했다.

그래서 **우리의 한쪽 발은 발레화를 신은 발이고, 다른 쪽 발은 상처투성이의 발이다.**

나는 이것이 곧 고통과 즐거움이 함께 하는 화웨이맨의 모습이라고 생각한다.

화웨이의 상처투성이 발은 우리가 어떻게 세계로 진출했는지를 설명한다.

♣ 자식이 자립할 때가 되면 자유롭게 비상하도록 하는 것이 가장 중요하다.

♣ 잘 만들면 사지 않을 사람이 없으니 걱정하지 않아도 됩니다.

전 세계에서 5G 장비를 가장 잘 만드는 회사가 화웨이입니다.

전 세계에서 마이크로파 통신 장비를 가장 잘 만드는 회사도 화웨이입니다.

사지 않는 사람이 멍청하고, 사지 않으면 손해봅니다.

경기는 평화롭게 경쟁해야 하고, 기술 경쟁도 평화 경쟁입니다.

(그들이) 사는 것 말고 무슨 방법이 있겠습니까?

♣ **과거의 산학연 분업 모델은 현대사회와 어울리지 않습니다.**

우리는 과학자들이 프로그램에 따라 완성하길 기다릴 수가 없습니다.

따라서 우리 자신이 대량의 과학자들을 양성했습니다.

화웨이에는 최소 칠백 명이 넘는 수학자와 팔백 명이 넘는 물리학자, 120여 명의 화학자가 있습니다. 또 기초 연구만 하는 6천여 명의 전문가와 6만 여명의 엔지니어가 있습니다. 이런 연구 시스템을 구축해야 시대의 발전을 발 빠르게 따라가 더 중요한 고지를 선점할 수 있습니다.

♣ **과학연구에서의 실패란 사실 인재를 양성한 것입니다.**

화웨이의 한 젊은 직원이 2년간 스웨덴에 가서 많은 과학자들을 이끌고 반도체에서 난관을 돌파했습니다. 이는 인류 사회의 중대한 난관을 돌파한 것이기도 합니다.

♣ **화웨이에 현재 나타난 문제는 조직이 비대하고 일보다 직원이 많다는 것입니다.**

전체 관리층이 너무 많아 개혁하고 있습니다.

5년 정도 조직 개혁에서 성공한다면 전투력이 있을 것입니다.

♣ **소수 정예여야 합니다.** 지금처럼 비대하지 않고, 관리층이 복잡하지 않으며, PPT나 회의가 많고 효과 없는 노동이 이렇게 많지 않을 것입니다.

♣ 저는 화웨이를 잘 경영하는 데 전념해야 합니다.

내부적인 부분에 정력을 쏟아야 한다고 생각합니다. 사회활동에 참가하면 에너지를 소모하게 됩니다. 회의를 하면 의자에 앉아 있어야 하는데 두 시간이나 앉아 있을 수 없어 슬그머니 빠져나가면 체면이 서지 않기 때문입니다.

♣ **교육을 잘 하는 국가만이 미래가 있다.** 따라서 교사 처우를 높여야 하고 아무리 가난해도 교사를 가난하게 해서는 안 되며 우수한 인재가 기꺼이 교사가 되고, 우수한 학생들이 기꺼이 사범대학교에 가서 공부하도록 만들어야 한다.

그래야만 '가장 우수한 사람으로 가장 우수한 사람을 양성하는 것'을 실현할 수 있다.

♣ 화웨이는 미국 시장이 없어도 세계 1등이다.

♣ 5G는 정치가 아니라 하나의 도구일 뿐이다.

우리에게 가장 중요한 것은 세계에 서비스를 제공하는 것이다.

래리 엘리슨Larry Ellison

• 오라클 설립자 • 미국 • 1944년생

"The only way to get
ahead is to find errors
in conventional
wisdom."

LARRY ELLISON
FOUNDER OF ORACLE

www.MyFrugalBusiness.com   @MikeSchiemer

[출생] 1944년 8월 17일, 미국
[소속] 오라클 (최고경영자 CEO)

[가족] 아들 데이비드 앨리슨, 딸 메간 앨리슨

[학력사항]
시카고 대학교 중퇴
일리노이 대학교 어바나-샴페인 중퇴

[경력]
애플 컴퓨터 이사
1977년 오라클 창립

[경력사항]
1997년~2002년 애플 컴퓨터 이사

1996년~2002년 엔큐브 최고경영자(CEO)

1988년 엔큐브

1978년~1996년 오라클 사장

1977년 오라클 설립, 암펙스

1973년 암달

[요약]

래리 엘리슨은 오라클의 설립자이자 CEO이다. 2014년 기준 세계 5위의 부자이며, '실리콘밸리의 악동'으로 불릴만큼 사치스런 생활과 기행으로 잘 알려져 있다. 영화 아이언 맨 2에 카메오 출연하기도 했다. 딸 메건 엘리슨은 안나푸르나 픽처스 대표, 아들 데이비드 엘리슨은 스카이댄스 픽처스 대표이다. 2018년에는 세계 10위의 부자가 되었고, 2019년에는 625억 달러(한화 약 71조원)로 세계 7위의 부자가 되었다.

[성장]

래리 엘리슨은 1977년 밥 마이너와 Ed Oates와 함께 소프트웨어 디밸롭먼트 래버러토리스 (Software Development Laboratories, SDL)라는 이름으로 오라클을 공동 설립하였다. 엘리슨은 "A Relational Model of Data for Large Shared Data Banks"라는 이름의 관계형 데이터베이스 관리 시스템(RDBMS)에 관한 에드거 F. 커드의 1970년 논문에서 영감을 얻었다. 엘리슨은 Oates가 제공한 "IBM 리서치 저널"의 한 문헌에서 IBM 시스템 R 데이터베이스에 관해 이야기를 들었다. 엘리슨은 오라클의 제품을 시스템 R과 호환시키기 바랐으나 IBM이 자사의 DBMS 오류 코드를 기밀로 유지하는 바람에 실패하였다. SDL은 1979년 사명을 RSI(Relational Software, Inc)로 바꾸었고, 다시 **1982년 오라클 시스템즈 코퍼레이션(Oracle Systems Corporation)으로 변경**하면서 자사의 대표 제품 오라클 데이터베이스와 더 밀접히 배치시켰다. 1986년 3월 12일, 회사는 기업 공개를 하였다. 1995년 오라클 시스템즈 코퍼레이션은 사명을 오라클 코퍼레이션(Oracle Corporation), 이후 공식 명칭은 오라클(Oracle)로 변경하였으나 종종 지주 회사의 이름인 오라클 코퍼레이션으로 불리기도 한다. 오라클 코퍼레이션의 초기 성공 중 일부는 제품 구현을 위해 C 프로그래밍 언어를 사용한 것에서 비롯되었다. 다른 운영 체제(대부분 C를 지원)로의 이식을 쉽게 하였다.

[2019년 세계 부자 순위]

1. 제프 베조스(1,310억 달러, 한화 약 148조원)
2. 빌 게이츠(965억 달러, 한화 약 110조원)
3. 워렌 버핏(825억 달러, 한화 약 93조원)
4. 버나드 아놀트(760억 달, 한화 약 86조원)
5. 칼로스 슬림 헬루(640억 달러, 한화 약 72조원)
6. 아만치오 오프테가(627억 달러, 한화 약 71조원)
7. **래리 엘리슨(625억 달러, 한화 약 71조원)**
8. 마크 저커버그(623억 달러, 한화 약 70조원)

9. 마이클 블룸버그 (555억 달러, 한화 약 63조원)
10. 래리 페이지 (508억 달러, 한화 약 57조원)

[오라클]
창립: 1977년 6월 16일
창립자: 래리 엘리슨
본사: 미국, 캘리포니아, 레드우드 시티
매출액: 약 400억달러(한화 약 42조원) (2018년)
직원: 137,000명 (2018년)

오라클(Oracle Corporation)은 미국 캘리포니아주에 본사를 둔 매출 규모 세계 2위의 소프트웨어 회사이다. 이 회사의 **대표적인 제품인 데이터베이스 제품, 오라클 DBMS는 세계 최고의 점유율을 차지하고 있다.** 2014년 오라클은 마이크로소프트에 이어 소득 기준으로 2번째로 큰 소프트웨어 제조사였다. 2009년 4월 20일, 오라클은 자사가 세계 4대 컴퓨터 서버 업체인 미국 썬 마이크로시스템즈를 74억 달러(약 10조 원)에 인수했다는 것을 발표했다.
오라클은 2019년 5월 7일 중국 베이징 연구·개발(R&D)센터에 근무하고 있는 직원 900명에게 해고 통지를 내렸으며 구조조정을 진행하고 있다. 오라클은 이번 구조조정에 대해 중국 내 사업을 최적화하기 위한 것이라고 설명하고 있지만, 베이징 R&D센터 직원들은 **정치적 영향이 크며 장기적으로는 오라클이 중국 사업에서 철수할 가능성도 바라보고 있다.** 오라클의 구조조정이 흑자 부문에 나는 사업에서 이뤄지기 때문이다.

♣ 앞서가는 유일한 방법은 종래의 지혜에서 잘못을 찾아내는 것이다.
♣ 혁신을 할 때는 모든 사람들이 당신에게 미쳤다고 할 것이다.
  그들의 말에 준비가 되어있어야 한다.
♣ 새로운 기술에의 도전이라는 위험을 택하지 않는 편이 위험이 더 크다.
  이 세계에서는 아무 것도 하지 않는 것이 제일 큰 리스크가 된다.
♣ 내가 뭔가를 할 때, 모두 자신-발견에 관한 것이다. 나는 배우고 내 자신의 한계를 발견하고 싶다.

네그로폰테 Nicholas Negroponte

• MIT 교수 • 미국 • 1943년생

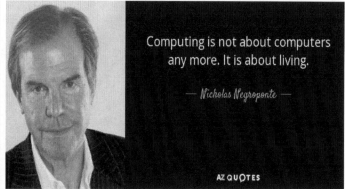

Computing is not about computers
any more. It is about living.

— Nicholas Negroponte —

AZ QUOTES

[출생] 1943년 12월 1일, 미국
[소속] 메세추사츠 공과대학 (소장)

[경력사항]
1985 메세추사츠공과대학(MIT) 미디어연구소 소장
캘리포니아대학교 버클리캠퍼스 교수
미시간대학교 교수
예일대학교 교수

[학력사항]
매사추세츠공과대학 대학원 건축학 박사
매사추세츠공과대학 대학원 건축학 석사
MIT 건축학 학사

[요약]
뉴욕시에서 그리스인 선주의 아들로 태어난 네그로폰테는 MIT에서 공부하였으며, 그곳에서 CAD 분

야에 대한 대학원 연구를 했다. 니콜라스 네그로폰테는 미국 MIT의 미디어 테크놀로지 교수이며, 스스로 '미래를 발명하기 위해' 창립에 참여했다고 말하는 MIT 미디어랩(Media Laboratory)의 설립자이자 초대 소장이다. **네그로폰테는 베스트셀러가 된 저서 『디지털이다(Being Digital)』(1995)로 명성을 얻었다.**

[미디어 랩과 업적]

네그로폰테는 1943년 부유한 그리스 해운업자 집안에서 태어나 스위스, 런던, 뉴욕에서 성장했다. 네그로폰테의 부모는 자식이 성인이 된 이후에는 아무런 도움도 주지 않았지만, 교육만큼은 아낌없이 투자했다. 부모의 지원에 힘입어 네그로폰테는 1961년 MIT에 들어갔고 그곳에서 건축학을 공부했다. 이때 네그로폰테는 컴퓨터를 건축 설계 도구로 사용할 수 있는 능력을 갖췄다. 워낙 명석했던 네그로폰테는 22세 때 MIT 교수가 되었고, 그 이후부터 예일대학교, 미시간대학교, 버클리 소재 캘리포니아대학교의 방문교수를 역임했다.

1968년 네그로폰테는 MIT에 미디어랩의 전신인 아키텍처머신그룹(Architecture Machine Group)을 설립했는데, 이 기구는 최초로 인간-컴퓨터 인터페이스를 연구했다. 1980년 네그로폰테는 국제정보처리학회연합 산하에 일상생활 속의 컴퓨터(computers in everyday life) 프로그램을 암스테르담에 설립하고 초대 소장을 맡았다. 1980년대 초는 개인용 컴퓨터가 등장하면서 디지털 멀티미디어가 일상생활에서 중요한 역할을 하게 될 것으로 예상되던 시기였다. 네그로폰테는 이에 대응해 MIT 미디어랩을 구상하게 되었다. MIT 총장인 제롬 위즈너의 강력한 지원에 힘입어 아키텍처머신그룹을 대신할 **미디어랩이 1985년 출범했다.** 네그로폰테는 미디어랩의 재원을 마련하고 새로운 디지털 미디어 테크놀로지를 개발할 수 있는 창의적인 방법들을 모색하기 시작했다.

사실 당시 네그로폰테의 이런 움직임은 꽤나 논란거리였다. 미디어랩을 컴퓨터과학과가 있는 공대에서 만든 것이 아니라 MIT 건축학대학에서 만들었기 때문이다. 그런데도 **미디어랩은 네그로폰테의 지도력과 열정에 힘입어 곧바로 성공을 거두었다.** 1987년 랩의 연간 예산은 700만 달러였고 음성인식, 차세대 텔레비전, 전자 출판, 컴퓨터 게임 등을 개발하는 연구를 수행했다. 미디어랩은 앨런 케이(Alan Kay)와 같은 하이테크 분야의 권위자들을 끌어들여 연구를 수행했다. **미디어랩은 '보여주지 않으면 죽는다'라는 신조 아래에 학생과 교수가 함께 기술보고서를 발표할 뿐만 아니라 미디어랩을 후원하는 기업에 혁신제품들을 시연해 보여 주기도 했다.**

미디어랩 업무 이외에도 네그로폰테는 수많은 신생 기업에 자금을 지원했다. 가장 성공을 거둔 것 중의 하나는 잡지 《와이어드(Wired)》다. 네그로폰테는 초기 《와이어드》에 7만 5,000달러를 기부했고, 이 회사의 지분 10%를 받게 되었다(Jones, 2003). 또 네그로폰테에게는 매호 디지털 문화에 관한 칼럼을 쓸 수 있는 지면이 제공돼 교수로서 명성을 드높일 수 있었다. 1995년 네그로폰테는 《와이어드》에 쓴 칼럼들을 수정, 보완해 **『디지털이다』**라는 책으로 출간했고, 이를 계기로 세계적인 유명인사가 됐다. 초판만 10만 부가 발간된 이 책은 당연히 여러 번 재판이 발간되었을 뿐만 아니라 40개 이상의 언어로 번역되었다(Wikipedia, 2012). 네그로폰테의 가장 큰 업적은 아마도 하이테크놀로지에 관한 대중적 담론을 일으켰다는 점일 것이다. 네그로폰테는 디지털 '비트(bit)'로 구성되는 미래와, 사물이나 '원자'로 구성되는 과거의 아날로그 세계를 구분할 수 있는 선을 그어줬다. 네그로폰테에게 비트는 다가올 디지털 세계의 기본 입자들, 즉 새로운 테크놀로지의 DNA다. 사실 디지털 세계에 대한 네그로폰테의 사상이 단단한 이론으로 무장되어 있거나 고차원적이라고 보기는 어렵다는 의견이 제시되는 것도 사실이기는 하다. 그러나 **상당수 사람들은 네그로폰테가 비트가 모든 것을 통합할 것이라는 핵심적인 통찰을 제시했다는 점에는 분명히 동의하고 있다.**

[업적]

뉴욕시에서 그리스인 선주의 아들로 태어난 네그로폰테는 MIT에서 공부하였으며, 그곳에서 CAD 분야에 대한 대학원 연구를 했다. 니콜라스 네그로폰테는 그리스계 미국인 컴퓨터 과학자로, **MIT 미디어랩의 설립자이자 디렉터로 잘 알려져 있다.** 90년대 중후반 한국어로도 번역되어 베스트셀러가 된 ≪**디지털이다(Being Digital)**≫의 저자이기도 하다. 네그로폰테의 카리스마와 미래 기술에 전망으로 기업체들의 지원을 미디어랩으로 끌어 모으는 데에도 일가견이 있는 것으로 유명하다. 네그로폰테의 형 존 네그로폰테는 미국 외교관이며 전직 미국 국가정보국(DNI) 국장, 현직 미국 국무부 부장관이다.

1966년에는 MIT 교수진에 합류했다. 이후 몇 년간은 MIT에서의 강의와 함께 예일 대학과 캘리포니아 대학 버클리의 방문교수도 겸임한다. 1968년 컴퓨터 인터페이스에 대한 새로운 시도들에 대해 연구를 위한 복합연구소 겸 싱크탱크인 MIT 아키텍처 머신 그룹을 만든다. 1985년에는 드디어 MIT 미디어랩을 탄생시키고, 이 연구소는 많은 지원을 보장하는 유명한 연구소로 발전한다. 연구소에서는 컴퓨터 인터페이스와 새로운 미디어에 대한 첨단연구들이 진행되었다.

1992년 네그로폰테는 잡지 와이어드의 창간에 소규모 투자자로 참여하게 된다. 1993년부터 1998년까지 이 잡지에 월간 컬럼을 연재하며 **"아톰이 아닌, 비트를 움직이라."**는 그의 신조를 다양한 각도에서 제시한다. 이러한 자신의 생각을 확장하고 모아서 **1995년에는 디지털이다(Being Digital)를 출간한다.** 책에서 네그로폰테는 최근 미디어 기술의 역사를 되짚어보면서 이제는 모두가 동감하는 상호작용의 세계와 연예 세계, 정보 세계가 결국 하나로 합쳐질 것이라는 예언을 하고 있다. **"디지털이다"**는 베스트셀러가 되었으며 20여개국어로 번역되었다. 그러나 비평가들은 네그로폰테가 기술과 같은 수준으로 고려되었어야 할 역사적, 정치적, 문화적 현실을 제대로 반영하지 못했다고 네그로폰테의 기술유토피아적인 예언을 꼬집었다. 이어진 닷컴신화의 붕괴와 함께 네그로폰테의 책은 금세 그 현재성을 잃었다. 그러나 네그로폰테의 책은 저자의 독특한 시각과 남아있는 가능성들에 대한 영감으로 차 있어 많은 독자들에게 아직도 유효하다.

[MIT 미디어 랩]

요약: 미국 매사추세츠공과대학 내에 있는 세계적인 미디어융합 기술연구소
설립일: 1985년
소재지: 매사추세츠공과대학
연간 예산: 약 5,000만 달러 (한화 약 570억원)

미국의 미디어 학자이자 멀티미디어 개념을 처음으로 제시한 매사추세츠공과대학(MIT)의 네그로폰테, 인공지능(AI)의 창시자로 불리는 민스키 등이 1985년 설립하였다. 이 두 명 외에 발달과 학습이론의 권위자인 페퍼트, 3차원홀로그램의 창시자 벤턴 등이 참여하였다.

MIT 내에 있으며, 연구소 건물은 지하 1층, 지상 4층 규모이다. 정식 명칭은 'E15'이지만, 설립 당시 MIT 학장이었던 위즈너(Jerome Wiesner)의 이름을 따서 보통 '위즈너 빌딩'으로 부른다. 미디어 예술과 과학을 융합하는 데 목적이 있으며, 100개가 넘는 다국적기업과 단체들의 지원금으로 운영된다. 이 기업들은 연구소의 스폰서로서, 500만 달러를 후원하면 자사의 직원을 연구소에 상주시킬 수 있고, 스폰서 기간에 연구소에서 개발한 모든 특허나 프로그램 등을 무상으로 사용할 수 있는 권리가 주어진다. 이런 이점 때문에 기업과 단체들이 1년에 지원하는 금액만도 약 5,000만 달러가 된다. **주요 연구 테마는 과학과 미디어 예술을 융합하는 것이지만, 연구 폭이 한정되어 있지는 않다.** 영상 또는 음성 기반 인터페이스 기술, 지능을 가진 애니메이션 기술, 마개를 열면 특정 음악이 흘러나오는 음악을 담은 병, 페인터블 컴퓨팅, 전자잉크, 지능형 건축표면, 디지털방송, 가상현실, 유비쿼터스, 생명과학, 나노기술 등 다양하다. **설립 이후 산학협동의 새로운 모델을 제시한 연구소라는 평가와 함께 상상력이 넘치는 기발하고 창조적인 연구로 세계적인 주목을 받아 왔다.** 특히 가상현실, 3차원 홀로그램, 유비쿼터스, 착용식 컴퓨터 등의 개념은 모두 이 연구소에서 나온 것이다. 인도와 아일랜드 등에도 연구소가 있다.

♣ **계산은 더 이상 컴퓨터에 관련된 것이 아니고, 삶에 관련된 것이다.**

♣ 여전히 많은 사람이 받아들이기 힘들겠지만 종이책은 죽었다.

♣ 보여주지 않으면 사라진다.

♣ 디지털이다(Being Digital).

♣ 과학과 엔지니어링, 디자인, 인간의 상상력은 모든 문제의 해법을 제시할 수 있는 유일한 수단이다.

♣ 'OLPC'(One Laptop Per Child)는 저개발국 어린이들을 대상으로 싼 값에 교육용 노트북을 보급하자는 운동이다. '100달러 노트북'이다.

서프 Vinton Cerf

● 기업인 ● 컴퓨터 과학자 ● 미국 ● 1943년생

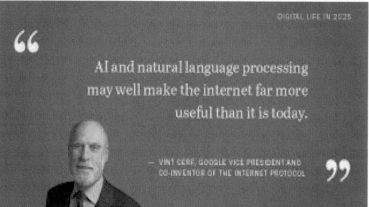

● 빈트 서프 Vinton Gray Cerf, 인터넷의 아버지

[출생] 1943년 6월 23일, 미국, 코네티컷 주 뉴헤이븐

[소속] 국제인터넷주소관리기구 (의장), 구글 (부사장)
(전) IBM, 캘리포니아 대학교 로스앤젤레스 캠퍼스, 스탠퍼드 대학교, 방위고등연구계획국, MCI, Corporation for National Research Initiatives

[국적] 미국
[분야] 원거리 통신

[학력사항]
스탠퍼드 대학교
캘리포니아 대학교 로스앤젤레스 캠퍼스

[주요 업적] 인터넷 프로토콜 스위트, 인터넷 협회

[수상내역]
IEEE 알렉산더 그레이엄 벨 메달 (1997)
미국 국가 기술혁신 메달 (1997)
마르코니 상 (1998)
아스투리아스 공상 (2002)
튜링상 (2004)
대통령 자유 훈장 (2005)
일본국제상 (2008)
헤럴드 펜더 상 (2010)
엘리자베스 여왕 공학상 (2013)
왕립 학회 펠로우 (2016)

[경력사항]
2006.05 내셔널 발명가 명예의 전당 헌액, IPv6 포럼 명예회장
2005 ~ 구글 부사장
2000 ~ 2007 국제인터넷주소관리기구(ICANN) 의장
1998 ~ 1999 인터넷 소사이어티(ISOC) 회장
1992 ~ 1995 인터넷 소사이어티(ISOC) 사장
1982 ~ 1986 MCI 디지털 정보서비스 부사장
1976 ~ 1982 미국 국방부 연구원
1972 ~ 미국 스탠퍼드대학교 컴퓨터공학과 교수

[요약]
그레이 빈트 서프는 인터넷과 TCP/IP 프로토콜의 탄생에 기여한 공로로 '**인터넷의 아버지**' 중 한 사람으로 꼽히는 미국의 전산학자이다.

[생애]
1965년에 스탠퍼드 대학교 수학과를 졸업했으며, 그 후 잠시 IBM에서 일하다 1967년 캘리포니아 대학교 로스앤젤레스 대학원에 진학하였다. 대학원에서는 레오나드 클라인락 교수의 지도하에 전산학을 전공, 1970년 석사, 1972년 박사 학위를 취득하였다. 또한 2012년에는 일본 게이오기주쿠 대학에서 명예박사학위를 받았다. **일반 인터넷 사용자의 관점을 부각시키고 인터넷 개발에 기여하는 다른 기술적인 모임들(IETF 등)을 관장하고자 1992년에 인터넷 협회를 창립했으며, 1999년 물러날 때까지 초대 의장으로 일했다.** 1996년에 계산기 학회의 데이터 통신 분과에서 수여하는 씨그컴상을 수상하였으며, 2004년에는 로버트 칸과 공동으로 계산기 학회의 튜링상을 수상하였다. 구글의 부사장 및 수석 인터넷전도사를 맡고 있다.
"IoT는 어플라이언스와 소프트웨어의 조합이다. 나는 늘 소프트웨어에 대해 촉각을 곤두세운다.

소프트웨어에는 버그가 있기 때문"이라고 말했다. 서프는 사물 인터넷이 다양한 어플라이언스를 관리할 수 있게 해줄 것이며 자원 활용에 있어 새로운 통찰을 약속하고 있는 것도 사실이라고 인정했다. 예를 들어 구글 네스트 온도조절기같은 기기가 비용과 자원을 절감시켜줄 것이다. 중요한 도구가 될 수 있다"라고 말했다. 그러나 다른 수많은 기술도구와 마찬가지로 잠재적 위협이 존재하며, 안전 문제도 그 중 하나라고 지적했다. 소프트웨어로 구동되는 어플라이언스가 증가하면서 인류가 프로그래머의 코드 작성 능력에 점차 더 크게 의존할 것이라고 지적하며, "기술적이고 법률적인 다양한 문제가 발생할 수 있다. 어플라이언스가 제대로 동작하지 않을 때 누가 책임지게 될까? 소프트웨어 문제라면 어떻게 될까?"라고 반문했다.

♣ 인터넷에서 표현의 자유를 제한하려는 정부 시도가 일시적으로 영향이 있을지라도 이용자들은 우회로를 찾아 나설 것이다. 정부의 인터넷 통제는 결국 실패할 것이다.

♣ **표현의 자유는 기본적 인권으로, 익명성이 매우 중요하다.** 인터넷 기술은 매우 개방적이라 정부의 통제에도 사람들은 결국 원하는 정보를 얻을 수 있을 것이다.

♣ 정보 공유는 매우 유익하기 때문에 표현의 자유가 사회에 해가 된다며 이를 억압하는 정부도 두려움에서 벗어나 이를 활용하게 될 것이다.

♣ **나는 익명성을 강하게 지지한다. 프라이버시나 정치적 견해에 대한 표현의 자유의 보장을 위해서는 익명성이 중요하다.**

♣ 구글은 전세계에서 사업을 하는 회사이기 때문에, 해당 국가의 현지법을 존중하고 있다.
유튜브 코리아 사이트에서 업로드 기능을 자발적으로 제한함으로써 실명제 적용이 안 되도록 했고, 현지법을 어기지 않고 있다.

♣ 구글은 검색결과 링크가 제거된 곳에는 해당 내용이 제거된 사실과 그 이유를 사용자에게 공지하고 있다.

♣ **정보는 그 자체로 힘이다. 월드와이드웹이 발전하면서 정보의 공유에서 비롯된 이런 힘은 실제로 이익이 되는 강력한 힘이다.** 정보의 공유 덕택에 과학과 관련 기업들이 매우 빠르게 성장하고 있다.

♣ 인터넷의 부작용이나 역기능이 있다면 정보가 너무 많아 사용자들이 자신이 원하는 정보를 찾을 수 없는 것이다. **사용자들이 원하는 정보를 가장 빨리 찾도록 도와주는 것이 구글의 기본 철학이다.**

♣ 종종 나는 IoT에 대해 오싹함을 느낀다.

톰프슨Kenneth Thompson

● 컴퓨터 프로그래머 ● 미국 ● 1943년생

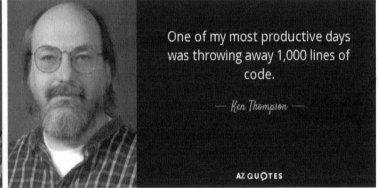

One of my most productive days was throwing away 1,000 lines of code.

— Ken Thompson —

AZ QUOTES

[출생] 1943년 2월 4일, 미국 루이지애나 주 뉴올리언스

[국적] 미국인
[분야] 컴퓨터 과학

[소속] 벨 연구소
엔트리스피어(Entrisphere, Inc), 구글

[출신 대학]
캘리포니아 대학교 버클리 (1965년 학사; 1966년 석사)

[주요 업적]
유닉스, B (프로그래밍 언어), 벨 (체스 머신), UTF-8, 엔드게임 테이블베이스, Go

[수상]
IEEE 임마누엘 R Piore 상 (1982)

튜링상 (1983)

컴퓨터 파이오니어 상 (1994)

컴퓨터 역사박물관 펠로우 (1997)

미국 국가 기술혁신 메달 (1998)

츠토무 카나이상 (1999)

일본국제상 (2011)

[요약]

케니스(켄) 레인 톰프슨은 미국의 컴퓨터 프로그래머로, **AT&T 벨 연구소에서 유닉스와 플랜 9 운영 체제의 개발을 주도했다. C언어의 모체가 된 B언어를 개발**하기도 했다. 2006년부터 구글에서 근무하면서 고 언어의 개발에 참여했다. 그밖에 정규표현식, QED 편집기, UTF-8 인코딩 등의 개발에도 기여했고, 체스기계 벨의 개발에도 동참했다. **1983년에 유닉스 개발과 관련된 공로로 데니스 리치와 함께 튜링상을 수상했다.**

[유닉스]

유닉스(Unix)는 교육 및 연구 기관에서 즐겨 사용되는 범용 다중 사용자 방식의 시분할 운영 체제이다. 1970년대 초반 벨 연구소 직원인 켄 톰슨, 데니스 리치 등이 처음 개발하였다. 유닉스는 처음부터 다양한 시스템 사이에서 서로 이식할 수 있고, 멀티 태스킹과 다중 사용자를 지원하도록 설계되었다. 닷컴 버블로 유닉스 사업자들에게도 합병의 바람이 불게 되었다. 1980년대에 태어난 많은 상업 유닉스 업체들 중에서 휴렛 패커드의 HP-UX, IBM의 IBM AIX, NeXT의 NEXTSTEP (나중에 오픈스텝이 되었다가 이제 맥 OS X가 됨) 및 썬 마이크로시스템즈 솔라리스 운영 체제들만이 아직도 시장에서 판매되고 있다. 리눅스와 오픈 소스 BSD의 사용이 증가됨에 따라 기존의 상업 유닉스 시장이 침식되어 갔다.

- ♣ 나의 가장 생산적인 날들 중 하나는 코드 1,000줄을 지워버릴 때이다.
- ♣ C++의 복잡성을 싫어하며 이로 인해 새로운 언어를 설계하는 계기가 되었다. (Go 발표시)
- ♣ 당신 자신이 모두 만든 코드가 아니면, 당신은 그 코드를 신뢰할 수 없다.
- ♣ 우리는 강한 2학년 핵심과 진짜 좋은 1학년 반이 있었다.
- ♣ 아무리 소스코드 검증과 정밀검토를 하더라도 신뢰할 수 없는 코드를 막지는 못한다.

리치 Dennis Ritchie

• 컴퓨터 과학자 • 미국 • 1941년생

"At least for the people who send me mail about a new language that they're designing, the general advice is: do it to learn about how to write a compiler."

Dennis Ritchie

[출생] 1941년 9월 9일, 미국 뉴욕 브롱스빌
[사망] 2011년 10월 12일 (70세), 미국 뉴저지 버클리 헤이츠

[국적] 미국
[분야] 컴퓨터 과학
[소속] 루슨트 테크놀로지, 벨 연구소

[주요 업적]
알트란, B (프로그래밍 언어), BCPL, C (프로그래밍 언어), 멀틱스, 유닉스

[학력사항]
하버드대학교 대학원 박사 (Ph.D., 1968)

~ 1967 하버드대학교 물리학, 응용수학 학사

[경력사항]
~ 2007 미국 루슨트 테크놀러지스 시스템소프트웨어 연구부 부장
미국 벨연구소 컴퓨터연구센터 연구원

[수상]
튜링상 (1983)
미국 국가 기술혁신 메달 (1998)
IEEE 리처드 W. 해밍 메달 (1990)
컴퓨터 파이오니어 상 (1994)
컴퓨터 역사박물관 펠로우 (1997)
헤럴드 펜더 상 (2003)
일본국제상 (2011)
1983 튜링상

[저서]
〈C 프로그래밍 언어〉(The C Programming Language) (1978년 브라이언 커니핸과 공저)
〈Unix Programmer's Manual〉(1971년)

[요약]
데니스 매캘리스테어 **리치는 ALTRAN, B언어, BCPL, C언어, Multics, 유닉스 등의 개발에 끼친 영향으로 유명한 전산학자이자 현대 컴퓨터의 선구자이다.** 켄 톰슨(Ken Thompson)등과 함께 최초의 유닉스(Unix) 시스템을 개발했고, 1971년 최초의 〈Unix Programmer's Manual〉을 썼다. 켄 톰슨, 브라이언 커니핸과 함께 C 언어를 개발했고, 커니핸과 독창적인 명저 〈C 프로그래밍 언어〉(The C Programming Language)를 펴냈다.

[생애]
미국의 뉴욕 주, 브롱스빌에서 태어났으며, 1967년 하버드에서 물리학과 응용수학 학위를 얻었다. 1968년부터 벨 연구소 컴퓨터 연구 센터에서 일했다. 루슨트 테크놀로지스의 시스템 소프트웨어 연구부장으로 일했다. 1983년에 켄 톰슨과 **"범용 운영체제 이론개발, 특히 유닉스 운영체제의 구현에 대한 공로"**로 튜링상을 수상했다. 많은 유즈넷 뉴스그룹에선 종종 데니스 매캘리스테어 리치는 줄여 "DMR"로 지칭된다. 책 〈C 프로그래밍 언어〉를 줄여 말할 때의 K&R중에 R이다. 2007년 루슨트 테크놀로지의 시스템 소프트웨어 연구부장으로 은퇴했다. 70세의 나이에, 홀로 살고 있던 데니스 리치는 2011년 10월 12일 뉴저지 주 버클리 헤이츠의 자택에서 사망한 채로 발견되었다.

[업적]

켄 톰슨(Ken Thompson) 등과 함께 최초의 유닉스(Unix) 시스템을 개발했고, 1971년 최초의 〈Unix Programmer's Manual〉을 썼다. 또한 C 언어를 개발한 후 브라이언 커니핸과 함께 〈C 프로그래밍 언어〉(The C Programming Language)를 기술했다. 커니핸과 〈C 프로그래밍 언어〉 책을 썼기에 커니핸이 C 언어 개발에 참여한 것으로 종종 오해받으나 커니핸의 말에 따르면 자신은 C언어 개발에 참여하지 않았다고 한다. ALTRAN, B언어, BCPL, Multics 등의 개발에도 영향을 끼친 것으로도 알려져 있다. 1983년에 켄 톰프슨과 "범용 운영체제 이론개발, 특히 유닉스 운영체제의 구현에 대한 공로"로 튜링상을 수상했다. 미국의 경제 전문지 '비즈니스 인사이더'에서는 '현재의 애플 컴퓨터는 거의 모두 데니스 리치의 업적에 기반하고 있다.'이라며 그의 업적을 평가했다. 애플 매킨토시의 OS X와 아이폰의 iOS는 모두 유닉스 운영체제를 기반으로 만들어져 있다.

[C 프로그래밍 언어]

C는 1972년 켄 톰슨과 데니스 리치가 벨 연구소에서 일할 당시 새로 개발된 유닉스 운영 체제에서 사용하기 위해 개발한 프로그래밍 언어이다. 켄 톰슨은 BCPL언어를 필요에 맞추어 개조해서 "B"언어(언어를 개발한 벨 연구소의 B를 따서)라 명명했고, 데니스 리치가 이것을 개선하여 C 언어가 탄생했다. 유닉스 시스템의 바탕 프로그램은 모두 C로 작성되었고, 수많은 운영 체제의 커널 또한 C로 만들어졌다. 오늘날 많이 쓰이는 C++는 C에서 객체 지향형 언어로 발전된 것이다. 또 다른 다양한 최신 언어들도 그 뿌리를 C에 두고 있다.

♣ 그들이 설계중인 새 언어에 관한 메일을 나에게 보낸 사람들에게, 일반적인 충고: 컴파일러 작성법에 관한 것을 배우기 위해서 그렇게 해라.

♣ C는 유별나고 결함이 있으며 엄청나게 성공했다.

♣ UNIX는 OS연구를 10년 지연시켜왔고, LINUX는 20년 지연시켜왔다.

♣ **기반 기술용으로, C를 대체시키기는 어려울 것이다.**

♣ UNIX는 기본적으로 간단한 언어인데, 그 단순성을 이해하려면 천재여야 한다.

♣ 새로운 프로그래밍 언어를 배우는 유일한 방법은, 그걸로 프로그래밍을 해봐야 한다.

미야자키 하야오 Miyazaki Hayao

● 애니메이터 ● 일본 ● 1941년생

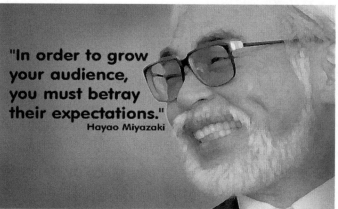

[출생] 1941년 1월 5일, 일본 도쿄도 분쿄 구
[국적] 일본

[직업] 애니메이션 감독 겸 애니메이터
[데뷔] 1978년 애니메이션 '미래 소년 코난' 감독

[경력사항]
1985 스튜디오 지브리 설립
1963 도에이 동화

[학력사항]
~ 1963 가쿠슈인대학 정치경제학

[수상내역]
2015 제87회 아카데미 시상식 공로상

2014 제87회 아카데미 명예상

2005 제62회 베니스국제영화제 명예 황금사자상

2004 제61회 베니스국제영화제 기술 공헌상

2003 제75회 미국 아카데미 시상식 장편애니메이션작품상

2002 제52회 베를린국제영화제 황금곰상

2002 제16회 씨네키드 영화제 심사위원상

2002 제28회 LA 비평가 협회 애니메이션상

2002 제67회 뉴욕 비평가 협회상 애니메이션작품상

2002 제3회 전주국제영화제 JIFF 최고인기상

2001 제2회 전주국제영화제 JIFF 최고인기상

[배우자] 아케미 오타

[자녀] 미야자키 고로 (장남), 미야자키 게이스케 (차남)

[생애]

미야자키 하야오는 네 아들 중 둘째로, 도쿄의 분쿄 구에 있는 아케보노정에서 태어났다. 제2차 세계대전 때 아버지 미야자키 가츠지는 미야자키 항공사의 관리자로 일했다. 그 회사는 A6M 제로 전투기에 장착하는 방향타를 만들었다. 이때부터 미야자키는 자주 비행기를 그리기 시작했고, 그 후 일생동안 비행의 매력에 빠져 지냈다. 이러한 경향은 후에 그의 영화에서 되풀이되며 분명하게 나타난다. 1945년에 제2차 세계대전에서 일본이 미국에 항복하게 되자, '미야자키 항공사'는 몰락하고 집안 형편이 어려워지기 시작했다.

미야자키의 어머니는 사회적 규범에 대해 자주 질문을 던졌으며, 열성적으로 책을 읽는 사람이었다. 미야자키 하야오의 어머니가 1947년부터 1955(56)년까지 결핵 치료를 받아야 했기에 미야자키 하야오는 가족을 따라 자주 이사를 다녔다. 특히 1948년부터 1956년까지 9년 동안 미야자키의 어머니는 병상에 누워서 지냈으며, 미야자키는 어머니 없이 청소년기를 보냈다고 할 수 있다. **만화 영화 ≪이웃집 토토로≫는 하야오의 어린 시절을 배경으로 하고 있고, 이 영화에 나오는 가족의 어머니도 비슷하게 고통을 받는다.** 미야자키의 어머니는 당시에는 치료하기 어려웠던 척추카리에스(결핵균이 척추에 침투하여 발생하는 질환)에 오래 시달리다가, 1984년 71세의 나이로 세상을 떠났다.

미아자키는 도요타마 고등학교에 나녔다. 3학년 때, 미야자키 하야오는 '일본 최초의 장편 컬러 만화영화'라고 하던 '하쿠자덴'(하얀 뱀 이야기)을 보았다. 애니메이션에 대한 미야자키 하야오의 관심은 그 때부터 시작되었다. 그러나 만화영화 제작자가 되기 전에 미야자키 하야오는 사람 모습을 그리는 것을 배워야만 했는데, 미야자키 하야오는 그 때까진 주로 비행기나 전투함만을 그렸기 때문이었다. 고등학교를 졸업한 후 가쿠슈인 대학에 입학하였고, 1963년에 정치학과 경제학 학위를 얻고 졸업하였다. 미야자키 하야오는 '아동문학 연구 모임'의 구성원이었고, 만화 연구회가 없었기 때문에 그 곳은 '그 당시에 만화 모임에 가장 가까운 것'이었다. 1963년 4월에 미야자키는 도에이 동화에서 직장을 얻었고, ≪멍멍충신장≫ 애니메이션을 만드는 데 동참했다. 1965년 10월에 미야자키 하야오는 동료 만화영화 제작자(애니메이터)인 아케미 오타와 결혼했다. 그녀는 그들 사이에서 태어난 두 아들 미야자키 고로와 미야자키 게이스케의 양육을 위해 직장을 떠났다. 고로는 만화영화와 영화 제작자

가 되었고, 스튜디오 지브리에서 '게드전기'를 감독하였다. 게이스케는 나무 예술가가 되어 지브리 박물관에 있는 작품들을 창작했고, '마음의 속삭임'이라는 스튜디오 지브리의 영화에서 나오는 나무 조각을 만들었다. 미야자키 하야오는 자신의 일에 헌신했고, 일에만 집중하는 태도가 아들 고로와의 관계에 부정적인 영향을 주기도 했다.

[애니메이션 작품 활동]

미야자키는 도에이 애니메이션에서 일하면서 ≪걸리버의 우주여행≫(1965)에 대한 아이디어를 처음 생각했다. 미야자키 하야오는 처음의 결말이 별로 만족스럽지 못하다는 점을 발견하고 자신의 아이디어에 따라 그 결말을 조정했으며, 미야자키 하야오의 아이디어는 실제 상영된 영화에 반영되었다. 이후에 미야자키 하야오는 수석 애니메이터와 컨셉트 아티스트(concept artist)로서 중요한 역할을 맡았고 1968년에 타카하타 이사오가 감독한 획기적인 애니메이션인 ≪태양의 왕자 호루스의 대모험≫라는 작품에서는 화면 디자이너(scene designer)로 참여했다. 미야자키는 이후 30년 동안 다카하타와 함께 일했다. 기미오 야부키의 애니메이션 ≪장화 신은 고양이≫(1969)에서 미야자키는, 작품의 디자인을 짜고 이야기를 만들면서 핵심적인 아이디어를 제공했는데, 거기에는 극적 절정에 해당하는 추격 장면도 포함되어 있다.

그 후, 미야자키는 '하늘을 나는 유령선'에 참여하여 그 작품에 나오는 장면을 제안했다. 탱크가 떼를 지어 도쿄 도심으로 물밀듯이 밀려들자 대중이 히스테리를 일으키는 장면이 그것이다. 미야자키 하야오는 그 장면을 그리는 일을 맡았다. 1971년에 미야자키는 '동물보물섬'과 '알리 바바와 40인의 도둑'에서 이야기의 구조와 인물의 성격, 디자인을 발전시키는 데 중요한 역할을 했다. 영화의 주요 장면을 간단히 그린 그림을 나란히 붙인 널빤지인 스토리 보드를 만드는 작업도 했고 중요한 장면을 그리기도 했다. 미야자키는 1971년에 도에이 애니메이션을 떠나 A 프로로 자리를 옮겼다. A 프로는 미야자키 하야오가 타카하타 이사오와 함께 첫 번째 루팡 3세 시리즈를 여섯 편 이후부터 공동으로 연출한 곳이다. 미야자키 하야오와 다카하타는 '긴 양말의 삐삐' 시리즈를 사전제작하기 시작했고, 그 작품을 위한 스토리 보드 작업을 광범위하게 했다. 그러나 원작자인 아스트리드 린드그렌(Astrid Lindgren)를 만나고 작품에 관한 자료 수집도 하려고 스웨덴으로 여행을 간 후에, 그들은 프로젝트의 완성에 관한 허가를 받지 못했고 그 작품은 취소되었다. '긴 양말의 삐삐' 대신에 미야자키는 타카하타 이사오가 감독한 '팬더와 아기 팬더'(1972년)에서 원안·각본·화면설정·원화를 담당했다. 1978년에 ≪미래소년 코난≫으로 연출 데뷔를 하였다. 1979년 '빨강 머리 앤'의 제작 도중에 미야자키는 니폰애니메이션을 떠났다. 그것은 미야자키 하야오의 첫 번째 장편 애니메이션인 '루팡 3세 – 카리오스트로의 성'을 감독하기 위해서 내린 결정이었다.

미야자키의 다음 작품은 "바람계곡의 나우시카"(1984)이었다. 나우시카는 이후 그의 작품에서 되풀이 되는 주제가 많이 등장하는 모험 영화이다. 예로, 환경보전(ecology)에 관한 메시지나, 항공기의 매력, 그리고 특히 악한 역할인 경우에 인물의 성격을 정신적으로 모호하게 묘사하는 것을 들 수 있다. 나우시카는 미야자키가 원작과 애니메이션 감독을 동시에 맡은 첫 번째 작품이었다. 미야자키 하야오는 같은 제목의 만화를 그리기 시작하면서부터 애니메이션을 기획했는데, 그 후 2년이 흘러 애니메이션이 개봉된 후에도 만화는 완결되지 못했다. 1984년에 발표한 ≪바람계곡의 나우시카≫가 성공하면서, 미야자키 하야오는 타카하타 이사오와 함께 스튜디오 지브리를 설립하였다. 최근까지 미야자키 하야오는 스튜디오 지브리에서 작품활동을 했다.

미야자키는 계속해서 영화 세 편을 만들면서 명성을 얻었다. "천공의 성 라퓨타"(1986)는 부모님이 돌아가셔서 고아인 두 사람이 하늘을 떠다니는 신비의 섬을 찾아 모험에 뛰어드는 내용이며, "이웃집 토토로"(1988)는 두 소녀가 숲의 정령인 토토로와 교감하며 모험을 벌이는 이야기이며, "마녀 배달부 키키"(1989)는 에이코 카도노의 소설을 원작으로 하는 작품으로, 작은 마을에 사는 소녀가 집을 떠나 마녀로서 대도시에 사는 내용이다. 위의 영화 세 편 모두에 하늘을 나는 장면이 항상 등장하는데, 미야자키가 비행에 대한 이상을 지니고 있다는 점을 보여준다. 예를 들어, "천공의 성 라퓨타"에서는 날개를 위 아래로 흔들면서 나는 초기의 비행기가 나오고, **"이웃집 토토로"**에서는 토토로와 고양이 버스가 하늘을 날아다니며, "마녀 배달부 키키"에서는 키키가 빗자루를 타고 하늘을 난다.

2009년 7월 28일, 존 라세타와의 대담에서 **"붉은 돼지"**(1992)는 미야자키 작품 중에서 예외적인 것으로 유명하다. 예를 들어 이 작품은 주인공이 성인 남성이다. 미야자키는 보통 장편 애니메이션에서 여주인공을 많이 등장시켰으며, 주인공들은 대개 어린이나 청소년이었다. 이 영화의 주인공은 이탈리아 무솔리니의 파시즘에 반대하는 비행기 조종사이었는데, 주인공은 의인화된 돼지로 변한다. 영화는 1920년대 이탈리아를 배경으로 한다. 주요 등장인물은 두 사람으로, 공적 즉 비행기를 타고 도적질을 하는 무리와 싸워서 보상금을 타내는 주인공과 부유한 미국 군인이다. 영화는 의무와 이기심 사이의 긴장을 주로 그리고 있다. **미야자키 하야오의 다른 영화와 마찬가지로 이 영화도 풍부한 암시를 담고 있으며, 1930년대와 1940년대 미국 영화를 참고하여 많은 유머와 매력을 보여주고 있다.** 예를 들어 주인공인 '붉은 돼지'는 영화 배우 험프리 보가트(Humphrey Bogart)가 영화에서 보여준 다양한 면모를 지니고 있다.

1997년작 "모노노케 히메"는 "바람계곡의 나우시카"에서 보여주었던 생태적이고 정치적인 주제를 다시 다룬 작품이다. 작품의 줄거리는 주로 숲의 동물신과 산업 발전을 위해 숲을 개발하려는 인간 사이의 갈등에 초점을 맞추고 있다. 이 작품은 미야자키의 다른 애니메이션 작품보다 폭력적인 장면이 상당히 많이 나온다. 영화는 일본에서 엄청난 상업적인 성공을 거두었으며, 타이타닉이 나오기 전까지 가장 많은 수익을 거둔 영화였다. 결국 이 작품은 일본 아카데미 시상식에서 최우수상을 수상했다. 미야자키는 "모노노케 히메"를 감독한 후에 잠시 물러나 휴식을 취했다.

쉬는 동안 미야자키는 친구의 딸들과 시간을 보냈고, 그 중 한 사람에게서 영감을 얻어 **"센과 치히로의 행방불명"**(2001)을 만들었다. "센과 치히로의 행방불명"은 한 소녀의 이야기로, 그녀는 기괴한 신들의 세계에서 살아남으려고 애쓰며, 여자 마법사가 그녀의 부모를 돼지로 변하게 한 후에 그 마법사가 소유한, 신들을 위한 목욕탕에서 일하게 된다. 일본에서는 2001년 7월에 개봉되어 일본에서 2,400만 명의 관객을 동원하는데 성공했고 그 기록은 아직도 깨지지 않고 있다. **이 영화는 많은 상을 받았는데, 2001년 일본 아카데미 시상식에서는 물론이고 2002년에 베를린 국제 영화제에서 금곰상을 수상했으며, 아카데미에서도 최우수 장편 애니메이션 상을 받았다.**

2004년 7월에 미야자키는 "하울의 움직이는 성"을 완성했다. 이 영화는 다이아나 윈 존스(Diana Wynne Jones)의 판타지 소설을 원작으로 한 것이다. 미야자키가 물러났다가 다시 복귀한 이후에, 이 장편 애니메이션의 원래 감독이었던 호소다 마모루가 갑작스럽게 이 작품을 포기했었다. 영화는 2004년 베니스 국제 영화제에서 기술 공헌상(Golden Osella award)을 수상하였다. 2004년 11월 20일에 일본에서 개봉하였다. 2005년에 미야자키는 베니스 국제 영화제에서 공로상을 수상했다. 그 후 미야자키가 만드는 마지막 영화가 아마도 "나는 내 어린 소년을 잃었다."가 될 것이라는 보도가 나왔다. 2007년에 이 작품의 제목이 **"벼랑 위의 포뇨"**로 바뀌었다. 영화는 '소스케'라는 다섯 살 소년과 인간이 되고 싶어하는 금붕어 공주 '포뇨'를 둘러싸고 벌어지는 이야기를 담고 있다. 지브리 스튜디오의 사장 스즈키 토시오는 "영화의 70-80%가 바다에서 진행된다. 그것은 자유로운 드로잉으로 어떻게 바다와 그 물결을 표현할 것인가 하는 문제에 감독이 도전한다는 것을 말해준다."라고 적었다. 이 영화는 미야자키의 최근 작품과는 대조적으로 컴퓨터 그래픽 기술을 활용한 장면이 거의 없다. 또, 본인은 이 작품제작 중, 체력적으로 이번 작품이 마지막 장편 애니메이션이라고 말하지만, 영화 개봉 후 차기작에 대한 의욕을 나타냈었다.

[업적 요약]

미야자키 하야오는 일본의 애니메이션 감독이자 애니메이터이다. 제2차 세계 대전 중인 1941년 1월 5일 도쿄도 분쿄 구에서 태어나 가쿠슈인 대학에 진학하여 경제학을 전공하였다. 대학 재학 중에 청소년 신문에 만화를 기고하였으며, 1963년 졸업 후 도에이 애니메이션(東映動画)에 입사하여 후일 동업자가 되는 타카하타 이사오와 함께 본격적인 애니메이션 제작에 들어갔다. ≪미래소년 코난≫(1978년)·≪빨강머리 앤≫(1979년)에 이어 세계 멸망과 부흥이라는 극적인 소재와 환경이란 주제를 다뤘던 ≪바람 계곡의 나우시카≫(1984년)로 크게 성공하였다. 또한, ≪마녀 배달부 키키≫와 ≪붉은 돼지≫는 상영된 그해 일본 최고의 흥행성적을 기록하였고, 컴퓨터그래픽을 이용하여 만든 ≪모노노케 히메≫(1997년)는 제작비 20억 엔을 투자하여 1,400만 명 이상의 관객을 동원하였다.

1984년에 타카하타 이사오와 함께 스튜디오 지브리(Studio Ghibli)를 창단하고 이후 ≪천공의 성 라퓨타≫(1986년)·≪마녀 배달부 키키≫(1986년)·≪이웃집 토토로≫(1988년)·≪추억은 방울방울≫(1991년)·≪붉은 돼지≫(1992년)·≪귀를 기울이면≫(1995년)·≪모노노케 히메≫(1997년) 등을 성공적으로 발표한다. **애니메이션으로서는 최초로 베를린 영화제의 금곰상을 수상한 ≪센과 치히로의 행방불명≫(2001년)은 일본에서도 2천 4백만 관객을 동원하는 일본영화 사상 최고의 흥행기록을 세웠다.** 이후 ≪하울의 움직이는 성≫(2004)을 만들었고, 2006년에는 미야자키 하야오의 아들 미야자키 고로가 ≪게드 전기≫를 감독, 제작하였는데 이전의 지브리 작품들보다 미흡한 점이 있었으나 그림과 음악은 훌륭하다는 평가를 받았다. 미야자키 하야오는 그 후, ≪벼랑 위의 포뇨≫(2008년)를 제작하였다. ≪벼랑 위의 포뇨≫는 제65회 베니스 영화제에 출품되었다.

♣ 나의 시청자들을 성장시키기 위해서, 당신은 그들의 기대를 배신해야 한다.
♣ 나의 제작과정은 생각하는 것이다. 생각하고 또 생각하는 것이다.
　오랫동안 나의 이야기를 생각하는 것이다.
♣ 나는 매일 아침 이웃 한 사람을 만난다. 그는 몸이 불편하여 나와 하이파이브 하는 것조차 힘들어하지요. 그 사람을 생각하면 나는 이 작품에서 어떤 즐거움도 느낄 수 없습니다. (AI로 그림 작업을 하는 젊은이들이 찾아와 그들의 창작품인 *팔다리가 기괴하게 뒤틀린 생물체가 바닥을 기며 기묘한 동작으로 이동하는 영상*을 보고나서)
♣ **역사감각의 부재에 질렸다.** 생각이 부족한 인간은 헌법같은 것을 건드리지 않는 게 낫다. (아베에게)
♣ 일본군 위안부 문제도 각기 민족의 자긍심이기 때문에 분명히 사죄하고 제대로 배상해야 한다.

케이|Alan Curtis Kay

● 컴퓨터 과학자 ● 미국 ● 1940년생

"The best way to predict the future is to invent it."

[출생] 1940년 5월 17일, 스프링필드 (매사추세츠 주)

[국적] 미국
[분야] 전산학, 컴퓨터 과학
[소속]
제록스 팍
Stanford University
아타리
애플 선행기술그룹
월트 디즈니 이미지니어링
UCLA
교토 대학
MIT
뷰포인츠 리서치
휴렛 패커드 랩스
[출신 대학]

콜로라도 대학교 볼더, 유타 대학교

[주요 업적]
다이나북, 객체 지향 프로그래밍, 스몰토크, 그래픽 사용자 인터페이스창

[수상 경력]
2001년 그래픽 유저 인터페이스 분야의 개척자인 공로로 독일 베를린에서 UdK 01-Award를 수상
2003년 객체지향 프로그래밍을 개척한 공로로 ACM 튜링상을 수상
2004년 쿄토상과 찰스 스타크 드레이퍼 상을 버틀러 램슨, 로버트 테일러, 찰스 섹커와 함께 수상
2005년 조지아 공과 대학으로부터 명예박사학위 받음

[저서]
"컴퓨터, 네트워크와 교육(Computers, Networks and Education)" - Scientific American
Special Issue on Communications, Computers, and Networks, 9월, 1991

[요약]
앨런 커티스 케이는 미국의 전산학자이다. **객체 지향 프로그래밍과 사용자 인터페이스 디자인 분야의 선구자로 잘 알려져 있다.** HP 연구소의 명예 연구원이자, 뷰포인츠 연구소의 회장을 역임하고 있으며 교토 대학의 초빙교수, UCLA의 겸임 교수이기도 하다.

[생애]
[1960년대]
매사추세츠 주의 스프링필드에서 자란 앨런 케이는 콜로라도 대학에서 분자 생물학과 수학에서 학사 학위를 취득했으며 유타 대학에서 석사 및 박사과정을 받았다. **1960년대 유타 대학에서 앨런 케이는 이반 서덜랜드와 함께 스케치패드 개발을 포함한 선구적인 컴퓨터 그래픽 연구를 수행하였다.** 이 시기에 앨런 케이는 재즈 기타리스트로 활동한 적이 있으며 진 피아제와 구성주의 작품에 대해 연구하기도 하였다. 시모어 페퍼트와 로고 프로그래밍 언어를 같이 개발하였는데 이후 앨런 케이의 활동에 큰 영향을 주었다

[1970년대]
1970년에 제록스사의 팔로알토 연구소(PARC)에 입사하였으며 **스몰토크 프로그래밍 언어를 이용한 네트워크 워크스테이션의 초기 모델을 개발하는 핵심 연구원으로 활동했다.** 여기서 개발된 디자인은 이후 애플사의 매킨토쉬 컴퓨터 개발에 큰 영향을 주었다. **앨런 케이는 제록스 파크 연구소와 노르웨이 컴퓨터 센터의 전임자들과 함께 객체 지향 프로그래밍(OOP, Object Oriented Programming)의 아이디어를 만들어 낸 창시자 중 한 명이다.** 앨런 케이는 초기 노트북 컴퓨터의 기본을 만들어낸 다이나북의 컨셉과 태블릿 컴퓨터를 구상해 냈으며 현대적인 윈도 기반의 그래픽 사용자 인터페이스(GUI)를 설계한 장본인이기도하다. 제록스 파크 연구소에서의 10년간 근무 이후 3

년 간 아타리의 선임 연구원으로 근무하였다.

[최근의 경력]

1984년부터 앨런 케이는 애플컴퓨터사의 연구개발 부서인 선행기술그룹(ATG, Advanced Technology Group)에서 애플 특별연구원으로 근무하였으며 또한 월트 디즈니사에서 디즈니 특별연구원(이매지니어, Walt Disney Imagineering)으로 일했다. 그 다음에는 어플라이드 마인즈와 휴렛 팩커드(HP, Hewlett-Packard)의 선행소프트웨어 연구팀에서 선임연구원으로 일했다. 뷰포인츠 연구소의 대표로 재직하고 있다.

[스퀵과 그로켓의 개발]

애플에 재직 하던 때인 1995년 12월부터 동적 미디어 소프트웨어 오픈소스인 스퀵(Squeak)의 개발을 협력자들과 함께 개발 시작하였으며, 아직도 작업 중이다. 데이브드 스미스, 데이브드 리드, 안드레아스 라브, 릭 맥기어, 줄리앙 롬바르디, 마크 맥카힐과 시작한 크로켓 (Croquet Project)은 협동하는 작업을 위한 삼차원 환경 시스템 개발을 위한 오픈소스를 만드는 프로젝트이다.

[100달러 노트북]

2005년 11월에 정보 소사이어티의 국제대회(World summit on the Information Society)에서 MIT 연구소가 제안한 새로운 **100달러 노트북 컴퓨터($100 Laptop)**를 공동개발 하였다. 이 노트북 컴퓨터는 제3세계의 어려운 환경에서 공부하는 학생들을 위한 컴퓨터이다.

[생애와 업적]

미국의 컴퓨터 과학자인 앨런 케이는 상호작용 컴퓨팅 분야의 선구자다. 앨런 케이는 제록스, 아타리, 디즈니 등에서 일하면서 개인용 컴퓨팅의 혁신과 발전에 지대한 영향을 미쳐왔다. 앨런 케이가 없었다면 애플의 매킨토시, 그리고 현재와 같은 개인용 컴퓨터는 탄생할 수 없었을 것이다. **앨런 케이는 그래픽 사용자 인터페이스 등 인간-컴퓨터 상호작용의 발전에 기여했고 객체지향형 프로그래밍을 탄생시켰다.**

1940년 미국 매사추세츠주에서 태어난 케이는 어린 시절을 오스트레일리아에서 보내고 제2차 세계대전이 끝나기 전에 미국에 돌아왔다. 명석했지만 엄격함을 싫어했던 케이는 초등학교 때부터 콜로라도대학교에서 수학과 분자생물학 학사학위를 받을 때까지 자신이 학교 행정과 맞지 않는다고 생각했다. 그 후 앨런 케이는 콜로라도주 덴버로 이주해 그곳에서 공군에 입대했는데, 이때 장난삼아 프로그래밍 적성 검사를 치렀다. 뜻밖에도 공군은 그에게 IBM이 주관하는 2주간의 프로그래밍 훈련을 받게 했는데, 이는 케이가 컴퓨터 사용 방식에 관해 전 생애에 걸친 관심을 갖게 되는 계기가 됐다. 이후 그는 유타대학교 대학원에 진학했는데, 이때 컴퓨터 그래픽에 관한 정부 지원 프로젝트에 참여하기도 했다.

석사학위 논문으로 케이는 '개인용 컴퓨터'의 구성요소에 관해 썼는데, 이 아이디어는 어떤 점에서 초기의 개인용 컴퓨터인 제록스 알토(Alto)의 모델이 된다. 1969년 컴퓨터과학 박사학위를 받은 후 케이는 명성 높은 스탠퍼드 인공지능연구소에서 잠시 일했고, 이후 제록스의 팰로앨토연구소(PARC)

에 영입돼 학습연구그룹(learning research group)을 만들었다. 여기서 앨런 케이는 다른 연구원들에게 개인용 컴퓨터에 대한 자신의 비전을 탐구해 보라고 설득했다. 앨런 케이는 1973년 지난한 설계와 구축 작업을 통해 **최초의 개인용 컴퓨터로 간주되는 알토(Alto)를 탄생시켰다.** 그러나 케이에게 알토는 시작일 뿐 끝이 아니었다.

처음 알토가 등장한 이후 몇 년간 케이와 동료들은 상호작용 프로그래밍과 멀티미디어를 연구했다. 이 과정에서 **앨런 케이는 최초의 그래픽 사용자 인터페이스(Graphical User Interface, GUI)를 만드는 데에도 참여했다.** 앨런 케이와 동료들은 최초로 상호작용 문서 및 표식 언어(markup languages), 그리고 컴퓨터를 활용하는 작곡 도구를 만들기도 했다.

이런 과정에서 케이는 자신의 성향이 프로그래밍에는 잘 맞지 않으며 자신의 재능은 사람들이 어떻게 컴퓨터를 이용할 수 있는가에 관해 연구하는 데 있다고 생각했다. **당시 대부분의 컴퓨터 프로그래밍 언어들은 프로시저 중심적(procedural)이었다.** 이것은 데이터와 확연히 구분된 프로그램이 데이터로 무슨 일을 할지 지시한다는 것이다. 케이는 프로그램의 구성단위들이 유연해야 하며 어떤 점에서는 자기 나름대로 행위 할 수 있어야 한다고 생각했다. 따라서 프로그램과 데이터 사이의 구분은 유용하지 않은 것이었다. **앨런 케이는 컴퓨터 프로그램이 작은 기기처럼 행위 하는 코드 조각들, 즉 '객체들(objects)'로 구성될 수 있으며 프로그래밍 언어는 종이 한 장에 기록할 수 있을 정도로 간단해야 한다고 생각했다.** 케이의 생각을 들은 PARC의 동료들은 앨런 케이에게 그런 언어를 만들어보라고 권유했다. 그래서 만들어진 것이 바로 **스몰토크(SmallTalk)다.** 이 언어는 객체 지향 프로그래밍이라는 앨런 케이의 아이디어에 기초했고, 이전 여러 프로젝트나 기존의 다른 프로그래밍 언어들을 참조해 만들어졌다. 이후 **스몰토크는 C++이나 자바(Java)와 같은 주류 컴퓨터 언어의 개발에 커다란 영향을 주게 된다.**

케이는 이후 아타리와 애플(Apple) 등에서 연구원으로 일했다. 최초의 개인용 컴퓨터인 알토 개발에 참여한 앨런 케이의 업무 경력은 특히 애플에 큰 도움이 되었다고 한다. 예를 들어, 소형 개인용 컴퓨터에 대한 케이의 비전이 **애플의 뉴턴(Newton)**이라는 기기에서 구현되었는데, 이 제품은 **최초의 PDA로** 받아들여지기도 한다. 애플에서 케이는 컴퓨터의 교육적 활용 가능성에 더 많은 관심을 갖게 되었다. 이에 앨런 케이는 1987년에 로스앤젤레스의 초등학생들에게 매킨토시 컴퓨터를 제공하는 비바리엄 프로젝트(Vivarium Project)를 전개하기도 했다. 1997년 이후 케이는 월트 디즈니 이미지니어링에서 디즈니 펠로 및 연구개발 부문 부사장으로 일했다. 뷰포인츠 연구소의 대표를 맡고 있다. **앨런 케이는 여전히 어린이와 성인의 학습용 컴퓨터 활용에 관심을 갖고 있으며, 컴퓨터, 교육, 인간 지능 등에 관해 강연을 하고 있다.**

♣ 미래를 예측하는 가장 좋은 방법은 미래를 발명하는 것이다.
♣ 소프트웨어에 대해 정말로 진지한 사람들은 그들 자신의 하드웨어를 만들어야 한다.
♣ 리스프(Lisp)는 언어가 아니라 건축 자재이다.
♣ 나는 '객체 지향'이라는 말을 창안했지만, C++를 염두에 두지는 않았다.

워녹 John Warnock

● 어도비 공동설립자 ● 미국 ● 1940년생

어도비 시스템즈의 창립자
존 워녹

"What I try to do is factor in how people use computers, what people's problems are, and how these technologies can get applied to those problems. Then I try to direct the various product groups to act on this information."

John Warnock

● 기업인, 어도비 시스템즈 창립자

[출생] 1940년 10월 6일, 미국

[학력사항]
유타대학교 대학원 전기공학 박사
유타대학교 대학원 수학 석사
유타대학교 수학, 철학 학사

[경력사항]
2000 ~ 2001 어도비 기술 담당 최고 책임자
1982 ~ 2000 어도비 CEO
1982 어도비 공동설립

존 에드워드 워녹은 찰스 게스케와 더불어 그래픽 및 출판 소프트웨어 기업 어도비 시스템즈의 공동 설립자로 잘 알려진 미국의 컴퓨터 과학자이다. 워녹은 그의 첫 임기 2년 동안 어도비의 사장이었으며 나머지 16년 동안은 의장이자 CEO를 역임하였다. 워녹은 2001년 CEO 자리에서 물러났으나 워녹은 여전히 게스케와 더불어 이사회 공동의장으로 남아있다. 워녹은 그래픽스, 출판, 웹, 전자문서 기술의 개발을 주도해왔으며 이로 말미암아 출판, 시각 소통 분야에 큰 변혁을 일으켰다.

[생애]

워녹은 미국 유타주의 솔트레이크시티에서 태어났으며, 샌프란시스코 베이 에어리어에 살고 있다. 워녹은 결혼하여 3명의 아이가 있다. 워녹은 수학, 철학 전공으로 학사 학위를, 수학 전공으로 이학 석사 학위를, 전기공학(컴퓨터 과학) 전공으로 박사 학위를 받았다. 유타 대학교로부터는 과학 분야에서 영예 학위를 받았다.

[수상 등]

수많은 과학 기술상을 받은 워녹은 1989년에 ACM으로부터 소프트웨어 시스템즈 상을 받았다. 1995년에 워녹은 유타 대학교의 출중한 졸업생(Distinguished Alumnus) 상을 받았고 1999년에 ACM의 펠로우가 되었다. 2008년에는 컴퓨터 기업가상을, 2009년에는 기술 및 혁신 미국 국가메달을, 2010년에는 마르코니상 등을 수상했다.

[어도비]

창립일: 1982년 12월, 미국 캘리포니아, 마운틴 뷰
창립자: 존 워닉, 찰스 게스케
본사: 미국, 캘리포니아주 산호세
매출액: 약 90억달러 (한화 약 10조원) (2018년)
직원: 21,428명 (2019년)

2013년 5월 6일, 포토샵 등이 포함된 패키지 소프트웨어인 크리에이티브 제품군(CS)의 개발 및 판매를 중단하고, 클라우드 서비스(크리에이티브 클라우드/CC 형태로 제공할 것이라고 발표했다. 포스트스크립트 페이지 기술 언어를 개발하고 판매하기 위해 제록스 PARC를 떠난 존 워녹과 찰스 게시키는 1982년 12월에 어도비(Adobe)를 설립하였다. 1985년에 애플 컴퓨터는 포스트스크립트를 레이저라이터 프린터에 사용하기 위해 라이선스하였으며, 이로써 탁상 출판 혁명의 시발점이 되었다. "어도비"(Adobe)라는 회사 이름은 회사 창립자 존 워녹의 집 뒤에 있는 어도비 크릭(Adobe Creek)에서 따온 것이다. 어도비는 이전 경쟁사인 매크로미디어를 2005년 12월에 인수한 바 있다. 2007년 1월쯤, 어도비 시스템즈는 6,677 명을 고용하고 있었고, 그 가운데 40 퍼센트가 캘리포니아 산호세에서 일했다. 어도비는 또한 워싱턴 시애틀, 샌프란시스코, 오타와, 캐나다, 미니애폴리스, 미네소타, 뉴튼 (메사추세츠주), 샌 루이스 오비스포, 독일의 함부르크, 인도의 노이다와 벵갈루루에서 주된 개발에 참여하고 있다. 2019년 직원 21,428명이 근무 중이고, 2018년 매출액은 약 10조원이다.

♣ 내가 노력하는 것은 사람들이 컴퓨터를 사용하는 방법, 사람들의 어려움들, 이런 기술들을 그런 어려움에 적용시킬 방법을 고려하는 것이다. 다음에 여러 제품 그룹이 이런 정보들에 행동하게 지시하도록 노력한다.

♣ 좋은 소프트웨어는 매우 밀접하게 소통하는 2명, 3명 또는 4명으로 이루어진 팀에 의해 만들어진다.

♣ 나는 한계에 대해 골똘히 추측하지 않는다. 매번 골똘히 추측하면 보수적이 된다.

♣ 좋은 인쇄술은 모두가 보지만 알아보지 못하는 그런 것이다.

1900년대~1930년대 출생 인물들

20세기 초 30년간 태어난 인물들 14명을 선택하여 소개한다. 애플사장, 컴퓨터과학자 및 교수, 인공지능(AI)분야의 선구자들, 발명가, 프로그래머, 정보이론가, 컴퓨터공학 선구자, 수학자, 프로그래밍 언어 개발자 등의 삶과 업적 및 생각(명언)등을 소개한다.

스컬리 John Sculley

● 애플 CEO ● 미국 ● 1939년생

스마트폰의 아버지, 前 애플 최고경영자

존 스컬리
(John Sculley, 1939.04.06~)

(Financial Enterprise 사진 사용)

● 존 스컬리는 미국의 실업가이다. 미국 애플의 CEO로 근무하면서, 오늘날 스마트폰의 원형
  이 된 뉴턴 PDA를 개발했다.

[학력]
브라운대학교 건축학 학사
펜실베이니아대학교 와튼스쿨 경영학 석사

[경력]
1970년 불과 만 30세의 젊은 나이에 펩시콜라의 부사장에 취임했으며, 기발한 아이디어와 공격적인
마케팅을 통해 펩시콜라를 코카콜라와 대등한 경쟁을 하는 세계적 브랜드로 키웠다. 이 공로를 인정

받아 1977년 펩시콜라의 사장이 되었다. 당시 그의 별명은 "마케팅의 천재"였다. 애플의 창업자인 +스티브 잡스는 존 스컬리를 찾아와 애플의 CEO를 맡아달라고 설득했다. 스컬리는 스티브 잡스가 남긴 마지막 말에 설득되어, 결국 1983년 4월 애플 CEO로 부임했다.

애플 CEO가 된 스컬리는 기존 PC 시장을 장악한 IBM에 대항하여 '1984'라는 공격적 마케팅을 통해 애플 매킨토시 컴퓨터를 IBM PC의 경쟁자 수준으로 끌어올렸다. 이를 통해 애플은 리사(LISA)의 연이은 실패에서 벗어나 화려하게 부활할 수 있었다. 당시 애플 창업자인 스티브 잡스는 독단적인 의사결정과 전횡을 일삼았으며, 스컬리는 이에 대해 반대 의견을 표명했다. 이에 스티브 잡스는 이사회 표결을 통해 스컬리를 CEO에서 해임하고자 하였으나, 표결 결과 뜻밖에도 창업자인 스티브 잡스가 애플에서 쫓겨나게 되었다. 이로써 스컬리는 애플을 완전 장악하게 되었다.

1990년 스컬리는 파워북이라는 신제품을 개발했는데, 이는 오늘날 노트북의 원형이 되었다.

1992년 스컬리는 세계 최초의 PDA인 뉴턴(Newton)을 개발했다. 뉴턴은 일정관리, 주소록, 메모, 전자사전, 이메일, 전화 등의 기능을 가지고 있었으나, 낮은 품질과 비싼 가격으로 인해 시장의 외면을 받았다. 이에 스컬리는 1993년 애플 CEO를 사임하고, 후임자로 스티브 잡스가 애플 CEO로 복귀하였다. 하지만 스컬리가 개발한 뉴턴 PDA는 이후 스티브 잡스의 아이폰 개발로 이어졌으며, 오늘날 스마트폰의 원형이 되었다. 이런 점에서 스컬리를 "스마트폰의 아버지"라고 부르기도 한다.

1995년 설립된 민간 투자 회사 '스컬리 브라더스'의 파트너로서 일하고 있다.

♣ 스티브 잡스가 다른 사람들과 다른 점은, 무엇을 할 것인가가 아니라, **무엇을 하지 않을 것인가에 대한 결단**을 내리는 데에 있다.

♣ 진짜 흥미가 있는 것을 할 때, 사람들은 가장 창조적이고 생산적이 된다.

♣ 어떤 큰 마케팅 결정도 정량적 데이터에 따라 정해지진 않았다.

♣ 인간을 달에 보내지 않았다면, 지금의 실리콘 밸리는 없었을 것이다.

♣ 나는 항시 **성공보다 실수에서 더 많은 것을 배운다**는 것을 알았다.
당신이 지금 실수를 하고 있지 않다면, 충분한 기회는 갖지 못 할 것이다.

커누스 Donald Knuth

● 교수 ● 컴퓨터 과학자 ● 미국 ● 1938년생

<컴퓨터 프로그래밍의 예술>의 저자
도널드 커누스

"Beware of bugs in the above code; I have only proved it correct, not tried it."

Donald Knuth

[출생] 1938년 1월 10일, 미국 밀워키

[국적] 미국

[소속] 스탠퍼드 대학교

[출신 대학]

케이스 웨스턴 리저브 대학교

캘리포니아 공과대학교

[지도 교수] Marshall Hall, Jr.

[주요 업적] 커누스-모리스-프랫 알고리즘

TeX, METAFONT, MMIX, CWEB

[수상]

제1회 ACM 그레이스 머레이 호퍼 상 (1971)

튜링 상 (1974)

미국 국립 과학 메달 (1979)

존 폰 노이만 메달 (1995)

테크니온 하비 상 (1995)

교토 상 (1996)

[생애와 업적]

도널드 어빈 커누스(Donald Ervin Knuth)는 미국의 저명한 컴퓨터 과학자이며, 현재 스탠퍼드 대학교의 명예교수이다. 커누스는 컴퓨터 과학 분야에서 가장 권위있는 책인 《The Art of Computer Programming》의 저자로 가장 널리 알려져 있다. 이 책의 1권은 커누스가 28세일 때 지은 것이다. 알고리즘 분석 분야를 실질적으로 창조했으며, 이론 컴퓨터 과학의 여러 분야에서 기초적인 중요한 공헌을 했다. TEX조판 시스템과 메타폰트 폰트 디자인 시스템을 만들었으며 문학적 프로그래밍 (literate programming)의 개념을 처음으로 주장했다.

커누스는 수준 높은 프로그래머였으며, geek 유머로 유명하다. 예를 들면 커누스가 쓴 책에서 오타나 실수를 찾아내면 상금으로 2.56 달러를 주는데, 왜냐하면 "256 센트가 16진수로 1달러이기 때문"이다. (예외도 있는데 3:16 Bible Texts Illuminated라는 책에서 잘못된 부분을 찾는 사람에게 걸린 현상금은 3.16달러이다). TEX 소프트웨어의 버전번호는 3, 3.1, 3.14와 같은 방식으로 π로 수렴한다. 메타폰트의 버전 번호는 같은 방식으로 e에 수렴한다.

학부는 케이스 웨스턴 리저브 대학교에서 수학을 전공했고, 1963년에 캘리포니아 공과대학교에서 수학 박사학위를 받았다. 1968년에 스탠퍼드 대학교의 교수가 되었다. 튜링상, 미국 국가 과학 훈장 등 여러 상을 수상했다.

취미 생활로는 음악을 즐기며 특히 오르간 연주를 즐긴다고 한다. (실제로 커누스의 집에 파이프 오르간이 있다고 한다.) 다만 연주 실력이 썩 훌륭하지는 않다고 한다. 커누스는 또한 이메일을 사용하지 않는 것으로 유명하다. 약 1975년부터 1990년 1월 1일까지만 이메일을 사용했다고 하는데 그 이후로는 그때 사용해본 것만으로도 충분하다면서 **평생 동안 이메일을 사용하지 않고 일반 우편만 사용한다고 한다.** 커누스는 우편물을 "배치 모드(batch mode)"로 처리하는 것이 더 효율적이라는 것을 깨달았다고 한다. (예를 들어 3개월 동안 받은 우편물을 하루 만에 처리하는 방식을 말한다.) 질 커누스 여사와 결혼했으며 슬하에 두 자녀가 있다.

♣ 위 코드의 버그를 조심하라. 나는 코드가 올바르다는 것만 증명했을 뿐, 실행해보지는 않았다.

♣ 컴퓨터는 명령어들에는 능숙하지만, 당신의 마음을 읽는 데는 능숙하지 않다.

♣ 만약 당신이 모든 것을 최적화한다면, 당신은 항시 불행할 것이다.

♣ 일상생활은 프로그래밍 같다. 만약 뭔가를 사랑한다면, 아름다움을 넣을 수 있다.

♣ **미성숙된 최적화는 모든 악의 뿌리이다.**

♣ 신은 도전이다. 왜냐하면, 그 존재의 증명은 없고, 탐색은 계속되어야 하므로.

서덜랜드 Ivan Sutherland

● 컴퓨터과학자 ● 미국 ● 1938년생

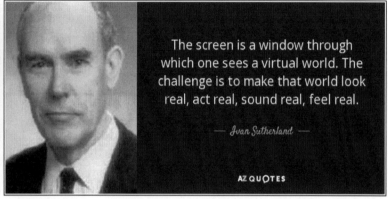

The screen is a window through which one sees a virtual world. The challenge is to make that world look real, act real, sound real, feel real.

— Ivan Sutherland —

AZ QUOTES

[출생] 1938년 5월 16일, 미국 네브래스카 주 헤이스팅스
[분야] 컴퓨터 과학, 인터넷, 컴퓨터 그래픽스

[소속]
하버드 대학교
유타 대학교
에반스 앤 서덜랜드
캘리포니아 공과대학교
카네기 멜론 대학교
썬 마이크로시스템즈
포틀랜드 주립 대학교
방위고등연구계획국 (1964 - 1966)

[출신 대학]
매사추세츠 공과대학교 (Ph.D., 1963)

캘리포니아 공과대학교 (M.S., 1960)

카네기 멜론 대학교 (B.S., 1959)

[지도 교수] 클로드 섀넌

[주요 업적]

컴퓨터 그래픽스의 아버지

스케치패드와 컴퓨터 그래픽스를 발명한 사람으로 여겨짐

[수상]

튜링상 (1988)

컴퓨터 파이오니어 상 (1985)

IEEE 존 폰 노이먼 메달 (1998)

ACM 펠로우,

미국 국립 과학 아카데미 멤버,

미국 과학 아카데미 멤버,

교토상

컴퓨터 역사박물관 펠로우 (2005)

[생애와 업적]

이반 에드워드 서덜랜드는 미국의 컴퓨터 과학자이자 인터넷과 컴퓨터 그래픽의 선구자이다. 카네기 멜론 대학인 카네기공과대학에서 전자공학 학사학위를, 캘리포니아 공과대학에서 석사학위를 받았으며, 1963년 MIT에서 박사학위를 받았다. 특히 **서덜랜드는 인간과 컴퓨터 상호작용 분야에서 역사적이며 혁신적인 인터페이스 디자인을 가진 스케치패드의 발명자로 유명하다.** 스케치 패드는 펀치카드나 컴퓨터 키보드를 사용하던 당시의 컴퓨터에 비해 직관적인 그래픽을 사용하여 상호작용하는 가운데 작업을 하는 컴퓨터 인터페이스 장치였다. 1963년 MIT대학에서 박사학위 논문 "**스케치패드: 인간-기계간의 그래픽 커뮤니케이션 시스템**"을 통해 발표되었다. 이는 **최초의 그래픽 사용자 인터페이스로 여겨진다.**

스케치패드는 배니버 부시가 1945년 디 애틀랜틱 지에 기고한 "**우리가 생각하는 대로**"에 등장하는 가상의 컴퓨터 메멕스의 영향을 받아 만들어졌다. 스케치패드는 링컨 TX-2 컴퓨터에서 구현 되었으며, 이후 더글러스 엥겔바트가 온라인 시스템, 그래픽 사용자 인터페이스를 개발하는 데 영향을 주었다. 이 시스템은 9인체의 CRT 모니터와 라이트펜으로 이루어져 있었다. 이 시스템은 컴퓨터에 선으로 구성된 도형을 그리고 이를 회전/복사하고 확대/축소할 수 있었다. **1988년에 서덜랜드는 스케치패드의 발명과 이와 관련된 공로로 튜링상을 수상한다.**

1966년에서 1968년 동안 서덜랜드는 하버드대학의 전기 공학과의 교수로서 재직하며 제자 밥 스프럴의 도움으로 **최초로 가상현실(Virtual Reality, VR)과 증강현실(Augmented Reality, AR) 헤드마운티드 디스플레이 (HMD) 시스템을 만들어낸다(1968).** 이 최초의 시스템은 사용자 인터페이스나 실용성 면에서 아직 원시적이었다. 머리에 써야 하는 HMD가 너무 무거워 천장에 연결되어 지탱되어야 했고, 가상현실 환경은 단순한 선으로 이루어진 공간에 지나지 않았다.

1963년 박사학위를 마치고 미국 국가안전국(National Security Agency, NSA)에서 전기기술전문 장교로 복무하였으며 1964년에는 미국 국방부 선행기술연구소(DARPA)에서 연구원으로 일했다. 1968년에는 친구이자 동료인 데이비드 에반스와 에반스 앤 서덜랜드사를 설립하여 실시간장치, 3차원 그래픽 가속기, 프린터 구동 언어 개발에서 선구적인 작업을 했다. 여기에는 훗날 어도비 시스템즈사를 창업한 존 워녹과 실리콘 그래픽스사를 창업한 짐 클락이 근무하기도 했다. 1974년부터 1978년에는 칼테크 대학의 컴퓨터 과학의 플레처 존스 초빙교수로서 칼테크 대학의 컴퓨터 과학과를 설립하였다. 그리고 서덜랜드, 스프롤과 어소시에이츠라는 컨설팅 회사를 설립하였다. 이 회사는 이후 **썬 마이크로시스템즈사에 인수되어 썬 연구소의 모태가 되었다.** 서덜랜드는 썬 마이크로시스템즈의 특별연구원 및 부사장으로 재직했으며 UC버클리 대학의 컴퓨터 과학부에서 초빙학자로 재직했다. 서덜랜드는 두 자녀와 네 명의 손자손녀가 있다.

[스케치패드 Sketchpad]

스케치패드, 또는 로봇 장인(Robot Draftsman)은 1963년 이반 서덜랜드가 박사학위 논문을 위해 작성한 컴퓨터 프로그램이다. 이 프로그램으로 서덜랜드는 1988년 튜링상을, 그리고 2012년에는 쿄토상을 수상했으며, 이 작품을 통해 인간-컴퓨터 상호작용(HCI) 방법론을 개척했다고 평가받는다. 스케치패드는 현대의 컴퓨터 지원 설계(CAD) 프로그램의 조상일뿐 아니라 일반적으로 컴퓨터 그래픽스 일반의 발전에 주요한 돌파구를 제시했다. 이반 서덜랜드는 컴퓨터 그래픽스가 인간-컴퓨터 상호작용의 새로운 방식을 보여주는 동시에, 컴퓨터 그래픽이 예술과 기술적인 목적에 둘 다 사용될 수 있음을 증명하였다.

♣ 스크린은 가상세계를 볼 수 있는 창이다. 도전해야 할 것은 그 세계가 진짜처럼 보이고 실제로 움직이고, 실제로 들리고, 실제로 느끼게 만드는 것이다.

♣ 디스플레이가 연결된 컴퓨터는 우리에게 실제 세상에서는 구현할 수 없는 개념들을 만들어 낼 기회를 갖게 하였다. 수학의 멋진 세계를 들여다 볼 수 있는 돋보기 같은 것이다.

♣ 나는 그저 어떻게 일이 돌아가는지 이해하는 것이 필요했다.

♣ 우리가 어렵다고 생각했던 문제를 간단한 수식으로 풀어내는 일을 하는 것에 무척 만족한다. **가장 좋은 해법은 항상 간단하다.**

다익스트라 Edsger Dijkstra

● 컴퓨터 과학자 ● 네덜란드 ● 1930년생

"About the use of language: it is impossible to sharpen a pencil with a blunt axe. It is equally vain to try to do it with ten blunt axes instead."

Edsger Dijkstra

[출생] 1930년 5월 11일, 네덜란드 로테르담
[사망] 2002년 8월 6일 (72세), 네덜란드 뉘넌

[학력]
레이던 대학교 동문

[분야]
컴퓨터 과학, 이론 전산학

[소속]
네덜란드 국립 수학 정보과학 연구소
에인트호번 공과대학원
버로스 코퍼레이션
텍사스 대학교 오스틴

[주요 업적]

다익스트라 알고리즘 (최단 경로 문제), 프림 알고리즘 (최소 생성나무)

알골 60 컴파일러 첫 구현, 구조적 분석, **구조적 프로그래밍**, **세마포어**

추상화 계층을 통한 운영체제 시스템 디자인 접근, THE 멀티프로그래밍 시스템

다중작업 개념, **추상화 계층 개념**, 소프트웨어 구조에서 계층화된 구조

협력 순차 프로세스(cooperating sequential processes) 개념

프로그램 가족(program families) 개념, 가드 개념, **스레드**, 병행 컴퓨팅

병렬 알고리즘, 분산 컴퓨팅, 분산 알고리즘, 동기화 (컴퓨터 과학)

상호 배제, **임계 구역**, 데커의 알고리즘 일반화, 삼색 표시 알고리즘

콜 스택, 장애 허용 시스템, 자기 안정화, 기아 상태, **교착 상태**, **데드락 방지 알고리즘**,

차량기지 알고리즘, 은행원 알고리즘, 식사하는 철학자들 문제, 잠자는 이발사 알고리즘,

생산자-소비자 문제 (생산자-소비자 문제), 네덜란드 국기 문제, 술어 변환자 시맨틱

보호 명령어 언어, 최약 사전조건 계산(Weakest precondition calculus)

무한정 비결정론, 다익스트라-스홀턴 알고리즘, 스무스 정렬, 관심의 분리

형식 검증, 프로그램 도출, 소프트웨어 위기, 소프트웨어 구조

goto 문, 하향식과 상향식 디자인 프로그램 조합

소프트웨어 개발 프로세스에 대한 수학적 접근

[업적: 다익스트라 알고리듬- Dijkstra algorithm]

가중치가 있는 그래프의 최단 경로를 구하는 알고리듬. 출발 정점에서 시작하여 현재의 정점까지의 값과 인접한 정점의 가중치 합이 가장 작은 정점을 다음 정점으로 선택하고 그 경로를 최단 경로에 포함시킨다. 이 과정을 모든 정점이 선택될 때까지 반복한다.

[수상]

튜링상 (1972)

다익스트라 상 (2002)

[요약]

에츠허르 비버 다익스트라는 네덜란드의 컴퓨터 과학자이다. 1972년에 프로그래밍 언어 분야에 대한 지대한 공헌을 인정받아 튜링상을 수상했다.

[생애]

다익스트라는 레이던 대학교에서 이론물리학을 전공했다. 다익스트라는 전산학이 아직 학문으로 완전하게 정립되지 않았던 시절에 **전산학의 여러 분야에 걸쳐 많은 공헌을 했다.** 다익스트라의 다방면에 걸친 업적은 다음과 같다. **다익스트라 알고리즘을 개발하여 최단경로 알고리즘에 대한 학문적 연구를 시작했다.** GOTO문을 사용하지 말 것을 주장했으며, 다익스트라의 주장은 1968년에 다익스트라의 논문 "GOTO문의 해로움"에 정리되었다. **세마포어에 대한 연구를 처음으로 시작하였다.** 2002년 8월 6일에 암으로 인한 오랜 투병생활 끝에 세상을 떠났다.

[일화]
Go To Statement Considered Harmful이라는 논문의 제목은 다익스트라가 직접 지은
것이 아니라, 당시 편집장이었던 니클라우스 비르트가 지었다고 한다.

♣ 프로그래밍 언어 사용에 관해서: 무딘 도끼로 연필을 날카롭게 하는 건 불가능하다.
  대신 10개의 무딘 도끼로 그렇게 노력하는 것도 마찬가지로 무위미하다.
♣ 코볼을 사용하면 마음이 불구가 된다. 따라서 코볼 교육은 범죄 행위로 간주해야 한다.
♣ 디버깅이 SW 버그를 제거하는 작업이라면, 프로그래밍은 버그들을 집어넣는 작업이다.
♣ **단순함은 신뢰성을 위한 전제조건이다.**
♣ 베이직 프로그래밍은 뇌 손상을 야기한다.
♣ 프로그래밍 기술은 복잡함을 조직화하는 기술이다.

맥카시 John McCarthy

• 교수 • 컴퓨터과학자 • 미국 • 1927년생

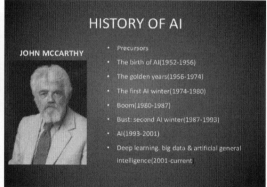

• 존 맥카시 (John McCarthy) 과학자, 전 대학교수
'인공지능'(Artificial Intelligence)용어 창안

[출생-사망]
1927년 9월 4일, 미국 - 2011년 10월 24일 (84세)

[경력사항]
1999 미국 컴퓨터 역사 박물관 회원
1962 미국 스탠포드대학교 인공지능연구실
1962 ~ 2000
미국 스탠포드대학교 교수
미국 매사추세츠공과대학교
미국 다트머스대학교
미국 스탠포드대학교
미국 프린스턴대학교

[학력사항]
프린스턴대학교 대학원 수학과 박사
~ 1948 캘리포니아공과대학교 수학과 학사

[수상 및 명예]
튜링상 (1971년)
교토상 (1988년)
미국 과학 훈장 (1990년), 미국 국가과학상 (1991년)
컴퓨터 역사 박물관의 회원으로 입회 (1999년)
벤자민 프랭클린 메달 (2003년)
IEEE 인텔리전트 시스템의 AI의 명예의 전당 (2011년)
스탠퍼드 엔지니어링 히어로즈의 한 명으로 이름을 올림 (2012년)

[요약] 존 매카시는 미국의 전산학자이자 인지과학자이다. 인공지능에 대한 연구 업적을 인정받아 1971년 튜링상을 수상했다. 리스프(Lisp) 프로그래밍 언어를 발명했으며, 1956년에 다트머스 학회에서 처음으로 '인공지능'(Artificial Intelligence)이라는 용어를 창안했다.

[생애 및 연구]
매카시는 메사추세츠 주의 보스턴에서 1927년 9월에 태어났다. 매카시는 인공지능 연구에 대한 업적을 인정받아 1971년 튜링상을 수상한 컴퓨터 과학자이자 전산학자, 인지과학자이다. 1927년 출생으로, 다트머스학회에서 1956년에 처음으로 인공지능(AI: Artificial Intelligence)이라는 용어를 발표했으며, 리스프 프로그래밍 언어를 설계하고 구현했다. 1955년 '지능이 있는 기계를 만들기 위한 과학과 공학'이라는 논문에서 **인공지능(AI)을 언급**했다. 매카시는 '인간 지성을 가진 프로그램', 즉 인공지능(AI)이 미래에 실현 가능한 기술·존재라는 예측을 했다.

AI 연구자들 중에서 "원조"라고 하면, 단연 스탠포드 대학의 매카시를 들 수 있다. **매카시는 최초로 "Artificial Intelligence"** 이라는 말을 만들어내고, 이것을 1956년에 개최된 다트머스 회의의 회의명으로 지정했다. AI의 초창기 연구자들 중에서 가장 정력적으로 활동을 했던 사람들은 매카시를 비롯해서 민스키(Minsky)와 뉴얼(Newell)을 꼽을 수 있다.

캘리포니아 공과대학(California Institute of Technology, Caltech)을 1948년에 졸업 후, 매카시는 프린스턴 대학의 수학과 박사과정에 진학하고, 1951년에 "프로젝션 연산자와 편미분방정식" 제목의 20페이지의 박사학위 논문을 썼다. 논문 제목과 같이 AI와는 전혀 관계없는 수학논문이었다. **프린스턴 대학시절부터 매카시는 민스키와 교류를 맺으며 AI에 관한 의견을 교환했다.**

1956년에 열린 다트머스 컨퍼런스는 마빈 민스키와 존 매카시, 그리고 IBM의 수석 과학자인 클로드 섀넌과 네이선 로체스터가 개최했다. 컨퍼런스는 "학습의 모든 면 또는 지능의 다른 모든 특성을 기계를 정밀하게 기술할 수 있고 이를 시뮬레이션 할 수 있다"라는 주장을 포함하여 제안을 제기했다. 참가자는 솔로모노프, 셀프리지, 모어, 새뮤얼, 뉴얼과 사이먼으로, 그들 모두 수십년동안 인공지능 연구에서 중요한 프로그램을 만들어온 사람들이었다. 컨퍼런스에서 뉴얼과 사이먼은 "논리 이론"을 소개했고, 매카시는 Artificial Intelligence를 그들의 연구를 칭하는 이름으로 받아들이길 설득했다. 1956년 다트머스 컨퍼런스는 AI라는 이름, 목표점, 첫번째 성공과 이를 이룬 사람들, 그리고 넓은 의미의 AI의 탄생을 포함하는 순간이었다.

1958년, 다트머스 대학의 수학과 조교수가 되었는데, 당시 다트머스 대학에는 베이직(Basic)을 고안한 케메니(Kemeny)가 있었고, AI와 컴퓨터에 관심을 가지고 새로운 학과를 창설하려고 준비하고 있었다. 바로 그때 필요한 인재인 매카시를 만나게 되었다.

다트머스 대학에서 3년간 근무한 후, 매카시는 MIT의 수학과 통신과학 부교수(Associate Professor)가 되고, 여기서 **민스키와 협동하여 AI 프로젝트를 시작했다.** 여기서의 매카시의 일은 컴퓨터 환경, 특히 타임쉐어와 기호처리언어 LISP의 개발이었다. **MIT의 부교수인 매카시는 1962년 가을에 스탠포드 대학의 정교수가 되어 동부에서 서부 대학으로 자리를 옮겼다.**

매카시의 연구의 특징은 상식(Common Sense Knowledge)의 형식화에 관한 이론의 구축이지만, 거의 10년 단위로 연구가 아래처럼 구분되고 있다.

1956~1960년까지의 기간 동안은 프로그램 이론(수학적 이론계산), 리스프(LISP)나 타임쉐어 등의 개발이 주류를 이루었다. 1967~1977년까지 스탠포드 대학의 AI Lab에서의 로봇 연구 경험을 가지고 프레임 문제, AI에 있어서의 인식문제 및 상황계산(Situation Calculus) 등, 상식에의 접목이 구체적으로 착수되었다. 1971년에는 ACM 튜링상을 수상했는데, 이때의 강연 논문은 1987년의 ACM 학회지에 "AI의 일반성"이라는 제목으로 발표되었다. 이 논문에서 상황 계산을 사용하고, AI 내에서 변화를 기술하는 일의 어려움, 또는 변화하지 않는 것을 어떻게 기술할 것인가에 관한 문제를 다루고 있다. 1978년부터 2000년까지 스탠포드 대학에서 연구했다. 상식의 형식이론보다 깊은 한계정의관련 내용을 Artificial Intelligence 지에 발표했다. 이것은 AI의 응용인 전문가 시스템에 관한 간접적인 비판이었다.

10년 단위로 대단위의 기본적인 문제에 몰두하여, 매우 반향이 큰 논문을 발표하곤 했다. 타임쉐어나 리스프(LISP)와 같은 컴퓨터 프로그램의 과제를 연구해온 매카시는 1960년, "상식을 가진 프로그램"을 발표한 이래 상식을 어떻게 형식화하는가에 대한 연구를 했다.

♣ **AI 공부를 위해서는 수학, 특히 수리 논리학에 대한 깊이 있는 지식이 필요하고, 생물학적 접근을 위해 심리학과 신경계통의 생리학이 공부되어야 한다.**
최소한 C, Lisp, Prolog와 기본적인 기계어를 배워야 하며, 최근에는 C++, Java를 포함시켜야 할 것이다.

♣ 기계가 실제로 뭔가를 알거나 생각할 수 있는지 아닌지 엄밀히 단정하기는 어려운데, 그 이유는 우리가 이를 정의하기가 힘들기 때문이다.

♣ 우리가 인간의 사고구조를 이해하는 방식은 물고기가 스스로 헤엄치는 방법을 이해하는 것보다 아주 조금 더 나을 뿐이다.

♣ 컴퓨터가 일반적인 지능을 갖게 되기를 원한다면, 그 외형적 구조는 상식적인 지식과 추론이 되어야 한다.

민스키|Marvin Lee Minsky

● AI 컴퓨터과학자 ● 미국 ● 1927년생

[출생] 1927년 8월 9일
미국 뉴욕 주 뉴욕

[사망] 2016년 1월 24일 (88세)
미국 매사추세츠 주 보스턴

[국적] 미국

[분야]
인지과학
컴퓨터 과학
인공지능
심리철학

[소속] 메사추세츠 공과대학교

[출신 대학]
필립스 아카데미
하버드 대학교 (B.A., 1950)
프린스턴 대학교 (Ph.D., 1954)

[주요 업적]
인공지능
공초점 레이저 주사 현미경
쓸모없는 기계(Useless machine)
트라이덱스 뮤즈(Triadex Muse)
트랜스휴머니즘
Perceptrons(도서)
Society of Mind (도서)
The Emotion Machine (도서)
프레임 (인공지능)

[수상]
튜링상 (1969)
일본국제상 (Japan Prize, 1990)
IJCAI 우수 연구 상 (1991)
프랭클린 연구소 상 (2001)
컴퓨터 역사박물관 펠로우 (2006)
BBVA 재단 지식 프론티어 상 (2013)

[요약]
마빈 리 민스키는 **인공지능(AI) 분야를 개척한 미국인 과학자**이다. MIT의 인공지능 연구소의 공동 설립자이며, AI와 관련된 책들을 저술했다. 1958년 매사추세츠공대(MIT)에 자리 잡은 민스키 교수는 이듬해 프린스턴대에서 알고 지내던 **존 매카시 교수**와 합심해 '**인공지능 프로젝트**'를 발족한다. 이 **프로젝트는 지금의 '인공지능 연구소(AI Lab)'로 이름이 바뀐다**. 민스키 교수는 촉각 센서가 달린 기계손과 시각 감지장치를 발명해 로봇공학 발전에도 발자취를 남겼다. 민스키 교수는 1970년 컴퓨터과학계 최고의 상인 튜링 어워드를 받았다.

[생애]
1927년 8월 9일 뉴욕에서 태어난 민스키 교수는 안과의사였던 아버지 헨리 민스키와 사회운동가였던 어머니 패니 라이저 밑에서 자랐다. 민스키는 하버드대에서 수학을 전공하고 프린스턴대에서 수학

박사 학위를 받았다.

뉴욕에서 태어나 브롱크스 과학 고등학교를 나왔다. 매사추세츠 주의 필립스 아카데미를 다녔고, 1944년부터 1945년까지 미국 해군으로 복무했다. 1950년 하버드 대학교에서 수학 학사학위를 받고, 1954년에 프린스턴 대학교에서 수학 박사 학위를 받았다. 1958년부터 MIT 교수직으로 재직했다. 1953년에 공초점 레이저 주사 현미경에 관한 이론을 개발해 냈다.

1956년에 열린 다트머스 컨퍼런스는 마빈 민스키와 존 매카시, 그리고 IBM의 수석 과학자인 클로드 섀넌과 네이선 로체스터가 개최했다. 컨퍼런스는 "학습의 모든 면 또는 지능의 다른 모든 특성로 기계를 정밀하게 기술할 수 있고 이를 시뮬레이션 할 수 있다"라는 주장을 포함하여 제안을 제기했다. 1956년 다트머스 컨퍼런스는 AI라는 이름, 목표점, 첫번째 성공과 이를 이룬 사람들, 그리고 **넓은 의미의 AI의 탄생**을 포함하는 순간이었다.

1970년에 튜링상, 1990년에 일본국제상, 2001년 벤자민 플랭클린 메달을 비롯한 다양한 상을 수상했으며, 미국 국립 공학 학술원(National Academy of Engineering)과 국립 과학 학술원(National Academy of Sciences)의 회원이다. **미국의 미디어 학자이자 멀티미디어 개념을 처음으로 제시한 니콜라스 네그로폰테, 인공지능(AI)의 창시자로 불리는 마빈 민스키등이 1985년 세계적인 미디어 융합기술연구소인 MIT미디어랩을 설립하였다.**

'인공지능(AI)'이라는 개념을 만들고 발전시킨 인공지능 연구의 선구자 마빈 민스키 매사추세츠 공과대학(MIT) 교수가 2016년 1월 24일 향년 88세로 사망했다. 민스키의 삶은 인공지능의 가능성에 대해 낙관주의에서 출발해 깊은 실망감에 빠졌다가 열광적인 부활을 경험하며 마무리 됐다. 민스키의 AI 연구는 1950년대로 거슬러 올라간다. 인공지능이라는 단어가 탄생한 '**인공지능 프로젝트**'를 발족하고, 이 프로젝트는 지금의 '**인공지능 연구소(AI Lab)**'로 이름이 바뀐다. 당시 민스키는 오늘날 첨단기술의 예시를 민스키의 발명품에서 보여줬다. 또한 이 연구소는 디지털 정보는 자유롭게 공유돼야 한다는 개념을 처음 제시하고 인터넷의 원형으로 불리는 '**ARPA넷**' 탄생에 이바지하는 등 인공지능 외에 현대 컴퓨터과학의 다양한 분야에 공헌했다. 여기에는 진공관을 활용한 첫 '뉴런 네트워크'가 있다. 뉴런 네트워크는 인간 두뇌의 뉴런의 네트워크를 모방하기 위해 고안된 것이다. **민스키의 연구는 구글이나 페이스북이 이어받았다.**

민스키의 또 다른 연구는 로봇 팔의 디자인이다. 민스키는 가상현실(VR) 디스플레이와 같이 머리에 차는 그래픽 디스플레이 기기를 발명했고, 상용화 직전의 가상현실 헤드셋 전구도 개발했다. 마빈 민스키는 1956년 동료 존 매카시(전 스탠퍼드대학교 교수)와 함께 다트머스 대학교 컴퓨터 공학자 모임을 결성했을 때 AI 분야의 낙관주의에 빠져있었다. **매카시와 함께 MIT 인공지능 연구소를 만들기도 했다.** 하지만 1980년대에 접어들면서 민스키 교수는 이러한 세태를 경계하게 된다. AI는 하나의 붐이었고 우상과 같은 것이라 여겼기 때문이다. **머신러닝과 딥러닝이 다시 일어나기 전까지 AI의 겨울은 계속됐다.**

AI의 부활을 희망했지만, 민스키 교수는 최근 발전의 규모에 대해 경계를 늦추지 않았다. **2015년 MIT 테크놀로지 리뷰에서 민스키 교수는 "지난 20년간 AI는 발전하지 못했다"며 "영리기업이 연구 리더십을 독차지하기 전에 개인 발명가의 시대로 복귀해야 한다"고 밝힌 바 있다.** 민스키 교수는 기계가 인간의 지능과 일치하게 될 것이라고 예측한 영국 과학자 앨런 튜링의 이름을 딴 튜링상을 두 번 수상한 바 있다.

♣ 인간은 생각하는 기계이다.

♣ 어떤 컴퓨터도 무엇을 할 줄 알고 설계되진 않았다.
   대부분의 경우에, 우리들도 마찬가지다.

♣ 우리들은, 어딘가의 어떤 큰 컴퓨터에서 돌고 있는 강력하며 복잡한 프로그램들의 생산품일 수도
   있다.

♣ 로봇들이 지구를 상속받을까? 물론, 그러나 그것들은 우리의 아이들이다.

♣ 뇌의 주요한 활동은 그 속에서 변화를 만들고 있다.

뉴얼 Allen Newell

• AI 컴퓨터과학자 • 미국 • 1927년생

Allen Newell
Desires and Diversions
December 1991

[출생] 1927년 3월 19일, 샌프란시스코

[사망] 1992년 7월 19일 (65세), 피츠버그

[분야] 컴퓨터 과학, 인지심리학

[소속] 카네기 멜론 대학교

[출신 대학]

스탠퍼드 대학교, 프린스턴 대학교, 카네기 멜론 대학교

[주요 업적] 정보 처리 언어, Soar

[수상]

튜링상 (1975), IJCAI 우수 연구 상 (1989)

IEEE 임마누엘 R Piore 상 (1990)

미국 과학 훈장 (1992), 루이스 E. 레비 메달 (1992)

[요약]

앨런 뉴얼은 초기의 인공지능 연구자이다. 컴퓨터 과학 및 인지심리학의 연구자이며, 랜드 연구

소와 카네기멜론 대학교의 컴퓨터 과학과와 비즈니스 스쿨에서 근무했다. 허버트 사이먼과 함께 개발한 정보처리언어 (1956)와 두 가지 초기 인공지능 프로그램인 Logic Theorist (1956), General Problem Solver (1957)로 잘 알려져 있다. **1975년, 인공지능과 인지심리학의 기초를 쌓은 공헌을 인정받아 허버트 사이먼과 함께 튜링상을 받았다.**

[초기 연구]

1949년에 스탠퍼드 대학교에서 학사학위를 받았다. 프린스턴 대학에 진학해 1949년부터 1950년까지 수학을 공부했다. 게임이론이라는 새로운 영역을 만나, 자신이 순수수학보다도 실험과 이론이 만나는 영역을 좋아한다라는 것을 발견했다. 그 후 프린스턴에서 샌타모니카의 랜드 연구소로 옮겨, 공군의 로지스틱 문제를 연구하는 그룹에 참가했다. 여기에서 조셉 크루스카이를 만나 조직이론의 모델과 조직이론의 공식화된 정밀한 개념에 대한 이론을 내놓는다. 그 후 카네기멜론 대학교에서 허버트 사이먼의 지도로 박사학위를 받는다.

[그후의 업적]

Soar(1973)라는 인지 아키텍처는 통합인지이론(1990)을 집필하는 과정에서 뉴얼이 구체화한 것이다. **뉴얼은 죽을 때까지 Soar의 개량에 힘썼다.**

[인공지능의 역사]

인공지능의 역사는 기호처리 지능의 역사라고 말할 수 있을 만큼 기호처리 기법을 중심으로 발전해 왔다. 1930년대와 1940년대는 생각하는 기계에 대한 희망과 기대감이 가득한 시기 였다. 수리논리학이나 계산(computation)에 대한 새로운 아이디어들, 사이버네틱스(인공두뇌학)나 정보이론 등 인간의 사고 과정에 대한 수많은 이론들이 나타나기 시작했기 때문이다. 프레게(Frege), 화이트헤드(Whitehead), 러셀(Russell)등은 추론과정이 몇 가지의 정형화된 틀을 보여 주었다. **아직도 수리논리학 분야는 인공지능에 있어서 주요한 연구 대상이 되고 있다.** 수학자인 처치(Church)나 튜링(Turing) 등은 계산의 본질에 대한 연구를 통해 계산 모델을 제시함으로써 수리논리학 분야에서 얻은 정형화된 논리추리 과정이라는 성과를 기계에 적용할 수 있음을 보였다. 튜링의 경우는 튜링 머신(Turing machine)이라는 만능기계의 모델을 제시했다.

1956년 인공지능 연구의 본격적인 시작을 알리는 중요한 모임이 다트머스대학에서 열렸다. 그 대학의 존 맥카시는 기계의 사고 가능성에 대해 논의하기 위해 비슷한 관심을 가진 다른 학자들 즉, 마빈 민스키, IBM의 나다니엘 로체스터, 벨 연구소의 델 섀넌이 주축이 되고 그 외에 기호처리 이론으로 유명한 앨런 뉴얼과 허버드 사이먼등이 록펠러 재단의 지원아래 이 모임을 주선했다. 이때 모임을 제안하는 글에서 **최초로 '인공지능(Artificial Intelligence :AI)'이라는 용어가 사용되어 현재에 이르고 있다.** 50년대부터 60년대에는 주로 일반적인 문제풀이 기법에 대한 연구가 이루어졌다. 1960년대 말에 이르러서야 인공지능 과학자들은 일반적인 지능 프로그램을 만드는 것이 어렵다는 것을 인식하고 하나의 특정한 용도에서만 지능적인 동작을 보여주는 프로그램을 만들기 시작했다. 그러나 여전히 인공지능 프로그램들이 가진 기능은 실용화되기에는 너무 미약했으며, 60년대에 이은 70년 초반의 침체국면은 일반인으로부터 인공지능 연구에는 아무것도 기대할 수 없다고 하여 외면을 받기에 이르렀다.

침체되어 있던 인공지능 연구는 1970년대 말에 이르러서야 르네상스를 맞게 된다. 전문가 시스템(expert system)이라는 프로그램으로서, 자신의 문제분야에 뛰어난 능력을 보여주었다. 이러한 결과를 얻게 된 배경은 바로 지능적인 프로그램을 만들기 위해서는 '지식(knowledge)'이라는 것이 필수적이라는 것을 인식하게 되었다는 사실이다. 재활에 성공한 인공지능은 80년대초 일본의 신세대 컴퓨터 개발계획이라는 자극과 더불어 활성화되었다.

'80년대 인공지능계의 최대 사건은 신경망(neural net) 이론의 부활일 것이다. 사실 신경망 이론은 생각하는 기계에 대한 논의가 시작된 연구초부터 존재해 왔다. 1943년 맥 클러크와 피쓰에 의해 발표된 형식 뉴런이라든가, 1943년 헤브에의한 학습 모델, 그리고 로젠블라트(Rosenblatt)의 유명한 퍼셉트론(perceptron)등이 바로 인간의 신경 회로망을 모델로 하여 지능적인 기계를 실현한 노력의 산물이었다. 그러나, 가장 성공적이었던 퍼셉트론은 마빈 민스키와 세이무어 페이퍼트가 쓴 "Perceptron: an introduction to computational geometry"라는 서적에서 강력한 비난을 받아 신경망 이론에 관심을 가진 과학자들은 흩어지고 말았다. 이렇게 사라진 신경망 이론은 루멜하트를 위시한 몇명의 끈질긴 연구의 산물인 "Parallel Distributed Processing (병렬분산처리)"라는 제목의 책을 통해 더욱 화려하게 부활한다. 신경망 이론은 인간의 사고가 두뇌작용의 산물이라면 이 두뇌구조를 분석하고 처리 메카니즘을 규명하여 이를 이용하면 생각하는 기계를 만들 수 있지 않겠느냐는 아이디어에서 출발한 이론이다. 신경망 이론은 기존의 인공지능에 비해 문제해결을 위한 접근 방식에 있어 많은 차이점을 가지고 있다. 즉, 기존의 방식이 절차적인 순서에 의한 알고리즘을 통해 기호를 처리하여 문제를 푸는 방법인 반면에 신경망 이론은 인간의 두뇌 신경조직을 모델로 하여 단순한 기능을 하는 처리기(신경세포)들을 대규모로 상호 연결한 다음 연결 강도를 조절하여 문제를 해결하는 방식이다. '90년대를 거쳐 21세기에도 **알파고등 딥러닝으로 발전 중**이며, ioT(사물인터넷), 자율주행차, 빅데이터 등과 함께 여러분야에서 응용되어 계속 발전 중이다.

♣ 컴퓨터가 체스 세계 챔피언이 될 것이며, 미적으로 가치 있는 음악을 작곡할 것이다.
♣ 코칭에서 가장 중요한 일은 사회를 위해 준비된 교육된 아이들을 만들어 내는 것이다.

엥겔바트 Douglas Engelbart

● 발명가 ● 미국 ● 1925년생

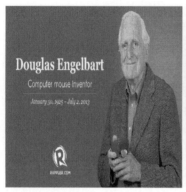

[출생] 1925년 1월 30일, 미국 오리건 주 포틀랜드
[사망] 2013년 7월 2일 (88세), 미국 캘리포니아 에서튼
[분야] 인간-컴퓨터 상호작용, 발명

[주요 업적] 마우스, 하이퍼텍스트, 협업 소프트웨어, 인터렉티브 컴퓨팅
[거주지] 미국 캘리포니아 에서튼
[국적] 미국

[소속]
SRI 인터네셔널, 팀셰어, 맥도널 더글러스, 부트스트랩 연구소, 더글러스 엥겔바트 연구소
[출신 대학]
오리건 주립 대학교 (학사, 1948)
캘리포니아 대학교 버클리 (석사 1953, 박사 1955)

[수상]
미국 국가 기술혁신 메달 (2000)

레멀슨-MIT상
튜링상 (1997)
러브레이스 메달
Norbert Wiener Award for Social and Professional Responsibility
컴퓨터 역사박물관 펠로우 (2005)

[요약]

더글러스 엥겔바트는 노르웨이/스웨덴계 미국인 발명가이다. 더글러스 엥겔바트는 특히 **컴퓨터 마우스의 발명자로 유명하다.** 또한 **그래픽 사용자 인터페이스, 하이퍼텍스트, 네트워크 컴퓨터 등 인간과 컴퓨터 상호 작용 분야의 선구자이다.**

[생애]

1948년 오레건 주립대학교에서 전기공학 학사학위를 받았고, 1953년 UC 버클리에서 공학 석사학위를 받았다. 1955년에는 동 대학에서 박사학위를 받았다. 제2차 세계 대전 때 필리핀의 무선전기 기사로 해군에 복무하던 시절, 버니바 부시가 쓴 '**우리가 생각하는 대로**'란 글에서 큰 영감을 받는다. 전쟁이 끝나고, 영감을 실현시키기 위해 UC 버클리에서 공부를 계속하여 1955년 박사학위를 받는다. 여기서 CALDIC을 만드는 데 관여 했으며 이후 1년간 박사 학위 논문에서 만든 기술을 상업화 하려는 저장기기 제조 회사를 설립하려 하였으나 실패한 후 스탠퍼드 연구소에서 크레인과 함께 자기 논리 장치의 개발에 참여했다. 2013년 신부전으로 인해 88세의 나이로 세상을 떠났다.

♣ 디지털 혁명은 쓰기 또는 인쇄의 발명보다 훨씬 더 의미가 있다.

♣ 20년 또는 30년 안에, 도시 전체의 또는 심지어 전세계에 있는 컴퓨터 지식만큼이나 당신의 손안에 가질 수 있다.

♣ 인간이 성숙할 수 있는 속도는 그가 견딜 수 있는 당혹감에 직접 비례한다.

♣ 오늘날, 문제는 어떻게 혁신하느냐가 아니고, 기존의 좋은 아이디어를 어떻게 사회가 수용하게 할 것인가이다.

배커스 John Backus

• 컴퓨터 과학자 • 프로그래머 • 미국 • 1924년생

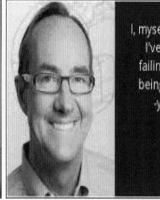

I, myself, have had many failures and I've learned that if you are not failing a lot, you are probably not being as creative as you could be -you aren't stretching your imagination.

— John Backus —

AZ QUOTES

[출생] 1924년 12월 3일, 필라델피아
[사망] 2007년 3월 17일 (82세), 애슐랜드

[분야] 컴퓨터 과학
[소속] IBM

[학력사항]
~ 1949 컬럼비아대학교 대학원 수학 석사(1950년)
하버퍼드대학 의학
버지니아대학교 화학

[경력사항]
IBM 명예연구원 1959년~1963년
IBM 연구소 선임연구원 1954년~1959년
IBM 프로그래밍연구팀 매니저 1950년~1954년

IBM 프로그래머

[주요 업적]
스피드코딩, 포트란, 알골, 바쿠스-나우르 표기법, 함수 수준 언어

[수상]
미국 과학 훈장 (1975)
튜링상 (1977)
헤럴드 펜더 상 (1983)
찰스 스타크 드래이퍼 상 (1993)
컴퓨터 역사박물관 펠로우 (1997)

존 워너 배커스는 미국의 컴퓨터 과학자이다. **존 배커스는 최초로 널리 사용된 고급 프로그래밍 언어 (포트란, FORTRAN)를 발명한 팀을 이끌었고** 형식 언어 문법을 정의하는 배커스-나우르 표기법을 발명했다. 또, 존 배커스는 함수 수준의 프로그래밍(function-level programming)를 연구하고 이를 대중화하는데 기여했다.
전기 전자 기술자 협회는 배커스에게 포트란 언어 개발의 공로로 1967년 W.W McDowell Award를 수여했다. 배커스는 1975년 미국 국가 과학상을 받았고, 1977년에는 현실적인 고급 프로그래밍 체계의 설계에 뜻깊고 영향력 있는 지속적인 기여, 특히 포트란에 대한 존 배커스의 공로로, 또 프로그래밍 언어들의 규격에 대한 형식 절차의 출판으로 ACM 튜링상을 받았다.

♣ 나 자신은 많은 실패를 경험하고 배우길, 만약 당신이 실패를 많이 하지 않는다면, 아마도 당신은 그렇게 까지 창조적이지는 않을 수 있다.
당신의 상상력을 쭉 펼 수 없다.
♣ 항상 실패할 수 있는 의지력이 필요하다.
♣ 내 업적의 대부분은 게으름으로부터 나왔다.
♣ 의료학교에서는 생각하는 것을 싫어한다.
외운다, 그게 당신에게 원하는 것이다. 생각하면 안된다.

섀넌 Claude Elwood Shannon

• 전기공학자 • 미국 • 1916년생

[출생] 1916년 4월 30일, 미국 미시건 주 페토스키
[사망] 2001년 2월 24일 (84세), 미국 매사추세츠 주 메드퍼드

[국적] 미국
[분야] 수학 및 전자공학

[학력사항]
~1940년 매사추세츠공과대학 대학원 수학 박사
~1937년 매사추세츠공과대학 대학원 전기공학 석사
~1936년 미시간대학교 전기공학, 수학 학사

[경력사항]
1958년~1978년 미국 매사추세츠공과대학교 과학 교수
1956년~1958년 미국 매사추세츠공과대학교 전기공학 교수
1942년 벨 전화연구소

[수상내역]

[수상]

IEEE 명예의 메달 (1966)

미국 국가과학상, 미국 과학 훈장 (1966)

하비상 (1972)

교토상 (1985)

미국 발명가 명예의 전당 (2004)

[요약]

클로드 엘우드 섀넌은 미국의 수학자이자 전기공학자이다. **정보 이론의 아버지라고 불리며, 섀넌이 작성한 '통신의 수학적 이론' 논문은 정보 이론의 시초가 되었다.** 또한 불 논리를 전기회로로 구현할 수 있는 방법을 발명하여, 디지털 회로 이론을 창시하였다.

[생애]

1916년 미시간에서 사업가 아버지와 영어 교사인 어머니의 아들로 태어났다. **어릴 적부터 기계와 전자장치에 관심이 많아 1 km 가량 떨어진 친구 집에 무선 전신을 설치하기도 했다고 한다. 토머스 에디슨이 섀넌의 어린 시절 우상이었다. 1936년 미시간 대학교를 졸업하면서 전기공학 및 수학에서 두 개의 학사 학위를 받았다.** 졸업 후에는 MIT에서 전기공학으로 석사과정을 공부하며, 초기 아날로그 컴퓨터인 미분해석기를 연구하였다. 미분해석기의 논리 회로를 연구하면서, 섀넌은 불 논리가 논리 회로의 설계와 분석에 유용하다는 것을 깨달았다. 이런 통찰을 바탕으로, 1937년 ≪**계전기와 스위치로 이루어진 회로의 기호학적 분석**≫이라는 논문으로 석사 학위를 받았다.

이 논문에서 섀넌은 전화 교환기에 사용되는 계전기와 스위치만으로 불 논리 및 이진수의 사칙연산을 수행할 수 있음을 증명했다. 이 연구결과는 이후 모든 전자식 디지털 컴퓨터의 이론적 기반이 되었다. 이 업적을 인정받아 1940년에는 프린스턴 고등연구소에 초빙되었다. 섀넌은 이곳에서 헤르만 바일이나 존 폰 노이만 등의 수학자들과 같이 연구할 기회를 얻었고, 이후 정보 이론으로 발전하게 될 중요한 아이디어들을 얻게 되었다.

제2차 세계대전 시기 섀넌은 벨 연구소에서 화기 제어 시스템과 암호학을 연구하게 되었다. 이 무렵 **영국에서 암호 해석가로 일하고 있던 앨런 튜링이 미국 암호 해석가들과 의견을 교환하기 위해 워싱턴을 방문 중이었다. 섀넌은 이곳에서 앨런 튜링을 만나 그의 튜링 기계 이론을 접하고, 자신의 이론과의 깊은 연관성을 발견하였다.** 전쟁이 끝날 무렵 섀넌은 두 명의 공동 연구자와 함께 ≪화기 제어 시스템에서 데이터의 예측과 평활≫이라는 논문을 제출한다. 이 논문은 자료와 소음을 분리하는 방법을 이론적으로 다루고 있어, 신호 처리 분야를 창시한 논문으로 여겨진다. 또한, 전쟁이 끝난 직후인 1945년 9월 벨 연구소에 ≪암호학의 수학적 기반≫이라는 보고서를 제출하는데, 이 문서는 1949년 기밀이 해제되어 ≪보안 시스템의 통신에 관한 이론≫이라는 제목으로 발표된다. 또한, 벨 연구소에서 섀넌은 OTP(one-time pad)를 암호학적으로 해독할 수 없음을 증명하였다.

[정보 이론]

섀넌은 ≪통신의 수학적 이론≫이라는 논문을 1948년 7월과 10월 두 차례에 걸쳐 발표한다. 이 논문에서 **섀넌은 확률론을 이용하여 정보를 전송하는 가장 효율적인 방법에 대해 연구**하였다. 이 논문은 정보 엔트로피의 개념을 창안하여, 정보통신 이론의 기반이 된다. 섀넌은 이 이론을 자연어처리까지 발전시켜, 영어 문장의 통계적 분석으로 영어 엔트로피의 최대값과 최소값을 계산하였다. 이 연구에서 섀넌은 띄어쓰기가 실제로 문장의 불확실성을 감소시킨다는 것을 발견하였다. **섀넌은 또한 샘플링 이론을 창안하여, 당시까지 아날로그로만 이루어지던 전자기 통신을 디지털 정보통신으로 변화시키는 데 기여했다.**

[AI 업적]

생각하는 기계에 대한 초기 연구는 30년대 후기에서부터 50년대 초기의 유행한 아이디어에 영감을 얻은 것이었다. 당시 신경학의 최신 연구는 실제 뇌가 뉴런으로 이루어진 전기적인 네트워크라고 보았다. 위너가 인공두뇌학을 전기적 네트워크의 제어와 안정화로 묘사했으며, **섀넌의 정보 과학은 디지털 신호로 묘사했다.** 섀넌은 아직 **인공지능 분야가 생겨나기도 전인 1950년 ≪체스를 두는 컴퓨터 프로그램≫이라는 논문을 발표하였다. 이 논문은 미니맥스 전략을 이용한 최초의 컴퓨터 체스 알고리즘이며,** 이후 인공지능 체스 알고리즘의 이론적 기반이 되었다. 1956년에 열린 다트머스 컨퍼런스는 마빈 민스키와 존 매카시, 그리고 **IBM의 수석 과학자인 클로드 섀넌과** 네이선 로체스터(Nathan Rochester)가 개최했다. 컨퍼런스는 "학습의 모든 면 또는 지능의 다른 모든 특성로 기계를 정밀하게 기술할 수 있고 이를 시뮬레이션 할 수 있다"라는 주장을 포함하여 제안을 제기했다. 참가자는 레이 솔로모노프(Ray Solomonoff), 올리버 셀프리지(Oliver Selfridge), 트렌처드 모어(Trenchard More), 아서 새뮤얼(Arthur Smuel), 앨런 뉴얼(Allen Newell)과 허버트 사이먼(Herbert A. Simon)으로, 그들 모두 수십년동안 인공지능 연구에서 중요한 프로그램을 만들어온 사람들이었다. 컨퍼런스에서 뉴얼과 사이먼은 "논리 이론"을 소개했고, 매카시는 Artificial Intelligence를 그들의 연구를 칭하는 이름으로 받아들이길 설득했다. **1956년 다트머스 컨퍼런스는 AI 라는 이름, 목표점, 첫번째 성공과 이를 이룬 사람들, 그리고 넓은 의미의 AI의 탄생을 포함하는 순간이었다.**

♣ 우리는 과거는 알지만 제어할 수 없고, 미래를 제어할 수 있지만 알 수는 없다.
♣ 정보는 확률의 반비례 값이다.
♣ **정보는 불확실성의 해결이다.**
♣ 현재 개들과 인간과의 관계처럼, 인간이 로봇과의 관계일 때를 상상해본다.
  난 그 로봇들을 응원한다.

튜링 Alan Turing

• 수학자 • 컴퓨터과학자 • 영국 • 1912년생

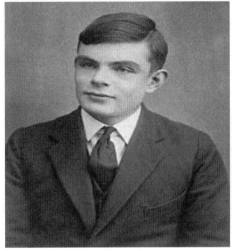

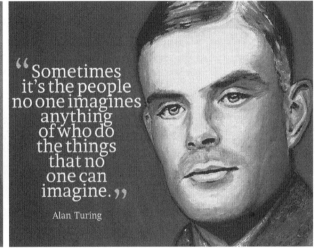

" Sometimes
it's the people
no one imagines
anything
of who do
the things
that no
one can
imagine. "

Alan Turing

• 컴퓨터공학 선구자

[출생] 1912년 6월 23일, 잉글랜드 런던 마이다 베일
[사망] 1954년 6월 7일 (41세), 잉글랜드 제셔 주 윔슬로

[국적] 영국
[분야] 수학, 논리학, 암호학 등
[출신 대학] 케임브리지 대학교
킹스 칼리지
프린스턴 대학교
[주요 업적]
정지 문제, 튜링 머신, 에니그마 암호 분석, 자동 연산 장치(ACE), 튜링 테스트 등

대영 제국 훈장 4등급(OBE)

앨런 튜링을 기념하기 위해서 컴퓨터 과학의 노벨상이라고 불리는 튜링상이 제정되었다.

앨런 튜링은 영국의 수학자, 암호학자, 논리학자이다. 특히 **컴퓨터 과학에 지대한 공헌을 했기 때문에 '컴퓨터 과학의 아버지'라고 불린다.** 튜링 테스트와 튜링 기계의 고안으로도 유명하다. 계산기 학회에서 컴퓨터 과학에 중요한 업적을 남긴 사람들에게 매년 수상하는 튜링상은 튜링의 이름을 딴 것이다. 1945년 튜링이 고안한 튜링머신은 초보적 형태의 컴퓨터로, 복잡한 계산과 논리 문제를 처리할 수 있었다. 하지만 튜링은 1952년 당시에는 범죄로 취급되던 동성애 혐의로 영국 경찰에 체포돼 유죄 판결을 받았다. 상심이 컸던 튜링은 2년 뒤 청산가리를 넣은 사과를 먹고 자살했다. 사후 59년 만인 2013년 12월 24일 엘리자베스 2세에 의해 사면되었다. 엘리자베스 2세 여왕이 크리스 그레일링 영국 법무부 장관의 건의를 받아들여 튜링의 동성애 죄를 사면하였다. 이어 무죄판결을 받고 복권되었다.

[생애]
[출생 및 어린 시절]
튜링은 1912년 아버지 줄리어스 매시슨 튜링과 에셀 사라의 둘째 아들로 태어났다. 튜링의 어머니는 튜링을 인도에서 임신했지만 영국에서 낳기 원해 런던으로 가서 튜링을 출산했다. 어려서부터 총명한 기질을 드러내어 3주 만에 읽기를 배웠으며 계산과 퍼즐에 능했다고 한다.

[대학교]
1931년 케임브리지 대학교 킹스 칼리지에 입학해 수학사 학위를 취득하고, 1935년 확률론 계산에서 한계중심정리에 관한 학위논문으로 킹스 칼리지 특별 연구원이 되었다. 1936년 미국 프린스턴 대학교에 입학하여 박사학위를 받았다. 1937년 영국으로 돌아와 대학에서 연구 중 튜링 기계의 개념을 도입한 논문 "계산 가능한 수와 결정할 문제에의 응용"을 발표했다.

[제 2차 세계 대전과 그 이후]
1938년 9월 브렛칠리 정부 암호학교 GCCS(현 GCHQ)에 들어갔고, 1939년 9월 4일 제 2차 세계 대전이 발발한 후 독일군의 에니그마 암호를 해독하는 Hut 8의 책임자가 되어 폴란드 정보부에서 제작한 에니그마 해독기 봄비(Bomby)를 개선한 더봄베(The Bombe)를 개발했다. 이런 경험에서 만든 계산이론은 후일 영국에서 개발되는 콜로서스(프로그래밍 가능 전자 컴퓨터)의 기술적 토대가 되기도 했다.

[죽음]
그러나 튜링은 당시 영국에서 범죄로 인식되던 동성애자 혐의로 체포된 후 감옥과 화학적 거세 중 선택을 해야 했고, 연구를 계속하기 위해 거세를 선택하여 1년간 에스트로겐 주사를 맞았다. 튜링은

1954년 6월 8일 죽은 채로 발견되었고, 주변에 반쯤 먹은 사과가 놓여 있었다. 사망 원인은 부검에 의해 치사량의 시안화칼륨을 주사한 사과를 먹고 자살한 것으로 결론지어졌다. 2013년 12월 24일, 영국 정부는 국왕 칙명을 통하여 앨런 튜링의 동성애를 범죄로 간주하여 처벌하였다는 것에 대하여 정식으로 사면을 발표하였다.

[영화: "이미테이션 게임"]

24시간마다 바뀌는 해독이 불가능할 것만 같은 암호 시스템. 제2차 세계대전 당시 독일군이 이용하던 암호 시스템인 에니그마를 풀어낸 영국인 천재 수학자와 튜링의 영화 같은 삶. 영화 이미테이션 게임은 수학자 앨런튜링의 이야기를 다루고 있다.

1912년 6월 23일 앨런 매시슨 튜링, 런던에서 출생

아버지 줄리어스 매시슨 튜링과 어머니 에설 사라

1912-1921년 앨런과 그의 큰형인 존, 영국에 있는 접대 가정에 의해 양육

(그들의 부모는 인도에 살고 있었는데, 인도에서 튜링의 부친은 식민지를 통치하는 공무원으로 근무하고 있었다. 튜링의 부모는 자녀들을 가끔씩 보기만 할 뿐이었다.)

1926년 서본의 공립학교 입학

1931년 수학 연구를 위해 케임브리지에 있는 킹스 칼리지에 입학

1934년 수학 학사학위 취득 1935년 확률론 계산에서 중심극한정리에 관한 학위논문으로 킹스 칼리지 특별 연구원 취득

1936년 D. 힐베르트가 제시한 결정가능성의 부정적 결과 증명, 처치 및 폰 노이만 등과 프린스턴 대학 입학

1937년 ≪런던 수학협회 의사록≫ 중 〈계산 가능한 수와 결정할 문제에의 응용〉 출간

프린스턴 대학에서 프록터 장학금 수여

1938년 영국으로 들어와 정부암호학교(GCCS)에서 해독학 수업

1939년 9월 1일 전쟁 시작, 블레칠리 파크의 GCCS 부서에서 영국을 포위하고 있는 독일 해군의 무선메시지 해독 작업 수행

1941년 존 클라크와 약혼하나 곧 파기

1942년 GCCS를 위한 수석 연구 자문위원 미국 암호부서와의 접촉을 위해 미국에 비밀리에 입국

1943년 1-3월간 벨 연구소에서 음성 해독 문제에 관해 작업

1944년 음성 암호화 전자기 델리아 I 에 대한 작업 실시

1945년 세계 2차 세계대전 종료 컴퓨터의 자동 계산 기계를 구축하기 위해 테딩턴에 있는 국립물리연구소(NPL)에 들어감

1947년 행정적, 이론적 이유로 NPL을 떠나 케임브리지로 돌아옴 생리학과 신경과학 수업 수강

1948년 6월 실용화될 컴퓨터의 원형에 대한 작업을 위해 맨체스터 대학 정보과학팀 합류

1950년 철학지 ≪철학지 Mind≫에 논문 〈계산기와 지능〉 게재

1951년 왕립 학회의 특별회원으로 선출, 동성애자라는 것이 발각됨으로 인한 재판과

여성호르몬을 투여하는 형 집행

1952년 ≪왕립학회 회보≫에 논문 〈형태 발생의 화학적 토대〉 게재

1954년 약간의 시안화칼륨에 담가 놓았던 사과를 먹음으로써 윔슬로우에 있는 자택에서 6월 7일 42세의 나이로 자살

2013년 (사망 이후) 동성애 혐의에 대한 유죄가 정식으로 국왕 칙령을 통하여 사면되었음

제2차 세계대전 당시 막후에서 연합군의 승리에 결정적으로 기여한 인물이 있었다. 암호해독반에 근무하며 영국의 숨통을 죄고 있던 **독일 잠수함으로부터 영국을 구해낸 천재 수학자 앨런 튜링**이 그 주인공이다. 그러나 이 사실은 앨런 튜링이 영국 법원의 야만적 판결과 정부의 냉대에 못 이겨 스스로 목숨을 끊은 지 20년 만인 1974년까지 묻혀 있었다. 누구보다 튜링의 공로를 잘 알고 있었을 처칠도 자서전에서 앨런 튜링에 대해 일언반구하지 않았고, 브리태니커 백과사전도 침묵했다. 다만 앨런 튜링이 영국의 비밀요원으로 활동했고, 실수로 청산가리를 먹고 죽은 것으로 기술하는 데 그쳤다.

[수학 재능을 가진 괴짜]

앨런 튜링의 부모는 원래 영국령 식민지 인도에서 앨런 튜링을 가졌지만, 자식만큼은 영국에서 키우려는 마음에서 영국으로 돌아와 1912년 6월 23일 런던에서 앨런을 낳았다. 그러나 공무원이었던 아버지는 아직 근무가 끝나지 않아 어머니와 함께 다시 인도로 건너갔고, 앨런은 형 존과 함께 퇴역 대령의 집에 맡겨졌다. 그 뒤로 부모는 인도와 영국을 오가다가 마침내 1916년부터 어머니가 영국에 장시간 머물며 아들들을 키웠다. 튜링은 무척 어릴 때부터 뛰어난 재능과 지력을 보였다. 하지만 학창시절에는 너저분한 외모에 말을 더듬고 영어와 라틴어를 몹시 싫어하는 외곬의 괴짜였다. 또한 평생을 맞춤법과 글쓰기로 고생했고, 언제든 왼쪽이 어디인지 확인하려고 왼 엄지에다 빨간색 점을 칠해두기도 했다. 이런 **앨런 튜링도 수학에서만큼은 탁월한 재능을 보였다.** 미적분에 대한 초보적 지식도 없이 어려운 수학 문제를 풀었을 뿐 아니라 난해한 아인슈타인의 이론을 단순히 이해만 하는 데 그치지 않고, 어떤 책을 읽으며 아인슈타인의 운동법칙을 독자적으로 추출해내기도 했다. 14살 때 도싯의 셔본 공립학교에 들어간 튜링은 총파업으로 도시의 교통이 마비되자 장장 1백 킬로미터에 이르는 거리를 자전거로 통학하는 끈기를 보였고, 항상 자기만의 고집스런 생각으로 교사들을 곤란하게 만들었다. 15살 때는 수학적 재능이 빼어난 '크리스토퍼 모컴'이라는 친구와 친하게 지냈는데, 둘은 힘을 합쳐 엄청나게 복잡한 수학 문제를 풀기로 결심했다. 그런데 2년 뒤 모컴이 결핵으로 숨지자 튜링은 깊이 낙담했고, 이때부터 필생의 과제에 매달리기 시작했다. 인간의 지능을 기계에 넣어두는 방법을 고안하는 일이었다. 그리되면 모컴의 뇌에 들어 있던 것도 후세에 고스란히 전달할 수 있을 테니까 말이다.

[케임브리지 진학, 튜링 기계]

튜링은 18살에 케임브리지 대학의 킹스 칼리지에 입학해서 수학을 공부했는데, 수치해석을 비롯해서 확률론과 통계학, 수이론, 군론에 특히 큰 관심을 보였다. 1935년부터는 대학원 연구원으로 일하면서 2년 뒤 "계산 가능한 수와 결정문제의 응용에 관하여"라는 빼어난 논문을 발표해서 학계에 깊은 인상을 남겼다. 이 논문에서는 컴퓨터의 기본 구상이 최초로 선보였는데, '**튜링기계**'라 불리는 **가상의**

연산 기계가 그것이었다. 읽기와 쓰기, 제어 센터, 이 세 가지만 있으면 모든 계산 가능한 문제를 풀 수 있다는 것이 튜링의 핵심 개념인데, 오늘날의 컴퓨터는 튜링의 보편만능기계를 그대로 **구현**하고 있다. 예를 들어 튜링기계에 내장된 테이프는 메모리 칩으로, 테이프에 읽고 쓰는 장치는 메모리 칩과 입출력 장치로, 작동 규칙표는 중앙처리장치(CPU)로 발전했다. 만일 실행시키고 싶은 계산이 있으면 그것의 작동 규칙표(소프트웨어)를 만들어 메모리에 넣어주기만 하면 되었다. 그러면 기계는 소프트웨어의 규정대로 일을 수행해 나갔다. 이 논문이 계기가 되어 **튜링은 미국의 프린스턴 대학에서 장학금을 받으며 연구 활동을 계속했다.** 여기서 앨런 튜링은 알론조 처치 교수 밑에서 공부했고, 1938년에 기존의 튜링기계를 보강한 하이퍼 계산에 관한 연구로 박사학위를 받았다. 그 뒤 강의를 맡아달라는 대학 측의 제안을 뿌리치고 영국으로 돌아갔다.

[암호학교와 에니그마]

튜링은 영국이 전쟁에 돌입한 지 하루 만인 1939년 9월 4일 런던 북쪽의 블레츨리 파크에 위치한 '정부암호학교'의 암호해독반 수학팀장으로 스카우트되었다. 앨런 튜링의 천재적 두뇌와 튜링기계의 구상, 그리고 그처럼 한 가지 일에 골똘히 파고드는 성격이 독일군의 암호 체계를 깨뜨리는 데 유용할 거라는 판단에서였다. 세계에서 가장 정교하고 난해한 암호 체계로 꼽히는 독일군의 에니그마(그리스어로 '수수께끼')는 타자기처럼 사용하는 암호기였는데, 타자기 안에 설치해둔 회전체로 인해 입력한 철자 대신 다른 철자가 타이핑되어 나오는 방식이었다. 초창기에는 회전체가 3개였지만 나중에는 8개로 불어났다. 이런 다중 회전체 시스템으로 인해 타이핑되어 나오는 경우의 수는 백만 가지가 넘었다. 게다가 매일 회전체 위치도 바뀌었기 때문에 24시간 안에 암호문을 해독해내지 못하면 아무 소용이 없었다. 초창기 블레츨리 파크에서는 암호문을 푸는 데 몇 달이 걸렸다. 그런데 침몰한 독일 잠수함에서 암호 책이 입수되면서 그것을 토대로 암호학교에서 수많은 계산기들이 시행착오를 거치며 만들어졌고, 무한한 수학적 상상력과 치밀한 계산, 모든 경우의 수에 대한 직관력이 총동원되었다.
튜링은 시끌벅적한 암호학교 안에서 이방인처럼 지냈다. 일에만 파묻힌 채 군대 내 규칙이나 법규는 깡그리 무시했다. 또 자기보다 지적 수준이 떨어지는 사람들을 향한 경멸감과 군대에 대한 혐오감을 숨기지 않았고, 법적으로 동성애가 금지된 시절이었음에도 자신이 동성애자라는 사실을 거침없이 발설했다. 1940년 튜링이 고안한 기계들이 블레츨리 파크에 설치되었는데, 거기서는 그것을 "봄베 (bombe, 고압 기체를 저장하는 강철용기를 일컫는 독일어)"라 불렀다. 봄베 하나는 전기로 연결된 12개의 원통형 연산기로 이루어져 있었고, 24시간 가동되면서 독일 무전들 가운데 의미를 유추할 수 있는 철자들을 걸러냈다. 봄베의 수가 15개로 늘어나면서 연산 속도는 획기적으로 빨라졌고, 에니그마가 양산해내는 엄청난 경우의 수도 다음 두 가지 방식으로 확 줄어들었다. 첫째, 에니그마에서 사용되지 않는 세 철자를 배제했다. 즉 원래 허용되지 않은 진짜 철자 하나를 포함해서 오타의 위험성을 줄이기 위해 좌우 두 철자도 에니그마에서는 사용하지 않았던 것이다. 예를 들어 'E'라는 철자가 배제되면 자동으로 좌우의 'W'와 'R'도 함께 제외되었다. 둘째, 독일군의 암호 체계가 매일 바뀌는 것을 간파하고 있었기에 어제께 알아낸 것은 하루가 지나면 무조건 잊어버렸다. 이로써 가능한 조합의 수는 현저히 감소했다. 그 다음부터는 고전적 방식으로 암호문 해독에 들어갔다. 가장 자주 나오는 철자들을 모아 군대 용어 중에서 가장 자주 쓰는 단어들과 일치시켰다. 이렇게 어느 정도 예상 답안지가 나오면 그것을 독일군에서 내보내는 일기예보와 비교했다. 독일 해군은 아침 여섯 시가 되면 정확하게 그날의 날씨를 일선 부대에 타전했는데, 날씨와 폭풍, 비, 파도 같은 단어들은 유추하기가 쉬웠다. 특히 암호화된 단어와 실제 단어의 철자 수는 늘 똑같았기 때문에 해독 작업은 한결 수월했다. 하루속히 결과를 내놓으라는 암호학교에 대한 영국 정부의 압력은 1943년 3월 1~20일 사이 최고조에 달했다. 그만큼 전황이 불리하게 돌아가고 있었다. 바다에서 독일 잠수함들의 활약은 눈부셨다. 독일 잠수함들은 이 3주 동안 무려 108척의 선박을 침몰시켰다. 상선을 호송하던 전함도 21척이 파괴되었다. 반면에 적의 잠수함은 1척밖에 피해를 보지 않았다.

그런데 3월 21일부터 전세가 급변했다. **격침된 연합국 선박의 수는 현저히 줄어든 반면 연합국에 의해 침몰된 독일 잠수함의 수는 크게 늘었다.** 이로써 히틀러는 사실상 대서양 전투에서 패배했다. 여기에는 다른 원인들도 작용했겠지만, 튜링의 암호해독반이 결정적 역할을 했다. 그사이 **튜링은 암호를 해독하는 데 걸리는 시간을 한 시간으로 단축시켰고, 나중에는 단 몇 분간으로 줄였다.** 이로써 영국 함대사령부는 독일 잠수함의 위치와 공격 계획을 손금 보듯 훤히 꿰뚫었다. 이제는 오히려 암호의 누출을 적이 눈치 채지 못하도록 독일 잠수함들을 너무 빨리 공격하지 않는 데 신경을 써야 할 판이었다. 그렇지 않으면 독일군은 즉각 암호 체계를 바꾸어버릴 테니까 말이다. 그런데 블레츨리 파크 팀의 활약상은 외부에 알려지지 않았다. 영국 정부가 가장 은밀하게 수행한 이 비밀 작전을 전쟁이 끝난 뒤에도 묻어 두려고 했기 때문이다. 물론 거기에는 그 팀에서 천재적인 두뇌 역할을 했던 튜링의 비참한 죽음도 어느 정도 작용을 했는지 모른다.

[튜링 테스트]

전쟁 후 튜링은 국립물리학연구소에서 컴퓨터 개발 프로젝트 팀장으로 일하다가 1948년에 맨체스터 대학의 컴퓨터연구소 부소장에 임명되었다. 이제 튜링의 관심은 인공지능에 집중되었다. 인간의 뇌와 비슷한 기능을 하는 기계를 만드는 것이 가능할까? 그 기계에 룰렛과 같은 무작위적 우연 체계를 도입하면 인간적 사고의 변덕스러움과 비슷한 것이 만들어질까? 1950년 튜링은 그것을 확인하기 위해 한 실험을 제안했다. '튜링테스트'라 불리는 유명한 실험인데, **서로 보이지 않는 방 세 개에 인간 두 명과 컴퓨터 한 대를 넣어둔다. 그 중 한 명이 실험 팀장을 맡는다. 팀장이 텔렉스로 다른 두 방에 질문을 보낸다. 그러면 같은 방식으로 답변이 돌아온다. 이때 팀장이 어떤 것이 인간이 보낸 것이고 어떤 것이 컴퓨터의 것인지 가려내지 못하거나, 컴퓨터를 인간으로 간주하는 상황이 벌어지면 이것은 '사고하는 컴퓨터'라 부를 만하다는 것이다.**

물론 튜링도 1950년 당시에는 이런 컴퓨터가 불가능하다는 것을 잘 알고 있었다. 하지만 2000년까지는 작업 처리 속도와 저장 능력이 획기적으로 개선되어 스스로 배우고, 스스로 프로그램을 바꾸는 컴퓨터가 나오리라 예언했다. 튜링은 이런 컴퓨터의 제작에 매달렸다. 특히 삶을 얼마 남겨놓지 않고는 거의 광적으로 집착했다. 1951년 튜링은 최고 권위를 자랑하는 영국 왕립학회의 회원이 되었다. 삶이 앨런 튜링에게 부여한 마지막 보상이었다. 이듬해부터 급격한 추락이 시작되었다.

[독 사과]

동성애자였던 튜링은 19세 청년을 우연히 만나 동거를 시작했다. 그런데 이 청년이 범죄 집단과 어울린다는 사실을 너무 늦게 알아차렸다. 주말에 청년을 혼자 두고 외출했다가 돌아와 보니 집이 온통 다 털려버렸다. 앨런 튜링은 즉시 경찰을 불렀다. 그런데 청년과의 관계를 묻는 질문에 순진하게

도 자신의 동성애적 성향을 그대로 불어 버렸다. 자유로운 지식인들과 어울리던 습관대로 아무렇지 않게 그런 말을 내뱉었지만, 그것은 세상을 몰라도 한참 모르는 철부지 짓이었다. 결국 앨런 튜링은 성문란 혐의로 고소당했고, 법원에서 화학적 거세를 선고받았다. 영국 정부도 튜링을 컴퓨터연구소 부소장직에서 해임했다. 이로써 튜링은 컴퓨터 개발에서 완전히 손을 뗐다. 1년 동안 여성호르몬을 복용하는 동안 튜링은 거의 집에만 틀어박혀 지냈고, 그 기간이 끝나자 앨런 튜링의 삶은 반년밖에 이어지지 못했다.

1954년 6월 7일 튜링은 42살도 채 되지 않은 나이에 스스로 목숨을 끊었다. 사과에다 독약을 주사 한 뒤 동화 속의 백설공주처럼 사과를 깨문 것이다. 월트 디즈니의 백설공주 이야기를 무척 좋아했 다고 하는데, 정작 자신은 백설공주와는 달리 더 이상 깨어나지 못했다. 앨런 튜링은 누구에게도 우 울증에 시달리거나 죽고 싶다는 이야기를 한 적이 없었고, 어디서도 튜링의 죽음을 설명해 줄 만한 기록은 발견되지 않았다. 조국을 위기에서 구하고, 현대 컴퓨터공학에 초석을 놓은 인물치고는 너무 도 외롭고 허무한 죽음이었다. 튜링이 어떤 삶을 살았고 어떤 일을 했는지는 1974년까지 극히 일부 사람들에게만 알려져 있었다.

[컴퓨터공학 선구자]
1950년 앨런 튜링은 생각하는 기계의 구현 가능성에 대한 분석이 담긴, 인공지능 역사에서 혁혁 한 논문을 발표했다. 튜링은 "생각"을 정의하기 어려움에 주목해, 그 유명한 튜링테스트를 고안했 다. 텔레프린터를 통한 대화에서 기계가 사람인지 기계인지 구별할 수 없을 정도로 대화를 잘 이끌 어 간다면, 이것은 기계가 "생각"하고 있다고 말할 충분한 근거가 된다는 것이었다. **튜링 테스트는 인공 지능에 대한 최초의 심도 깊은 철학적 제안이다.**

튜링은 컴퓨터공학과 정보공학의 기본 이론을 대부분 다 만든 컴퓨터 과학의 이론적 아버지였고, 이 론생물학에도 큰 기여를 했다. 비록 오랜 세월 명성이 묻혀 있었지만, 20여 년 전부터 새롭게 각광 받기 시작했다. 2012년은 튜링 탄생 100주년으로 세계적으로 앨런 튜링의 업적을 기리는 행사가 열 렸고, **학술지 [네이처]는 튜링을 표지모델로 내세워 고인을 추모했다.** 미국 계산기학회에서는 1966년부터 튜링의 업적을 기리는 의미로 컴퓨터 과학 분야에서 중요한 업적을 남긴 사람에게 튜링 상을 수여한다. 흔히 **컴퓨터 과학 분야의 노벨상이라 불리는** 상이다. 그리고 튜링테스트를 통과한 인공지능에게는 뢰브너 상이 수여된다. 애플컴퓨터사의 로고 '한 입 베어 먹은 사과'도 튜링을 추모 하는 뜻에서 나왔을 거라고 추정하는데, 애플사의 부인에도 불구하고 그만큼 컴퓨터 분야에서 앨런 튜링의 공이 막대하다는 것을 보여주는 증거라고 할 수 있다.

♣ 아무도 상상할 수 없는 일을 한 사람이 누군가에 대한 아무것도 생각 못한다.

가끔, 사람들이 그렇다.

♣ 만약 컴퓨터가 인간을 속여 자신을 마치 인간인 것처럼 믿게 할 수 있다면 컴퓨터를 '인텔리전트'하다고 부를만한 가치가 충분히 있다.

♣ 난 대단한 지능의 컴퓨터를 만드는 데는 별 관심이 없습니다.

내가 정말 추구하는 컴퓨터는 **평범한 지능을 갖춘 컴퓨터**입니다.

마치 미국의 AT&T의 사장과 같은 그러한 지능의 컴퓨터를 만들고 싶습니다.

♣ 수학적 논리라는 것은 소위 우리가 **직관**과 **천재성**이라고 하는 두 가지 형태의 조화에서 나온다고 볼 수 있다.

본 Dorothy Vaughan

● 수학자 ● 미국 ● 1910년생

" I changed
what I could
and what I
couldn't,
I endured. "

𝒟orothy
Vaughan

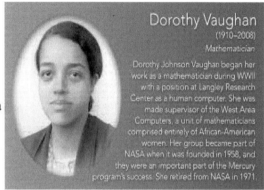

Dorothy Vaughan
(1910~2008)
Mathematician

Dorothy Johnson Vaughan began her
work as a mathematician during WWII
with a position at Langley Research
Center as a human computer. She was
made supervisor of the West Area
Computers, a unit of mathematicians
comprised entirely of African-American
women. Her group became part of
NASA when it was founded in 1958, and
they were an important part of the Mercury
program's success. She retired from NASA in 1971.

[출생] 1910년 9월 20일, 캔자스 시티, 미주리 주, 미국
[사망] 2008년 11월 10일 (98세), 햄턴, 버지니아, 미국
[직업] 미국 수학자
[국적] 미국
[자녀] 6명
[분야] 수학
[소속 기관] NACA, 랭그리 연구소, NASA

[업적]
도로시 본(Dorothy Vaughan)은 영화 '히든 피겨스(figures)'에서 다루는 숨겨진 수학 천재, 세
흑인 여성 중 한명이다. 시대적 배경은 1961년, 장소는 NASA(미국항공우주국)이다. 세 흑인 여성은
NASA에서 근무하고 있었다. NASA에서 이들이 하는 일은 '계산'이었다. 전자식 컴퓨터가 아직 만들
어지지 않은 시절, 계산은 모두 수작업으로 이뤄져야 했고, 전국에서 수학 능력이 탁월한 흑인 여성
들이 '컴퓨터'라는 직책으로 NASA에 채용되었다. 이들은 NASA 랭리 연구소의 'West Area
Computing'이라는 건물에 모여 근무했기에 백인들은 이들을 'West Computers'라고 불렀다. 그러니까
지금 우리가 흔히 사용하는 '컴퓨터'라는 단어의 시작은 계산을 전문적으로 하는 흑인 여성을 지칭하

는 것이었다. 당시 이 단어에는 '계산만 할 줄 아는 사람'이라는 비하의 뉘앙스가 담겨 있었다.

NASA 홈페이지는 캐서린 존슨의 90세 생일을 앞둔 2008년 그녀의 업적을 기리기 위해 인터뷰한 적 있는데 기사의 제목은 '컴퓨터가 치마를 입던 시절의 컴퓨터'였다. 기사에 따르면 캐서린은 1953년부터 1986년까지 30년 이상 NASA에서 일했다. 그녀의 **가장 큰 업적은 아폴로 11호를 달로 보낸 스페이스 셔틀 프로그램의 궤도를 수학적으로 계산한 것이다.** 그녀는 이 프로젝트에 참여하기 전까지 NASA의 우주 비행사 프로젝트에 거의 모두 참여해 중요한 계산을 해냈다고 한다.

'히든 피겨스'는 능력만을 중시할 것 같은 과학기술계에서마저 흑인과 여성에 대한 차별이 만연했다는 것을 보여준다. 세 명의 수학 천재 '컴퓨터'들은 편견에 저항해 자신의 길을 개척했다. 이들은 자신의 능력을 보여주면서 동시에 일할 수 있게 해달라고 요구했다. 이들의 이유 있는 설득에 굳게 닫혔던 문이 하나씩 열렸다. 캐서린 존슨은 나사 스페이스 태스크 그룹의 당당한 일원으로 거듭나고, **도로시 본은 흑인 여성 최초의 NASA 관리직에 오르며,** 메리 잭슨은 첫 흑인 여성 엔지니어가 되었다.

소련은 1957년 세계 최초 인공위성 스푸트니크 1호에 이어 한 달 뒤 인류 첫 생명체를 스푸트니크 2호에 실어 우주로 보내는 데 성공하면서 미국을 자극했다. 1961년 1월 케네디는 소련과의 우주전쟁을 선포했지만 그해 4월 유리 가가린이 보스토크 1호를 타고 인류 최초의 우주비행사가 되면서 또 한 번 미국의 자존심에 상처를 주었다. 초조해진 케네디는 10년 내 인간을 달에 보내겠다고 대국민 선언을 해버렸다. 뛰어난 능력을 가진 인재가 눈앞에 있는데 더 이상 흑인 여성이라는 이유로 가둬둘 수는 없었기에 이 세 여성들은 '머큐리 프로젝트', 즉 미국 최초의 유인 우주선 발사 프로젝트에서 궤도를 계산하는 일을 맡았다.

이들의 가장 큰 업적은 아폴로 11호를 달로 보낸 스페이스 셔틀 프로그램의 궤도를 수학적으로 계산한 것이다. 이 프로젝트에 참여하기 전까지 NASA의 우주 비행사 프로젝트에 거의 모두 참여해 중요한 계산을 해냈다고 한다.

[영화: 히든 피겨스]

흔히 '우주 탐사' 하면 닐 암스트롱 같은 백인 남성 우주비행사를 떠올리지만, 그 뒤에는 '흑인 컴퓨터'라 불린 흑인 여성 수학자 그룹이 있었다. 이들은 미·소간 우주 경쟁이 치열했던 60년대 NASA에서 비행 궤도나 착륙 지점을 계산하는 '인간 컴퓨터(계산기)'로 활약했다. 1960년대는 미국과 러시아의 냉전 시대로, 이들이 살고 있던 시대는 성별과 인종에 따라 이미 출발선이 정해져 있었다. 하지만 메리 잭슨, 캐서린 고블, **도로시 본**은 흑인이라는 이유로 800m 떨어진 유색인종 전용 화장실을 사용해야 하고, 여자라는 이유로 중요한 회의에 참석할 수 없으며, 공용 커피포트조차 허용되지 않는 최악의 상황 속에서도 견고했던 당시 사람들의 편견을 깨뜨렸다.

메리 잭슨은 나사뿐만 아니라 흑인 여성 최초로 아프리카계-미국인 항공 엔지니어가 됐으며 여성의 권익을 위해 앞장섰다. **NASA 흑인 여성들의 리더이자 프로그래머 도로시 본은 나사 최초의 아프리카계-미국인 관리자가 되었다.** 캐서린 존슨은 아틀라스, 프랜드쉽7, 아폴로 2 임무와 우주 왕복선 관련 임무를 수행하였고, 2016년 97세가 된 반세기 만에서야 공로를 인정받아 버락 오바마 전 대통령에게 자유 훈장을 받았다. 나사는 우주여행 분야에서 그녀의 획기적인 업적을 기려 '캐서린 존슨 전산동'을 헌정하였다. 2017년 영화화되어 미국 박스오피스 1위에 오른 〈히든 피겨스〉의 원작이기도

한 이 책은 시간이 흐르고 사회의 벽은 예전보다 더 좁고 얇아졌지만, 여전히 보이지 않는 세상의 편견에 맞서 싸우는 현대인들에게 최고의 선물이 될 것이다.

♣ 내가 바꿀 수 있는 것은 바꿨다. 내가 바꿀 수 없는 것은 견뎌냈다.

♣ 누구의 도약이든, 우리 모두의 도약이야~

♣ 흑인 전용 도서관에는 찾는 책이 없다. 내 세금으로 산 책인데, 왜 못보냐~

호퍼 Grace Murray Hopper

• 제독 • 컴퓨터과학자 • 미국 • 1906년생

[출생] 1906년 12월 9일, 미국 뉴욕
[사망] 1992년 1월 1일 (85세), 미국 버지니아 주 알링턴 군

[소속]
미국 해군
에커트-모칠리 컴퓨터 회사(Eckert-Mauchly Computer Corporation)
레밍턴 랜드 회사(Remington Rand Corporation)
스페리 회사(영어: Sperry Corporation)

[출신 대학]

배서 대학교(Vassar College)
예일 대학교

[주요 업적]

유니박 I
코볼

[요약]

그레이스 브루스터 머리 호퍼는 미국의 컴퓨터 과학자이자 미국 해군 제독이다. **프로그래밍 언어 코볼을 개발하였다.**

[생애]

그레이스 호퍼는 1906년 미국 뉴욕에서 그레이스 브루스터 머리(Grace Brewster Murray)라는 이름으로 태어났다. 아버지 월터 머리(Walter Murray)는 미 해군 제독이었으며 외할아버지는 토목기사였다. **할아버지의 영향을 받은 호퍼는 수학과 기하학에 관심이 많았다.**
1924 뉴욕 배서 대학교(Vassar College)에 입학하여 수학, 물리학, 공학을 공부하였다. 졸업 후 예일 대학교에서 수학 석사(1930년)와 수리물리학 박사(1934년) 학위를 취득했다. 1930년에 빈센트 포스터 호퍼(Vincent Foster Hopper)와 결혼하였고, 남편의 성 "호퍼"로 성을 바꾸었다.

[제2차 세계 대전]

세계 제 2차 대전이 일어나자 미국의 많은 여성들은 군에 입대했다. 호퍼도 그 중 한 사람으로 1943년 해군으로 들어갔다. 호퍼가 프로그래밍을 배운 것도 해군에서였다. 호퍼가 간 해군 연구소에는 컴퓨터 프로젝트의 책임자인 하워드 에이킨(Howard H. Aiken)이 있었다. 하워드 에이킨은 최초의 프로그램 방식 디지털 컴퓨터, 마크 I을 만든 사람이다. **에이킨은 호퍼에게 탄젠트 보간법의 계수를 찾는 일을 맡겼다. 호퍼는 이 과정 속에서 프로그래밍을 배웠다. 40대가 넘어 배운 프로그래밍이지만 누구보다 뛰어났다고 한다.**
호퍼가 유명한 이유는 그녀가 최초의 컴파일러를 개발했기 때문이기도 하지만 "프로그램 버그" 개념의 창시자이기 때문이기도 하다. 호퍼는 군에서 근무하던 1945년 여름, 마크II가 계속해서 오작동을 일으켜 그 이유를 찾기 위해 컴퓨터를 조사했다. 컴퓨터에는 죽은 나방이 끼어 있었다. 이를 계기로 컴퓨터 프로그램이나 시스템의 착오, 또는 시스템의 오작동의 원인이 되는 프로그램의 잘못을 정의하는 용어를 "버그"라고 정했다. 뿐만 아니라 호퍼는 미 해군 최초의 여성 제독이다. **호퍼는 컴퓨터를 이용해 해군의 함정 탄도 측정 계산기를 만들어 혁신적인 초탄명중률을 기록하는 등의 공로를 세웠다.**

[전후]

전쟁이 끝나고 제대 후 1949년 에커트-모칠리 컴퓨터 회사(Eckert-Mauchly Computer Corporation)에

취직하였다. 에커트-모칠리는 곧 1950년에 레밍턴 랜드 회사(Remington Rand Corporation)에 매각되었고, 레밍턴 랜드는 1955년에 스페리 회사(Sperry Corporation)와 합병하였다. (이후 스페리 회사는 1986년에 유니시스로 합병되었다.) 스페리 회사에서 호퍼는 실수가 잦을 수밖에 없는 코드 작업 때문에 고생을 많이 했다고 한다. 이 때문에 호퍼는 연구진들과 이러한 실수를 줄일 수 있는 프로그램을 개발하고자 노력했고, 그 결과로 **세계 최초의 컴파일러인 A-0이 만들어졌다.** 뿐만 아니라 1954년에는 미분 해석기를 만드는 데 성공했다. 이 미분해석기는 한 사람이 6개월간 매달린 복잡한 함수를 18분 만에 해결함으로써 많은 사람들을 놀라게 했다.

1957년 B-0 개발에 성공한다. B-0의 정식 이름은 Flow-Matics로, 유니백에서 구현했다. **이 프로그램은 최초의 영어 데이터 처리 컴파일러다. 그전까지 숫자만 사용 가능했던 컴퓨터 언어를 넘어 단어를 사용하는 컴퓨터 언어가 개발된 것이다.** 그 후 IBM과 허니웰에서도 차례로 비슷한 컴파일러를 발표했다. 상용언어 표준이 여러가지가 되어 업계에 혼란이 올 것을 대비해 중립적 위치에 있는 대학에서 **코볼(COmmon Business-Oriented Language)을 출범시키는 모임이 열렸다.** 비록 코볼이 최종적인 형태로 나온 것은 호퍼가 속해 있지 않은 위원회였지만 위원들은 호퍼의 Flow-Matics가 자신들의 사고에 엄청난 영향을 미쳤다는 사실을 인정했다.

[말년]

1986년 8월 14일 미국 해군에서 규정에 따라 은퇴하였고, 1992년에 사망하였다. **1996년에 미국의 이지스 구축함 중 하나인 DDG 70 Hopper가 호퍼의 이름을 따 명명되었다.** 호퍼 호는 진주만을 모항으로 하여 태평양에서 임무를 수행하고 있다.

[코볼, COBOL 프로그래밍 언어]

코볼(COBOL, COmmon Business-Oriented Language)은 사무용으로 설계된, 컴퓨터 프로그래밍 언어이다. 코볼은 주로 비즈니스, 금융, 회사/정부 관리 시스템에 주로 사용되었다. 코볼은 1959년에 CODASYL이 설계하였으며 부분적으로는, **코볼의 어머니로 불리는 그레이스 호퍼의 이전 프로그래밍 언어 디자인을 기반으로 한다.** 코볼보다 먼저 개발된 포트란(FORTRAN)은 주로 과학기술 계산용인 반면 비슷한 시기에 탄생된 코볼은 대량 데이터 처리를 위한 업무처리 및 관리 분야용으로 사용되었다.

♣ 언어에서 가장 피해를 주는 문구는: "그것은 항시 그런 식으로 되어 왔어~"
♣ 만약 그게 좋은 아이디어이면, 해버려라. 허락받는 것보다 사과하는 게 더 쉽다.
♣ **인간들은 변화를 매우 싫어한다.** "우리들은 항시 이렇게 해왔다."라고 말하길 좋아한다. 나는 그것과 싸우려고 한다. **그게 내 방의 벽에 거꾸로 가는 시계를 걸어둔 이유이다.**
♣ 항구에 정박해 있는 배는 안전하지만, 그게 배를 만든 목적은 아니다.
♣ 물건들을 관리해라. 그리고 사람들을 이끌어라.

노이만 John Von Neumann

• 수학자 • 헝가리/미국 • 1903년생

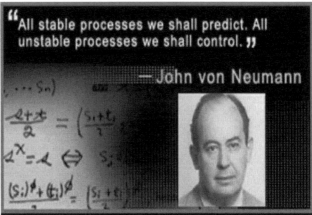

• **수학자, 컴퓨터과학자**

[출생-사망] 1903년 12월 28일, 헝가리 ~ 1957년 2월 8일 (53세)

[학력사항]
~ 1926 에오트보스 대학교 대학원 수학 박사
~ 1925 스위스연방공과대학교 화학공학 학사
1921 ~ 1923 베를린대학교

[경력사항]
1933 ~ 1957 미국 프린스턴대학교 수학 교수
1932 ~ 1957 프린스턴 고등연구소 연구원
1930 ~ 1933 미국 프린스턴대학교 객원교수

[수상내역] 1944 페르미상

헝가리 태생으로 미국 프린스턴 대학 연구소 교수로 있던 존 폰 노이만은 1945년에 발표한 논문 〈전자계산기의 이론 설계 서론〉에서, **오늘날 사용되는 컴퓨터와 같이 주기억장치에 프로그램을 내장시켜 놓고 명령어를 하나씩 불러 실행시키는 개념을 제안하였다.** 이와 같이 하면 에니악에서와 같이 새로운 프로그램을 수행할 때마다 수천 개의 스위치와 회로를 변경하는 것이 아니라 프로그램을 주기억장치로 읽어 들일 수가 있다. 오늘날 이 개념은 당연한 방법으로 인식되나 1945년 당시에는 획기적인 돌파구였다. 폰 노이만의 주장은 이후 널리 적용되어 초기의 대형 컴퓨터뿐만 아니라 그 이후 개발된 소형 컴퓨터의 설계에도 중요한 지침이 되었다.

[출생] 1903년 12월 28일
오스트리아-헝가리 제국 부다페스트
[사망] 1957년 2월 8일 (53세), 미국 워싱턴 D.C.
[거주지] 미국
[국적] 헝가리, 미국
[분야] 수학, 컴퓨터 과학
[소속]
베를린 훔볼트 대학교
프린스턴 대학교
프린스턴 고등연구소
로스앨러모스 국립 연구소
[출신 대학]
에외트뵈스 로란드 대학
취리히 연방 공과대학교
[지도 교수] 리포트 페예르
[지도 학생]
도날드 브루스 길리스
이스라엘 할페린
[주요 업적]
게임 이론, 폰 노이만 대수, 폰 노이만 구조, bicommutant theorem
폰 노이만 세포 자동자, 폰 노이만 보편 구축자, 폰 노이만 엔트로피
Von Neumann regular ring, Von Neumann-Bernays-Godel set theory
폰 노이만 전체, Von Neumann conjecture, Von Neumann's inequality
Stone von Neumann theorem, Von Neumann stability analysis
미니 맥스 원리, Von Neumann extractor, Mean ergodic theorem, Direct integral
[수상]
엔리코 페르미 상 (1956년)

존 폰 노이만은 헝가리 출신 미국인 수학자이다. 무신론자였으나, 나중에 로마 가톨릭 교회 신자가 되었다. 양자 역학, 함수 해석학, 집합론, 위상수학, 컴퓨터 과학, 수치해석, 경제학, 통계학 등 여러 학문 분야에 걸쳐 다양한 업적을 남겼다. 특히 연산자 이론을 양자역학에 접목시켰고, 맨해튼 계획과 프린스턴 고등연구소에 참여하였으며, 게임 이론과 세포 자동자의 개념을 공동 개발한 것으로 잘 알려져 있다.

[경력]
[유년시절]
오스트리아-헝가리 제국의 부다페스트(헝가리의 수도)에서 유대인 은행가 노이먼 믹서와 컨 머르기트 부부 사이에서 낳은 3형제의 첫째로 태어났다. 본명은 노이먼 야노시 러요시 이다. 가족들은 그를 연치(Jancsi)란 별명으로 불렀다. 어릴 때부터 놀라운 기억력을 보였으며, 6살 때에는 8자리 숫자의 나눗셈을 암산으로 할 수 있을 정도였다고 한다. 그러나 폰 노이만의 부모가 그다지 놀라지 않았을 수도 있는데, 왜냐하면 폰 노이만의 할아버지 야콥은 백만자리 숫자를 곱하고 더할 수 있었기 때문이다. 기록에 따르면 폰 노이만은 할아버지와 자신의 셈 방법은 달랐다고 하는데 어찌 되었든 계산 능력만은 '반신'이라 불리었던 폰 노이만보다 그의 할아버지가 더 대단했다고 한다. 또한 폰 노이만이 컴퓨터와의 계산 대결에서 이긴 뒤 "컴퓨터가 필요 없을 것 같습니다."라고 한 말이 그의 끝을 모르던 지적 능력을 말해준다. 폰 노이만은 동료들에게는 수학자의 전성기는 26세까지라고 하면서도 폰 노이만에 대해 동료들은 폰 노이만은 그 한계를 매년 갱신한다는 평가를 들었다. 폰 노이만의 계산능력은 세월이 지날수록 더 좋아졌기 때문이다. 폰 노이만의 매우 어릴 때부터 폰 노이만은 수학과 수의 성질, 세상을 움직이는 논리에 대해 관심이 많았다. 6살때는 허공을 응시하고 있던 어머니에게 "뭘 계산하고 계세요?"라고 질문했다는 일화가 있다. 1911년에 김나지움에 입학하며, 1913년엔 폰 노이만의 아버지가 귀족 작위를 사서 이름에 귀족임을 뜻하는 '폰(von)'이 들어가게 된다.

[수학과 화학 공부]
23세의 나이로 부다페스트 대학교에서 수학 박사학위를 따고, 동시에 스위스에서 화학을 공부하였다. 1926년부터 1930년까지 베를린에서 강사생활을 한다.

[미국에서의 생활]
1930년에 미국의 프린스턴 고등연구소로 초청을 받아 미국으로 건너가 고등연구소의 최초 4명의 교수진 중에 한 명이 된다. 폰 노이만은 1933년부터 죽을 때까지 고등연구소의 수학교수로 활동한다. 제2차 세계대전 동안 폰 노이만은 핵무기를 만들기 위한 미국의 맨해튼 계획에 참여한다. 1936년부터 1938년까지 앨런 튜링이 고등연구소의 방문연구원으로 연구했으며, 폰 노이만의 지도로 박사학위를 마친다. 이 방문은 튜링이 1936년 발표한 유명한 논문 〈On Computable Numbers with an Application to the Entscheidungsproblem〉을 발표한 직후였다. 폰 노이만은 튜링의 아이디어를 분명 알고 있었을 것이지만, 폰 노이만이 10년후 만든 IAS 머신의 제작에 그 아이디어를 적용했는지는 분명치 않다. 폰 노이만은 게임 이론의 아버지이며, 오스카 모르겐슈테른과 함께 1944년 고전 《게임과 경제행동 이론》을 썼다. 폰 노이만은 또한 냉전기간 동안 미국의 핵 정책을 주도했던 상호간에 '보장된 멸망'이란 개념을 확신하고 있었다. 폰 노이만은 제2차 세계 대전 동안 핵무기를 개발하기 위한 맨해튼 계획의 일원으로 로스앨러모스 국립 연구소에서 한스 베테 · 빅토어 바이스코프와 함께 일했다.

[양자 역학]

1900년 세계 수학자 대회에서, 다비트 힐베르트는 수학 발전의 핵심적인 23개의 문제들을 발표했다. 그 중 6번째 문제는 물리학의 공리화였다. 1930년대까지 새로운 물리 이론들 중에서는 공리적 접근 방식을 따랐던 것은 양자역학뿐이었다. 하지만 양자역학은 결정론적 세계관과 모순되는 부분이 있어 철학적 · 기술적으로 문제가 제기되어 왔으며, 베르너 하이젠베르크의 행렬역학과 에르빈 슈뢰딩거의 파동역학 접근방식이 접점을 찾지 못한 상태였다. 집합론의 공리화를 끝낸 이후, 폰 노이만은 양자역학의 공리화 문제를 해결하기 시작했다. 1926년, 폰 노이만은 N개의 입자를 양자 역학으로 다루는 문제가 무한차원 힐베르트 공간 내의 한 점으로 나타나며, 이는 고전역학에서 6N 차원의 위상 공간에 대응되는 개념이라는 것을 알아챘다. (3N 개는 위치를 나타내기 위해, 3N 개는 운동량을 나타내기 위해 쓰임) 거기에 더해 위치, 운동량 등의 물리량은 이 점에 연산자를 작용시켜 얻어낸다고 생각할 수 있다는 것을 알아냈다. 그러므로 양자역학을 다루는 물리문제는 힐베르트 공간 내의 에르미트 연산자를 연산자끼리 계산하는 방식으로 치환하는 것이 가능하다는 것을 알았다. 유명한 예로, 베르너 하이젠베르크의 불확정성 원리는 위치 연산자와 운동량 연산자를 곱했을 때, 곱하는 순서가 바뀌면 계산 값이 달라질 수 있다는 것 (예: p 를 x 축에 대한 운동량, x 를 x축에 대한 위치라고 할 때, $px - xp \neq 0$)으로 설명 가능하다. 이 접근 방식은 하이젠베르크와 슈뢰딩거의 접근방식을 포괄하며, 노이만은 1932년 양자역학에 내재된 수학이론을 완성한다. 물리학자들은 폴 디랙이 1930년에 완성한 브라-켓 접근방식을 선호하나, 수학자들은 노이만의 접근방식이 아름답고 완전하다고 평가한다.

[게임 이론]

폰 노이만은 그의 수학적 지식을 바탕으로 게임 이론의 기초를 다졌다. 1928년 폰 노이만의 미니맥스 이론을 증명했으며, 이는 완전한 정보와 제로섬 게임을 기반으로 두 사람이 두 가지의 전략을 갖고 있을 때, 각자의 손실을 최소화하는 방법을 일컫는다. 1944년에는 오스카 모르겐슈테른과 함께 쓴 책 《게임 이론과 경제적 행동》를 출간함으로써 불완전한 정보와 참여자가 두 명 이상일 경우를 고려했다는 점에서 미니맥스이론을 스스로 발전시켰다고 할 수 있다. 뉴욕 타임즈 표지에 소개되었을 만큼 이 책이 발간되었을 때 공중의 관심이 굉장히 높았다. 이 책에서 폰 노이만은 경제 이론이 함수해석학을 사용할 필요가 있음을 밝히며, 특히 볼록집합과 위상 고정점 정리를 강조하였다. 이는 폰 노이만의 이론이 전통적인 미분학을 뒷받침하지 않기 때문이다.

[AI 예측]

존 폰 노이만은 AI를 예측하였는데, 1948년에 기계가 생각하는 것은 불가능하다는 강의를 듣고 다음과 같이 말하였다. "당신은 기계가 할 수 없는 어떤 것이 있다고 주장한다. 만일 당신이 그 기계가 할 수 없는 것이 무엇인지를 정확하게 이야기해준다면, 나는 언제든지 그 일을 수행할 수 있는 기계를 만들 수 있다." 했다. 폰 노이만은 이미 그 전에 모든 처리절차(procedure)는 (범용)컴퓨터에 의해서 시뮬레이션 될 수 있다고 이야기함에 따라 처치-튜링 이론을 언급했다.

♣ 모든 안정된 과정들은 우리가 예측할 것이다. 모든 불안정한 과정들은 제어할 것이다.

♣ 과학은 설명하려고 노력하지 않는다. 과학은 해석하려고 들지도 않는다.
   과학은 주로 모델을 만든다. 그 모델이란 언어적 해석이 가미된 것으로 관찰된 현상을 묘사하는(보여주는) **수학적 건물**이라고 할 수 있다.

♣ 이제까지 고안된 것 가운데 가장 강력하고 정확한 컴퓨터 '에니악'은 미국이 수소폭탄개발 경쟁에서 소련을 이기도록 도왔고, 현대 컴퓨터 시대를 여는 데 선구적인 역할을 했다.

♣ 만약 사람들이 **수학이 단순하다**고 믿지 않는다면, 그것은 사람들이 **인생이 얼마나 복잡한지**를 깨닫지 못하기 때문이다.

♣ 당신 혼자서 세상을 책임지는 건 아니야, 혼자서 괴로워하지 마, 알겠어?

♣ 기계가 할 수 없는 일이 있다고 주장하는 사람들이 있다. 기계가 할 수 없는 일이 무엇인지를 나에게 정확하게 일러준다면 그걸(기계가 할 수 없는 것) 할 수 있는 기계를 만들어 주겠다.

20세기 전 출생 인물들

1600년대(17세기)부터 1800년대, 즉 19세기까지(20세기 전) 태어난 인물들 5명을 소개한다. 소프트웨어에는 직간접적으로 관련되지만 융합과 창조에 탁월한 모범적 인물들로서 선택하였다. 컴퓨터 선구자, 인터넷 및 웹 발전에 영향을 끼친 과학사상가, 19세기 최초의 프로그래머, 컴퓨터의 아버지, 수학자, 최초의 기계적 계산기 발명가, 최초의 계산기 발명가 등의 삶과 업적 및 생각(명언)등을 소개한다.

부시 Vannevar Bush

• 교수 • 공학자 • 미국 • 1890년생

(타임지 사진 사용)

[출생] 1890년 03월 11일, 미국 매사추세츠 주 애버렛
[사망] 1974년 06월 28일 (84세), 미국 매사추세츠 주 벨몬트

[국적] 미국
[분야] 전기공학
[소속] 매사추세츠 공과대학교 (매사추세츠 공과대학교)
[출신 대학]
터프츠 대학교 (학사, 석사, 1913)
매사추세츠 공과대학교 (공학 박사, 1916)

[학력사항]

~ 1917 하버드대학교 대학원 공학 박사

~ 1913 터프츠대학교 대학원 수학 석사

~ 1913 터프츠대학교 수학 학사

[경력사항]

1941 미국 과학연구개발국 장관

1940 미국 국방연구위원회 위원장

1938 ~ 1939 미국 항공자문위원회 위원장

1938 ~ 1955 카네기협회 회장

1955 ~ 1974 미국 매사추세츠공과대학교 전기공학 교수

1923 ~ 1932 미국 매사추세츠공과대학교 전기공학 교수

[주요 업적]

미국 국립과학재단

맨해튼 계획

레이시온

미분 해석기

영향줌 더글러스 엥겔바트

테드 넬슨

[수상]

IEEE 에디슨 메달 (1943)

후버 메달 (1946)

메리트 메달 (1948)

IRI 메달 (1949)

존 프리츠 메달 (1951)

존 J. 카티 상 (1953)

미국 과학 훈장 (1963)

원자력 선구자 상(Atomic Pioneer Award, 1970)

[요약]

버니바 부시는 미국의 기술자이자 아날로그 컴퓨터의 선구자이다. 역사적으로 부시는 2차 세계
대전에서 원자 폭탄을 개발한 맨해튼 계획을 관리하고 추진한 주역 중 한 사람이었으며 메멕스
(MEMEX)라고 불리는 기억 확장기 개념을 최초로 주창하여 인터넷과 하이퍼텍스트의 발전에 영
감을 준 과학 사상가였다.

[생애]

미국 매사추세츠 주 에버렛에서 출생하였으며 터프츠 대학교를 1913년에 졸업하였다. 하버드 대학교와 MIT에서 1917년에 공학 박사 학위를 받았다. 제1차 세계 대전 중에는 미국의 국가연구위원회에서 잠수함을 탐지하는 기술 개발을 하였다. 이후 1919년에 MIT의 전기공학과에 재직하였으며 1923년에서 1932년까지 교수로 활동하였다. 이때 버니바 부시는 아날로그 컴퓨터인 미분 해석기(Differential Analyzer)를 만들었으며, 이 기계는 최대 18개의 독립 변수를 계산할 수 있었다. 이 계획은 후에 록펠러 재단의 지원을 받게 된다. 록펠러 미분 해석기는 1942년부터 실용성을 갖는 수준에 이르렀으며, 당시 가장 강력한 계산기였으며, 콘라드 추제(독일의 전자공학자 및 컴퓨터 연구의 선구자)가 최초로 컴퓨터를 발명하기 이전 세대에서 가장 큰 혁신적인 결과물이었다.

이때 버니바 부시의 제자 중 한 명이었던 클로드 섀넌(Claude Shannon)이 디지털 회로 디자인 이론을 개발 하였다. 1932년부터 1938년 사이에 부시는 MIT의 공과대학 학장이자 부총장으로 근무하였다. 1937년부터 MIT에서 부시의 청사진은 대량의 데이터베이스 처리, 과학 기술용 계산을 목적으로 한 계산기였다. 그러나 버니바 부시가 카네기재단의 회장으로 1938년 선임되면서 이 계획은 구심점을 잃었지만, 1940년 계획의 완료가 발표되었으며, 1942년 특허를 얻었으며, 1950년대에 미국 도서관에 설치된다.

1939년 버니바 부시는 미국 국가방위연구위원회(NDRC)의 의장이 되며, 1941년 과학 연구 개발 부서(O.S.R.D.)의 부장이 된다. O.S.R.D.은 2차 세계 대전 중의 모든 개발 계획을 조정했으며, 이중에는 원자 폭탄을 개발하기 위한 맨해튼 계획도 포함된다. 버니바 부시는 레이다의 개선, 음파 탐지기 (Sonar) 개발의 책임이 있었으며, 미국 방위산업체인 레이시온의 설립에도 참여하였다.

[메멕스]

제2차 세계 대전이 끝나기 직전 1945년 7월 부시는 1939년에 써 두었던 〈우리가 생각하는 대로〉라는 글을 더 애틀랜틱에 발표한다. 이 글에서 버니바 부시는 메멕스(Memex, Memory Extender)라는 가상의 기계를 소개한다. 이 선구적인 글은 많은 사람의 주목을 끌었으며, 우리에게 익숙해져 있는 개인용으로 사용되는 정보 처리 기계 및 인간과 컴퓨터 간의 인터페이스에 대한 최초의 묘사로 여겨지고 있다. 버니바 부시는 더글러스 엥겔바트, J.C.R. 리클라이더, 이반 서덜랜드 등 한 세대에 걸친 컴퓨터 과학자들에게 영감을 주어 현대 정보 사회가 성립하는 데에 촉매 역할을 한 것으로 기억된다.

[업적]

미국의 저명한 과학자였던 바네바 부시는 디지털 컴퓨터의 시대가 열리던 초창기에 컴퓨터와 컴퓨터 네트워크 그리고 하이퍼텍스트 시스템의 모습을 통찰력 있게 예견한 디지털 시대의 개척자다. 1945년의 논문 "우리가 생각하는 대로"는 인터넷과 월드와이드웹, 정보 조직화, 검색 등 보편화된 컴퓨터 기술의 거의 모든 내용을 구상한 것으로 유명하다. 맨해튼 프로젝트 등 정부의 과학기술 정책에도 깊이 관여했다. 20세기 미국의 대표적인 과학자였던 바네바 부시는 아날로그 컴퓨터의 혁신에 기여하고 세계대전 당시 과학계와 군의 협력을 주도한 것은 물론 1945년 "우리가 생각하는 대로"라는 논문에서 하이퍼텍스트와 컴퓨터 네트워크의 출현을 예견한 사람으로 특히 유명하다.

1916년 MIT에서 전자공학 박사학위를 받은 부시는 잠시 터프츠칼리지에서 조교수로 근무했다. 부시는 1919년 전자공학과 교수가 되어 MIT로 돌아왔는데, 이후 잠수함 추적 문제를 연구하는 등 군사용 기술 개발에 기여했다. 이런 작업은 버니바 부시가 세계대전 기간과 종전 이후 군, 업계, 과학계를 종횡무진 하는 데 중요한 기반이 되었다. 제1차, 제2차 세계대전 사이에 부시는 미분방정식을 연산하기 위해 아날로그 컴퓨터인 디퍼렌셜 애널라이저(differential analyzer)를 고안, 이 분야 발전의 획기적 전기를 마련했다. 1939년 부시는 군사용 과학 연구를 촉진하기 위한 위원회를 만들어야 한다고 루즈벨트 대통령에게 건의했다. 그 이듬해에 국방연구위원회(NDRC)가 만들어졌고, 버니바 부시가 위원장에 임명되었다. 1941년 버니바 부시는 무기 개발에 과학기술 자원을 집중하기 위한 부서인 과학연구개발국(OSRD)의 책임자에 임명되었다. **제2차 세계대전 기간 동안 부시는 대통령에게 정기적으로 자문을 제공하는 유명인사가 되었다.**

부시의 가장 큰 업적은 정보 조직화에 대한 비전을 제시했다는 점이다. 1945년 버니바 부시는 오늘날의 월드와이드웹에서 활용되는 **하이퍼텍스트를 예견했다.** 1945년 7월 발간된 "우리가 생각하는 대로"라는 논문에서 부시는 과도하게 많은 정보가 존재하게 되면 연구자들은 최신의 연구에만 집착하게 된다고 주장했다. 버니바 부시는 이 문제를 해결하기 위해 메멕스(Memex)를 포함한 다수의 가설적 장치들을 제안했다. **메멕스는 개인의 책과 기록물 모두를 저장함으로써 인간의 기억을 보완하기 위한 장치다.** 마이크로필름을 활용해 자료를 저장하고 빠르게 검색할 수 있도록 한 것으로 일종의 아날로그 컴퓨터라 할 수 있다. 뇌의 작동방식을 모델로 한 이런 아날로그 기기는 흔한 알파벳 색인이 아닌 연관(association)에 의해 정보를 정렬하게 된다. 부시는 이런 연관 색인화를 '사고의 행적(trails of thoughts)'이라 불렀다.

메멕스는 새롭고 우아한 정보조직 체계를 요구하는 정보과잉 사회의 필요에 부응하고자 하는 것이었다. 부시는 정보 과잉에 대처하기 위해 개인들이 지속적으로 새로운 정보를 추가하고 그에 따라 새로운 행적을 만들어나갈 수 있도록 해야 한다고 주장했다. 즉 유연하게 자신의 기록물을 조직화하고 접근할 수 있게 해주는 기기가 필요하며 그것이 바로 메멕스라는 것이다. **부시는 공학자였을 뿐만 아니라 기술자와 과학자 공동체를 움직여 전쟁 수행에 기여하도록 했다. 버니바 부시는 디퍼렌셜 애널라이저와 같은 독창적인 아날로그 기기를 만들었을 뿐만 아니라 통찰력 있는 비전을 제시해 미래의 정신과 기술발전을 추동한 사람이다.**

♣ 장면은 바뀐다. 하지만 선한 의지를 가진 인간들의 열망은 지속된다.

♣ 소이탄 폭격의 결정은 높은 수준의 인도적 측면을 감안하여 이루어져야 한다.

♣ 과학은 실용성을 초월하는 간단한 믿음을 가지고 있다.
　이해하기 위해 배워야하는 게 인간의 특권이자 임무라는 믿음이다.

♣ 믿음이 사실보다 더 클 수 있다.

♣ **과학을 추구하는 것은 영혼적인 것들을 폄하하려는 게 아니다.**

♣ 기초과학연구는 과학적 자산이다.

에이다 Ada Lovelace

● 최초 프로그래머 ● 영국 ● 1815년생

Ada Lovelace (1815 - 1852)
World's first computer programmer

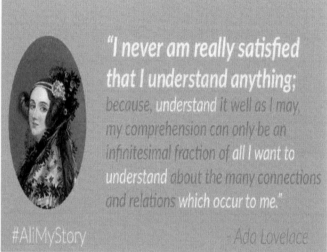

"I never am really satisfied that I understand anything; because, understand it well as I may, my comprehension can only be an infinitesimal fraction of all I want to understand about the many connections and relations which occur to me."

#AliMyStory   - Ada Lovelace

[출생] 1815년 12월 10일, 영국 런던
[사망] 1852년 11월 27일, (만 36세) 영국 런던 매릴번

[사인] 자궁암
[국적] 영국
[별칭]
러브레이스 백작부인 각하 어거스타 에이다 바이런 여사
[직업] 수학자
[배우자]
윌리엄 킹-노엘 초대 러브레이스 백작
[부모]
조지 고든 바이런(父),
앤 이사벨라 바이런(母)

러브레이스 백작부인 어거스타 에이다 킹은 영국 시인 조지 고든 **바이런의 딸로 세계 최초의 프로그래머**로 알려져 있다. 출생명은 어거스타 에이다 바이런, 대중적으로는 에이다 바이런, 혹은 에이다 러브레이스라는 이름으로 불린다. 과학만능주의가 팽배하던 19세기를 살다간 귀족여성으로서 이학적(理學的)인 관심과 타고난 지능을 바탕으로 초기 컴퓨터과학에 인상적인 발자취를 남겼다. 에이다는 찰스 배비지의 연구에 대한 좋은 이해자이자 협력자였고, 배비지가 고안한 해석기관을 위한 공동작업으로 널리 알려져 있다. 해석기관에서 처리될 목적으로 작성된 알고리즘이 최초의 컴퓨터 프로그램으로 인정되었던 바 '세계최초의 프로그래머'라는 수식어가 붙는다. 해석기관을 단순한 계산기 또는 수치 처리장치로만 생각하던 당대의 과학자들과는 달리 훨씬 다양한 목적으로 활용될 수 있는 가능성에 주목하여 현대 컴퓨터의 출현을 예측하였다.

프로그래밍 언어에서 사용되는 중요한 개념인 루프, GOTO문, IF문과 같은 제어문의 개념을 소개하였다. 에이다는 **서브루틴에 관한 개념도 고안**하였는데, 이것은 1948년 모리스 윌키스가 개발한 최초의 어셈블리어의 개념으로 추가된다. 에이다 프로그래밍 언어는 에이다의 이름을 따서 만들어진 프로그래밍 언어이다.

[생애]

에이다는 저명한 **낭만파 시인 조지 고든 바이런과 앤 이사벨라 바이런의 외동딸로 영국에서 출생**하였다. 바이런에게는 혼외관계를 통해 태어난 다른 자녀들이 있었지만, 정상적인 혼인관계를 통해 출생한 법적자녀는 에이다가 유일하다. 바이런은 이복누이인 어거스타 리와의 불륜설에 시달리고 있었고, 이를 불식하기 위해 원하지 않는 결혼을 했다는 해석이 있다. 바이런은 아내가 임신하자 대를 이어 작위를 계승할 '영예로운 소년'을 낳아주길 바랐지만, 딸이 태어나자 실망감을 표시했다. 바이런은 딸을 이복누이의 이름에서 어거스타라고 이름 짓고, '에이다'라고 불렀다. 1816년 1월 16일, 바이런은 앤 이사벨라에게 이혼을 통보하고 태어난 지 한달된 에이다와 함께 친정으로 쫓아냈다. 당시 영국법은 부모의 이혼에 있어 아버지에게 전적인 양육권을 부여하였지만, 바이런은 친권을 전혀 행사하지 않았고 석 달이 지난 4월 21일, 영원히 영국을 떠나버렸다. 이것은 앤 이사벨라가 평생에 걸쳐 전남편인 바이런의 부도덕한 행실을 성토하게 만들었고, 일련의 사건들로 인해 어린 에이다는 빅토리아 사회에서 유명해지게 되었다. 영국을 떠난 바이런은 딸에 관련한 그 어떤 연락도 주고받지 않았다. 그리고 에이다가 여덟 살이 되던 해에 **그리스 독립전쟁으로 얻은 질병으로 숨졌다.**

[성장]

에이다는 어린 시절부터 무척 병약했고, 자주 아팠다. 8살 때는 일시적으로 시력을 상실할 정도의 두통을 앓았고, 14살 때는 홍역에 걸려(1829년) 병상에서만 지내다가 16살이 되어서야 간신히 지팡이를 짚고 걸을 수 있었다(1831년). 앤 이사벨라는 에이다의 양육을 할머니에게 맡기는 등 아이에게 소홀하였음에도 이혼한 여성에 대해 관대하진 못한 사회적 시선을 의식하여 대외적으로는 모성이 가득한 어머니의 모습을 보여주려 하였다. 때문에 할머니에게 에이다의 안부를 묻는 편지를 보내고는 어머니로서 성실하다는 것을 증거로 삼기위해 보관하게끔 했다. 앤 이사벨라의 친구들은 10대시절의 에이다에게서 '도덕적인 일탈'의 징후들을 포착하였다고 얘기하였지만, 에이다는 훗날 어머니의 친구들이 자신에 대해 과장된 얘기를 지어내곤 했다고 불평했다. 그러나 18살의 에이다가 가정교사와 사랑에 빠져 도피를 시도하였고, 이것이 사전에 발각되어 스캔들로 비화되는 것을 원하지 않은 어머니와 친구들에 의해 좌절된 일이 있었던 것을 볼 때, 에이다의 성장기에 방황의 흔적이 있음은 사실이라고 볼 수 있다. 어머니는 에이다가 아버지를 닮는 것을 두려워하여 문학 대신에 수학이나 논리학에 심취하게끔 유도하였다. 에이다는 가정교사로부터 수학과 과학을 배웠는데, 에이다의 스승은 윌리엄 프렌드, 매리 소머빌과 같은 19세기의 과학자들이었고 그 중엔 저명한 수학자 드모르간도 있었다. 17살 무렵(1832년)부터 에이다는 수학적 재능을 꽃피우기 시작했다. 드모르간은 어머니 앤 이사벨라에게 보내는 편지에서 에이다에게 일류 수학자가 될 재능이 있다고 말했다. 딸에게서 아버지 바이런을 지우고자 하는 앤 이사벨라의 집착은 컸다.

에이다가 20살이 될 때까지 아버지 바이런의 그 어떤 초상화도 보지 못하도록 차단할 정도였지만, 에이다는 아버지를 사모했고 죽을 때는 아버지 곁에 묻히기를 원했다. 에이다는 이복자매인 클라라 알레그라 바이런은 너무 어린 나이에 죽어 만나지 못했지만, 고모 어거스타 리의 딸 엘리자베스와는 몇 번의 접촉이 있었다. 하지만 어거스타 리는 에이다와의 만남을 의도적으로 회피하였다. 19세가 되던 해(1834년), 에이다는 사교계의 일원이었고, 여러 행사에 참석하기 시작하였다. 에이다는 춤추는 것을 좋아하였고 아름다운 자태로 보는 이들을 매혹시켰다. 그러나 바이런의 친구인 존 홉하우스는 예외라서 당시의 에이다를 단지 이렇게만 묘사했다. **"덩치가 크고 피부가 까칠한, 그런데 어딘가 바이런과 닮은 구석이 있는(특히 입부분이) 젊은 여자였다"**. 에이다는 어머니의 영향을 받아 아버지의 친구들을 좋아하지 않았는데, 이 사실을 에이다는 홉하우스에게 고백하였고 그 후엔 서로 친구가 되었다. 가정교사인 서머빌과는 끈끈한 유대를 맺었고 다른 유명인사 들과의 교류도 있었는데 그 면면을 보자면 앤드류 크로스, 데이비드 브루스터, 찰스 휘트스톤, 찰스 디킨스, 마이클 패러데이와 같은 당대의 명사들이었다.

[배비지와의 만남과 최초의 프로그램]

에이다는 스스로를 '**시적인 과학자**', **분석가**, **형이상학자**라고 불렀다. 그리고 골상학과 최면술을 포함한 당대의 과학적 유행에 관심이 많았다. 1844년에는 친구에게 두뇌가 생각과 감정을 일으키는 원리를 나타내는 수학적인 모델을 만들고 싶다고 얘기하였고, 이 연구와 관련하여 전기기술자 앤드류 크로스를 방문하여 실험방법을 배우기도 했다. 같은 해, 에이다는 칼 폰 라이헨바흐 남작이 쓴 〈자성에 대한 연구〉를 읽고 평론을 쓰기도 하였지만 출판하지는 않았다. 말년에는 어머니에게 보내는 편지에서 수학과 음악의 상관관계에 대한 연구를 하고 있다고 말했다. 에이다는 자신을 가르친 많은 스승들 중에서도 여류 과학자인 매리 서머빌을 좋아하고 따랐는데, 찰스 배비지와의 만남은 서머빌의 주선을 통해서 이루어진 것이었다. **배비지로부터 전해들은 '초기 컴퓨터'에 대한 연구에 에이다는 매혹되었고, 서머빌과의 친분을 최대한 이용하여 배비지와 자주 접촉하려 하였다.** 에이다의 여름별장에 있는 테라스 한쪽에서 두 사람은 수학에 대해 토론하곤 하였고, 그곳은 '철학자의 길'이라고 불렸다.

1842년에 찰스 배비지는 해석기관에 대한 세미나를 위해 이탈리아의 토리노 대학을 방문했는데, 이날의 강연을 들은 젊은 과학자(훗날 이탈리아의 총리가 되는) 루이기 메나브레아는 프랑스어로 해석기관에 대한 논문을 썼다. 배비지와 에이다의 친구 찰스 휘트스톤은 이것을 영어로 번역할 것을 제안하였고, 에이다는 번역과 함께 본문보다도 분량이 많은 주석을 논문에 추가하였다. 해석기관에 대해 설명하는 것은 당시로선 매우 어려운 작업이었다. 주석문은 알파벳 순서대로 A부터 G까지의 각 파트로 이루어져 있었고, G 파트에는 '베르누이 수'를 구하는 해석기관용 알고리즘이 실려 있었는데 이것이 현대에 들어서 최초의 컴퓨터 프로그램으로 인정되어 에이다에게 최초의 컴퓨터 프로그래머라는 수식어가 붙게 되었다. 에이다는 주석문에서 '해석기관'은 프로그램을 작성하여 입력하는 방식을 통해 복잡한 문제를 해결한다는 점에서 종래의 계산 기계와는 본질적으로 다르다고 설명하였고, 특히 해석기관이 더욱 다양한 목적을 위해 활용될 수 있는 가능성을 제시하였다. 배비지조차도 단순히 계산이나 수치를 처리하는 장치로만 해석기관을 이해했던 것과 비교하면 개념적인 도약이었다. 에이다는 음악의 요소들이 해석기관이 처리할 수 있는 형태로 변환될 수 있다면 해석기관을 이용하여 작곡과 같은 창작활동도 가능하다고 언급하였고 여기서 현대의 컴퓨터에 대한 예측을 엿볼 수 있다. 작업을 마친 후에도 두 사람의 우정은 변함이 없었고 서신 교환은 계속되었다. 말년에 에이다는 바베지를 유언의 집행자로 지명하는 편지를 썼지만, 법적문제로 인해 전달되지는 못했다.

[기념]
에이다의 생일날인 1980년 12월 10일에 미국 국방부는 **"에이다"라는 이름의 새로운 컴퓨터 프로그래밍 언어**에 대한 참조 설명서를 승인하였다. 에이다 프로그래밍 언어(MIL-STD-1815)의 미국 국방부 군사 규격에 붙여진 숫자는 에이다가 태어난 해를 기념하기 위한 것이다. 영국 컴퓨터 협회는 매년 에이다의 이름으로 메달을 수여한다. 탄생 197주년을 기념하여 구글은 에이다를 모델로 한 구글 두들을 헌정하였다.

[에이다 Ada, 프로그래밍 언어]
에이다(Ada)는 구조화되고, 정적인 형태를 가지고, 명령적이며, 객체 지향적인 고급 컴퓨터 프로그래밍 언어이다. 에이다는 매우 강력한 유형 시스템의 언어이다. 에이다는 컴퓨터 프로그래밍을 발명하는 데 공헌한 에이다 러브레이스의 이름을 딴 것이다.

♣ 내가 어떤 것을 이해하고 있다고 난 진짜 결코 만족하지 않는다.
　왜냐하면, 내가 잘 이해힐 수 있는 것처럼, 나의 이해는, 나에게 일어난 많은 연관들과 관계들에 관해서, 내가 이해하고 싶은 모든 것들의 지극히 작은 일부일 수 있기 때문이다.
♣ 컴퓨터는 우리가 명령하는 방법을 알고 있는 것은 무엇이든 계산해낼 수 있다.
♣ 나의 뇌는 숙명적으로 죽는 것 이상의 어떤 것이다; 시간이 보여줄 것이다.
♣ 상상력은 무엇인가? 그것은 신과 같은, 고귀한 타고난 능력이다.
　그것은 지구가 살만하게 만들고, 우리가 살 수 있게 가르친다. 영원의 음조로.
♣ 나에게 종교는 과학이며, 과학이 종교이다.
♣ 모든 문제들로부터의 가장 좋으며 가장 현명한 피난처는 과학 속에 있다.

배비지 Charles Babbage

• 수학자 • 발명가 • 영국 • 1791년생

CHARLES BABBAGE

• THE FATHER
  OF THE
  MODERN
  COMPUTER

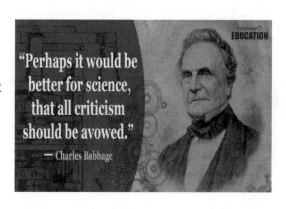

"Perhaps it would be better for science, that all criticism should be avowed."
— Charles Babbage

[출생] 1791년 12월 26일, 잉글랜드 런던
[사망] 1871년 10월 18일 (79세), 잉글랜드 런던 매릴번
[국적] 영국
[분야] 수학, 분석철학, 전산학
[출신 대학] 케임브리지 대학교
[주요 업적] 수학, 컴퓨팅
[종교] 성공회

찰스 배비지는 영국의 수학자이자 철학자, 발명가, 기계공학자로서 '프로그램이 가능한 컴퓨터' 개념의 시초자이다. "컴퓨터의 아버지"로 불린다. 배비지는 기계식 컴퓨터를 최초로 개발한 인물로 평가 받고 있으며, 배비지의 개발 이후 더욱 복잡한 형태의 기계식 컴퓨터들이 등장하게 되었다. 배비지가 생전에 남긴 수많은 업적은 당대 최고의 박식가로 인정받게 하기에 충분했다. 19세기 당시 예산과 기술의 부족으로 완성되지 못한 **배비지의 기계식 계산기의 일부는 런던 과학 박물관에 소장**되어 있다. 1991년, 배비지가 설계한 차분기관이 완성되게 되었으며 성공적으로 작동하였다. 이는 19세기 당시 배비지의 설계가 유효한 것임을 입증한 것이다. 2000년에는 차분기관의 인쇄기의 재현에 성공하였는데, 이 인쇄기는 19세기에 설계된 기계 장치 수준에서는 상당히 섬세한 것으로 여겨지고 있다.

[출생]

찰스 배비지의 출생지는 아직도 확실히 밝혀지진 않았지만 영국 런던 월위스 로드 44 크로스비 로우인 것이 대부분의 의견이다. 라르컴 스트리트(Larcom Street)와 월위스 로드의 교차로에 설치된 블루 플래크에 그의 이름이 기념돼 있다. 배비지의 출생일은 1792년 12월 26일로 배비지의 사망기사에 쓰여졌다. 하지만 그 기사가 전해진 후 배비지의 조카가 밝히기를 배비지의 출생일은 기사에 쓰인 날짜의 1년 전인 1791년이라고 밝혔다. 런던 뉴윙턴에 위치한 세인트 메리 성공회 교회의 기록에 의하면 배비지의 유아 세례식날은 1792년 1월 6일로 1791년 출생을 뒷받침한다.

[교육]

찰스 배비지는 부유한 아버지 덕에 여러 학교와 여러 가정교사 밑에서 초등교육을 받을 수 있었다. 여덟 살 즈음 배비지는 심한 열병에 걸려서 완쾌하기 위해 데번주 알핑턴에 있는 시골학교에 다니게 되었다. 배비지는 잠시 동안 타트니스에 있는 에드워드 6세 커뮤니티 칼리지에 다니기도 하였지만, 건강이 악화되어 한동안 가정교사들에게 교육을 받았다. 그 후 스티븐 프리먼(Stephen Freeman) 목사가 운영하는 홈우드 학원(Holmwood academy)에 들어갔다. 학원에 잘 갖춰진 도서시설은 배비지의 수학에 대한 사랑을 일깨웠다. 학원을 떠난 후 배비지는 두 명의 가정교사 밑에서 공부했다. 이 중 두 번째 가정교사는 배비지가 케임브리지 대학교에 들어가기 전에 충분한 선행지식을 갖출 수 있게 해 주었다.

1810년 배비지는 케임브리지 대학교 트리니티 칼리지에 입학한다. 그러나 라이프니츠, 라그랑주, 토마스 심슨, 라크룩스 등의 연구결과에 대해 미리 폭넓게 알고 있었던 배비지는 케임브리지 대학교의 수학교육에 아주 크게 실망하였다. 그리하여 배비지는 1812년 존 허셜, 조지 피콕 등 여러 친구들과 함께 해석 학회(Analytical Society)라는 모임을 만들었다. 이들은 후에 판사이자 연구 후원자가 되는 에드워드 라이언과도 매우 친한 친구였다. 1812년 피터하우스 칼리지로 학적을 옮긴 배비지는 피터하우스의 가장 뛰어난 수학자로 꼽혔지만 우등으로 졸업하지는 않았다. 대신 배비지는 1814년에 시험을 치지 않고 학위를 받았다.

[결혼, 가족, 죽음]

배비지는 1814년 7월 25일 조지아나 휘트모어(Georgiana Whitmore)와 타인마우트의 세인트 미카엘 교회에서 결혼하였다. 부부는 런던 포트랜드 플래이스 5 데번셔 스트리트로 옮기기 전 슈롭셔주의 덧마스턴 홀에 살았다. 이곳은 배비지가 중앙 난방 시스템을 설계한 곳이다. 찰스와 조지아나는 여덟 명의 아이를 낳았지만 벤저민 허셜 배비지, 조지아나 휘트모어 배비지, 더갈드 브롬헤드 배비지, 헨리 프레보스트 배비지 등 네 명만이 생존했다. 아내 조지아나도 1827년 9월 1일 사망했다. 아버지, 아내, 아들 등의 부고로 겹친 불운에 배비지는 정신적 충격에 휩싸였고, 기구 제작도 지연되었다.

배비지의 막내아들인 헨리 프레보스트 배비지는 여섯개의 다른 차분기관을 아버지인 배비지의 디자인을 써서 만들기 시작하였고, 그 중 하나가 하버드 마크 I의 선구자인 하워드 에이컨에게 보내졌다. 덧마스턴 홀에 전시되어 있던 핸리 프레보스트의 1910 분석기구 밀(1910 Analytical Engine Mill)은 현재 런던 과학 박물관에 전시돼 있다.

찰스 배비지는 1871년 10월 18일 79세로 사망하여 런던의 켄설 그린 묘지에 묻혔다. 홀스리에 의하면 배비지는 방광염에 연관된 신장이상으로 사망하였다 한다. 1983년 실시된 배비지의 부검결과는 후에 배비지의 한 자손에 의해 알려졌는데, 원본 복사본이 참고용으로 현존한다. **배비지의 뇌는 현재 런던 과학 박물관에 보관되어 있다.**

[컴퓨터의 디자인]

배비지는 인간의 잦은 계산 오차를 줄일 수 있을 수학 테이블의 기계적 계산방식을 찾기 원했다. 어수선함을 싫어하는 성격; 로그 테이블의 사용 경험; 빌헬름 쉬카드, 파스칼, 라이프니츠 등이 시작한 계산하는 기구에 대한 연구자료 등 크게 세가지의 이유가 그에게 영향을 미친 것으로 보인다. 배비지는 1822년 험프리 데이비에게 보내는 편지에서 계산하는 엔진에 대한 원칙등을 논의했다. 크게 자금 문제와 성격상 문제로 하여 기구가 완성되진 못했지만, 배비지의 기구는 기계적 컴퓨터의 근원중 하나다. 배비지는 어떤 증기로 작동하는 기구의 어느 정도의 성공으로 계산이 기계화될 수 있다는 것을 확인하였다. 배비지의 기구는 기계적이고 다루기 힘들었지만 기초 구조는 현재의 컴퓨터와 매우 흡사하였다. 데이터와 메모리는 분리되었고, 지시에 따른 작동에, 조종 유닛은 어느 조건에 따라 지시를 넘길 수 있었고 또한 입/출력 장치가 분리 배치돼 있었다.

[약력]

1810년 케임브리지 트리니티 대학에서 학업을 시작. 주요 관심분유는 수학과 화학

1814년 케임브리지 피터하우스 대학에서 졸업. 조지아나 휘트모어와 결혼

1816년 왕립학회 회원

1817년 철학 석사 학위

1820년 존 허셸, 조지 피콕과 함께 해석 학회를 조직하여 대륙의 앞선 수학을 영국 수학계가 받아들이도록 노력함. (특히, 라이프니츠의 미분 표기법)

1823년 영국 정부의 지원으로 차분기관 1호에 대한 연구를 시작.

1826년 보험사업에 통계학에 기반한 사망률표를 이용하게 한 짧은 소논문을 발표.

1827년 아버지, 부인, 그리고 한 아들의 사망 후 유럽을 1년동안 여행.

1828년 케임브리지 대학 수학교수가 됨. 1839년까지 루카스 교수를 역임. 그러나 강의는 맡지 않음.

1831년 왕립학회에 불만을 갖고 영국 과학 선진 협회를 조직.

1832년 저서 ≪기계와 생산자의 경제학≫ 출판됨. 이 책은 당시 산업자본의 기술과 조직에 대한 분석을 내놓고 있음. 세공 기술자 조셉 클레멘트와 25,000개의 부품으로 이루어진 차분 기관의 첫 모듈 완성.

1833년 자비로 해석기관의 연구 시작.

1834년 런던에서 통계학회를 설립.

1842년 영국 정부 차분기관 1호 계획을 중지.

1846년 배비지 해석기관의 개발을 중지.

1847년 (약 1949년까지) 차분 기관 2호의 세부 계획을 세움. 2호는 1호보다 훨씬 적은 수의 부품을 사용하도록 설계됨.

♣ 모든 비평이 언급되는 것이 아마도 과학을 위해서 더 좋다.

♣ 인간 시간의 경제성은, 제조 시 기계의 다음 장점이다.

♣ 발명의 능력을 타고난 사람은 많은 응용능력을 가진 사람들을 찾을 수 있다.

♣ 부적절한 데이터를 사용하는 에러가 아무런 데이터 없이 사용하는 에러보다 훨씬 적다.

♣ 축적된 지식은 복리로 증가해서, 지식은 지식의 진보를 가속화한다.

라이프니츠 G.W. Leibniz

● 철학자 ● 과학자 ● 독일 ● 1646년생

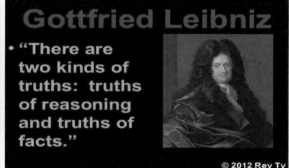

[출생] 1646년 7월 1일, 작센 선거 후령 라이프치히
[사망] 1716년 11월 14일 (70세), 작센 선거 후령 하노버

[국적] 독일
[분야] 형이상학, 신정론, 수학, 논리학
[출신대학] 라이프치히 대학교

[요약]
고트프리트 빌헬름 라이프니츠는 독일의 철학자이자 수학자이다. 독일 계몽철학의 서장을 연 철학자이며 객관적 관념론의 입장에 섰다. 정치가, 외교관으로서 다양한 활동을 하는 한편, 백과전서적인 박식가이다. 라이프니츠는 책을 쓸 때 라틴어(~40%), 프랑스어(~30%), 독일어(~15%) 등 다양한 언어를 사용하였다.

[생애]
라이프니츠는 철학과 수학의 역사에서 중요한 위치를 차지한다. 아이작 뉴턴과는 별개로 무한소 미적분을 창시하였으며, 라이프니츠의 수학적 표기법은 아직까지도 널리 쓰인다. **라이프니츠는 기계적**

계산기 분야에서 가장 많은 발명을 한 사람 중 한 명이기도 하다. 파스칼의 계산기에 자동 곱셈과 나눗셈 기능을 추가했고, 1685년에 핀 톱니바퀴 계산기를 최초로 묘사했으며, 최초로 대량생산 된 기계적 계산기인 라이프니츠 휠을 발명했다. 또한, 라이프니츠는 모든 디지털 컴퓨터의 기반이 되는 **이진법 수 체계를 다듬었다.**

철학에서 라이프니츠는 낙관론으로 유명하다. 라이프니츠는 제한적인 의미에서, 우리가 살고 있는 우주가 신이 창조할 수 있는 최선의 우주라고 결론지었다. 라이프니츠는 르네 데카르트, 바뤼흐 스피노자와 함께 17세기 최고의 3대 합리주의론자 중 한 명이다. 라이프니츠의 업적은 현대 분석철학을 앞당겼지만, 한편으로 그의 철학은 스콜라 철학적인 면도 있다.

라이프니츠는 물리학과 공학에 많은 공헌을 했고, 생물학, 의학, 지질학, 확률론, 심리학, 언어학, **정보과학 분야에서 나중에 나올 개념들을 예견했다.** 그리고 정치학, 법학, 윤리학, 신학, 역사학, 철학, 언어학에 관한 저술을 남겼다. 방대한 분야에 걸친 라이프니츠의 공헌은 다양한 학술지와 수만 개의 편지, 그리고 출판되지 않은 원고에서 발견되었다.

이와 같이 다채로운 활동을 하면서도 그가 남긴 연구는 방대한 양에 달하지만, 바쁜 생활 탓인지 연구를 편지나 메모 등의 형태로 남아있는 것이 많다. 철학만을 보더라도 생전에 발간된 것은 ≪변신론≫(1710)뿐이며, 사후 출판된 것 가운데서도 그의 사상이 정리된 책은 별로 없다. 그의 철학의 특징은 그 이전의 여러가지 사상적 대립을 모두 자기 것으로 받아들여서 조화시킨 점이다. 데카르트적 물체관과 피에르 가상디의 원자론, 기계관과 목적관, 섭리와 자유, 경험론과 이성론, 나아가 근세사상과 스콜라 철학의 조화까지 찾아볼 수 있다. 주요 저서로는 ≪모나드론≫, ≪형이상학 서설≫, ≪인간오성신론≫ 이 있다.

데카르트와 스피노자와는 달리, 라이프니츠는 대학에서 철저한 철학 교육을 받았다. 라이프니츠는 그의 철학 학사 논문을 감독한 제이콥 토마시우스 교수에게 강한 영향을 받았지만, 평생에 걸친 스콜라 철학과 아리스토텔레스 철학은 라이프니츠가 다른 길을 걷게 만들었다. 라이프니츠는 또한 루터교 대학에서도 존경을 받은 기독교 스페인 사람인 프란시스코 수아레스의 저서를 열심히 읽었다. 라이프니츠는 르네 데카르트, 크리스타인 하위헌스, 아이작 뉴턴과 로버트 보일의 새로운 방식과 결론에 깊게 관심을 가졌지만, 그들의 업적을 스콜라 철학의 틀에 갇힌 채로 평가했다. 그럼에도 불구하고 라이프니츠의 방식과 관심거리들은 종종 20세기의 분석철학과 언어철학을 예견했다.

[생애 연보]

1646년 7월1일 독일 라이프치히에서 출생

1661년 - 1666년 라이프찌히와 에나 대학에서 수학

1663년 '개체의 원리에 관하여'라는 논문으로 학부 졸업

1666년 '결합술에 관한 논고'로 알트도르프 대학 철학박사. 뉘른베르크의 황금십자단의 사무관으로 근무

1667년 마인츠에서 요한 크리스챤 보이네부르크과 친교

1670년 마인츠의 선제후 요한 필립 쇤보른에 의해 마인츠의 대법원의 교열위원으로 임명

1672년 루이 14세, 이집트 원정을 설득하기 위해 파리를 방문. 1676년까지 체류함

1672년 - 1673년 **사칙연산기 발명**

1672년 - 1676년 회이헌스, 아르노 등과 교류, 미적분법 발견

1673년 영국방문. 왕립협회의 회원이 됨

1673년 『철학자의 고백』 저술

1676년 파리를 출발하여 하노버로 가는 도중 암스테르담에서 뢰벤 훅과 스피노자 만남. 하노버 공작의 궁정 도서관 사서가 됨

1678년 하노버 궁정 고문관으로 임명됨

1678년 - 1686년 하르쯔 산 탄광에 풍력을 이용한 배수시설 설치 작업에 종사

1679년 - 1702년 J. B. Bossuet와 기독교 교회의 재통합에 관한 서신교환

1684년 "Nova Methodus pro maximis et minimis" 출판

1685년 벨펜하우스가의 역사를 서술 시작

1686년 형이상학논고 저술

1686년 - 1687년 아르노와 서신교환

1687년 - 1690년 뮌헨, 비인, 베니스, 페라라, 로마, 나폴리, 피렌체, 볼로냐, 프라하, 드레스덴 등을 여행

1689년 이탈리아에서 그리말디 신부 만남

1697년 "최신중국학 Novissima Sinica" 초판 출간

1698년 - 1706년 베를린의 궁정설교가 D. E. Jablonski와 프로테스탄트교회 통합에 관해 의견교환

1700년 프로이센의 학술원 설립

1705년 "신 인간오성론" 탈고

1705년 - 1716년 Bosse와 서신교환

1710년 "변신론" 출간

1712년 영국 왕립 협회가 뉴턴을 미적분법의 발견자로 인정

1712년 - 1714년 비인에 체류, 합스부르크가의 유진공과 교류. "단자론", "자연과 은총의 이성적 원리" 저술

1714년 하노버 공작이 영국왕 조지1세로 등극

1716년 11월14일 라이프찌히에서 죽음

[주요 업적]

그 당시의 삼각함수, 로그함수의 수학적 개념은 추상적이었는데, 라이프니츠는 1692년과 1694년에 이를 명료화 시켰다. 또한 가로좌표, 세로좌표, 기울기, 현, 그리고 수직선과 같은 기하학적 개념들을 함수의 그래프로부터 이끌어 내었다. 18세기에는 함수와 이런 기하학적 개념들 사이의 연관성이 약해졌다. 라이프니츠는 선형 방정식의 계수를 배열(오늘날의 행렬)로 생각할 수 있다고 하였다. 행렬을 이용하면 그 방정식의 해를 찾는 것이 쉬워지는데, 이 방법은 후에 가우스 소거법으로 명명되었다. 라이프니츠의 불 논리와 수리논리학의 발견 또한 수학적 업적의 일부이다.

라이프니츠는 **최초의 컴퓨터 과학과 정보 이론가**이다. 젊은 시절에, 라이프니츠는 이진법을 다듬었고 전 생애에 걸쳐 그 체계를 사용했다. 라이프니츠는 또한 라그랑주 다항식과 **알고리즘 정보 이론을 예견했다.** 라이프니츠의 논리 계산학은 만능 튜링 기계의 발명을 앞당겼다. 사이버네틱스 이

론의 창시자인 노버트 위너는 라이프니츠의 저술에서 사이버네틱스 이론의 기반인 피드백 개념을 찾았다고 1934년에 말한 바 있다.

라이프니츠는 1671년에 사칙연산을 수행할 수 있는 기계를 발명하기 시작했고, 수 년에 걸쳐 발전시켜 나갔다. '단계 계산기'라고 불린 이 발명품은 상당한 관심을 끌었고 라이프니츠가 1673년 왕립 협회에 선출되는 계기가 되었다. 하지만 라이프니츠는 받아 올림과 받아 내림을 완벽하게 자동화시키지는 못했으므로 큰 성공은 아니었다. 라이프니츠는 하노버에 몇 년간 머무르면서 많은 수의 비슷한 기계들을 만들었다. 쿠튀라는 라이프니츠의 출판되지 않은 1674년작 원고에서 몇몇 대수적 연산까지도 수행할 수 있는 기계의 묘사를 찾았다고 말했다.

라이프니츠는 나중에 찰스 배비지와 에이다 러브레이스에 의해서 만들어질 하드웨어와 소프트웨어 개념을 모색하고 있었다. 그 결과, 라이프니츠는 1679년에 펀치 카드의 초기 형태인 공깃돌로 **이진수를 표현하는 방식의 기계를 고안했다.** 현대 컴퓨터는 중력에 의해 움직이는 공깃돌을 레지스터와 전위차에 의해 생기는 전자의 흐름으로 대체했지만, 돌아가는 방식은 라이프니츠가 1679년에 상상한 것과 비슷하다.

[저술 활동]

라이프니츠의 저술은 출판 되지 않은 것들이 많기 때문에, 주어진 연도는 특별한 언급이 없는 한 출판한 연도가 아니라 저술이 끝난 연도이다.

1666. ≪결합법론≫; Loemker §1 and Parkinson (1966).

1671. ≪새로운 물리학의 가설≫; Loemker §8.I.

1673. ≪철학자의 신념≫

1684. ≪극대·극소를 위한 새로운 방법≫; Struik, D. J., 1969. A Source
Book in Mathematics, 1200-1800. Harvard
University Press: 271-81.

1686. ≪형이상학 서설≫; Martin and Brown (1988), Ariew and Garber 35,
Loemker §35, Wiener III.3, Woolhouse and Francks 1.

1703. ≪이진법에 관한 설명≫; Gerhardt, Mathematical Writings VII.223. 온라인 영어 번역 by
Lloyd Strickland.

1710. ≪변신론≫; Farrer, A.M., and Huggard, E.M., trans., 1985 (1952).
Wiener III.11 (part). 온라인 영어 번역.

1714. ≪모나드론≫; Nicholas Rescher에 의해 영어로 번역됨, 1991. The
Monadology: An Edition for Students. University of Pittsburg Press. Ariew
and Garber 213, Loemker §67, Wiener III.13, Woolhouse and Francks 19. Latta
의 온라인 영어 번역; 라이프니츠의 원고 복사본과 프랑스어, 라틴어, 스페인어 판
1765. ≪인간오성신론≫; 1704년에 저술 마침. Remnant, Peter, and Bennett,
Jonathan, trans., 1996. New Essays on Human Understanding. Cambridge
University Press. Wiener III.6 (part). 온라인 영어 번역 by Jonathan Bennett.

♣ 2종류의 진리가 있다. 추론에 의한 진리와 사실의 진리이다.

♣ 사랑은 다른 사람들의 행복 속에서 행복을 찾는 것이다.

♣ 빈 심연과 음울한 사막이 영(0)을 나타낸다면, 신의 정신과 빛은 매우 강력한 일(1)을 나타낸다.

♣ 태고부터 뉴턴 시대까지의 수학 속에 그가 이룩한 것은 거의 절반이라고 할 수 있다.

♣ 영혼에서는 명료함을, 물질세계에서는 실익을 찾아라.

♣ 최선의 방식으로 모든 것을 주관하라.

파스칼 Blaise Pascal

● 과학자 ● 프랑스 ● 1623년생

무지함을 두려워 말라. 거짓 지식을 두려워하라. - 파스칼

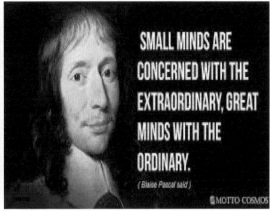

SMALL MINDS ARE CONCERNED WITH THE EXTRAORDINARY, GREAT MINDS WITH THE ORDINARY.

(Blaise Pascal said)

●MOTTO·COSMOS

[출생] 1623년 6월 19일, 프랑스 클레르몽페랑
[사망] 1662년 8월 19일(39세), 프랑스 파리

[국적] 프랑스
[분야] 확률론, 유체역학, 철학, 신학 등
[출신 대학] 파리 대학교
[지도 교수] 마랭 메르센
[주요 업적]
파스칼의 정리, 파스칼 삼각형, 파스칼 라인, 파스칼의 실험, 유체정역학

[요약]
블레즈 파스칼은 프랑스의 심리학자, 수학자, 과학자, 신학자, 발명가 및 작가이다. 블레즈 파스칼은 흔히 과학자나 수학자로 알려져 있지만, 실제로는 철학과 신학에 더 많은 시간을 투자했다. 블레즈 파스칼의 주요 저서로는 팡세, 시골 친구에게 보내는 편지 등이 있다.

[생애]
[신동]
블레즈 파스칼은 1623년 6월 19일 프랑스의 클레르몽페랑 지방에서 루앙의 회계사 에티엔 파스칼의 아들로서 태어났다. 파스칼은 어려서 수학에 비상한 면모를 보이기 시작하였으나, 블레즈 파스칼은 몸이 허약하였으므로 시간을 줄곧 집에서만 보냈다. 아버지 에티엔은 파스칼의 교육을 매우 개의하였다. 어린 나이에는 기성 지식보다는 자연현상에 관심을 갖도록 하였으나 수학을 가르치지 않았으므로 파스칼은 수학에 오히려 흥미를 느꼈고 가정교사에게 기하학을 주제로 하여 지속으로 질문하고 여가에 수학을 공부하곤 하였다.

12세 때는 삼각형의 내각이 180도라는 사실을 오직 자력으로 발견하여 주위 사람들을 놀라게 하였다. 이를 계기로 에티엔은 어린 파스칼에게 에우클레이데스의 기하학 원론을 주고 기하학 공부를 계속하게 격려한 이후 블레즈 파스칼은 신동이라는 말이 아깝지 않은 면모를 수학 분야에서 보여주었다. 13세 때는 블레즈 파스칼의 삼각형을 발견했고 14세 때는 현재는 프랑스 학술원이 된 프랑스 수학자 단체의 주 정기 회동에 참가하였다.

16세 때는 사영기하학의 기초가 되는 블레즈 파스칼의 정리를 증명하였고 17세 때는 블레즈 파스칼의 정리를 이용하여 명제 400개를 유도하였다. 19세에는 회계사인 아버지의 일을 돕고자 최초 계산기인 파스칼라인을 발명하였다. 21세 때는 수은기둥을 사용한 일련의 실험으로 유체정역학의 기초를 다지는 파스칼의 법칙을 정립하기도 하여 블레즈 파스칼은 진정한 신동의 모습을 보여주었다.

[도박과 확률]
블레즈 파스칼이 "수학사에서 가장 위대한 인물이 될 뻔한 사람"이라고 불리는 이유는 파스칼이 종교상 고찰에 정신을 집중하였으므로 27세 때는 수학과 과학 연구를 중단하였기 때문이다. 블레즈 파스칼이 살던 17세기는 유럽에서 기독교의 여러 종류가 생겨나고 서로 논쟁하던 때이다. 3년간 연구를 중단했던 블레즈 파스칼은 수학의 세계로 돌아와 "수삼각형론"을 재작성하였고 유체의 압력을 주제로 하여 여러 가지를 실험하면서 수학상 재능을 재발휘할 때 노련하고 탁월한 도박꾼 앙투안 공보(Antoine Gombaud)는 이전까지 고민한 분배하는 문제를 해결하고자 당시 유능한 수학자였던 블레즈 파스칼에게 문의하였다.

분배하는 문제는 일정한 점수를 따면 그 딴 쪽이 상금을 타는 경기에서 한 쪽이 이기고 있는데 부득이한 사정으로 경기가 중단되는 때 상금을 배분하는 수단이다. 블레즈 파스칼은 당대 또다른 천재 수학자 페르마와 서신을 주고받으면서 이 문제를 해결하는 과정에서 둘은 확률론 기초를 같이 다졌다.

[마차 사고]
그러나, 파스칼이 다시 수학에 재능을 꽃피우려는 순간에 마차 사고가 발생했다. 1654년 말 그는 사두마차를 타고 있었는데, 말의 고삐가 풀려 마차가 다리로 돌진했다. 다행히 그의 생명에는 아무런 지장이 없었지만, 이런 행운은 지독한 신도였던 그가 자기 분석을 하도록 만들었다. 그리고 파스칼은 점점 더 신학에 집착하게 되었다. 이 와중에 그는 유명한 팡세, 시골 친구에게 보내는 편지 등을 저술했고, **"인간은 생각하는 갈대이다."**라는 유명한 말을 남기기도 하였다.

[요절한 천재]

블레즈 파스칼은 1658년에 치통에 시달리면서 정신상 엄청나게 학대받았다. 두통이 멈추지 않아 잠도 제대로 못 이룰 정도로 고통스럽게 4년을 지냈다. 비록 이 두통을 잊고자 사이클로이드를 연구하여 수학의 발전에 크게 기여하였지만, 1662년 6월, 자기 부정 행위로서 블레즈 파스칼은 천연두에 걸린 가난한 가족에게 집을 내주고 누이의 집에 들어가 지냈고 같은 해 8월 19일 경련 발작으로 블레즈 파스칼의 찬란하면서도 고통스럽던 생애가 폐막하였다. 사체를 해부한 결과, 블레즈 파스칼의 위장과 중요 기관들이 정상이 아니었고 뇌에도 심각한 외상이 있었다.

[수학자로서 블레즈 파스칼]

블레즈 파스칼은 "수학사에서 가장 위대한 인물이 될 뻔 한 사람"이라는 별명이 있을 정도로 젊은 나이에 수학에 많은 업적을 남겼다. 블레즈 파스칼은 13세 때 블레즈 파스칼의 삼각형을 발견하였고 16세에 블레즈 파스칼의 정리를 발표하였으며, 19세에는 행정부의 회계사인 아버지의 작업을 편하게 하고자 **최초 계산기인 파스칼라인을 발명**하기도 하였고 도박과 관련하여,

당대 다른 천재 수학자 페르마와 서신을 주고받으면서 **확률론을 창시**하였으며, 별세하기 4년 전에는 사이클로이드의 중요한 성질을 증명하였다.

♣ 작은 마음은 특별한 것에 관심이 있고, 위대한 마음은 평범한 것에 관심이 있다.

♣ 우리는 진리를 이성으로 뿐만 아니라 마음으로도 안다.

♣ 친절한 말은 비용은 안 들지만, 많은 것을 이룬다.

♣ 습관은 제1의 본성을 파괴하는 제2의 본성이다.

♣ 지혜는 지식을 능가한다.

♣ 무지함을 두려워 말라 거짓 지식을 두려워하라.

♣ 인간은 생각하는 갈대이다.

♣ 겉으로 보기에 무척 연약해 보이는 모든 것이 바로 힘이다.

♣ 결점이 많다는 것은 나쁜 것이지만 그것을 인정하지 않는 것은 더 나쁜 것이다.

♣ 고뇌에 지는 것은 수치가 아니다. 쾌락에 지는 것이야말로 수치다.

♣ 고민하면서 길을 찾는 사람들, 그들이 참된 인간상이다.

♣ 클레오파트라의 코가 조금만 낮았더라면 세계의 역사는 완전히 바뀌었을 것이다.

♣ 현재는 결코 우리의 목적이 아니다. 과거와 현재는 수단이며, 미래만이 우리의 목적이다.

♣ 힘없는 정부는 미약하고, 정의 없는 힘은 포악이다.

♣ 너그럽고 상냥한 태도, 그리고 무엇보다 사랑을 지닌 마음! 이것이 사람의 외모를 아름답게 하는 힘은 말할 수 없이 큰 것이다.

♣ 누구나 결점이 그리 많지는 않다. 결점이 여러 가지인 것으로 보이지만 근원은 하나다.
한 가지 나쁜 버릇을 고치면 다른 버릇도 고쳐진다.
한 가지 나쁜 버릇은 열 가지 나쁜 버릇을 만들어낸다는 것을 잊지 말라.

♣ 도박을 즐기는 모든 인간은, 불확실한 것을 얻기 위해서 확실한 것을 걸고 내기를 한다.

♣ 마음속의 공허는 내 마음속에 생명력을 불러일으킴으로써만 메울 수 있을 뿐이다.

♣ 모든 것은 항상 시작이 가장 좋다.

♣ 무엇이든지 풍부하다고 반드시 좋은 것은 아니다. 더 바랄 것 없이 풍족하다고 해서 그만큼 기쁨이 큰 것은 아니다. 모자라는 듯한 여백. 그 여백이 오히려 기쁨의 샘이다.

♣ 불행의 원인은 늘 나 자신에게 있다.

♣ 자기 인생의 의미를 모르는 사람은 불행하다. 그것을 알 수 없다고 확신하고, 또한 모르는 것이 예지라고 떠벌리는 사람은 더욱 불행하다.

참고문헌 및 참고 웹사이트

1. http://wikipedia.org
2. http://naver.com
3. 네이버 지식백과
4. 두산백과
5. 네이버 포스트(IT 인물열전) 세상 모든 웹 페이지를 품으려는 구글의 창업자, 래리 페이지
6. IT동아
7. 네이버 지식백과, 알리바바-없는게 없다! 중국 최대 전자상거래업체
8. 국민일보, 2014년 9월 22일
9. http://yna.co.kr
10. 한겨레신문
11. 국민일보, 2018년 3월 11일
12. http://scienceall.com
13. 튜링: 박종대/번역가, 저술가
14. 네이버 지식백과, 마이크 모하임-천만 제국 시대를 열다, 블리자드 (게임 개발자)
15. 네이버 지식백과, 게이브 뉴웰-카스, 스팀을 만든 디지털 게임유통의 대부 (게임 개발자)
16. 마화텅 IT동아
17. 민스키: 머니투데이 http://www.mt.co.kr; 국제신문
18. 인공지능이란 무엇인가 : 김현숙, 크라운출판사, 1997
19. 이준호: http://businesspost.co.kr/BP?command=naver&num=26514
20. NHN: http://news1.kr/articles/?3583650
21. 베조스: http://it.chosun.com
22. 황정: http://www.economytalk.kr
23. 김범석: http://businesspost.co.kr news.joins.com newsis.com
24. 방준혁: http://www.businesspost.co.kr
25. 권혁빈: http://www.businesspost.co.kr
26. 슈미트: http://jmagazine.joins.com/economist
27. 하사비스: http://it.donga.com/23894
28. 장이밍: https://www.mk.co.kr/news
29. 틱톡: http://www.zdnet.co.kr/view
30. 우버: http://www.inews24.com/view/1171188
31. 레이쿤: http://it.donga.com/27941

32. 네이버: http://www.businesspost.co.kr

33. 런정페이: http://kr.people.com.cn

34. 레이 오지: http://www.zdnet.co.kr

35. 팀 버너스 리: http://techm.kr

36. 레이 오지: http://www.joynews24.com/view/759341

37. 샤오미: "최신 ICT 이슈", 주간기술동향 2018. 11. 7.

38. 넥슨 매각 난항: 한국스포츠경제 http://www.sporbiz.co.kr

39. 엔씨소프트 2017년 연간 매출: http://www.zdnet.co.kr/view

40. 엔씨소프트 2017년 연간 매출: http://www.zdnet.co.kr/view

41. 엔씨소프트 2019년 1분기 영업이익 795억 원: https://www.mk.co.kr/news

42. 천재 사업가, 마이클 델, 델 컴퓨터: http://it.donga.com/26619

43. 델, 2019년 기술 트렌드 6대 전망 발표: https://www.zdnet.co.kr/view

44. 넷플릭스의 마이웨이: https://www.mk.co.kr/news

45. 손정의, 화웨이 폰 ARM칩: http://news.kmib.co.kr

46. 런정페이, 화웨이: 아시아타임즈 http://www.asiatime.co.kr

47. 화웨이, 미국 상무부의 거래 제한 유예조치: http://news.chosun.com

48. 빈트 서프, "IoT, 종종 나를 오싹하게 한다": http://www.ciokorea.com/news

49. 런정페이, "지금 가장 좋아, 전투력 높아져": 세계일보 http://www.segye.com

50. 오라클, "미·중 무역갈등, 민간에도 전이되나": 이데일리 http://www.edaily.co.kr

51. 넥슨그룹, 김정주 회장: 앱스토리 http://monthly.appstory.co.kr

52. 넷마블 '일곱 개의 대죄' 인기몰이: http://www.ftoday.co.kr/news

53. 바이트댄스, 자체 스마트폰 개발 중: http://it.chosun.com

찾아보기

맺음말

소프트웨어 융합 롤모델(Role Model) 인물 80명을 소개하였다. 소프트웨어 융합·창조관련 인물들의 성장과정과 업적을 사실적인 내용으로 기술하였다. 소프트웨어 분야 진로선택이 필요한 독자들에게, 성공적인 삶을 산 소프트웨어 융합·창조관련 인물들 80명의 진솔한 삶, 부와 명예를 쌓아올린 과정, 본인의 생각(명언) 등을 소개하였다. 소셜 네트워크 서비스 (SNS, Social Network Service) 페이스북(Facebook)을 창업하여, 재산 약 70조원(2019년 기준)으로 세계 8위 부자 사업가인 1984년 출생 미국인 주커버그(Zuckerberg), 바이트댄스(틱톡 서비스)를 설립하여 약 18조원(2019년)으로, 중국내 7위, 세계 70위 부자가 된 1983년 출생 중국인 장이밍 등, 20세기에 활동한 세계적 SW관련 인물들의 재산과 업적도 함께 소개하였다. 이름포털인 '한국.net'에 수록되어 있는 많은 인물들 중에서 SW융합·창조관련 인물들을 선별하여 인물사진과 본인의 생각을 담은 명언도 함께 소개하였다. http://한국.net (또는 http://wopen.com) 웹 사이트에서, 멀티미디어 (유튜브 동영상, 사진, 이미지 등) 정보와 함께, SW융합 롤 모델(Role Model)들의 상세한 정보를 스마트폰으로 시간과 장소에 제한받지 않고 참조할 수 있다.

소프트웨어 융합 롤모델 80명

1판 1쇄 인쇄 2019년 07월 01일
1판 1쇄 발행 2019년 07월 10일
저   자 김영복
발 행 인 이범만
발 행 처 **21세기사** (제406-00015호)
　　　　경기도 파주시 산남로 72-16 (10882)
　　　　Tel. 031-942-7861　　　Fax. 031-942-7864
　　　　E-mail : 21cbook@naver.com
　　　　Home-page : www.21cbook.co.kr
　　　　ISBN 978-89-8468-839-1

정가 25,000원